America's Foreign Policy towards the
Middle East Crises during the Nixon Administration

尼克松政府对
中东危机的政策研究

刘合波 著

中国社会科学出版社

图书在版编目（CIP）数据

尼克松政府对中东危机的政策研究/刘合波著. —北京：中国
社会科学出版社，2015.5
ISBN 978 - 7 - 5161 - 6073 - 2

Ⅰ.①尼…　Ⅱ.①刘…　Ⅲ.①美国对外政策—中东问题—研
究—1969~1974　Ⅳ.①D871.20 ②D815.4

中国版本图书馆 CIP 数据核字（2015）第 094895 号

出 版 人	赵剑英
责任编辑	李庆红
特约编辑	罗淑敏
责任校对	周晓东
责任印制	王　超

出　　版	中国社会科学出版社
社　　址	北京鼓楼西大街甲 158 号
邮　　编	100720
网　　址	http://www.csspw.cn
发 行 部	010 - 84083685
门 市 部	010 - 84029450
经　　销	新华书店及其他书店

印刷装订	三河市君旺印务有限公司
版　　次	2015 年 5 月第 1 版
印　　次	2015 年 5 月第 1 次印刷

开　　本	710×1000　1/16
印　　张	17.5
插　　页	2
字　　数	296 千字
定　　价	55.00 元

前　言

从 1948 年以色列建国以来到 1967 年，中东先后爆发过三次战争，这使得中东的局势尤为纷繁复杂。1969 年尼克松总统上台后，美国对外政策进入第二次世界大战以来的重大转折期，美国政府对冷战态势、国际力量的对比、本国的政策目标、战略重心的认知等问题，都进行了大幅调整。美国对中东的政策，也是这一时期美国国际战略调整的内容之一。第二次世界大战之后，地处亚非欧三大洲结合部的中东一直是世界矛盾的集合点，其核心内容是阿拉伯与以色列间的矛盾与大国间的争夺与干预。在尼克松政府时期，中东地区先后爆发了消耗战、约旦危机、十月战争及由此引发的第一次石油危机，尼克松政府在美苏缓和大背景下所实施的平衡政策，也在现实需要之下而进行了转换。

从美国外交的角度，美国对中东的平衡政策包含有多重平衡，其中既有美国对阿以双方的平衡政策，也有美国在推进其外交政策时实现国内各个影响因素间的平衡；既有要软化激进的阿拉伯国家的立场、保证以色列的安全的平衡，也有防止温和的、亲美的阿拉伯国家倒台，即防止温和国家为激进国家所取代、以保证阿拉伯内部激进与温和两种力量间的平衡。在冷战期间，美国的平衡政策一直处于不断演变之中。在尼克松政府时期，美国对中东的平衡政策经历了从对等平衡到威慑平衡再到对等平衡的一个完整的演变过程。

事实上，平衡政策并不是美国仅针对阿以争端问题而采取的专门应对政策，而是美国处理全球事务特别是在处理地区争端中长期使用的、延续至今的政策。冷战时期，平衡政策是美国排挤苏联势力的手段；而冷战后美国也一直在延续着这种手法，如美国在地区争端中所扮演的"离岸平衡手"的角色，即为其中的表现之一。美国通过实施平衡政策，来挤压其他国家力量的发展，防止地区大国上升为世界大国。当前美国政府提出的"巧实力"、"亚洲再平衡"等政策，既与美国在历史上所采取的平衡政策一脉相承，也是美国企图利用硬实力与软实力的结合来构建地区平衡，甚至全球平衡的重要策略。因此，从历史研究的角度来看，对美国平衡政策的研究有利于探究美苏冷战背景下美国危机决策的背后动因，揭示冷战时期美国平衡政策的演变及其规律性；从其现实性上，则对于考察中日钓鱼岛争端、南中国海岛屿之争等与美国地缘政治相关的地区争端的走向，具有积极的现实意义。

在冷战史研究的视阈下，新冷战史研究要求资料多元化、语言多国化、涉及当事者多方化。随着网络资源的丰富与获取方式的便捷，有关尼克松政府时期的档案文献不断被解密、更新，如关于约旦危机、十月战争、石油危机及基辛格的穿梭外交等方面的外交文档，都已经大量解密，并能够通过美国国务院网站免费获取。美国（数字）国家安全档案馆、解密档案参考系统等网站和数据库，也解密了大量与尼克松政府时期发生的中东危机相关的外交文件。对于涉及苏联、阿拉伯世界及以色列方面的资料，对中东事件进行广泛报道的英文版报纸资料、苏联与阿拉伯国家的重要当事人的回忆录、以色列外交部网站公布的英文版文档等，都有关于这一时期的大量文献资料。除此之外，一些研究机构也开始对在中东地区发生的、具有重大影响的事件展开研讨并进行口述史项目的建设。这些机构以研讨会的形式对资深研究人员、各当事国中曾参与过重大事件的当事人进行采访，从而形成重要的口述史料。以上这些资料为从多方档案文献的解读入手研究阿以双方对中东和平的认知、重新审视尼克松政府的危机管理理念与危机决策，提供了重要的史料素材。

从危机管理层面，在危机管理的机制方面，尼克松政府在应对危机过程中不断调整与完善国家安全委员会的建制与功能，尤其在该机构下成立了专门应对地区与国际危机的华盛顿特别行动小组，从而从组织机构上进一步完善了美国对危机预测、管理等方面的制度与程序，这是尼克松政府能够迅速、高效地应对约旦危机、十月战争等重大危机的重要原因。冷战时期，美国在国家战略与国际危机管理的重要内容是对"他者"因素的考虑。在应对危机的过程中，如何在巩固与友国关系的基础上分化对手的联盟，进而排挤与遏制"其他者"在地区，甚至全球的力量与影响力，是美国危机管理理念的重要考量，这对于理解美国当前的地缘政治政策尤其具有启示意义。

本书以尼克松政府对中东危机的平衡政策为研究主线，以解读历史文献为研究基础，以揭示美国平衡政策的历史与现实意义为研究目标，试图通过梳理尼克松政府对中东危机的对外政策，归纳美国应对地区及国际危机的政策与战略特点。这对于从传统史学的角度研究美国地缘政治理念的继承性、厘清美国对外政策的源流问题，有其历史与现实意义。

目　　录

绪　　论

　　中东地区作为一个五海三洲交界之地，① 其特殊的战略位置和丰饶的石油资源，历来是大国必争之地。第二次世界大战之后，美国和苏联都大举向中东地区渗透。伴随冷战的爆发与渐次展开，中东逐渐成为美苏争夺的重要地区，美苏卷入中东危机的程度也越来越深，这使得中东局势变得更为错综复杂。1948 年 5 月以色列的建立，使得长期以来的阿拉伯与犹太民族的矛盾进一步激化。从 1948 年以色列建国至 1968 年间，中东地区先后于 1948 年、1956 年、1967 年发生了三次以阿以大规模军事冲突为标志的地区危机。1967 年六日战争（即第三次中东战争）结束后，联合国通过了旨在解决阿以冲突的第 242 号决议，但这份模棱两可的决议不仅未能实现阿以之间的和平，相反却又引起了双方在撤退范围等问题上的分歧，这些久拖不决的分歧与纷争使阿以冲突一直延续到 20 世纪 70 年代，并由此引发了新的地区危机。

一　研究内容

　　尼克松政府时期，中东危机此起彼伏，从 1969 年 3 月起先后爆发了埃以消耗战、1970 年约旦危机、1973 年十月战争（即第四次中东战争）及由此引发的第一次石油危机。② 就危机本身来说，从 1969 年到 1973 年爆发的三次中东危机均有其典型性：1969 年 3 月爆发的埃以消耗战，是一场典型的地区性有限战争；约旦危机则是在中东地区第一次出现的由恐怖活动导致的，并将美苏引向对抗边缘的危机；十月战争，是阿以之间在

---

　　①　五海是指地中海、红海、阿拉伯海、里海和黑海；三洲是指亚洲、非洲和欧洲，中东地区位于这五海三洲的交界处。

　　②　关于石油危机是不是一个独立的危机，目前尚有不同的认知。为便于研究，本书在阐述尼克松政府在中东地区重塑对等平衡政策的过程中，将不把石油危机作为一个单独的研究对象，而是作为十月战争的一个组成部分，即十月战争中石油武器的使用来进行论述，但对于它们的结束问题则分别进行单独表述。

不到30年的时间里爆发的第四次战争，也是继1962年古巴导弹危机之后又一次引发美苏直接对抗的国际危机；而对整个世界都产生重要影响的第一次石油危机，也是由于十月战争而引发的。在应对危机的政策方面，尼克松政府主要采取了平衡政策。对于这种平衡政策，本书根据美国政府对阿以争端的立场及政策的制定与实施而将其划分为对等平衡与威慑平衡。

所谓对等平衡，实际上是一种对阿以双方相对公平的平衡，这主要是因为即使美国对阿以双方采取最为公平的方式，也是以保证以色列的安全或优势地位为前提的，这也正是美国支持以色列建国，并承认以色列的前提条件。本书为研究及表述方便，将美国采取的这种相对公平的平衡政策称为对等平衡政策。从肯尼迪政府时期开始，美国开始与以色列形成特殊关系，尽管这一时期肯尼迪还在极力拉拢埃及，但此时美国已开始大力支持以色列。到约翰逊政府时期，美国将美以关系实质化，并首次向以色列出售了战略轰炸机，采取了加强以色列绝对军事优势的措施。1970年约旦危机之后尼克松政府也公开采取这种措施，本书将美国这种保证以色列绝对军事优势的政策称为威慑平衡政策。

美国在阿以之间采取平衡政策的目的，一方面是希望在维持与以色列的传统关系的同时又能获得阿拉伯国家的好感，并以此瓦解埃及、叙利亚等国与苏联的友好关系；另一方面，则是利用这种平衡政策作为遏制苏联在中东的势力和政治影响的重要手段。美国在解决消耗战中提出的罗杰斯计划、约旦危机中尼克松坚持由美军而不是以色列军队来援助约旦国王侯赛因、十月战争中美国为解救被以军围困的埃及第三军而向以色列施压、石油危机中基辛格利用阿以脱离接触和石油禁运对阿以双方进行互反掣肘所实施的对等平衡政策；美国在约旦危机后的短暂和平时期所采取的维持现状的威慑平衡政策，都表明了尼克松政府危机管理政策的平衡特性。尼克松政府采取这些政策的主要动因就是要使阿以双方都依靠美国，使美国处于解决阿以争端的国际舞台的中心，通过争端的解决来彰显其掌控国际局势的能力，增强其对其他国家的吸引力，从而达到遏制苏联的目的。

需要说明的是，无论是尼克松政府遏制苏联的政策，还是对阿以双方所采取的平衡政策，都并非这一时期所独有，尼克松之前的各届政府也都做了不同程度的尝试。自1948年杜鲁门政府承认以色列始至艾森豪威尔政府前期，美国一直对阿以采取比较严格的平衡政策，从公开的资料上来看，美国在这一时期几乎没有对以色列进行公开的军事援助（见图1）；

从艾森豪威尔后期，尤其是到肯尼迪时期，美国开始将天平向以色列倾斜。美国在这一时期不仅对以色列进行了公开的军事援助，而且还与以色列形成了特殊关系。这一方面是由于以色列采取了依靠美国的政策；另一方面的原因则是与苏联逐步加强对中东的渗透并取得显著效果的情势相比，美国却在争取阿拉伯国家的支持方面屡屡受挫。艾森豪威尔时期，美国努力拼凑的巴格达条约组织，不仅没有达到美国建立中东集体安全体系、排挤苏联的目的，相反却加剧了美国与埃及、叙利亚等阿拉伯国家间的矛盾。[①] 因此，直到艾森豪威尔政府后期，美国才逐渐认识到以色列的战略作用。[②]

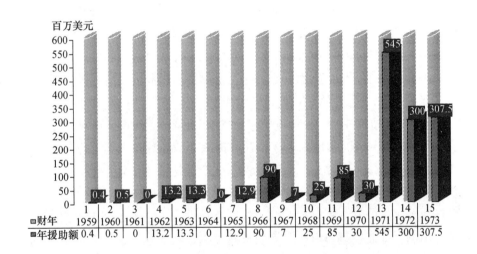

图1　1959—1973 年美国对以色列的军事援助

资料来源：Clyde R. Mark，*Israel*：*U. S. Foreign Assistance*，Foreign Affairs and National Defense Division，1994，CRS‑14. ［2010‑03‑16］http：//pdf. usaid. gov/pdf_ docs/PCAAA469. pdf. CRS‑14.

肯尼迪政府试图通过对埃及进行经济援助，以达到支持以色列、与埃及建立友好关系、限制苏联在埃及的影响的多重目的，但由于美埃在也门内战问题上的分歧及埃及军事力量的迅速增进，肯尼迪通过经济援助这一

①　赵伟明：《中东问题与美国中东政策》，时事出版社 2006 年版，第60—62 页。

②　Abaraham Ben‑Zvi，*Decade of Transition*：*Eisenhower，Kennedy，and the Origins of the American‑Israeli Alliance*，New York：Columbia University Press，1998，pp. 60‑61.

"强大的看不见的武器"所极力维系的美埃关系也最终走向瓦解。① 在冷战已蔓延到中东而又得不到阿拉伯国家的有力支持的情况下，肯尼迪政府开始利用以色列作为美国在中东地区的立足点。因此，肯尼迪的平衡政策并未获得预期效果。鉴于与苏联在中东进行争夺的需要，约翰逊政府延续了肯尼迪时期支持以色列的政策，进一步加大了对以色列的支持力度，并使在肯尼迪政府时期形成的美以特殊关系实质化。1967 年六日战争结束后，约翰逊政府试图在阿以之间采取对等平衡政策，但由于以色列在战争中取得的压倒性胜利，使以色列并不情愿接受美国的提议，这使得约翰逊政府的平衡政策收效甚微。

因此，从以上内容来看，无论是从美苏冷战的角度，还是从美国历届政府中东政策的平衡特性方面，尼克松政府都继承和发展了冷战爆发后美国各届政府基本的中东政策取向。这其中既有冷战以来历届美国政府遏制苏联势力在中东扩张的共性，也有尼克松政府利用危机提高美国的国际形象、显示美国国际权势及遏制苏联的个性。

在美苏冷战时期，遏制苏联是美国对苏政策的主旋律，尼克松时期的遏制战略发生了新的变化。由于深陷越南战争而导致自身实力的下降，美国被迫实行全球战略收缩，与苏联缓和也正是美国当时实力的需求。美苏自冷战爆发以来的全球对抗态势进入新的转型时期。因此，与杜鲁门以来的历届美国政府对苏联实施显性遏制的情形相比，尼克松政府则更侧重于隐性遏制：即通过缓和实现苏联的自我克制，从而达到遏制苏联的目的。尼克松政府应对阿以争端的策略，就是要通过与苏缓和，维持中东现状，最终通过政治途径来解决阿以冲突。1972 年、1973 年年标志着美苏缓和高潮的两次美苏会谈，使苏联对阿拉伯国家的政策进退失据，也为美国实现对等平衡外交提供了条件。十月战争之后，美国将苏联排挤出中东和谈之外，并先后与埃及和叙利亚恢复了外交关系，从而在一定程度上实现了对等平衡，也有效地实现了对苏联的遏制。

在应对中东危机的政策方面，尼克松政府经历了一个从对等平衡—威慑平衡—对等平衡的政策演变过程。在这个过程中，1970 年 9 月爆发的约旦危机是促使尼克松政府转变中东政策的转折点。约旦危机中以色列所

---

① William J. Burns, *Economic Aid and American Policy toward Egypt*, 1955 – 1981, New York: State University of New York, 1985, pp. 121 – 122.

彰显的战略作用使尼克松政府意识到，只有保持以色列的绝对军事优势才能使阿拉伯国家放弃使用武力改变现状的意图，才能最终通过政治途径来解决阿以冲突。但这种威慑平衡及美苏对缓和的追求，不仅没有解决阿以之间的争端，相反却激起了阿拉伯国家用武力解决领土问题的决心，从而导致了 1973 年十月战争与第一次石油危机的爆发。然而，这也为美国在阿以之间实施平衡政策提供了条件。因此，与此前的历届政府相比，尼克松政府在承继过去美国中东政策的基础上所采取的平衡政策，有其独具个性的方面，这主要表现在美国对以色列和阿拉伯国家的关系上。

在与以色列的关系上，美国以往各届政府主要是为了保证以色列的安全。尽管在艾森豪威尔后期美国认识到以色列的战略作用，肯尼迪明确了与以色列的特殊关系，约翰逊政府进一步强化了这种关系并使这种关系实质化，但真正发挥以色列的这种战略资产作用的是尼克松政府。尼克松政府不单是要保证以色列的安全，更重要的是要借以抗苏，同时希望通过加强以色列的军事优势来解决阿以冲突。尼克松政府对以色列的支持可以从军事援助的力度上反映出来。美国对以色列的军事援助，始于艾森豪威尔政府后期，当时对以色列的军事援助仅有 40 万—50 万美元；1962 年，肯尼迪政府对以色列的军事援助首次突破 1000 万美元。尽管在肯尼迪与约翰逊时期美国对以色列的军事援助有了较大幅度的增长，但除了 1966 年达 9000 万美元外，其他各财年均在 2000 万美元以下，这些都无法与尼克松政府相比。在尼克松上任之初的 1969 年，美国就向以色列提供了 8500 万美元的军事援助；1971 年，即在约旦危机后的第二年，美国对以色列军援达 5 亿多美元，这大大超过了自杜鲁门以来历届政府对以军援的总和（见表 1）；1974 年更是达到了近 25 亿美元之巨。① 此后的美国历届政府每年都向以色列提供数亿甚至几十亿美元的军事援助。因此，尼克松时期是美国大规模援助以色列的肇始，这表明美国对以色列在中东战略作用的重新认识，也反映了美国在中东政策上的重大转变。

自从冷战爆发以来，美国历届政府都试图通过拉拢、援助阿拉伯国家等方式改善美阿之间的关系，进而遏制苏联在中东势力的扩张。在这一点上，尼克松政府最大的不同在于：尼克松政府利用平衡（包括对等平衡与威慑平衡）政策推动阿以问题的解决，使阿拉伯国家意识到只有依靠

---

① Clyde R. Mark, *Israel: U. S. Foreign Assistance*, CRS – 14.

美国才能解决阿拉伯国家所要求的领土问题，而不是依靠苏联，从而达到以此遏制苏联在中东的势力和政治影响的目的。而在美以关系上，尼克松政府逐步将自肯尼迪政府时期开始构建的特殊关系付诸实施，使以色列担当起实现美国在中东利益的角色。尼克松政府时期中东政策的这一特点，在美国应对这一时期的各个危机过程中都得到了充分的体现。尼克松政府时期中东地区先后爆发的埃以消耗战、约旦危机、十月战争（含石油危机），无论是在发生的背景、频率、冲突的规模与复杂性方面，还是在影响的范围与程度上，都有其典型性。尤其是约旦危机和十月战争，对美国中东政策的转变、阿以和谈的开启、美苏在中东的影响和攻防态势，都产生了广泛而深远的影响。因此，通过对发生在美苏缓和时期的三次中东危机的研究，及对冷战时期这一特定阶段的美国对中东政策的分析，我们可以更为深入地理解美苏的缓和观与美苏缓和的本质，考察中东危机背后的大国因素，把握尼克松政府对中东政策的实质。这对于探讨美国政府在冷战背景下应对危机的共性、缓和时期的个性及两者之间的关系、缓和时期中东危机在美苏冷战中的地位，以及尼克松政府在解决中东危机中的主旨思想等问题，都具有重要的意义。

此外，需要说明的是，本书中所论述的中东危机，主要是指与阿拉伯国家和以色列相关的、发生在 1969 年至 1974 年间的危机，而与阿以争端关系甚微的危机则不在本书论述范围之内。从以色列建国至尼克松政府时期，中东地区先后于 1948 年、1956 年、1967 年和 1973 年爆发过四次大规模的、以战争形势出现的危机。其中 1967 年 6 月 5 日爆发的、持续 6 天的第三次中东战争又称"六·五战争"、"六日战争"，本书统称为"六日战争"。十月战争爆发于 1973 年 10 月 6 日，这一天是被以色列视为最神圣的赎罪日，在月份上又适逢伊斯兰教斋戒月，因此这次战争又被称为十月战争（October War）、赎罪日战争（Yom Kippur War）或斋月战争（Ramadan War），本书统称为"十月战争"。关于"阿联"，即阿拉伯联合共和国（United Arab Repulblic，UAR）的简称，由埃及、叙利亚和也门三国于 1958 年 2 月 1 日宣布成立。1961 年 9 月 28 日，叙利亚宣布退出共和国，埃及和也门共和国也陆续退出，这标志着阿联的终结。但埃及一直使用该名称作为国名，直到 1972 年改称埃及。本书在涉及阿联时期的埃及时，一律称为埃及，而不再称之为阿联。

二　研究综述

目前国内外关于尼克松政府对中东政策的研究成果颇丰，尤其是随着相关当事人的回忆录、传记、口述史料等文献的相继出版、专题研讨会的召开及尼克松时期的相关档案的逐步解密，都为这方面的研究提供了有利的条件。同时，伴随网络及信息数字化的发展，对尼克松时期的外交文件的获取已相当便捷，尤其是一些专业网站与数据库，为该研究提供了强大的信息支持。如美国的数字国家安全档案馆（Digital National Security Archive，DNSA）、国家安全档案馆（National Security Archive，NSA）等数据库和网站提供了大量的第一手资料，大大深化了对尼克松时期美国中东政策的研究。此外，随着苏联、以色列和阿拉伯等国家当事人的回忆录的出版和各国相关材料的公布，使得从多维度研究尼克松政府对中东危机的政策成为可能。各国学者与政策参与者从不同的角度、利用各种资料，对尼克松政府的中东政策进行了解读。

根据研究对象的不同，这些成果可大体分为综合性研究和专题性研究。综合性研究主要集中于美国对阿以冲突的政策方面；专题性研究则主要针对尼克松时期美国对中东危机的政策或针对消耗战、约旦危机、十月战争和石油危机中的一个或几个具体危机展开分析、论述。目前国内外关于尼克松政府时期美国中东政策的研究状况如下：

（一）国内研究状况

关于美国对中东政策的研究，目前国内著述较少，这与西方异彩纷呈的情形相比，略显单薄。到目前为止，国内与本论题有关且较有影响的研究成果多为综合类研究，专题性研究较少。

1993年，张士智、赵慧杰合著的《美国中东关系史》一书出版。① 作为一部综合性著作，该书的主要内容是美国与中东各国的关系发展史，对中东地区的主要国家都有涉及。尽管该著作在行文中带有明显的时代特征，但作为一部全面论述美国与中东国家关系的著作，则清晰地勾勒出历史发展的脉络，对尼克松时期的中东政策也作了较为全面的介绍。

赵克仁的《美国与中东和平进程研究（1967—2000）》② 是一部研究巴勒斯坦和平进程的力作。在该书中，作者以中东和平进程为主线，探讨

① 张士智、赵慧杰：《美国中东关系史》，中国社会科学出版社1993年版。
② 赵克仁：《美国与中东和平进程研究（1967—2000）》，世界知识出版社2005年版。

了美国在这一进程中所扮演的角色与所起的作用，其中尤为值得一提的是该书试图运用国际关系理论来进行的分析，无疑为跨学科研究中东问题提供了更为广阔的视角。由于该书是以中东和平进程为主要议题，而且时间跨度较大，所以除了在十月战争的影响方面的论述稍有深度外，对尼克松政府对中东危机的政策方面的论述极为简少。徐向群和宫少朋主编的《中东和谈史》亦属于研究中东和平进程的著作，书中对罗杰斯计划、雅林使命及基辛格的"穿梭外交"等问题进行了阐述。①

赵伟明主编的《美国与中东》系列是目前国内对美国中东政策研究的新成果之一。② 其中的《中东问题与美国中东政策》，全面论述了自"二战"至小布什政府期间美国对中东的政策，对尼克松时期的中东危机则主要从美苏对抗的角度进行了分析。该书对1967年第三次中东战争后美国对中东的政策、罗杰斯计划、十月战争、各危机期间美苏间的博弈及战争所产生的影响等问题都做了深入的阐释。③ 应当说，这是目前国内关于尼克松政府对中东危机的政策，分析较为全面的研究成果之一。

《以色列与美国关系研究》一书则从美以两国的战略关系、军事合作、经济关系、政治制度、文化及犹太人与美以关系等角度分专题论述了美国与以色列的关系。该书的这种多角度分析为进一步研究美以关系提供了思路，但从总体上来说，无论是资料的利用还是论述的深度，都有进一步挖掘的空间。④

从石油的角度分析美国外交的著作，国内较有影响研究成果较少。2002年出版的江红的《为石油而战：美国石油霸权的历史透视》一书，是一部全面分析美国的石油经济、外交军事与战争的著作；其中涉及尼克松政府应对第一次石油危机的内容，并论及中国在第一次石油危机中的立场与作用。⑤ 赵庆寺的《美国石油安全体系与外交（1941—1981）》，主要阐述了美国应对第一次石油危机的措施、石油危机对美国经济与盟国关系的影响，以及基辛格利用石油禁运解决阿以冲突问题等方面的内容，作者

① 徐向群、宫少朋主编：《中东和谈史（1913—1995）》，中国社会科学出版社1998年版。
② 赵伟明主编的《美国与中东》系列共包括《中东问题与美国中东政策》、《以色列与美国关系研究》、《伊朗与美国关系研究》和《土耳其与美国关系研究》四本专著，均于2006年由时事出版社出版。
③ 赵伟明：《中东问题与美国中东政策》，时事出版社2006年版。
④ 李伟建等：《以色列与美国关系研究》，时事出版社2006年版。
⑤ 江红：《为石油而战：美国石油霸权的历史透视》，东方出版社2002年版。

在此基础上分析了美国石油安全体系的结构、演进与变革过程。①

　　相对于以上综合性研究成果，目前国内关于尼克松政府对中东政策的专题性研究则主要是期刊论文和博士论文。孙德刚的《第四次中东战争与美国政府的危机管理》是研究尼克松政府应对第四次中东战争的专论，该文利用美国最新解密的有关第四次中东战争的外交档案，对美国的中东政策进行了梳理，分析了美苏缓和背后的现实主义外交取向。② 而在另一篇文章《1973 年第四次中东战争研究述评》中，孙德刚则全面介绍了战争涉及国与战争的关联，其中以"美国精英与第四次中东战争的危机管理"为题介绍并评析了美国在这方面的著作。这两篇文章，应当说是目前国内较为前沿地论述与评介十月战争的文章。③ 相关文章对尼克松时期的中东政策也有所涉及，但与本论题有关的内容相对较少。④

　　从博士论文的选题来看，近年来我国也出现了若干篇以冷战期间或涵盖冷战期间的美国对中东政策为选题的论文。如西北大学樊为之的《第二次世界大战后的美国中东政策研究》，是一篇涉及范围广泛的论文，其中对尼克松时期的中东冲突有所涉及。⑤ 就作者目前所掌握的信息来看，关于美国对中东危机的政策的博士论文选题主要集中于复旦大学，如2003 年赵庆寺的《20 世纪 70 年代石油危机与美国石油安全体系：结构、进程与变革》是对第一次石油危机的专论，该文从美国石油安全体系的角度出发，阐述了美国石油体系的嬗变，分析了十月战争期间爆发的石油危机对美国石油体系、石油政策的影响，在美国应对第一次石油危机的研究中具有一定的代表性；⑥ 2008 年姜淑令的《美国对以色列的援助政策研究（1967—1988）》对第三次中东战争后美国支持以色列的原因进行了较

---

① 赵庆寺：《美国石油安全体系与外交（1941—1981）》，上海人民出版社 2009 年版。

② 孙德刚：《第四次中东战争与美国政府的危机管理》，《华东师范大学学报》（哲社版）2009 年第 1 期。

③ 孙德刚：《1973 年第四次中东战争研究述评》，《社会科学研究》2008 年第 2 期。

④ 这方面的文章有：阚雅晗、洪明：《国内外研究美国对中东政策述评》，《西亚非洲》2006 年第 5 期；胡国栋：《冷战时期美国对外政策中的政治和经济因素比较——以美国的中东政策为例》，《国际政治》2004 年第 6 期；王京烈：《整体考察美国的中东政策》（上），《阿拉伯世界研究》2007 年第 5 期。

⑤ 樊为之：《第二次世界大战后的美国中东政策研究》，博士学位论文，西北大学，2009 年。

⑥ 赵庆寺：《20 世纪 70 年代石油危机与美国石油安全体系：结构、进程与变革》，博士学位论文，复旦大学，2003 年。

为深入的分析;① 2009 年白玉广的《美国对以色列政策及美以关系的发展
(1948—1980)》,从美以关系的奠定、发展、战略合作与微调等方面分析
了美以关系的演变,从美以关系的角度对美国应对约旦危机、十月战争的
政策进行了阐述。② 2010 年,李智的《美国的中东政策研究 (1967—
1974)》,梳理了从约翰逊政府时期的六日战争直至 1974 年尼克松政府时
期美国对中东的政策。应当说,该文与本书在选题上有相似之处,但其在
关于消耗战、约旦危机、十月战争及石油危机等在尼克松时期爆发的重大
危机方面,梳理得并不透彻。如其中的罗杰斯计划,就仅涉及了第一个罗
杰斯计划,对于第二个罗杰斯计划及临时运河协议计划等方面都未涉及。
此外,对于国务院的平衡政策 (该文中称之为"公平政策") 也没有进行
深入分析。③

从目前国内的研究现状来说,国内学者对尼克松政府应对中东危机的
政策研究已经取得了一定的成果,尤其是随着相关档案材料的解密,都为
这方面的深入研究提供了新的素材。但是,目前国内的相关研究存在选题
范围太广、时间跨度过大、论著所用的支撑材料多为二手文献、基本史实
不够准确等问题,多博、杂而少专、精。因此,目前国内在这方面的成果
为本书的研究提供了借鉴,也使本书有了进一步深入研究的空间。

(二) 国外研究状况

国外对尼克松时期的中东政策的研究,无论是从时间段上还是从研究
人员的类别和著述的多样性上,都不胜枚举。在这些著述中,既有当事人
的回忆录,也有学者利用解密档案和相关回忆录进行的专门研究;既有针
对尼克松政府对中东政策的宏观性研究,也有针对这一时期某个危机的专
题研究;既有历史著述,也有利用国际关系理论进行的个案分析;而在研
究的延续性上,则是从 20 世纪 70 年代至今都有学者对这一问题进行持续
关注。根据这些著述研究的内容及视角的不同,可将其大致分为两大类:
第一类主要是针对尼克松时期的中东政策的综合性研究,其中既包括历史

---

① 姜淑令:《美国对以色列的援助政策研究 (1967—1988)》,博士学位论文,复旦大学,
2008 年。

② 白玉广:《美国对以色列政策及美以关系的发展 (1948—1980)》,博士学位论文,复旦
大学,2009 年。

③ 李智:《美国的中东政策研究 (1967—1974)》,博士学位论文,东北师范大学,2010
年。

著作，也包含依据国际政治理论进行的分析；第二类是对这一时期的中东危机的个案研究，这方面的成果丰富，本书将主要评介其中与消耗战、约旦危机、十月战争和石油危机有关的著述。鉴于国外有关尼克松时期的中东政策方面的著作繁多及作者对语种的掌握能力有限，本书将仅选取其中的主要英文著述进行介绍。

1. 关于尼克松政府中东政策的综合性研究

这类著作，主要是从国家间关系或美苏冷战体系、美国政府内部官僚机构间的互动、决策人的个性等角度，对尼克松政府中东政策所进行的综合性研究。

自 20 世纪 70 年代，就有学者与当事人开始研究尼克松政府应对中东危机的政策。作为美国布鲁克林研究所外交政策项目的主要负责人、曾在尼克松政府的国家安全委员会任职的威廉·匡特（William B. Quant），参与了尼克松政府中东政策的制定，他对尼克松政府的中东政策有更深的理解。1977 年，匡特的论著《十年抉择：美国对阿以冲突的政策（1967—1976）》出版，该书是研究尼克松政府对中东危机的代表作之一，在这一领域至今仍有较大影响。该书以 1967 年至 1976 年十年间发生的六日战争、约旦危机、十月战争和黎巴嫩内战为研究基点，从战略或国家利益、国内政治、官僚政治和总统的角色等不同维度阐释了美国在这十年的决策。[①] 该著作既是尼克松政府对中东政策的综合性研究，也是针对尼克松时期中东危机的专题性研究，具有较高的参考价值。

1981 年出版的丹·考尔德维尔（Dan Caldwell）的著作《美苏关系：从 1947 年到尼克松—基辛格的宏伟计划》，从美苏在危机管理中的互动出发，认为美苏在缓和时期处理危机的一个重要特征，是双方加强了多种形式的直接交流，如热线电话、多勃雷宁—基辛格秘密渠道都在危机解决中发挥了重要作用。尤其是在 1973 年中东战争期间，勃列日涅夫在危机的高潮阶段邀请基辛格到莫斯科就结束战争问题进行商讨，这在冷战时期是

---

① 　William B. Quandt, *Decade of Decision: American Policy toward the Arab - Israeli Conflict*, Berkeley: University of California Press, 1977, pp. 1 - 4. 匡特后来在该书的基础上加以修改、扩充，出版了《和平进程：1967 年以来的美国外交与阿以冲突》一书，目前第三版已修订出版；2009 年，该书的中文版由华东师范大学出版社出版。参见 William B. Quandt, *Peace Process: American Diplomacy and the Arab - Israeli Conflict since* 1967, Washington, D. C.: Brookings Institution Press, 2001；［美］威廉·匡特：《中东和平进程：1967 年以来的美国外交和阿以冲突》，饶淑莹、郭素琴、夏慧芳译，华东师范大学出版社 2009 年版。

绝无仅有的。就该书对尼克松时期的政策而言，作者则分别将尼克松政府的宏伟计划和伟大战略，归类于美国的缓和与冷战政策，这是本书的一大特色。① 美国冷战史专家雷蒙德·加特霍夫在《缓和与对抗：尼克松至里根时期的美苏关系》中，阐述了美苏缓和的发展历程，并通过 1973 年中东战争分析了美苏之间既缓和又对抗的关系及战争对美苏缓和观的影响。②

调停问题专家萨迪亚·图维尔（Saadia Touval）试图从美国在中东地区的角色出发来阐释美国对阿以冲突的政策。在《和平掮客：阿以冲突的调停者（1948—1979）》一书中，他从美国的现实动因方面来分析和平推动者的动机，认为罗杰斯与基辛格这些和平掮客的调停是出于美国在中东的利益需求，如罗杰斯计划的目的，就是要通过减少阿以冲突来弱化苏联在中东的影响，从而加强美国在埃及和其他阿拉伯国家中的地位。③ 而沃恩·香农（Vaughn P. Shannon）在《平衡行为：美国外交政策与阿以冲突》一书中认为，美国在中东冲突中试图扮演不偏不倚的调停人的角色，但最终都站在了支持以色列的立场上；在以色列逐渐从美国"特殊关系"国演变为"战略资产"后，如果美国在十月战争中失去以色列这样一个可靠而强大的反共产主义联盟，那么这将不利于美国的国内与战略利益；而十月战争和石油危机所带来的后果，就是美国试图重新探求在阿以之间实现对等平衡。④ 该书采用了一个较好的支点来阐明美国对阿以冲突的政策，但作者主要是侧重于危机过后美国对中东的政策，而对于危机处理过程中所表现出来的这种平衡性却较少论及；而从该书所用的资料来看，仅依靠第二手的资料难以把握美国在危机过程中所表现出来的这种平衡性，其论述的准确性尚待商榷。

以色列希伯来大学研究国际关系与冲突解决的雅各布·巴西曼托夫教授（Yaacov Bar - Siman - Tov）在其著作《以色列，超级大国与中东战

① Dan Caldwell, *American - Soviet Relations: From 1947 to the Nixon - Kissinger Grand Design*, Westport: Greenwood Press, 1981, pp. 127 - 128, 251 - 253.

② Raymond L. Garthoff, *Détente and Confrontation: American - Soviet Relations from Nixon to Reagan*, Washington D. C.: The Brookings Institution, 1985, pp. 442 - 446, 454 - 457.

③ Saadia Touval, *The Peace Brokers: Mediators in the Arab - Israeli conflict*, 1948 - 1979, Princeton: Princeton University Press, 1982, pp. 166 - 167.

④ Vaughn P. Shannon, *Balancing Act: US Foreign Policy and the Arab - Israeli Conflict*, Burlington: Ashgate, 2003, pp. 61, 70.

争》一书中，从以色列的角度对尼克松时期的中东危机作了较为细致的分析。他认为，消耗战爆发后，以色列的决策者们准确地认识到埃及发动战争的目的主要是政治解决阿以之间的冲突，为防止给埃及和苏联落下口实，以色列试图避免沿运河一带敌对状态的升级。对 1969 年 12 月罗杰斯计划失败后提出的旨在解决以色列和约旦冲突的约斯特文件，以色列认为其中从约旦河西岸撤退的条款是对以色列安全的侵犯；而十月战争中以色列之所以受到阿拉伯国家的突袭，是由于美国的限制与以色列的自我克制使然，因为以色列的先发打击会影响到来自美国的援助。[①] 以色列学者对以色列政策的解读，从客观上丰富了研究阿以冲突的维度，有利于对阿以冲突的多方位探讨。《运河战争：埃以美苏四国在中东的冲突》一书与巴西曼托夫分析问题的角度相似，该书选取了 1967—1974 年间在苏伊士运河爆发的六日战争、消耗战与十月战争为例，通过阐述美、苏、埃、以四国在这些战争中的互动，探讨了苏美对埃以的军事援助与战争的政治解决问题。[②]

1985 年，芝加哥大学政治学教授史蒂文·施皮格尔（Steven Spiegel）的著作《美国政府内部的阿以之争：从杜鲁门到里根美国中东政策的制定》出版。这一从官僚政治角度分析美国中东政策的制定的著作，在阐述尼克松政府对中东冲突的政策时，分析了美国国务院和国家安全委员会之间，尤其是总统国家安全事务助理基辛格和国务卿罗杰斯间的争斗，并阐述了官僚机构间的这种斗争在埃以消耗战和约旦危机中对尼克松政策选取的影响。[③]

相对于从宏观角度对美国中东政策的研究，也有学者试图从影响中东和平进程的关键人物的角度，分析他们在解决中东危机中所起的作用。肯尼斯·斯坦（Kenneth W. Stein）在其著作《英雄外交：萨达特，基辛格，卡特，贝京与对阿以和平的探求》中，通过对自 1970 年以来的中东冲突的梳理，分析了埃及总统萨达特对中东和平的追求及基辛格在解决中东冲

---

① Yaacov Bar - Siman - Tov, *Israel, the Superpowers, and the War in the Middle East*, New York: Praeger, 1987, pp. 158, 188.

② Lawrence L. Whetten, *The Canal War: Four - Power Conflict in the Middle East*, Cambridge: MIT Press, 1974.

③ Steven Spiegel, *The Other Arab - Israeli Conflict: Making America's Middle East Policy, From Truman to Reagan*, Chicago: University of Chicago Press, 1985, pp. 174, 185 - 186.

突中所起的作用。① 2004 年，牛津大学出版社出版了曾在哈佛大学任教的尤西·哈尼马基教授（Jussi M. Hanhimäki）的论著《有缺陷的大师：基辛格与美国的外交政策》。作者认为，基辛格之所以认为中东在 1970 年变得尤为重要，是由于中东在当时已经更为直接地关系到苏联的利益；而对于基辛格本人来说，约旦危机则确定了他在中东地区重要决策者的地位。对于十月战争，作者通过对新解密的档案文献的解读，认为基辛格的莫斯科之行使苏联外交部部长葛罗米柯意识到苏联会陷入困境；而基辛格与以色列总理梅厄夫人的谈话，既体现了基辛格支持以色列的立场，也反映了基辛格不认真遵守正式停火协定的态度。② 这些解密文档的解读，反映了基辛格在冲突解决中的另一面，使研究更具说服力。其他的一些综合性研究，也涉及消耗战、约旦危机与十月战争爆发的前因后果；巴解组织在这些危机，尤其是在约旦危机中的作用及美国对这些危机的政策等方面的内容。③

2. 专题性研究

目前关于尼克松政府对中东危机的政策之专题研究，有关消耗战和约旦危机的专门研究还较少，而对于美国为解决消耗战和约旦危机所采取的政策，多见于综合性研究中。诸多关于尼克松政府对中东危机的政策的专题性研究，主要集中于十月战争和石油危机，其中研究最集中的则是美国对十月战争的政策。

关于 1969 年 3 月至 1970 年 8 月期间的埃以消耗战的专门研究，《僵局：消耗战与中东的大国外交》是其中较有代表性的著作。该书作者戴维·科恩（David A. Korn）在对埃以消耗战进行细致梳理的基础上，阐述了埃以双方与美国、埃及与苏联间的互动及美国在消耗战中的政策。这本著作在材料上的突出特点，是广泛采用了对以色列、埃及及美国等国曾在消耗战期间任职的高级官员的采访材料，这在很大程度上弥补了档案文献解密不足的缺憾。但在对美国和平计划的失败原因进行分析时，作者认为

---

① Kenneth W. Stein, *Heroic Diplomacy: Sadat, Kissinger, Carter, Begin, and the Quest for Arab - Israeli Peace*, New York: Routledge, 1999.

② Jussi Hanhimäki, *The Flawed Architect: Henry Kissinger and American Foreign Policy*, New York: Oxford University Press, 2004, pp. 92 - 93, 312 - 313.

③ Charles D. Smith, *Palestine and the Arab - Israeli Conflict*, New York: St. Martin's Press, 1988; Donald Neff, *Fallen Pillars: U. S. Policy towards Palestine and Israel since 1945*, Washington D. C.: Institute for Palestine Studies, 1995.

这主要是尼克松政府内部官僚政治斗争的结果。① 事实上尼克松对罗杰斯第二次提出的和平计划是持赞成态度的，这使得埃以双方的态度在对于和平计划的成败上更为关键，因此作者的分析还需进一步商榷。

1980 年出版的希伯来大学雅各布·巴西曼托夫的《1969—1970 年埃以消耗战：有限局部战争的案例研究》，是关于消耗战的另一部具有代表性的著作。作者认为，消耗战是 1967 年第三次中东战争的结果，由于埃以之间的根本分歧而无法实现阿以冲突的政治解决，因此埃及发动战争的目的之一是要通过战争改变以色列的意图。对于消耗战的解决，作者认为1969 年底罗杰斯计划失败，应归咎于美国对其压以色列接受和平协议会获得苏联对埃及的对称性行为的错误认识，也在于美国忽视了埃以双方对和平解决冲突的认知。但消耗战的最终解决证明，超级大国的政治约束对战争的结束起到了决定性的作用。② 尽管该书并非是关于美国对消耗战的政策的专门研究，而是从有限局部战争的角度进行的研究，但却有利于从以色列的角度来认识美国应对中东危机政策的实质。

阿萨夫·西尼弗（Asaf Siniver）在《尼克松，基辛格与美国外交政策的制定：危机管理机制》一书中，运用危机管理的相关理论，以尼克松时期的入侵柬埔寨、约旦危机、印巴战争和十月战争为分析案例，通过分析尼克松重组的国家安全委员会应对危机的决策程序，阐述了美国的危机管理机制。作者认为约旦危机可分为劫机、内战、叙利亚入侵三个不同的危机管理阶段，而这次危机几乎引起了美苏间的直接对抗；十月战争中，由于尼克松陷入"水门事件"而导致其与基辛格之间权力的失衡，仅突出了基辛格在外交上的关键作用。③ 此外，作者在文中运用了美国国家安全档案馆、英国国家档案馆中的解密文档及苏联驻美国大使多勃雷宁等人的回忆录等多方史料进行论述，这无疑使该研究成果更加客观。

阿伦·道蒂（Alan Dowty）在其著作《中东危机：美国在 1958，1970和 1973 年的决策》中，运用危机管理理论对约旦危机和十月战争进行了

---

① Korn, David A. *Stalemate*: *The War of Attrition and Great Power Diplomacy in the Middle East*, 1967 – 1970, Boulder: Westview Press, 1992, pp. 277 – 278.

② Yaacov Bar – Siman – Tov, *The Israeli – Egyptian War of Attrition 1969 – 1970*: *A Case Study of Limited Local War*, New York: Columbia University Press, 1980, pp. 175 – 176, 207 – 208.

③ Asaf Siniver, *Nixon*, *Kissinger*, *and U. S. Foreign Policy Making*: *The Machinery of Crisis*, New York: Cambridge University Press, 2008, p. 4.

分析。作者将危机分为危机前、危机期间及危机后三个阶段，分别对各个阶段的决策与决策者、决策者的认知和决策流程三个向度进行解析，以此来透视美国的危机决策。此外，在对这两个危机的研究中，作者运用了大量的采访材料，这在很大程度上弥补了当时尼克松政府大量外交文献尚未解密的不足。[①]

1976 年，美国前驻也门和阿联酋大使威廉·鲁（William A. Rugh）在《十月战争期间美国的外交政策：阿拉伯人的视角》一书中简练地叙述了十月战争的爆发、经过与后果。作者通过阿拉伯国家的大众传媒，分析了阿拉伯国家对美国在战争期间的政策的态度和反应。[②] 沃尔特·博伊恩（Walter J. Boyne）在《两点钟战争：1973 年赎罪日战争与拯救以色列的空运》中则对十月战争进行了详细的记述。[③]

1994 年，理查德·内德·勒博（Richard Ned Lebow）和贾妮丝·格罗斯·斯坦（Janice Gross Stein）合著的《我们都失去了冷战》，从威慑的角度反驳了西方普遍认为的美国赢得了冷战的传统观点，以古巴导弹危机和 1973 年中东战争为例分析了美苏在冷战中的失败。作者认为，中东危机是美苏运用威慑战略的结果；而基辛格所采取的三级战备，是承继了肯尼迪在古巴导弹危机时期所秉持的理念，即通过军事威胁迫使苏联后退。在对 1973 年中东战争的探讨中，作者从冷战、缓和及美苏和阿以各方的观点等方面，详细地论述了十月战争爆发的前因后果；在材料的运用方面，作者运用了大量的对美苏当事人的采访材料，这为深入研究美苏对中东危机的立场和态度提供了更多的素材。[④] 因此，从研究的视角和佐证的材料上，该著作都提供了较好的范例，但作者将危机期间苏联在中东的行为视为威慑的失败而不是一种虚张声势，而事实上苏联却没有任何要直接参战的企图，这种观点显然牵强。

美国费城对外政策研究所所长哈维·西奇曼（Harvey Sicherman）在

---

① Alan Dowty, *Middle East Crisis: U. S. Decision - Making in* 1958, 1970, *and* 1973, Berkeley: University of California Press, 1984.

② William A. Rugh, *Arab Perceptions of American Foreign Policy during the October War*, Washington, D. C. : Middle East Institute, 1976.

③ Walter J. Boyne, *The Two O' clock War: The* 1973 *Yom Kippur Conflict and the Airlift That Saved Israel*, New York: St. Martin's Press, 2002.

④ Richard Ned Lebow and Janice Gross Stein, *We all Lost the Cold War*, Princeton: Princeton University Press, 1994, pp. 291, 447 - 460.

1976 年出版的《赎罪日战争：幻想的终结?》中认为，国家领导人应当具有想象（imagination）、判断、掌握信息三种能力，在获取信息越来越便利的情况下，美以领导人却由于前两项的缺失而导致了赎罪日战争与石油禁运的发生。关于缓和对中东战争的影响，作者认为美苏缓和尤其是1972 年埃及驱逐苏联顾问，使美以误判埃及通过军事行动改变现状的可能性，而美苏缓和也影响了基辛格在战争初期对局势的判断。① 尽管该书是对十月战争的专论，但却具有较强的政论性，许多观点都缺乏相关史料的支撑。

　　与十月战争相伴而生的是石油危机或石油禁运。十月战争前所形成的全球能源形势，使此次石油禁运演化为全球范围的第一次能源危机，它产生了甚至比十月战争更为深远的影响，因此许多学者将石油危机作为一个单独的研究对象进行研究。

　　约瑟夫·斯兹里奥维茨（Joseph S. Szyliowicz）与巴德·奥尼尔（Bard E. O'Neill）合编的《能源危机和美国对外政策》是在石油危机之后出版的有较大影响的关于能源危机的著作。该书从美国石油对外依存的缘起、石油危机产生的背景、石油的供求状况、能源危机与美国的外交政策、美苏在波斯湾地区的政治—军事平衡及石油危机后的美苏关系等方面，全面论述了 1973—1974 年石油危机及其后果，是研究第一次石油危机中美国外交政策的重要著作之一。② 罗伊·利克莱德（Roy Licklider）在其著作《政治影响力与阿拉伯石油武器：五工业国的经历》中，则分析了荷兰、英国、加拿大、日本和美国五国从石油危机中所吸取的不同教训，阐述了石油武器对各国对阿以冲突的政策的影响。作者认为，尽管在石油禁运时期五国对阿以冲突的政策变化较小，但在以后的十年里，五国政府都表现出对阿拉伯更为同情的立场。③

　　本杰明·施瓦德兰（Benjamin Shwadran）则从 1973 石油禁运对西方国家的影响、十月战争与禁运间的关系、实施下一次禁运的可能性三个方

---

① Harvey Sicherman, *The Yom Kippur War: End of Illusion?* Beverly Hills: Sage Publications, 1976, pp. 1-2, 18-20, 45-46.

② Joseph S. Szyliowicz, Bard E. O'Neill eds., The Energy Crisis and U. S. Foreign Policy, New York: Praeger, 1975.

③ Roy Licklider, *Political Power and the Arab Oil Weapon: The Experience of Five Industrial Nations*, Berkeley and Los Angeles: University of California, 1988, pp. 1-2.

面考察了阿拉伯石油禁运，认为从严格意义上石油禁运是失败的，但从心理和政治含义上来说则给阿拉伯国家以优势感。[①]

与以上研究专著相比，相关期刊文章则选题广泛、角度多样，尤其是有关十月战争的论文，在美以未能避免战争的原因、美苏核对抗及十月战争所造成的影响等方面都进行了深入的探讨。[②]

综上所述，目前国内外关于尼克松政府对中东危机的政策研究主要有以下两个方面的特点：

（1）将尼克松政府对中东危机的政策融于美国对中东的整体政策中进行考察。这类著作中除个别研究是对尼克松政府对中东政策的专门研究外，其他大多仅是涉及这个时期的中东危机；而从研究视角上，这类研究多是从当时的国际体系或国家间关系、官僚政治模式、决策者的个性特征及决策取向方面进行分析。相较而言，无论是分析的力度还是文献的利用方面，该类研究都有较大的挖掘空间。

（2）预设对尼克松时期的中东危机的理论解释框架，从中选取个别危机作为解释的案例。这类研究多是从国际关系的相关理论出发，从理论的预设前提中对危机进行阐释，展示了较好的研究视角，同时在材料的选取与挖掘上也非常深入。但这种理论上的预设解释与案例分析中的解释倾向，容易造成彼此的牵强，而且由于案例选取的倾向性而不利于把握尼克

---

①　Benjamin Shwadran, *Middle East Oil Crises since* 1973, Boulder: Westview Press, 1986, pp. 57 – 65.

②　相关论文有：Stephen A. Garrett, "Nixonian Foreign Policy: A New Balance of Power, or a Revived Concert?" *Polity*, Vol. 8, No. 3, Spring 1976; Zeev Maoz and Allison Astorino, "Waging War, Waging Peace: Decision Making and Bargaining in the Arab – Israeli Conflict, 1970 – 1973", *International Studies Quarterly*, Vol. 36, No. 4 Dec. 1992; Ahmed S. Khalidi, "The War of Attrition", *Journal of Palestine Studies*, Vol. 3, No. 1, Autumn 1973; James Akins, "The Oil Crisis: This Time the Wolf Is Here", *Foreign Affairs*, 51, Spring, 1973; Michael I. Handel, "The Yom Kippur War and the Inevitability of Surprise", *International Studies Quarterly*, Vol. 21, No. 3, Sep. 1977; Avi Shlaim, "Failures in National Intelligence Estimates: The Case of the Yom Kippur War", *World Politics*, Vol. 28, No. 3, Apr. 1976; Scott D. Sagan, "Lessons of the Yom Kippur Alert", *Foreign Policy*, No. 36, Autumn 1979; Barry M. Blechman and Douglas M. Hart, "The Political Utility of Nuclear Weapons: The 1973 Middle East Crisis", *International Security*, Vol. 7, No. 1, Summer 1982; John L. Scherer, "Soviet and American Behavior during the Yom Kippur War", *World Affairs*, Vol. 141, No. 1, 1978; Dankwart A. Rustow, "Who Won the Yom Kippur and Oil Wars?", *Foreign Policy*, No. 17, Winter 1974 – 1975; G. Matthew Bonham, Michael J. Shapiro, Thomas L. Trumble, "The October War: Changes in Cognitive Orientation toward the Middle East Conflict", *International Studies Quarterly*, Vol. 23, No. 1, Mar. 1979。

松政府时期美国对中东危机的政策的规律。

以上国内外研究现状表明，从研究内容方面，目前学界对尼克松政府时期美国应对中东危机的对外政策所进行的研究较为粗线条化，对尼克松政府应对危机的政策出台的理念、动机政策分析得不够透彻、清晰，缺乏深度；而对于这一时期某项危机的阐述也往往流于案例的分析，这种研究带来的问题则是缺乏历史感、政策的延续性和整体性，在纵向上缺乏比较性。从史料运用的角度，目前的研究较少利用相对较新的史料对尼克松政府对中东危机的政策进行专门研究，国内在这方面的研究尤为缺乏。到目前为止，美国相继解密了有关约旦危机、美苏关系、恐怖活动、十月战争、石油危机和基辛格穿梭外交的档案文献，以色列等国也在其外交部网站公布了部分相关的外交文档。此外，与本书相关的多项口述史料也相继问世。关于以色列、阿拉伯各国等诸方面的文献，英文版的中东报道、阿拉伯各国的新闻报道也为本书的写作提供了不可或缺的史学研究资料。以上这些档案资料为重新解读尼克松政府对中东危机的政策、认识阿拉伯方面的内部争斗与互动以及阿以纷争的动因提供了丰富的史料素材。本书将在继承前人研究成果的基础上，充分利用各方档案资料，从平衡政策的视角对这一选题展开研究。

三　研究的史料素材

本书是一部世界史著述，是以解读大量的档案文献为研究基础的。目前已收集到的档案资料主要有以下三种类别：

（一）解密的档案文献

到目前为止，这些相对较新的档案资料主要有：2003年10月，美国国家安全档案馆（National Security Archive，NSA）网站公布了与1973年十月战争相关的94份解密文件。① 2011年、2012年，美国国务院先后公布了1973年十月战争卷、第一次石油危机卷和十月战争后的阿以争端卷，其中也包含了2003年10月国家安全档案馆曾解密的部分档案文件。② 美国数

---

① See http：//www.gwu.edu/~nsarchiv/NSAEBB/NSAEBB98/index.htm.

② See *Foreign Relations of the United States* (*FRUS*) 1969 - 1976, Volume XXV, Arab - Israeli Crisis and War, 1973, Washington：United States Government Printing Office, 2011; *FRUS* 1969 - 1976, Volume XXXVI, Energy Crisis, 1969 - 1974, Washington：United States Government Printing Office, 2011; *FRUS* 1969 - 1976, Volume XXVI, Arab - Israeli Dispute, 1974 - 1976, Washington：United States Government Printing Office, 2012.

字国家安全档案馆（Digital National Security Archive，DNSA）、解密档案参考系统（Decalssified Documents Referrence System，DDRS）、以色列外交部等网站也解密或公布了少量与本书相关的资料。此外，本研究还使用了一些专门报道以色列和阿拉伯方面的报刊文章，如《中东报道》（Middle East Report，MER）、《阿拉伯报道与记录》（Arab Report and Record，ARR）等。除了以上相对较新的档案文献之外，本书还采用了部分较早公布的尼克松总统之前的各届总统时期的《美国外交文件集》、《美国总统公开文件》等文献。

（二）当事人的回忆录

这类著作往往是当事人对事件的回顾与总结，其中不乏有价值的资料，但这些资料多经过当事人的加工，其中也多有失之偏颇的观点，需要鉴别使用。尼克松和基辛格是美国对中东政策的关键决策人，他们的回忆录对于研究这一时期美国对中东危机的政策具有重要的参考价值。1978年，尼克松在其出版的回忆录中提到了约旦危机、两次美苏首脑会晤及1973年中东战争，其中包括尼克松在上任之初未让基辛格负责中东事务的原委、1973年中东战争期间尼克松疲于应付"水门事件"等方面的内容。①

与尼克松对中东危机相对简约的记述相比，基辛格在其回忆录中则较为详尽地记录了尼克松政府应对中东危机的政策及决策过程。在《白宫岁月》和《动乱年代》②两部回忆录中，基辛格详细记述了尼克松政府时期美国对中东的政策、应对中东危机的决策过程、国务院与国家安全委员会在中东问题上的抵牾、基辛格与多勃雷宁的秘密会谈、美国与埃及的秘密通道、缓和与中东危机的关系及美国在处理十月战争与石油危机的策略等方面的内容。基辛格的电话记录抄本是研究十月战争的重要文件，2003年出版的《危机：两次重大外交政策危机的剖析》一书中关于十月战争的主要内容，就是基辛格在1973年10月的电话交谈记录，这对于研究十月战争具有重要的参考价值。③ 然而，该书所编辑的电话记录并不完整，

---

① Richard Nixon, *The Memoirs of Richard Nixon*, New York: Grosset & Dunlap, 1978, pp. 477, 922 – 944.

② Henry Kissinger, *Years of Upheaval*, Boston: Little, Brown, 1982.

③ Henry Kissinger, *Crisis: The Anatomy of Two Major Foreign Policy Crises*. New York: Simon & Schuster, 2003.

也不是对美国十月战争政策的唯一解释，其他参加这一事件的高级官员所保留的电话谈话记录则起到了补充性的阐释作用。沃尔特·艾萨克森（Walter Issacson）在基辛格传记中就引用了其中的一些材料。① 例如，10月6日，基辛格敦促尼克松的助手亚历山大·海格将军将尼克松滞留在佛罗里达，以避免出现任何意外动向，这在基辛格的《危机》中没有提及。10月12日，在做出向以色列空运的决定时，基辛格告诉施莱辛格以色列的形势近于灾难，是五角大楼"蓄意破坏"的结果，而这也没有在《危机》中出现。②

其他相关国家重要当事人的备忘录的发表，也为全面研究尼克松政府对中东的政策、各国对中东危机的态度，对各备忘录中共同问题的多方佐证提供了不可或缺的资料。苏联驻美大使安纳托利·多勃雷宁（Anatoly Dobrynin）的备忘录《信赖：美国六位冷战总统期间的苏联驻美大使（1962—1986）》③、时任以色列总理梅厄夫人（Golda Meir）的《我的一生》④、时任以色列驻美大使伊扎克·拉宾（Yitzhak Rabin）的《拉宾回忆录》⑤、埃及前总统安瓦尔·萨达特（Anwar Sadat）的《萨达特回忆录》⑥、埃及前新闻部长穆罕默德·海卡尔（Mohamed Helkal）的《通向斋月战争之路》⑦ 及埃及前外交部长穆罕默德·里亚德（Mahmoud Riad）的《为中东和平而斗争》⑧ 等相关国家的重要当事人的回忆录，在埃以消耗战、罗杰斯计划、埃苏关系的演变、约旦危机、美埃秘密通道、美苏首

---

① Walter Issacson, *Kissinger*: *A Biography*. New York: Simon & Schuster, 1992.

② William Burr, ed., "The October War and U. S. Policy", *The National Security Archive*, Oct. 7, 2003. [2009 - 06 - 28] http: //www. gwu. edu/ ~ nsarchiv/NSAEBB/NSAEBB98/index. htm.

③ Anatoly Dobrynin, *In Confidence*: *Moscow's Ambassador to American's Six Cold War Presidents* (1962 - 1986), New York: Times Books, 1995.

④ ［以］果尔达·梅厄：《我的一生》（即《梅厄夫人自传》），章仲远、李佩玉译，新华出版社 1986 年版。

⑤ Yitzhak Rabin, *The Rabin's Memoirs*, trans. Dov Goldstein, Berkeley: University of California Press, 1996. 1968—1973 年拉宾任以色列驻美大使，1973 年被任命为劳工部长、由迪民兹（Dinitz）继任以色列驻美大使一职。1974 年，拉宾继梅厄夫人之后成为以色列总理。

⑥ ［埃］安瓦尔·萨达特：《萨达特回忆录（附：权力中心的流血斗争)》，钟艾译，商务印书馆 1976 年版；［埃］安瓦尔·萨达特：《萨达特回忆录：莫斯科同开罗之间的坚冰正在融化》，辛华译，人民出版社 1978 年版。

⑦ ［埃］穆罕默德·海卡尔：《通向斋月战争之路》，上海《国际问题资料》编译组译，上海人民出版社 1976 年版；Mohamed Helkal, *The Road to the Ramadan*, London: Collins, 1975。

⑧ Mahmoud Riad, *The Struggle for Peace in the Middle East*, New York: Quartet Books, 1981.

脑会谈、十月战争及石油战争等方面都有不同程度的阐述，这对于全面了解尼克松政府的中东政策，具有重要的补缺意义。

（三）口述史料

除了以上政府机构公布的官方史料及个人回忆录之外，本书还采用了部分口述史料作为研究素材，如美国军火商 BDM 公司为了解冷战时期苏联的意图而对苏联人员的采访开展的口述史项目。美国国家安全档案馆于 2009 年 9 月 11 日公布了关于苏联核政策的材料，该材料是美国五角大楼军火承包商 BDM 公司于 1995 年在对苏联的国防部官员、军事专家等人员进行采访的基础上形成的，并最终形成两卷本的《苏联的意图：1965—1985》口述史料。该材料涵盖了包括苏联兵力的水平和状况、目标与作战计划、武器的性能及国防工业的作用等有关苏联战略的一系列问题。BDM 公司将其采访结果与美国官方或半官方的对冷战期间苏联战略政策的解释进行了比较，尽管 BDM 的分析人士发现其中的一些解释与采访证据一致，如在苏联对避免核战的关注及对优势的追求等方面，但他们认为官方或半官方的解释有重大的分析失误，材料中的一些论断甚至引起了冷战史学家们的争论。尽管该材料未设有保密等级标识，但美国五角大楼信息自由法审查人员还是将其作为具有保密级别的材料进行了部分删节。①

另一项是关于 1973 年十月战争的口述史项目。继 1992 年召开了关于 1967 年六日战争的专题性会议之后，关于十月战争的专题性会议也逐渐被提上议程。1998 年 10 月，在十月战争爆发 25 周年之际，在美国前驻摩洛哥大使、历史学家理查德·帕克（Richard B. Parker）的组织下，来自美国、苏联、以色列、埃及、叙利亚、约旦等国的专家，及曾参与危机的前官员在美国召开了关于 1973 年十月战争的学术会议，共同探讨了十月战争爆发的缘由、影响 1970—1973 年美国未采取积极的中东外交政策的因素、美国核警戒及苏联未采取反威慑的原因等问题。2001 年，佛罗里达大学出版社出版了该会议的讨论记录，即《十月战争回顾》一书，

---

① See William Burr and Svetlana Savranskaya, eds, "Previously Classified Interviews with Former Soviet Officials Reveal U. S. Strategic Intelligence Failure Over Decades", *The National Security Archive*, September 11, 2009. ［2009 – 09 – 21］http：//www. gwu. edu/ ~ nsarchiv/nukevault/ebb285/ index. htm.

这成为研究十月战争的重要口述史料。[①]

　　本书试图通过对以上这些档案资料的全面解读与综合运用,更为客观地探究尼克松政府在中东危机中的政策制定与运作程序,考察美国外交决策的真实意图,也希冀通过档案文献的解读来更真实地还原历史。

　　四　研究思路及研究目的

　　冷战时期,遏制与反遏制是美苏关系的主流,即使是在美苏关系缓和的尼克松政府时期,也没有改变两国关系的这种基调。在中东地区,尼克松政府为实现对苏遏制,除了通过美苏缓和使苏联保持克制外,还试图通过推动阿以和谈的进展来削弱苏联在中东的影响,同时在中东危机的关键时刻不惜与苏联兵戎相见对苏联进行威慑。因此,本书在阐述美国对中东危机的政策时,主要围绕两条主线来进行:一条是在中东地区采取平衡政策;另一条是对苏联实施遏制。

　　本书首先从杜鲁门到约翰逊政府时期美国在中东实施的平衡政策入手,阐述美国在这一时段平衡政策的发展演变,并着重梳理了1967年六日战争之后约翰逊总统为争取阿拉伯国家而构建对等平衡政策的尝试。六日战争之后苏联向在战争中遭受重大损失的埃及、叙利亚等阿拉伯国家进行大规模军事补给,不断扩大在中东地区的势力和影响,这使美国迅速跟进对以色列的军事援助,而美国认为其援助以色列的目的在于确保中东地区的军事平衡,遏制苏联利用阿以冲突在中东扩大势力和影响。[②] 这一做法导致了中东地区的军备竞赛,为下一轮军事冲突埋下了伏笔。在此基础上,本书对美苏缓和下的美国应对中东地区争端的理念进行了分析,然后对中东地区在尼克松政府时期爆发的埃以消耗战、约旦危机、十月战争及石油危机逐次进行梳理、分析,并以这些危机为分析对象,阐述了尼克松政府时期平衡政策的演变。尼克松时期的平衡政策经历了对等平衡、威慑平衡再到对等平衡的演变,这主要体现在以下三个时段:

　　第一个时段为从1969年尼克松上任至1970年9月约旦危机的爆发,这是国务卿罗杰斯和负责近东与南亚事务的助理国务卿西斯科主导美国中

---

① Richard Parker, ed., *The October War: A Retrospective.* Gainesville, FL: University Press of Florida, 2001.

② "First Annual Report to the Congress on United States Foreign Policy for the 1970's, February 18, 1970", *Public Papers of Presidents of the United States: Richard Nixon* 1970, Washington D. C.: Government Printing Office, 1971, p. 154.

东政策的阶段。在这一时期，美国国务院主张采取对等外交，即在阿以冲突中采取不偏不倚的（even‐handed）政策。由于国务院的这一希望全面解决阿以冲突的政策没有得到白宫的有力支持，以及阿以双方对罗杰斯计划等一系列解决方案存在着无法弥合的分歧，国务院解决阿以冲突的政策收效甚微。约旦危机结束后，尼克松政府逐渐抛弃了这一政策。伴随临时运河协议计划的失败，基辛格也开始插手中东事务，美国的中东政策也开始从对等平衡向威慑平衡过渡。

第二个时段是自约旦危机结束至十月战争。约旦危机使尼克松政府意识到以色列的战略作用，这促使美国改变了原来的对等平衡外交而转向实行保证以色列对阿拉伯世界的军事优势、防止阿拉伯方面通过战争改变现状的威慑平衡政策，因此约旦危机成为尼克松时期美国对中东政策的分水岭。然而，这种威慑平衡政策不仅没有能够吓阻阿拉伯国家，相反却激发了阿拉伯国家收复失地的信心，最终导致了十月战争的爆发，并引发了波及世界范围的第一次石油危机。但十月战争中美国迫使以色列放弃了对被以军围困的埃及第三军的进攻，这既没有使以色列获得全然的胜利，也没有使埃及全军溃败，从而为对等平衡政策的实施打下了基础。从某种程度上，在十月战争中美国对阿以政策的一张一弛，避免了1967年第三次中东战争中以色列所取得的压倒性胜利所带来的问题，为阿以冲突的解决留下了余地。

第三个时段为十月战争后至石油禁运结束，即基辛格的"穿梭外交"时期。十月战争的意义在于，它既使美国从此将中东问题列为其对外政策的优先考虑范围，也为开启中东和平进程提供了条件；同时也为美国回到对阿以采取对等平衡外交的政策提供了可能。在十月战争结束后，为解决阿以冲突问题，基辛格利用脱离接触与石油禁运对阿以双方进行互反制约，成功地实现了获得阿拉伯国家的好感、解除石油禁运与开启中东和谈的多重目的。从战略上，美国成功地利用危机重新获得了中东的石油，保证了以色列的安全；尤为重要的是，美国通过这个过程将苏联排挤在阿以和谈之外，单独充当了调停人的角色，从而有效地遏制了苏联在阿拉伯世界的势力和影响。基辛格在中东地区的"穿梭外交"使阿以双方脱离了军事接触，埃及和叙利亚也先后恢复了与美国的关系；而苏联与埃及的关系却每况愈下，与叙利亚的关系也出现了裂痕，① 这表明美国对中东危机的积极应对有效地遏制了苏联在中东的势力和影响，达到了其在中东重塑对等平衡政策的意图。

基于以上研究思路，本书的研究目的主要包括以下几个方面的内容：

1. 美国在战略收缩时期的对外政策理念。本书研究的目的之一是对现实的关怀。尼克松政府是在越南战争进行期间上台的，但此时美国深陷越南战争的恶果已经显现出来，这也正是尼克松主义出台的国际与国内背景。尼克松政府正是在这样一种背景之下实现美苏缓和、构建中美苏大三角，以达到美苏力量的平衡，也以此获取在全球范围内与苏联争锋的筹码。但在冷战背景下，美国不会放弃与苏联在世界范围内的争夺，那么如何在缓和背景下与苏联在中东一争高下，这就是本书以美国的平衡政策作为研究主线的目的之一，即通过在中东地区实施平衡政策，利用其特殊关系国以色列来实现自己的战略意图；同时还借助解决危机来瓦解苏联与阿拉伯的友好关系，以此达到遏制苏联的目的。事实上，经历了阿富汗战争和伊拉克战争的美国政府也面临着战略收缩问题，那么奥巴马政府是否会采取尼克松政府曾采取过的平衡政策理念来实现美国在中东、东亚等地区的战略平衡问题？当前美国政府推出的"亚洲再平衡"、对中东的"巧权力"等政策是否有历史的渊源关系？本书研究的目的之一，便是通过对尼克松政府时期的平衡政策的研究来对照美国当前的对外政策。

2. 通过美国对外政策的制定与实施，定位美国在地区争端中的角色，透析美国在地区争端中所持"不偏不倚"、"不持立场"、"维持现状"的实质。尼克松时期美国对阿以冲突所采取的平衡外交政策，主要包括两个方面的含义：一方面是对阿、以双方的对等平衡外交，另一方面则是指支持以色列的威慑平衡外交。以 1970 年约旦危机为界，危机之前是由国务卿罗杰斯主导美国对中东的政策，他主要采取的是对等平衡外交；危机之后则由尼克松和基辛格执掌对中东的政策。约旦危机促成了美国的外交政策由对等平衡向威慑平衡的嬗变。美国平衡外交的目的是防止阿以冲突升级，通过政治途径来最终解决阿以冲突。因此，美国的目的是试图在阿以冲突中扮演调停人的角色，从而使阿、以双方都依赖于美国，进而排斥苏

---

① 刘竞、张士智、朱莉：《苏联中东关系史》，中国社会科学出版社 1987 年版，第 236—241、247—248 页。

联在中东的势力和影响。

但需要指出的是，即使是在实施严格的平衡外交时期，美国也是以保证以色列的安全为前提的。美方在尼克松政府初期及在十月战争初期未对以色列进行大规模军事援助的主要原因，也是由于美方认为以色列当时保有对阿拉伯方面的军事优势，然而当形势突变时，美国则想方设法对以色列进行大规模军事援助。此外，在象征美苏缓和高潮的莫斯科、华盛顿会谈中，美国曾一度表示对中东问题要"维持现状"，但当时以色列却实际控制着西奈半岛、格兰高地、约旦河西岸、加沙地带等阿拉伯方面的领土，这种维持现状实际上就是对以色列的间接支持，这都表明了美国作为调停者不偏不倚身份的缺失。美国在中东危机中的立场，有助于我们认识美国在涉及其特殊关系国的争端中的立场，如1982年英国与阿根廷的马岛战争、中日钓鱼岛争端，我们都可以看到美国所谓"不持立场"、"不选边站"的虚妄。

3. 考察缓和时期美国中东政策的实质，探究中东危机在美苏冷战中的地位与作用。美苏缓和背景下的阿以冲突，既反映了阿以矛盾的不可调和性，也体现了美苏在中东地区的博弈。尼克松政府在应对中东危机中所采取的缓和政策的实质仍是遏制，其表现为双方在该地区的争夺与对抗。消耗战、约旦危机、十月战争与石油危机，是发生在尼克松时期的相互关联的系列事件，本书将从危机发生的内在关联性、美国危机管理政策的延续性、冷战时期美国对苏政策的一贯性等方面，探究美国的中东政策在其全球战略中的地位、美国应对中东危机的政策在美苏争夺中的作用。

总体而言，本书将主要从遏制与平衡外交的角度分析尼克松时期美国应对中东危机的政策。从1969年至1974年发生的三次中东危机是本书的主要分析对象，本书将围绕尼克松政府应对危机的政策进行阐述，以此分析美苏在中东地区的博弈、美国对中东政策的演变、美苏对缓和的认知及其对阿以冲突的影响、美国的中东政策对中东冲突的影响、美国对中东危机的处理对美苏在中东攻防态势的影响，及美国对中东政策的转变背后的苏联因素等方面的内容。

五 研究的意义与方法

尼克松时期发生的三次中东危机，任何一次都不是孤立的，而是相互关联的，在大历史背景之后都有其复杂的现实动因。因此，仅选取其中个别危机作为研究对象，无法洞察这一时期的美国外交政策的全貌。从历史研究的角度，尼克松时期的中东危机既是在美苏冷战的大背景下也是在美苏缓和时期发生的，对这三次危机的全面考察，有利于了解尼克松政府应对中东危机的整体理念，对于探究这一时期美国对外政策的实质有着重要的学术价值和现实意义。

（一）学术价值

目前国内外学者大都倾向于选取其中的个别危机作为分析国际关系理论的案例来进行研究，较少把尼克松时期的中东危机作为一个整体进行考察；而在史学研究中，关于尼克松时期美国对中东政策方面的专题研究较为欠缺，这使本选题具有了研究空间。同时，与1969—1976年阿以冲突与美苏关系、1970年约旦危机、1968年以来的中东恐怖活动、1973年十月战争相关的文献的解密，为本选题的深入研究提供了条件。此外，无论是从美苏冷战的发展阶段，还是从美国对阿以双方的政策方面，尼克松时期都是具有典型意义的阶段。因此，该选题有利于钩沉历史、审视前人的研究成果、深化对尼克松时期的美国外交政策的研究、丰富这一时期的研究内容。

就本选题的研究创新性而言，对尼克松时期的美国中东政策的研究，在学界已不是一个新课题，从冷战的角度所进行的研究也并非乏善可陈，但从遏制与平衡的角度、系统地对尼克松政府应对中东危机的政策进行的研究，目前尚不多见。本书试图从这一角度出发，通过对美苏缓和、美国在阿以冲突的不同阶段所采取的平衡外交的分析，来阐明美国解决中东危机的目的即在于遏制苏联在中东的势力和政治影响。本书的创新性主要在于以下两点：

1. 对缓和的认知

本书在阐述缓和与第四次中东战争的关系中所使用的"缓和"，包括两个方面的内容。第一个方面的内容是尼克松时期的美苏缓和，这个缓和是美苏冷战中的一个阶段，是美苏为缓解彼此间紧张关系的一种双向互动。美苏分别于1972年5月和1973年6月举行的两次首脑会晤，标志着美苏缓和的高潮。在这两次会晤中，苏联基本同意了美国关于维持中东现状而实际上是有利于以色列的建议。第二个方面的内容，则是指埃及总统萨达特为通过政治途径解决被占领土问题而向美国和以色列发出的单向缓和要求。美苏缓和维持了埃以之间的领土现状；而埃及发动的单向缓和则既没有得到美国的积极响应，也为以色列所拒绝，这使萨达特试图通过外交途径来解决埃以冲突的希望破灭。因此，萨达特下定决心发动战争，以此将美苏卷入中东冲突，最终通过政治途径来实现阿以问题的解决。美苏对缓和的追求忽略了埃及通过缓和来解决阿以冲突的诉求，这使美苏对缓和的追求、埃及对美以缓和的单向追求的失败，构成了埃及和叙利亚发动中东战争的外部因素；而阿拉伯国家收复失地的决心，则成为其发动战争的内源性因素。

就美国对苏联的缓和政策而言，本书将尝试从美国遏制苏联政策的延续性方面，来分析尼克松政府对苏采取缓和政策的实质，以及美国的缓和政策在中东冲突中的表现等。本书在这方面的创新主要在于所谓的新"材料"，即在于利用了阐释苏联在美国的历次威慑中退缩原因的公布材料，而非在观点上。而就萨达特的缓和而言，本书则将之归结为大缓和环境下的局部缓和。对于以上两个方面的解析，本书力求做到在观点上有新阐释，内容上有新材料。

2. 平衡外交

从平衡外交的角度对尼克松时期美国应对中东危机的政策进行分析，并不是一个崭新的视角，已有研究者对此作了相关研究。本书与以往相关研究的不同之处在于以下三点：

第一，尼克松政府在平衡政策的实施中，不仅在于要软化激进的阿拉伯国家的立场、保证以色列的安全，还在于防止温和的、亲美的阿拉伯国家倒台，即防止温和国家为激进国家所取代，以保证两种力量间的平衡，这也是美国在中东采取的平衡政策的内容之一。因此，这种平衡包含有阿拉伯国家与以色列、阿拉伯国家内部激进派与温和派间的两重平衡。而尽管阿拉伯国家的温和派与以色列也有矛盾，但当温和势力处于下风时，以色列则担当起拯救温和派、实施美国中东意图的角色。

第二，将平衡政策区分为对等平衡与威慑平衡两种政策。尼克松政府在解决中东冲突中所采用的平衡外交政策主要集中于消耗战、约旦危机、十月战争及基辛格的"穿梭外交"时期。根据约旦危机后美国政府对以色列的战略地位的认识及平衡外交的嬗变，可将尼克松政府的平衡外交分为对等平衡外交和威慑平衡外交。

美国国务院历来被视为是支持阿拉伯的堡垒，罗杰斯任国务卿时也基本秉承了这一传统。在罗杰斯负责中东事务时，他提出的两个罗杰斯计划都是基于联合国242号决议，并试图同时得到阿以双方的同意，这基本延续了约翰逊时期美国对中东的对等平衡政策。约旦危机之后，美国意识到以色列在中东的重要战略作用，从而改变了其对中东的政策理念。尼克松和基辛格认为，美国在中东的目标是：减少苏联的影响，弱化阿拉伯激进主义分子的立场；鼓励阿拉伯温和派，确保以色列的安全。① 因此，美国政府认为应加大对以色列的援助力度，保持以色列的军事优势，形成对阿拉伯国家的威慑，从而迫使阿拉伯国家通过政治途径解决阿以争端问题。因此，从尼克松和基辛格的理念上，美国在约旦危机之后逐步在中东实施了威慑平衡政策。

第三，将美国在中东采取的平衡政策作为其排挤苏联在中东势力的工具进行阐述。无论是对等平衡还是威慑平衡政策，美国的目的都是试图通过解决阿以争端来使阿拉伯国家相信只有美国能解决问题。罗杰斯采取对等外交的目的即在于此。而尼克松政府在约旦危机后采取的威慑平衡政策、基辛格在十月战争后期继续怂恿以色列采取军事行动、拯救埃及第三军、实现脱离接触与结束石油危机等措施，都是为了使阿拉伯国家意识到，只有依靠美国才能最终解决阿以冲突，而不是依靠苏联，以此来达到遏制苏联在中东势力的目的。因此，与行走于战争边缘政策的军事威慑政策相比，平衡政策成为美国在缓和时期排斥苏联在中东势力和政治影响的软遏制手段。

（二）历史与现实意义

1. 尼克松时期美国对中东危机的政策具有深远的历史意义

遏制苏联在中东的势力而又要防止阿以冲突升级，就必须保持阿以军事力量的平衡，以防以色列处于不利地位，这是从肯尼迪到尼克松总统初期美国政府对中东政策的一个重要认知。因此，尼克松在上任之初就对以色列施以巨额军援的一个重要因素，就在于维持该地区的军事平衡，即美国对以色列进行援助的现实动因在于苏联对阿拉伯国家的军事援助。自1967 年第三次中东战争至1970 年约旦危机，无论是联合国 242 号决议还是尼克松时期国务院所采取的解决埃以消耗战的措施，都反映出美国曾试图在中东继续采取对等平衡外交，以希望在支持以色列的同时而获得阿拉伯国家的好感。约旦危机中，以色列凸显了其在中东的战略作用，这导致尼克松政府从对等平衡外交向威慑平衡外交转变，开始了美国对以色列的大规模援助。但无论是对等平衡外交还是威慑平衡外交，都未能有效解决

---

① Henry A. Kissinger, *White House Years*, Boston: Little, Brown, 1979, p. 564.

阿以之间的冲突问题，尤其是威慑平衡外交，更没有遏制住阿拉伯国家通过发动战争来改变领土现状的步伐。并且由于 20 世纪 70 年代美国对中东石油依赖的加深，阿拉伯产油国得以成功地运用石油武器对美国施压。然而，基辛格通过"穿梭外交"，成功地实现了美国在中东的彼此相关的三项利益：保证以色列的安全、获得中东的石油与遏制苏联在中东的势力。① 十月战争与石油危机开启了中东和平进程的大门，对美、苏与阿拉伯国家的关系产生了重要影响，使中东阿拉伯国家中与苏美关系出现了新的分化组合。

此外，在十月战争中，苏联在美国采取三级战备面前退缩的原因也是值得关注的一个问题。古巴导弹危机之后，十月战争又成为一次将美苏推向直接对抗边缘的战争，这也使十月战争成为学者们援引的经典案例之一。无论是古巴导弹危机还是十月战争，似乎都是美国采取战争边缘政策的成功，但根据最近解密的文献，苏联退缩的主要原因之一是在于其对缓和的认知，即无论如何要避免美苏之间的直接对抗。② 这些档案文献的解密有利于我们深层挖掘美苏博弈的背后动因。因此，通过对这一时期的美国中东政策的研究，我们可以透视美苏冷战背景下美国支持以色列的原因、采取平衡外交的动机，揭示危机背后的多层动因，认识危机的解决对时局的影响。

2. 研究尼克松时期的中东政策有其积极的现实意义

尼克松时期既是中东恐怖活动频发的时期，也是石油成功地成为政治武器的时期，对这些问题的研究有其现实性。在 20 世纪 70 年代前后，中东地区的恐怖组织非常活跃，这已经引起尼克松政府的关注。2005 年，美国国务院网站公布了 20 世纪 60 年代末 70 年代初中东恐怖活动的文件，其中显示，从 1968 年以来巴勒斯坦人民解放阵线组织（即人阵组织）与以色列都曾采取恐怖活动，而 1970 年约旦危机的爆发即是由人阵组织采

---

① Jerome Slater, The United Stated and the Middle East: American Foreign Policy since Détente, in Robert C. Gray and Stanley J. Michalak, Jr., eds., *American Foreign Policy since Détente*, New York: Happer & Row, 1984, p. 54.

② John G. Hines, Ellis M. Mishulovich, John F. Shull, *Soviet Intentions 1965 - 1985 Vol. I, An Analytical Comparison of U. S. - Soviet Assessments During the Cold War*, BDM Federal, Inc., 1995. pp. 23 - 24. [2009 - 09 - 22] http://www.gwu.edu/~nsarchiv/nukevault/ebb285/doc02_I_ch3.pdf.

取恐怖活动所引发的。① 在劫机事件发生后，尽管人质最终成功获释，但也因此而引发了约旦危机并演变为美苏在中东的博弈。因此对于恐怖活动日益频繁、方式更加多元化的今天，研究这一时期的恐怖活动及其应对政策有其积极的现实意义。

1973 年十月战争所引发的石油危机，无论是对当时，还是对当今都具有深远的意义。石油危机爆发后，石油成为导致美国与其盟国裂痕加大的一个重要因素，西欧和日本为保证本国的能源供应开始探寻自己的能源政策。美国采取了一系列的应对措施，如成立联邦能源局、通过立法对能源利用和消费实施管制及后来形成的石油储备机制等，这些对于后来都产生了深远的影响。但美国所实行的石油价格管制，导致了国内石油消费增加，从而更加依赖进口。石油禁运结束后，西方主要能源消耗国在基辛格的建议下成立了世界能源机构，但基辛格试图通过这一组织来实现石油消费国与产油国的对抗以降低石油价格的企图，却困难重重。② 1993 年，中国成为石油净进口国，这意味着我国将大大依赖进口来满足日益增长的能源需求，也使越来越多的研究者对石油问题加以关注。中东作为世界上最大的石油储存与生产要地，在世界石油供应中具有举足轻重的地位；而美国作为世界上能源消耗大国，其石油政策势必会对世界各国的石油供给和需求产生不可忽视的影响。从当前的能源形势及能源结构来看，尽管新能源的开发与利用日新月异，但石油仍是不可或缺的重要战略资源，尤其是我国成为石油净进口国以来，如何应对因石油短缺或对其他资源的严重依赖而带来的危机，成为我们日益关注的课题。从这个角度出发，美国应对第一次石油危机的经验和教训，对我们有一定的借鉴意义。

就平衡政策本身而言，这并不是尼克松政府仅限于对阿以争端问题而采取的专门应对政策，而是美国处理全球事务，尤其是在处理地区争端中长期使用的，甚至延续至今的政策。尼克松政府时期的平衡政策不仅成为美国排挤苏联势力的工具，而且也逐渐成为美国防止地区大国上升为世界大国的工具。美国在当前地区争端中所采用的"离岸平衡手"的手法，即为平衡政策演变而来。因此，研究尼克松政府时期的平衡政策的演变及

① *FRUS*, 1969 – 1976, Volume E – 1, Documents on Global Issues, 1969 – 1972, Office of the Historian Bureau of Public Affairs U. S. Department of State, 2005. ［2010 – 02 – 16］http：// www. state. gov/r/pa/ho/frus/nixon/e1/c14586. htm.

② 赵庆寺：《美国石油安全体系与外交（1941—1981）》，第 172—173、182—186 页。

其规律性，对于探究当前朝鲜半岛、台海局势、中日钓鱼岛之争、南中国海的纷争等与美国地缘政治相关的地区争端的走向，具有积极的现实意义。

（三）研究方法

在研究方法上，本书将主要是运用历史研究法进行研究。本书是对尼克松政府应对中东危机的政策的梳理与分析，是以占有这一时期的大量史料为基础的。因此，本书所采取的研究方法将主要是历史研究法，是在借鉴前人研究成果的基础上，主要通过解读新近解密的美国外交文件、以色列外交部等网站公布的文档及对阿以争端进行报道和记录的《中东记录》与《阿拉伯报道与记录》等，梳理尼克松政府在埃以消耗战、约旦危机、十月战争和石油危机中的应对政策，阐述尼克松政府在推动阿以争端的解决过程中所采取的平衡政策，分析美国对苏联在中东的势力及政治影响的遏制，探究平衡政策在地区冲突中的意义。

其次，本书还采取了比较研究法。自冷战爆发至尼克松政府时期，美国对中东地区一直采取平衡政策。本书通过对美国历届政府在中东地区所制定和实施的平衡政策的"长时段"比较，来总结美国平衡政策的发展演变，阐释尼克松政府所采取的平衡政策中的共性与个性。而通过对尼克松政府任内应对中东危机的政策取向的"短时段"比较，则可以探察尼克松政府危机管理理念变动的内外动因。

除了以上两种研究方法之外，本书还采用了统计与计量研究法。这主要涉及从杜鲁门到尼克松政府时期美国对以色列的援助、苏联对埃及和叙利亚等阿拉伯国家的援助、第一次石油危机前后中东石油的流向、产量和价格等数据，这些数据的统计与计量能够直观地反映各种发展与变化趋向。如通过对美国援以项目与额度的数据统计，我们可以看出其中美国对以色列态度的变化；而石油流向、产量等统计数据，则可以直观地反映出西方国家对中东石油的依存度、石油危机对这些国家的影响程度。除了以上直观性的数据统计与计量分析外，还可以通过对相关统计中类似项的比较而得出更为深层的认识。如对美国援助以色列和苏联援助阿拉伯国家的数据比较，我们可以看到中东纷争背后大国间的争夺；而各年份不同的援助额度则体现了中东地区军备竞赛的激烈程度。

第一章　二十年演变：美国对阿以的
平衡政策（1948—1968）

　　自 1948 年 5 月 14 日以色列建国以来，如何在阿以双方采取恰当的平衡政策，一直是美国历届政府考虑的问题。在杜鲁门政府承认以色列之后，美国在中东的政策就逐渐演化为三个方面的内容：保护以色列的基本安全、领土完整和主权独立；以合理的价格持续获得中东石油；对苏联现实或潜在的扩张进行遏制。随着美苏冷战的逐渐蔓延，这三个关系着美国国家利益的问题，在中东引发了相对独立而又彼此纠缠的冲突：阿以争端、美苏竞争及阿拉伯国家内部的冲突。[①] 尼克松政府之前的历届政府，也正是依据这些问题在不同阶段的重要性的消长，而寻求实现美国利益最大化的平衡度。杜鲁门政府以来的各届政府采取平衡政策的主旨，就是要对苏联实施遏制，这也是冷战爆发以来美苏关系的主题。

　　从杜鲁门政府到 1967 年六日战争前的约翰逊政府时期，美国在中东实施的平衡外交政策，由最初严格的对阿以双方的对等外交，逐渐演变为实质性的从军事上支持以色列的美以特殊关系。六日战争后，约翰逊政府又试图通过拉拢约旦、与埃及保持联系、克制对以色列的军事援助等措施，实现对等平衡政策的回归。但由于美苏在中东的竞争等原因，约翰逊政府的这一尝试最终归于失败。约翰逊政府的对等平衡政策，为尼克松政府所承继，这成为尼克松政府初期中东政策的基础。

---

　　① Jerome Slater, "The United Stated and the Middle East: American Foreign Policy since Détente", in Robert C. Gray and Stanley J. Michalak, Jr., eds., *American Foreign Policy since Détente*, New York: Franklin and Marshall College, 1984, p. 54.

第一节　对等平衡政策的渐变：
从杜鲁门到约翰逊

　　早在以色列建国以前，富兰克林·罗斯福总统就认为应在阿犹间采取对等平衡政策。美国国内对犹太复国主义事业的支持，使罗斯福对犹太事业表示同情；但随着石油逐渐取代煤炭成为经济和军事发展的主要能源，罗斯福政府在追求石油利益的过程中也与沙特阿拉伯等产油国建立起联系。罗斯福向阿拉伯国家保证，在未与阿拉伯人和犹太人磋商之前，美国不会对双方的问题进行干预。[①] 这是美国对阿以双方实施平衡政策的雏形。随着"二战"结束后形势的发展，美国对阿以（犹）的政策也不断演变，罗斯福时期所采取的平衡政策（实际为对等平衡政策）也随之在对等平衡与威慑平衡间转换。从 1948 年以色列建国到 1967 年六日战争前后的约翰逊政府时期，美国对阿以冲突的政策，经历了从严格对等平衡政策向支持以色列的政策倾斜的演变过程。

一　杜鲁门与艾森豪威尔时期严格的平衡政策

　　1948 年 5 月 14 日，即在以色列宣布成立的当天，杜鲁门政府就宣布予以承认。杜鲁门在其回忆录中称，美国对新成立的以色列的政策，是在符合美国的全球外交政策的基础上，保证以色列实现自给自足及保障自己的安全。[②] 杜鲁门政府也基本恪守了维持以色列生存的基本准则，而并没有使美国在承认以色列的基础上使美以关系持续走高。这主要是由于杜鲁门政府内部在承认以色列问题上存在分歧，尤其是国务院和国防部，都反对承认以色列，至少是立即承认。副国务卿罗伯特·罗维特（Robert Lovett）认为，美国急于承认以色列"有损总统的威望"，是"不计后果地承担义务"；美国承认以色列可能会使美国在阿拉伯国家中的影响丧失，进而危及美国在阿拉伯国家中的地位。[③] 因此，出于对与阿拉伯关系的考虑，尽管杜鲁门政府承认了以色列，但美国与以色列的关系并没有取

---

　　① Vaughn P. Shannon, *Balancing Act: US Foreign Policy and the Arab – Israeli Conflict*, p. 35.

　　② ［美］哈里·杜鲁门，《杜鲁门回忆录》，李石译，东方出版社 2007 年版，第 208 页。

　　③ *Foreign Relations of the United States (FRUS)* 1948, Vol. V, The Near East, South Asia, and Africa, Part 2, Washington D. C.: United States Government Printing Office, 1976, pp. 975, 1006.

得大的进展。

以色列成立以后，杜鲁门政府在对待阿以双方的政策上，主要侧重于支持阿以双方经济的发展与局势的稳定方面。在美以两国关系的发展中，美国对以色列的援助也基本上限于经济援助。1949 年，美国对以色列的支持，主要在于支持以色列申请加入联合国、向进出口银行申请 1 亿美元的贷款。① 根据统计，从 1949 年到 1965 年，美国平均每年向以色列提供6300 万美元的援助，而其中超过 95% 是用于经济发展援助与粮食援助。② 美国于 1949 年 10 月 17 日出台的国家安全委员会第 47/2（NSC 47/2）号文件，阐明了美国对阿以双方的政策：阿以双方政治和经济的稳定，对美国的安全至关重要；中东各国趋向西方而非苏联，将符合美国的利益；阿以之间应化解分歧，至少在反对苏联方面应当一致；美国将在不偏不倚的基础上促进阿以双方政治、经济、社会问题的解决。③ 但在军事方面，美国自从 1947 年 11 月就提出反对向中东地区出口武器、军火等战争物资，以防阿拉伯和犹太方面的冲突加剧。④ 1949 年 8 月，杜鲁门政府对禁运问题进行了重申：为防止中东地区陷于军备竞赛，美国将不会向阿以双方出口武器。⑤

从以色列方面来说，以色列在建国之初采取的中立外交政策，也是杜鲁门政府对阿以采取严格对等平衡外交的一个重要因素。以色列成立后不久，苏联也宣布承认，这同样获得了以色列的好感。因此，以色列在1949 年 3 月 10 日成立第一届政府时，首届总理戴维·本－古里安（David Ben - Gurion）宣称：以色列的外交政策，是要追求与美国和苏联的友谊与合作。也正是这种关系，因无法从美国得到武器，苏联社会主义阵营即成为以色列重要的武器来源，以色列空军的最初形成，就是得益于捷克斯洛伐克提供的飞机。⑥ 到 1950 年 5 月，以色列和阿拉伯国家都曾多次请

---

① *FRUS* 1949, Vol. VI, The Near East, South Asia, and Africa, Washington D. C. : United States Government Printing Office, 1977, p. 1433.

② Clyde R. Mark, *Israel*: *U. S. Foreign Assistance*, Foreign Affairs and National Defense Division, 1994, CRS - 1. [2010 - 03 - 16] http://pdf. usaid. gov/pdf_ docs/PCAAA469. pdf.

③ *FRUS* 1949, Vol. VI, pp. 1436 - 1437.

④ *FRUS* 1947, Vol. V, The Near East and Africa, Washington D. C. : United States Government Printing Office, 1971, p. 1249.

⑤ *FRUS* 1949, Vol. VI, pp. 1435 - 1436.

⑥ Donald Neff, *Fallen Pillars*: *U. S. Policy towards Palestine and Israel since* 1945, Washington D. C. : Institute for Palestine Studies, 1995, pp. 168 - 169.

求美国出售武器，但美国称仅将武器出口给用于维护国内的法律与秩序及实施必要自卫的国家，拒绝了阿以双方从美国进口武器的要求。① 然而，以色列很快就借朝鲜战争之际，于 1950 年 7 月 2 日放弃了中立政策，主动向美国示好。1953 年 8 月，以色列对美国处理朝鲜问题的立场表示支持。以色列明确放弃中立政策、支持美国在朝鲜战争中立场的做法，为日后苏以结怨埋下了种子，但是这也并没有使美以关系有更大进步。②

1953 年入主白宫的艾森豪威尔总统，基本延续了杜鲁门政府时期对阿以双方的平衡政策。艾森豪威尔认为美国在中东的政策有二：保护以色列；为获得中东石油而维持与阿拉伯国家的友好关系。③ 因此，艾森豪威尔政府采取的中东政策还是对等平衡外交政策，这主要表现在两个方面：一方面在中东危机中对以色列采取压制政策；另一方面美国仍坚持对阿以双方实施武器禁运。

在中东危机中，艾森豪威尔力图通过向以色列施压、迫使以色列让步来实现地区冲突的解决，争取阿拉伯国家。1953 年 9 月，爆发了以色列和叙利亚之间的水危机。10 月 20 日，美国国务卿杜勒斯公开声明，美国将拒绝向以色列提供援助。在此后的三年中，美国一直将对以色列的援助与以色列在该问题上的态度联系起来，对以色列实施有效的经济制裁。④ 而对于 1956 年的第二次中东战争，美国也采取了要求以色列撤出所占领土的政策，并警告以色列，如果不从加沙和西奈撤出将对其进行制裁。1958 年 3 月 1 日，以色列从所占领土中撤出。⑤

在艾森豪威尔看来，埃及是解决阿以问题的关键，但由于武器禁运等

---

① *FRUS* 1950, Vol. V, The Near East, South Asia, and Africa, Washington D. C.: United States Government Printing Office, 1978, p. 891.

② Abaraham Ben – Zvi, *Decade of Transition: Eisenhower, Kennedy, and the Origins of the American – Israeli Alliance*, p. 30.

③ *FRUS*, 1955 –1957, Vol. XV, Arab – Israeli Dispute January 1 – July 26 1956, Washington D. C.: United States Government Printing Office, 1989, pp. 504 –505.

④ Donald Neff, "Israel – Syria: Conflict at the Jordan River, 1949 –1967", *Journal of Palestine Studies*, Vol. 23, No. 4, Summer 1994, pp. 32 –33. 为实现中东和平，艾森豪威尔政府制定了约旦河发展管理计划（Jordan River Development Authority），希望通过地区合作在阿以之间的水区实现水资源的公平使用。然而就在美国计划于 1953 年 10 月实施该计划的前一个月，以色列对约旦河的水路进行了改道。如果以色列实现对约旦河的改道，将会使叙利亚 12000 英亩土地干涸，这引发了叙利亚和以色列的冲突。

⑤ Vaughn P. Shannon, *Balancing Act: US Foreign Policy and the Arab – Israeli Conflict*, Burlington: Ashgate, 2003, pp. 54 –55.

因素，埃及逐渐转向苏联。美国、英国和法国曾于 1950 年 5 月签订禁止向中东出口武器的协议，其他国家也拒绝向埃及提供武器。但法国却不断向以色列出口武器，埃及于是转向社会主义阵营寻求援助。1955 年 9 月，纳赛尔宣布捷克斯洛伐克同意向埃及提供武器。[①] 埃及向苏联社会主义阵营的靠拢，表明美国一直追求的获得阿拉伯国家支持的目标出现偏差。国务卿杜勒斯表达了对美国支持以色列政策的不满，他认为是政府过去采取的满足犹太复国主义愿望的政策，导致了美国与阿拉伯国家的对立，给苏联以投机取巧的机会。[②]

艾森豪威尔政府的中东政策之一，是通过获取阿拉伯国家的石油来推动马歇尔计划的实施，因此美国并没有因埃及与苏联阵营结好而采取支持以色列的政策，尤其在武器输送方面。国务卿杜勒斯指出：西欧国家依赖中东石油，每天从中东途经苏伊士运河运往西欧的石油大约有 120 万桶，如果苏伊士运河被堵，那么就将给西欧带来灾难性的打击。对于苏联不断向中东输送武器，美国不可能无限期地维持中东的军事平衡，但如果美国同意向以色列出口武器，就将会疏远与阿拉伯国家的关系。而阿拉伯国家若因之削减石油供应，则势必会影响到西欧的经济，这将会使马歇尔计划所取得的成果化为乌有、北约陷入困境，从而导致西欧倒向苏联。因此美国如若向以色列提供武器，将会赢得以色列，但会失去西欧。[③] 艾森豪威尔本人也一直反对向以色列输送武器，甚至是在执政的最后一年，他仍坚持反对美国及其他国家向中东输送武器，而主张各国致力于中东地区的经济发展。[④] 这却引起了埃及政策的突变。尽管美国为阻遏苏联势力的南下，曾在中东组建了"巴格达条约"（Bagdad Pact）组织，但苏联阵营与埃及关系的走近，使苏联实现了向中东的蛙跳，这是美国所始料未及的。

1956 年第二次中东危机的余波、1958 年伊拉克革命使美国越来越认识到军事力量强大的以色列能够在对抗苏联、稳定中东局势中发挥积极作用，这是美国拉近美以关系的重要原因。在艾森豪威尔政府后期，尽管艾

---

① Donald Neff, *Fallen Pillars: U. S. Policy towards Palestine and Israel since* 1945, pp. 169 – 170.

② *FRUS*, 1955 – 1957, Vol. XIV, Arab – Israeli Dispute 1955, Washington D. C. : United States Government Printing Office, 1989, p. 612.

③ *FRUS*, 1955 –1957, Vol. XV, pp. 505 –506.

④ "The President's News Conference of February 17, 1960", *Public Papers of Presidents of the U-nited States*: Dwight D. Eisenhower: 1960 – 61, Washington D. C. : Government Printing Office, 1961, p. 195.

森豪威尔仍坚持对以色列实施武器禁运，但却对以色列提供了军事贷款。1959—1960 年，美国向以色列提供了 40 万—50 万美元的军事贷款，这是美国首度向以色列提供军事贷款。① 这为肯尼迪及以后历届政府对以色列军事援助的逐步攀高、建立与以色列的特殊关系首开先河。

从杜鲁门到艾森豪威尔政府时期，美国中东政策的重点仍放在争取阿拉伯国家的支持方面，而对于新生的以色列，美国基本上采取了维系以色列存在的政策维度，这也是美国在中东危机中压以色列以求合理解决危机的重要原因。从对苏遏制的层面，美国虽然在中东组建了条约体系、推行艾森豪威尔主义、与沙特阿拉伯和约旦等中东国家建立起了关系，但美国并没有因此而遏制住苏联在中东势力的扩张，相反美国所排挤的是自己的盟友英法两国的势力，这在 1956 年第二次中东危机的处理上表现得尤为突出。在艾森豪威尔政府后期，美国开始逐步意识到以色列的战略作用，这使肯尼迪政府改变了对以色列的态度，并最终将对等平衡的天平倾斜于以色列。

二 肯尼迪政府时期积极的平衡政策

1960 年，即在美国组建巴格达条约组织和苏埃武器交易达成五年之后，中东已成为美苏冷战的舞台。由于未能将埃及等阿拉伯国家网入西方阵营，美国试图通过经济援助等方式维持与阿拉伯国家，甚至是激进的阿拉伯国家的关系，以防止这些国家过于依赖苏联。② 1961 年入主白宫的肯尼迪即在继续追求艾森豪威尔时期的平衡政策的同时，采取了这一措施。与艾森豪威尔相比，肯尼迪完全改变了这种政策的实施方式。艾森豪威尔将以色列视为巨大的麻烦、不信任纳赛尔，而肯尼迪将激进的阿拉伯民族主义者与苏联控制的共产主义者作了明确的区分；为防止埃及彻底倒向苏联，肯尼迪鼓励埃及与美国进行合作，以使埃及对以色列保持克制。与此同时，肯尼迪主动接纳以色列，认为以色列是与美国理念一致的积极力量。因此，与其前任相比，肯尼迪采取了一种更为积极的中东政策，试图通过这种外交方式来实现支持以色列、拉拢埃及、排斥苏联的目的。③ 肯

---

① Clyde R. Mark, *Israel*: *U. S. Foreign Assistance*, CRS – 14.

② Nadav Safran, *Israel*: *the Embattled Ally*, Cambridge: Harvard University Press, 1981, p. 367.

③ Steven Spiegel, *The Other Arab – Israeli Conflict*: *Making America's Middle East Policy*, *From Truman to Reagan*, pp. 98 – 99.

尼迪对中东的平衡政策，主要表现在美国对埃及的粮食政策和对以色列的
军事政策方面。

从 1959 年开始，艾森豪威尔就开始向埃及提供粮食援助，这使美埃
因阿斯旺事件迅速走低的两国关系开始缓慢升温。到肯尼迪政府时期，美
国向埃及大力推行粮食援助计划，其目的一方面是排挤苏联、冻结阿以冲
突、软化埃及对西方的立场；另一方面则是强调促进埃及经济发展的重要
性。肯尼迪及其顾问们认为，只要埃及经济有了发展，就会最终形成一个
持久而友好的美埃关系。[1] 随着肯尼迪政府对埃及的不断援助，美埃间的
紧张关系逐渐得到缓解。1962 年 10 月 8 日，肯尼迪政府宣布，同意从
1963—1965 财年向埃及提供价值 4 亿 3 千万美元的粮食援助，这标志着
美埃关系的进一步改善。到 1963 年，埃及成为世界上人均消费美国援助
粮食最多的国家。[2]

肯尼迪政府在中东推行平衡政策的另一个表现，是加强与以色列的关
系，尤其是同意向以色列提供武器。尽管从杜鲁门到艾森豪威尔时期，美
国对中东地区实施武器禁运，但肯尼迪总统上台的第二年就打破了这一传
统。1962 年 8 月中旬，肯尼迪总统决定向以色列出售"霍克"防空导弹
（Hark Antiaircraft Missiles），这是美国首次向以色列提供的重大武器系
统。[3] 尽管这一武器系统是防御性的，但重要的并不是武器本身，而是这
一决定本身的意义。肯尼迪政府的决定，打破了美国自杜鲁门政府以来不
向中东输送武器的传统，这是美国公开向以色列提供武器的起始，也使埃
及和以色列进一步向不同阵营分化。1962 年 12 月 27 日，以色列外交部
部长梅厄访美。在与肯尼迪的会谈中，梅厄进一步明确了以色列自 1950
年朝鲜战争以来追随西方的立场，称这一路线是"明确的、毫无疑问
的"，并对肯尼迪处理古巴导弹危机的方式表示赞赏。肯尼迪则拟定了美
国和以色列在中东地区有特殊关系的基本范式，称只有美英在全球事务中
的特殊关系可与之相比；美国将维持与以色列的友好关系，并为以色列的

①　William J. Burns, *Economic Aid and American Policy toward Egypt*, 1955 – 1981, pp. 118 – 119.

②　William J. Burns, *Economic Aid and American Policy toward Egypt*, 1955 – 1981, pp. 121, 133 – 134.

③　*FRUS*, 1961 – 1963, Vol. XVIII, Near East 1962 – 1963, Washington D. C. : United States Government Printing Office, 1995, pp. 64 – 65; Donald Neff, *Fallen Pillars: U. S. Policy towards Palestine and Israel since* 1945, pp. 170 – 171.

安全提供保证，承诺在以色列遭到入侵时提供援助。① 肯尼迪将美以特殊关系与美英关系相提并论，极大地提高了以色列在美国的地位，这也赋予了以色列代表自由世界维持中东地区的均势的角色。肯尼迪提出美以特殊关系，表明美国已将以色列视为其在中东地区的盟国，也希望以色列能在稳定中东局势、抵制苏联势力的扩张方面发挥积极的作用，但这样一来就与肯尼迪在埃及所追求的目标产生了矛盾。

虽然美国对埃及实施粮食援助计划，但这并没有改变埃及的政治立场，也没有妨碍埃及与苏联的关系。同时，美国对以色列的军事支持、在也门内战中与沙特支持也门保皇派立场的一致，都是导致美埃关系走向恶化的重要因素。与此同时，尽管苏联和埃及间也有分歧，但苏联保持了对埃及的军事援助。1961 年，苏联向埃及提供了大约 1 亿 7 千万美元的军事援助；而到 1963 年苏埃则签署了价值达 2 亿—5 亿美元的军事援助协议。② 尽管肯尼迪将纳赛尔视为国际上重要的领导人，而不是像艾森豪威尔和杜勒斯那样仅将他作为与苏联博弈的棋子，但纳赛尔认识到埃及在军事方面、也门内战和应对以色列等方面的代价，要远远高于埃及从美国粮食援助中所获得的政治与经济利益。③ 因此，在肯尼迪政府后期，埃及与美国间的关系渐行渐远，埃及进一步倒向苏联；而以色列与美国的关系却在逐步升温，埃及和以色列也越来越明显地分属于两大阵营。

三　约翰逊政府时期美以"特殊关系"的实质化

尽管在肯尼迪政府时期美国就提出了美以"特殊关系"论，但肯尼迪中东政策的主旨是要实现对阿以双方的对等平衡，并且以粮食援助项目作为发展美埃关系的长远目标。在约翰逊政府初期，美国仍试图采取不偏不倚的对等平衡政策，但此时的国际环境、美苏的攻防态势及美国在中东的战略意图都发生了变化，这使约翰逊政府在制定与实施中东政策的过程中，渐渐背离了肯尼迪政府时期在中东采取的积极平衡政策，从而出现了美国与阿、以关系的两极分化：与埃及、叙利亚等苏联支持的国家关系不断恶化；而与以色列则构建起名副其实的"特殊关系"。尤其是在 1967

---

①　*FRUS*, 1961 – 1963, Vol. XVIII, pp. 277, 280.

②　Jon D. Glassman, *Arms for the Arabs: The Soviet Union and War in the Middle East*, Baltimore: Johns Hopkins University, 1975, p. 24.

③　William J. Burns, *Economic Aid and American Policy toward Egypt*, 1955 – 1981, p. 148.

年六日战争后，埃及、叙利亚等阿拉伯国家和以色列旗帜鲜明地分属于东西方两大阵营。

从 20 世纪 50 年代末到 60 年代初，美苏在中东展开了激烈的争夺，苏联先后对伊拉克、也门、叙利亚等国的新政权予以承认，并与 1964 年成立的巴勒斯坦解放组织建立了联系。为了赢得这些新政权，苏联向这些国家和组织提供了大量的军事援助；同时也进一步巩固了与埃及的关系，向埃及提供了大量的军事与经济援助。[①] 在肯尼迪于 1963 年年底被刺杀后继任的约翰逊总统，当时在中东所面临的就是这样一种局面。尽管美国与沙特阿拉伯、约旦和伊朗保持了良好关系，但与埃及等阿拉伯国家的关系却持续恶化。在这种情况下，如果美国要在中东与苏联争夺，只能依靠以色列，这成为约翰逊将肯尼迪时期的美以特殊关系进一步发展并实质化的主要原因。

在与埃及的关系上，与肯尼迪政府将粮食援助计划作为改善美埃关系的长远目标相比，约翰逊政府则是希望对埃及的粮食援助计划，能在短期内使纳赛尔改变对西方的态度。但纳赛尔私下向华盛顿求援，而公然向美国发动猛烈攻击的做法、埃及在经济和军事上对苏联的日益依赖、纳赛尔对西方在中东和非洲利益的攻击，使约翰逊对美国援埃粮食计划产生的效果非常失望。与此同时，纳赛尔也意识到美国通过经济援助达到其政治目的的意图。1966 年 7 月 22 日，纳赛尔阐明了埃及对美国粮食援助的立场：埃及不会因小麦或大米的援助而出卖自己的自由，埃及不会屈服和投降，并将一如既往地公开阐明自己的观点，捍卫自己的自由。这表明美国的经济援助已不再能成为政治上制约埃及的有效工具。到 1966 年年底，美埃关系降到了自艾森豪威尔政府以来的最低点。[②]

伴随美国陷入越南战争及苏美力量对比发生变化，苏联逐步加强了对中东的扩张攻势，这引起了约翰逊政府的极大关注，也使美国在中东力量的分化组合中意识到，一直在向西方尤其是向美国靠拢的以色列是实现美国在中东的战略意图的最佳选择对象。约翰逊政府对以色列政策的转向，与以色列长期以来所追求的与美国为伍的政策取向一拍即合，这使美以关系迅速升温，两国实质性的特殊关系也最终形成。

---

① 赵伟明：《中东问题与美国中东政策》，时事出版社 2006 年版，第 98 页。
② William J. Burns, *Economic Aid and American Policy toward Egypt*, 1955 - 1981, pp. 167 - 169.

美以特殊关系的构建是通过以下两种途径实现的：一是对以色列的政策支持。约翰逊政府首先采取的拉近美以特殊关系的措施，是对以色列进行政策支持。在约翰逊继任后不久，约翰逊就于 1964 年 1 月 2 日致信以色列总理艾希科尔（Eshkol），称希望能继续延续美以间的密切关系，完全赞同肯尼迪总统于 1963 年 5 月发表的公开声明①；美国不会改变曾公开或私下表示的保证以色列安全的承诺。② 1964 年 6 月 1 日，约翰逊向以色列总理艾希科尔表示，美国将在任何影响以色列的重大问题上支持以色列，坚定地维护以色列的安全，帮助以色列获取必要的坦克。③ 1965 年 3 月，约翰逊政府重申了美国要保证以色列的安全、独立与完整的立场。同时，约翰逊政府认为，鉴于以色列的有效威慑能力是防止中东地区发生侵略行为的重要因素，美国将准备与以色列探讨以色列的需求及所要解决的问题。④ 约翰逊政府在政策上对以色列的支持、将以色列视为制约地区冲突或外部侵略的重要因素，表明保证以色列在军事上的绝对优势已成为美国中东政策的重要内容。在这种政策支持与对以色列的作用的认知下，约翰逊政府开启了对以色列进行大规模军事援助的大门。

二是对以色列的军事支持。肯尼迪政府虽然首开向以色列出售武器的先河，但霍克导弹是防御性武器，约翰逊政府则打破了美国 15 年来不向以色列出售进攻性武器的政策。到 1965 年年初，美国向以色列出售了 200 辆、总价值达 3400 万美元的坦克。⑤ 除此之外，美国对以色列的军事援助也不断飙升。1966 年，即在六日战争爆发的前一年，约翰逊政府向以色列提供的军事援助达到了 9 千万美元之巨。⑥ 约翰逊政府对以色列的政策与军事支持，最终完成了肯尼迪时期提出的美以特殊关系实质上的构

---

① 在 1963 年 5 月 8 日举行的总统记者招待会中，有记者提出在以色列和约旦遭到威胁时美国的政策问题，肯尼迪称阻止对中东国家使用武力或以武力相威胁，是美国的一贯政策；美国维护以色列及其邻邦的安全，反对在中东地区进行军备竞赛，并力图限制共产主义在中东的扩散。约翰逊在致艾希科尔的信中所指的"公开声明"即为此。See "The President's News Conference of May 8, 1963", *Public Papers of Presidents of the United States*: *Jonh F. Kennedy* 1963, Washington D. C. : Government Printing Office, 1964, p. 373.

② *FRUS*, 1964 – 1968, Vol. XVIII, Arab – Israeli Dispute 1964 – 67, Washington D. C. : United States Government Printing Office, 2000, pp. 1 – 2.

③ *FRUS*, 1964 – 1968, Vol. XVIII, pp. 153 – 154.

④ *FRUS*, 1964 – 1968, Vol. XVIII, p. 398.

⑤ Vaughn P. Shannon, *Balancing Act*: *US Foreign Policy and the Arab – Israeli Conflict*, p. 57.

⑥ Clyde R. Mark, *Israel*: *U. S. Foreign Assistance*, CRS – 14.

建。与美以特殊关系的实质化形成强大反差的，是美国与埃及、叙利亚等阿拉伯国家关系的持续恶化。阿拉伯国家认为以色列发动1967年六日战争及阿拉伯国家在战争中的失败，是美国对以色列进行支持的结果，埃及、叙利亚等阿拉伯国家因此与美国断交。这标志着这一时期美国在中东实施的对等平衡政策的完结。

从杜鲁门政府对阿以实施严格的对等平衡政策始，到约翰逊政府时期美阿关系恶化、美以特殊关系实质化止，这实际上是美国政府从保证以色列的存在与安全、争取阿拉伯国家的过程过渡到美以关系特殊化、强化以色列绝对军事优势的过程，也是美国从寻求对等平衡政策演变为追求威慑平衡的过程。如此一来，美国在中东实施的平衡政策完成了第一次演变过程，即完成了从对等平衡向威慑平衡的演变。六日战争后，约翰逊政府对约旦、埃及和以色列的政策，则表明美国试图重新回归到对等平衡政策，这也就成为尼克松政府时期美国平衡政策演变的新起点。

第二节　约翰逊政府重构对等平衡政策的尝试

六日战争后，阿以双方都表现出互不妥协的立场，因此尽管双方都已接受联合国的停火协议，却无法实现真正的和平。美苏双方在解决阿以争端的立场上存有分歧，但阿拉伯国家和美国、苏联和以色列的断交，使双方都意识到通过合作解决问题的必要性，这是美苏能够联手推进中东和平的重要动因之一。然而，由于阿以双方在原则问题上的互不妥协，最终使美苏提出的联合方案搁浅。在促进阿以和平的进程中，约翰逊政府试图通过推动安理会242号决议、改善与约旦的关系、保持与埃及的联系、搁置对以色列的军事援助等方式，重建对阿以双方的对等平衡政策，但约翰逊政府的这一企图最终因美苏间的争夺而以失败告终。

一　六日战争后约翰逊政府的政策取向

1967年六日战争后，约翰逊政府试图重建对阿以双方不偏不倚的对等平衡政策。1967年6月19日，约翰逊在全美教育界外交政策会议（State Department's Foreign Policy Conference for Educators）上，提出了六日战争后的第一份解决中东危机的建议，即实现中东和平的五大原则。① 此后，约翰逊的五原则被进一步拓展为内容稍加宽泛的腊斯克计划（以当时的美国国务卿腊斯克命名的计划 Rusk Plan），该计划除了包括运河自由通航、基于难民个人意愿解决难民问题等内容外，还包括以下两项内容：明确规定以色列从埃及领土中撤退；各方正式结束战争状态。这两项建议成为安理会及联合国大会特别会议上美国立场的基础。② 而在随后发起的美苏联合提案中，美国在其中所坚持的基本原则，主要是约翰逊提出的五项原则。

　　苏联也企图解决阿以争端问题。为表示对以色列向阿拉伯国家发动进攻的不满，苏联于 6 月 10 日与以色列断交。然而，这不仅使苏联失去了对以色列的制约，而且也将苏联从日后一系列重大解决方案中排挤了出去。③ 6 月 13 日，苏联要求安理会对以色列的"侵略行径"进行谴责；并要求以色列军队"立即无条件地"撤退到停火线后。然而这并没有为安理会所采纳，以色列也对此进行了强烈反击。④ 苏联后来提出的以阿拉伯国家承认以色列为代价换取以色列撤退的建议，也遭到叙利亚和阿尔及利亚的极力反对。⑤ 苏联与以色列的断交，使苏联失去了直接传递阿拉伯意图的渠道；而如果苏联仅采取支持阿拉伯国家的立场，而不考虑以色列的和平条件及美国的制约因素，则难以在阿以冲突问题的解决上有所作为。此后，苏联倾向于选择在美苏间或联合国框架内进行谈判的方式，因为只有在多国框架下，尤其是在美国参与的情况下，苏联才会对以色列起

　　① "Address at the State Department's Foreign Policy Conference for Educators. July 19, 1967", *Public Papers of Presidents of the United States*：*Lydon B. Johnson* 1967, Book I – January 1 to June 30, Washington D. C. ：Government Printing Office, 1968, pp. 632 – 634. 这五项原则的内容是：首要的原则是中东各国有生存及受邻邦尊重的权利；第二，公正地对待难民；第三，保证国际航道的无害通行；第四，限制中东地区的军备竞赛；第五，中东各国应相互尊重政治独立与领土完整。约翰逊认为，这些原则为从不稳定的停战状态到持久的和平指明了方向；以色列必须撤军，但各方也必须遵守上述原则，20 年未解决的阿以冲突问题最终应当由阿以双方自己来解决，这就需要中东各国承认边界，确保各方免遭恐怖活动、破坏和战争的威胁；美国将不遗余力地为促进危机的解决而努力，而这是以中东的和平为基础的。

　　② Lawrence L. Whetten, *The Canal War：Four – Power Conflict in the Middle East*, p. 47, Note 8.

　　③ Anatoly Dobrynin, *In Confidence：Moscow's Ambassador to American's Six Cold War Presidents* (1962 – 1986), p. 160.

　　④ Mohamed Heikaì, *The Sphinx and the Commissar：The Rise and Fall of Soviet Influence in the Middle East*, New York ：Harper & Row, 1978, p. 183.

　　⑤ Lawrence L. Whetten, *The Canal War：Four – Power Conflict in the Middle East*, p. 46.

到间接的制约作用，从而有利于推动阿以冲突的解决。①

　　事实上，美国要实施以约翰逊提出的五原则为基础的中东和平计划，也面临着与苏联相似的境况：埃及、叙利亚等阿拉伯国家与美国断交，也促使美国选择多国途径来解决阿以冲突。美苏在六日战争后的初步合作就是在这种情况下实现的。但与苏联相比，美国显然处于比苏联更为有利的地位。苏联并没有像美国支持以色列那样支持埃及，这促使纳赛尔逐渐开始向美国示好。约旦也并没有与美国断交，相反却成为联系美埃的中间人；同时美国对约旦在六日战争中的损失所进行的补充，在很大程度上缓解了约旦对美国的嫌怨，这对于维系两国关系、有效遏制苏联向约旦的渗透起到了重要作用。此外，美以关系远比苏埃关系稳固得多，这也是美国能对以色列施加压力、争取阿拉伯国家好感，从而推动阿以冲突向前发展的一个重要因素。

　　出于推动解决阿以争端的需要，美苏于 1967 年 6 月在纽约和华盛顿间的葛拉斯堡罗（Glassboro）市举行了会晤②，并于同年 7 月提出了美苏联合草案③，但美苏的这两项行动并没有取得任何成果，其中一个根本原因就在于阿以双方在六日战争之后立场上的互不妥协。六日战争后，阿拉伯国家并没有改变反对以色列的立场。1967 年 8 月 29 日至 9 月 1 日，阿

---

　　①　Galia Golan, *Soviet policies in the Middle East: From World War Two to Gorbachev*, New York: Cambridge University Press, 1990, p. 70.

　　②　1967 年 6 月 23 日至 25 日，约翰逊与到美国参加联合国大会的苏联部长会议主席柯西金（Kosygin）在葛拉斯堡罗进行会晤，美苏两国领导人此次会谈的主要议题即为中东问题。双方就中东地区武器的流入、埃以双方的战争状态、蒂朗海峡（Tiran Strait）的通航等问题进行了讨论，但双方并未就中东问题的解决达成一致。柯西金坚持认为以色列撤退到战前停火线是解决中东问题的前提，只有这样才能解决中东的其他问题；而约翰逊则试图在他于 6 月 19 日提出的五原则的基础上实现阿以和解。陪同柯西金到美国的苏联外交部部长葛洛米柯（Gromyko），也与美国国务卿腊斯克（Rusk）就中东问题进行了商谈，但双方也没有在中东问题上达成共识。See FRUS, 1964 – 1968, Vol. XIV, The Soviet Union, Washington D. C. : United States Government Printing Office, 2001, p. 496；FRUS, 1964 – 1968, Vol. XIX, Arab – Israeli Crisis and War, 1967, Washington D. C. : United States Government Printing Office, 2004, pp. 556 – 557, 561, 563 – 564.

　　③　美苏 7 月草案的基本内容为：根据联合国宪章，联合国大会确认通过战争获得领土的不可接受性；冲突各方毫不拖延地从战争期间所占领的领土中撤退；中东各国均享有维护国家独立的权利等。这份旨在解决阿以争端的草案，由于没有考虑到以色列直接谈判及先和平后撤兵的要求，结果遭到以色列的反对。在叙利亚和阿尔及利亚的压力下，埃及也拒绝接受。这表明美苏虽然有联手推进阿以和平的愿望，但阿以双方在原则问题上的毫不妥协，也使撤军及和平问题无法解决。See Charles D. Smith, *Palestine and the Arab – Israeli Conflict*, New York: St. Martin's Press, 1988, p. 212.

拉伯国家在苏丹首都喀土穆举行了第四次阿拉伯国家峰会，正式明确了阿拉伯国家对以色列的立场：对以色列采取"不和平、不承认、不谈判"三原则。① 11 月 23 日，纳赛尔对喀土穆声明进行了阐释，表明了纳赛尔在该原则问题上的灵活性与妥协性：所谓的不承认，是不通过和平条约的形式在法律上加以承认，但可以通过谈判由第三方，尤其是联合国加以承认，只要以色列退到战前边界。② 对于喀土穆声明，以色列认为，为了自身的安全以色列会坚决捍卫自己的立场；双方不直接谈判就是不承认以色列，而不承认就意味着不和平。③ 对于纳赛尔的声明，艾希科尔认为这是"对和平事业的背后一刀"，美国也对纳赛尔的声明持怀疑态度。④

以色列在六日战争中取得的压倒性胜利，使以色列在对阿以问题的解决中采取了不妥协的强硬路线。1967 年 10 月，以色列总理艾希科尔提出，以色列不再承认埃及对加沙地带、约旦对西岸的声明，因为这些地区是他们侵略占领的结果；以色列也不会将戈兰高地归还叙利亚；为保证以色列能在苏伊士运河和蒂朗海峡顺利通航，以色列应在西奈半岛拥有发言权；耶路撒冷将处于以色列的控制之下，因为一个不统一的城市会威胁到以色列的安全。⑤ 因此，在 1967 年六日战争后，阿以间的争端除了原来就存在的"承认"问题外，又增添了新的"领土"问题，这些都是制约阿以和平进展的关键因素。

面对阿以双方毫不妥协的立场，约翰逊决定将其提出的五原则推向联合国，以此作为解决阿以问题的基本原则。11 月 7 日，美国向安理会提出了以约翰逊五原则为基础的决议草案，其中包括从所占领土中撤退、结

① "The Arab League Summit Conference Resolutions, Khartoum, Sudan, 1 September, 1967", in Yehuda Lukacs, ed., *The Israeli – Palestinian Conflict: A Documentary Record*, New York: Cambridge Press, 1992, pp. 454 – 455; *Arab Report and Record (ARR)*, 1969 Issue 23, London: Arab Report & Record, 1970, p. 509.

② Charles D. Smith, *Palestine and the Arab – Israeli Conflict*, p. 211.

③ "Statement by Prime Minister Eshkol to the Knesset, 11 November 1968", *MFA Foreign Relations Historical Documents 1947 – 1974*, Volumes 1 – 2: 1947 – 1974, XII. The War of Attrition and Cease Fire, Doc. 5. [2010 – 04 – 12] http://www.mfa.gov.il/MFA/Foreign + Relations/Israels + Foreign + Relations + since + 1947/1947 – 1974.

④ *FRUS*, 1964 –1968, Vol. XX, Arab – Israeli Dispute 1967 – 1968, Washington D. C.: United States Government Printing Office, 2001, p. 15.

⑤ Bard E O' Neill, *Armed Struggle in Palestine: A Politically – Military Analysis*, Boulder: Westview Press, 1978, pp. 45 – 46.

束敌对状态、相互承认和尊重彼此的主权、领土完整、政治独立、禁止使用武力或以武力相威胁及自由通航等方面的内容，并要求联合国秘书长委派一名特别代表，协助各方制定一份与该决议一致的解决方案。尽管这份草案得到英国、加拿大等国的支持，但却没有被安理会所采纳。① 同日，印度向安理会提交的决议草案，得到苏联、法国等国及阿拉伯国家的支持，但与美国方案一样，印度方案也没有为安理会所接受。② 11 日，鉴于美国和印度的方案均未被安理会所采纳，英方将一份未曾与以色列交换意见也未向阿拉伯国家透露的决议草案交与美国进行商讨，事实上这份草案即为 22 日的安理会 242 号决议，只是两者之间仅在措辞上有些微不同。③ 20 日，出于英国方案与美国方案的基本一致，美国转而支持英国提出的决议草案。

22 日，安理会一致通过了英国的决议草案，是为联合国安理会 242 号决议。其主要内容为：（1）强调通过战争获得领土的不可接受性；致力于该地区公正与持久的和平，以使该地区各国能安然生存。（2）以色列军队要从六日战争期间所占领土中撤退；结束中东的敌对状态，尊重并承认中东各国的主权、领土完整与政治独立；在安全及所承认的边界内享有免受武力威胁的权利。（3）确保国际航道的自由通航；公正解决难民问题；通过建立非军事区等措施，保证领土的不可侵犯及该地区每一个国家的政治独立。（4）联合国秘书长应委派一名特别代表与相关各国保持联系，以保证本决议的实施。④

联合国第 242 号决议的内容，除了明确规定以色列要从所占领土中撤离之外，其他内容与美国方案基本一致。这表明安理会最后通过的以英国草案为蓝本的决议，与美国的意图是一致的，即在实现阿拉伯国家承认以色列的同时，又要使以色列从所占领土中撤军，这也体现了约翰逊提出的实现中东和平的基本原则。正如美国驻联合国常驻代表哥德保（Arthur Goldberg）在安理会上所言，美国支持英国方案，是因为英国方案与约翰

---

① *FRUS*, 1964 – 1968, Vol. XIX, pp. 993 – 994；United States Department of State, *The Quest for Peace: Principal United States Public Statements and Related Documents on the Arab – Israeli Peace Process* (1967 – 1983), Washington D. C. : Government Printing Office, 1984, p. 11.

② *FRUS*, 1964 – 1968, Vol. XIX, p. 1008.

③ *FRUS*, 1964 – 1968, Vol. XIX, p. 1018.

④ United States Department of State, *The Quest for Peace: Principal United States Public Statements and Related Documents on the Arab – Israeli Peace Process* (1967 – 1983), pp. 17 – 18.

逊在6月19日所阐发的和平五原则完全一致。① 因此，尽管美国意识到242号决议在措辞上的模糊性，但该决议无论对阿以双方，还是对其他各方来说"是一个整体平衡的决议，任何增删都将有损于其平衡"。② 由此可见，美国支持该决议的目的，就在于希望阿以双方对此都能接受，以实现中东和平。对于安理会242号决议，巴勒斯坦解放组织和叙利亚都表示反对，而埃及和约旦则接受了决议；以色列则直到1968年5月1日才最终宣布接受。③

阿拉伯内部的分歧、阿以之间对决议内容理解上的差异，为日后雅林使命陷入困境埋下了伏笔。该决议更为深远的影响则在于：这份蕴含阿以分歧因子的决议在很大程度上仅是权宜之计，因为在阿以存在重大分歧的情况下，决议根本无法有效实施；而在推动阿以和平的进程中，美国一直将这份饱受争议的决议作为解决阿以冲突的基础，这也注定了日后美国政府提出的一系列解决方案的失败结局。安理会242号决议通过后，约翰逊政府进而采取了拉拢约旦、缓和埃及、限制以色列等手段，企图重新构建对阿以双方的对等平衡政策。但约翰逊政府的这一政策受到越南战争、苏联对阿拉伯国家的支持等因素的制约，从而使该政策难以为继。

二　安理会242号决议通过后约翰逊政府的对等平衡外交

在安理会通过第242号决议之后，约翰逊政府进一步采取措施，试图继续推进该政府所标榜的对等平衡外交政策。1967年12月29日，美国总统国家安全事务助理罗斯托（Walt W. Rostow）在向约翰逊提交的备忘录中，阐明了美国在中东应当采取的政策。该备忘录的主要内容为：美国正在快速失去中东，美苏在中东的对抗，不仅在于苏联对阿拉伯国家的武装，还在于苏联直接卷入该地区；但对于美国不应为了平衡阿拉伯国家从苏联获得武器而直接向以色列输送武器，而应在不断重申以色列安

---

①　United States Department of State, *The Quest for Peace: Principal United States Public Statements and Related Documents on the Arab - Israeli Peace Process* (1967 - 1983), p. 15.

②　United Nations, Security Council, *Official Records*, 22th Year, Document S/PV1382, November 22, 1967, p. 7. [2010 - 11 - 29] http://documents - dds - ny. un. org/doc/UNDOC/GEN/NL6/700/05/pdf/NL670005. pdf? OpenElement.

③　Yehuda Lukacs, ed., *The Israeli - Palestinian Conflict: A Documentary Record*, p. 290; Robert Stephens, *Nasser: A Political Biography*, New York: Simon and Schuster, 1971, p. 525; "Report by the Secretary - General on the Activities of the Special Representative to the Middle East", United Nations, Security Council, *Document S/10070*, January 4 1971, p. 9. [2010 - 11 - 29] http://documents - dds - ny. un. org/doc/UNDOC/GEN/N71/000/12/pdf /N7100012. pdf? OpenElement.

全对美国的重要性的同时，促使以色列让步、鼓励以色列与阿拉伯国家通过谈判而不是战争来解决问题。此外，要争取阿拉伯国家中的温和派，避免给以色列以明显的军事支持。因此，美国要保证对阿以双方的对等平衡政策，就需要限制向以色列输送武器、与埃及建立联系、通过对约旦的援助与支持而重获约旦的好感，这些都是为了遏制苏联势力在中东的扩张。① 罗斯托提交的备忘录为美国下一步的中东政策提供了蓝本，约翰逊政府在最后一年多的执政时间里，基本上是按照这些认知在中东推行对等平衡政策的。

（一）美国对约旦的争取

1967 年年底，美国驻约旦大使西姆斯（Symmes）接连就约旦可能出现的情况发出警告：以色列对约旦空袭所带来的国内压力、美国对约旦的武器禁运、此前美国对约旦武器要求的不置可否，可能会使约旦国王侯赛因对美国产生怀疑而转向苏联，这将使美国面临失去约旦的危险。因此，美国应担负起重新武装约旦的责任。② 在国务院近东与南亚事务司负责黎巴嫩、约旦、叙利亚和伊拉克的首席专家（Country Director for Lebanon，Jordan，Syria Arab Republic and Iraq）霍顿（Houghton）认为，尽管向约旦输送武器会遭到以色列和美国国会的反对，但约旦在实现中东和平方面意义重大，这对于美国在中东的利益及美国在整个中东的地位是重要的；同时约旦要求的武器数量较小，不足以打破中东地区的军事平衡，因此美国应考虑约旦的武器要求。③

12 月 11 日，副国务卿卡岑巴赫（Acting Secretary of State Katzenbach）在向约翰逊提交的备忘录中称：侯赛因支持西方通过政治途径解决争端、与西方为盟及抵制苏联的武器供应等立场，威胁到了他在阿拉伯世界中的地位，因此侯赛因迫切要求美国供应武器的目的，一方面是为了证明美国对他的支持，另一方面则是为了补充其军队在六日战争中遭受的损失；如果这种武器供应不至于对以色列的安全造成威胁，那么这是符合美国和以色列利益的。④ 罗斯托认为，如果美国同意向约旦供应武器，那么这将使

---

①　*FRUS*，1964 – 1968，Vol. XX，pp. 52 – 54.
②　*FRUS*，1964 – 1968，Vol. XX，pp. 1 – 2，19.
③　*FRUS*，1964 – 1968，Vol. XX，pp. 9 – 12.
④　*FRUS*，1964 – 1968，Vol. XX，pp. 29 – 30.

美国面临如何处理以色列的武器要求问题。[①] 但随着苏联在也门及约旦的出现，以色列担心自己会被苏联的存在所包围，而从事实上接受了美国对约旦的军援。[②] 1968 年 1 月以色列总理艾希科尔访美期间曾表示，以色列希望中东地区的所有国家都能与美国而不是苏联保持密切关系；如果出于避免约旦从苏联或埃及获得武器方面考虑，以色列希望美国向约旦提供尽可能少的武器。[③] 艾希科尔的态度为美国向约旦输送武器消除了来自以色列方面的阻力。

1968 年 2 月，约旦总参谋长卡玛什（Kammash）访问美国，与美国协商武器供应问题。美国国防部长麦卡纳马拉（McNamara）提出了美国向约旦提供武器装备的"一揽子"计划，但其中显然没有卡玛什所期望的、包括坦克等武器在内的军备，这使卡玛什感到失望。在卡玛什访美期间约翰逊向侯赛因国王发出了修好信号。约翰逊在致侯赛因的信中称：美约两国长期以来有着诚挚、密切、互利的关系，继续保持这种关系和支持侯赛因政权，是美国的政策，也符合美国的利益；尽管六日战争对于美约关系产生了一些影响，但却从来没有改变美国对约旦的既定政策。约翰逊同时还表达了美国通过外交和政治途径解决阿以冲突的决心。[④] 然而，侯赛因除了对约翰逊的来信表示感谢、将按与美国同样的原则处理两国关系外，他对美国所拟定的协议中包含的武器交付日期、付款条款、武器的数量和飞机的种类等方面，均表示不满，因为美国拟定的协议内容都不能满足约旦军事和政治的需要。侯赛因宣称，如果美国不能进一步满足他的要求，他将不得不考虑其他的武器来源。[⑤] 显然，这是侯赛因暗示其将向苏联求助而对美国施压。

2 月 20 日，美国对美约军售协议进行了修改，对前一协议中所没有的坦克等方面的内容进行了补充，并表示将在 1970 年全部交付。1968 年 3 月 12 日，侯赛因同意就美国对约旦的军售问题签署协议。[⑥] 4 月，美国开始向约旦提供武器，国务院和国防部也在商讨向约旦进一步提供防空炮

① *FRUS*，1964 – 1968，Vol. XX，p. 37.
② *FRUS*，1964 – 1968，Vol. XX，p. 45.
③ *FRUS*，1964 – 1968，Vol. XX，p. 96.
④ *FRUS*，1964 – 1968，Vol. XX，pp. 153 – 156.
⑤ *FRUS*，1964 – 1968，Vol. XX，pp. 167 – 169.
⑥ *FRUS*，1964 – 1968，Vol. XX，pp. 183，220.

等武器装备问题。① 这标志着美国对约旦的承诺兑现。伴随埃以关系的复杂化及发展，以色列总理艾希科尔认为重新武装后的约旦对和平解决阿以争端的兴趣会减弱，但美国对此并不认同。② 在领土问题上，美方认为不能被动地接受以色列对耶路撒冷旧城的单边控制，因为这将有损约旦的利益；要继续向以色列政府施压，以防止以色列采取僵化耶路撒冷形势的政策或行动；同时美国表示准备支持将西岸归还约旦。③ 美国的这些措施，都促使约旦重新回归到两国友好关系的轨道。

通过双方接触、总统致函、实施军售、承诺支持领土归还等措施，美约关系又恢复到了六日战争前的友好状态。从美国立场来看，这些措施既显示了美国对友国的支持，也防止了约旦倒向苏联，同时也遏制了苏联对约旦的渗透及在中东势力的扩张。而对约旦来说，美约关系重续前缘，满足了侯赛因的政治与军事需求，维护了其在阿拉伯国家中的地位；其深远的影响则在于为1970年约旦危机中侯赛因政权的存续提供了保障。

（二）美国对埃及的立场

六日战争后，埃及与美国断交，但这并没有切断双方的联系。1967年12月9日，纳赛尔向约翰逊致信，向约翰逊总统表达了他的问候，并通过非官方特使詹姆斯·伯索尔（James Birdsall）④ 转达了埃及欲与美国恢复关系、希望美国能促进阿以问题的解决等意愿。18日，伯索尔向约翰逊转达了纳赛尔的意愿。⑤

1968年1月3日，约翰逊在对纳赛尔的答复中称：（1）美埃两国的

---

① FRUS，1964－1968，Vol. XX，p. 284. 美国通过一系列措施暂时缓解了美约间的紧张关系，但事实证明美国对约旦的支持是非常有限的，尤其是在尼克松政府时期所爆发的埃以消耗战期间，这在很大程度上是由于美国与约旦的立场不同所致。1970年5月3日，约旦国王侯赛因在接受美国电视台采访时称，尽管他现在还没有接受苏联提供武器的建议，但他会予以认真考虑。此外，在约旦和巴勒斯坦解放组织间的冲突中，关于约旦所需武器的支付问题、阿拉伯国家对侯赛因的亲美立场的敌视，都使他感到尴尬。因此，尼克松政府时期的美约关系仍面临着考验，这一直延续到1970年7月约旦接受第二个罗杰斯计划。See ARR，1970 Issue 9，London：Arab Report & Record，1971，p. 265.

② FRUS，1964－1968，Vol. XX，p. 452。

③ FRUS，1964－1968，Vol. XX，pp. 138－139，619.

④ 詹姆斯·伯索尔，在纽约从事律师业，由于他在阿拉伯国家的业务关系而与埃及建立了联系。1966年10月，纳赛尔邀请伯索尔到埃及，与索伯尔讨论了希望能与美国改善关系等问题。1967年12月，索伯尔应纳赛尔的邀请再次访问埃及。在美埃断交的情况下，索伯尔事实上已成为纳赛尔向美国转达信息的非官方特使。See FRUS，1964－1968，Vol. XX，p. 26，Note 2.

⑤ FRUS，1964－1968，Vol. XX，p. 41.

外交关系需要在友好、信任的情况下恢复。认为美国参与了针对埃及的战争的看法，是与恢复两国关系所要求的友好条件不相符的，应当消除各国国内对对方的敌意。（2）美国将在联合国242号决议的框架下推动阿以冲突的合理解决。持久的和平需要以色列撤退，也需要阿以双方结束敌对状态；所有各方均应与联合国秘书长的特别代表雅林全面合作，以制定出各方均能接受的实施方案。（3）美国对阿以双方一直在努力采取不偏不倚的政策。美国与阿以双方都保持着良好关系，美国一直在帮助整个中东地区发展经济。美埃关系的恶化，主要是由于美埃双方对对方意图和动机的误解所致。只有双方相互信任，美埃才有可能形成友好而彼此满意的关系。① 在这份答复中所涉及的恢复两国关系的方面，美方显然仍对纳赛尔曾指责美国参与了六日战争而耿耿于怀；而对于阿以争端问题，美国仍坚持阿以双方应按照安理会242号决议共同促进和平的实现，而不仅仅是取决于一方的行动，这是与美国处理阿以争端问题的基本原则相一致的。

1968年1月6日，在西班牙驻埃及大使馆设立的美国特别办事处（Interest Section）②负责人伯格斯（Bergus）向埃及总统纳赛尔递交了美国的回信。对于美国的答复，纳赛尔认为：（1）两国之间并没有直接的冲突，而是由于许多间接的问题困扰着两国关系；美埃复交问题还需要时间及双方的努力。（2）关于埃及对美国参与六日战争的指责问题，这仅是新闻报道，而从来未见官方声明，但美国却通过向以色列提供大量武器而进行了间接参与。（3）如果以色列撤退，埃及将接受与以色列的非敌对状态。（4）对于美国在解决阿以冲突上的立场，埃及并不是要求美国对阿拉伯国家做出特别的姿态，而是在对待阿以立场上的公正。纳赛尔也表示，现在双方就进入一个基于互信基础上的友好时期是不可能的，他对美国的信任还存有保留。③

此后，美埃双方主要就埃及对美国的指责问题、双方外交关系的恢复问题进行了交涉。美国认为埃及要与美国恢复外交关系，首先应澄清埃及对美国曾直接卷入六日战争的指责，因为这对美国造成了伤害；此外，即

---

① *FRUS*, 1964 – 1968, Vol. XX, pp. 59 – 61.

② 六日战争后，埃及（阿联）和美国断交，美国在西班牙驻埃及大使馆内设立了特别办事处（Interest Section），作为与埃及当局进行联系的渠道；埃及则在印度驻美国大使馆中设立了特别办事处。

③ *FRUS*, 1964 – 1968, Vol. XX, pp. 68 – 69.

使双方恢复了外交关系，也不应立即是大使级的，而应是代办级的。①
1968 年 3 月，纳赛尔撤回了其对美国的指责，但这并没有实现与美国外
交关系的恢复。事实证明，这仅是埃及所面对的实现美埃复交的障碍之
一，因为正像纳赛尔不能完全信任美国一样，美国也对纳赛尔充满了不信
任。美国认为，纳赛尔与美国恢复外交关系的企图是要改变美国在解决中
东问题上的立场。② 而埃及认为美埃复交的前提，则是美国应发表一份要
求以色列从所占领土上全面撤退的声明，③ 美国当然不会同意这一与其立
场相左的要求。因此，尽管美埃都意识到两国复交是美国与其他阿拉伯国
家复交的第一步，④ 但由于双方在阿以争端问题上的冲突性立场及彼此间
尚缺乏相互信任，两国复交的尝试终归搁浅。直到 1973 年十月之后，美
埃才逐渐恢复外交关系。

　　从美埃两国的磋商过程来看，纳赛尔向约翰逊表达的缓和两国关系、
希望美国推动中东和平的意愿，及后来撤回对美国直接参与六日战争的指
责，都表明了纳赛尔试图改善美埃关系、通过外交途径解决阿以争端的意
图。事实上，纳赛尔在六日战争后主张采取外交与军事行动并举、缓解与
美国关系的政策，其采取的举措，在某种程度上也是为采取军事行动赢得
时间。从美国角度来说，美国始终对纳赛尔的指责抓住不放，这既反映了
美国对纳赛尔的指责的不满，也说明美国并不急于解决美埃之间的关系问
题。美国强调美埃复交需要建立在相互信任的基础上，但当时尚缺乏两国
相互让步、彼此信任、达成共识的条件，因此美埃双方在这种情况下是难
以恢复外交关系的。美埃接触所产生的积极后果，则是保持了美埃之间的
联系，并一致延续到尼克松与萨达特时期，这种联系甚至扩展到伊斯梅尔
—尼克松秘密渠道的建立，但这些都未能改变美国的立场。

　　（三）美国对以色列的政策

　　支持以色列是美国的既定政策，但这并不意味着美国对以色列的一味
迁就和无限制的军事援助。在安理会第 242 号决议通过之后，以色列对美

---

　　① *FRUS*, 1964 – 1968, Vol. XX, p. 128.

　　② *FRUS*, 1964 – 1968, Vol. XX, p. 214.

　　③ Mahmoud Riad, *The Struggle for Peace in the Middle East*, New York: Quartet Books, 1981,
p. 78.

　　④ *FRUS*, 1964 – 1968, Vol. XX, p. 119; Mahmoud Riad, *The Struggle for Peace in the Middle
East*, p. 78.

国的主要政策，就是要美国不断向其提供军事援助。因此，在约翰逊最后一年多的任期中，美国对以色列的政策，主要就是围绕对以色列的军事援助问题，尤其是以色列所要求的 F - 4 鬼怪式战斗机展开的。

1967 年 12 月 12 日，以色列外交部部长埃班（Eban）向美国驻特拉维夫大使馆提交了一份备忘录，称自 6 月份以来苏联已弥补了阿拉伯国家80% 的损失；如此一来，埃及将在未来 5 个月内达到其战前的军事水平。如果美国不对苏联的行动做出积极的反应，这将鼓励苏联进一步向中东渗透。因此，在这种情况下，以色列要求美国提供 27 架 A - 4 空中之鹰式攻击机和 50 架 F - 4 鬼怪式战斗机是必要的。次日，美国驻以色列大使哈曼（Harman）要求副国务卿卡岑巴赫重视埃班关于苏联对中东的涉入及其影响的分析，并强调了向以色列提供武器在应对苏联武器流入中东所产生的威胁的必要性。但国务卿腊斯克和国防部长麦卡纳马拉认为，从原则上来说，可以另外提供给以色列 27 架空中之鹰式飞机，但他们认为没有必要在 1968 年年底之前决定是否要出售给以色列 50 架鬼怪式战斗机，因为当前的军事平衡就像六日战争前一样有利于以色列。[①]

1968 年 1 月 7 日，以色列总理艾希科尔对美国进行访问。艾希科尔此行的主要目的，是要美国同意向以色列出售更多的飞机，尤其是 F - 4鬼怪式战斗机。在当日与约翰逊的会谈中，艾希科尔分析了中东的军备竞赛问题和苏联在中东的政策及渗透。他以埃及从苏联引入地对地火箭、性能优于战前的飞机和苏联军事人员为理由，要求美国尽快向以色列提供50 架鬼怪式飞机及更多的空中之鹰式攻击机。但约翰逊表示，他对艾希科尔此行过于注重对鬼怪式飞机的要求而感到遗憾；鬼怪式飞机解决不了安全问题，重要的是 250 万犹太人在阿拉伯包围下的生存问题；尽管美国已同意向以色列出售 48 架空中之鹰式攻击机，但飞机并不能解决阿以之间的和平问题；美国会审视以色列的军事形势，而不会对以色列的遭遇坐视不管。[②] 在次日的会谈中，以方又提出美国应供应飞机的理由：阿拉伯

---

① *FRUS*，1964 - 1968，Vol. XX，pp. 33 - 37. 根据以色列和美国达成的协议，1968 年美国将向以色列交付 48 架 A - 4 空中之鹰式攻击机。这里所说的 27 架 A - 4 攻击机，是以色列要求美国另外提供的，而以色列最希望美国同意提供的是 50 架 F - 4 鬼怪式战斗机。此外，以色列还要向法国订购 100 架幻影（Mirages）飞机，但当时以色列与法国的这份订购意向尚不确定。在1968 年 4 月 30 日以色列驻美国大使拉宾致美国国务卿腊斯克的信中，拉宾证实法国不同意向以色列提供飞机。See *FRUS*，1964 - 1968，Vol. XX，p. 312.

② *FRUS*，1964 - 1968，Vol. XX，pp. 80 - 84.

国家的飞机反应时间大为缩短，更为重要的是以色列缺乏二次打击能力。但约翰逊认为阿以之间要实现和平不是由飞机数量的多少决定的，而是通过积极的行动实现的。[①] 在当日举行的第三次会议中，约翰逊认为美以可以达成的目标有三：促进中东的安定与和平；尽可能地阻止中东军备竞赛及竞赛升级；如果需要，美国将向以色列空军提供军备，但这取决于以色列是否促进了中东和平，甚至要由苏联和埃及证明以色列在这方面的努力。[②] 因此，艾希科尔的美国之行，并没有达到其预期目的。

从以上内容可见，艾希科尔的此次访问，并没有就以色列所关心的F-4鬼怪式飞机达成协议；甚至是提前交付额外的27架A-4空中之鹰式攻击机的要求也未得到满足。尽管约翰逊在与艾希科尔的谈话中没有明确表示要以色列从所占领土中撤出，但约翰逊显然是要通过飞机供应来换取以色列在促进阿以和平中让步。约翰逊对纳赛尔和艾希科尔的态度，反映了美国试图在六日战争后对阿以采取不偏不倚的对等平衡政策，通过平衡阿以双方的要求来实现阿以冲突的和平解决。

从以上内容来看，自1967年年底以来，约翰逊政府基本是沿着总统国家安全事务助理罗斯托提出的美国外交路线来应对阿以争端的：围绕与埃及外交关系的恢复、对约旦的援助、耶路撒冷问题及对以色列的军事援助等问题进行外交决策，以此推进约翰逊政府的对等平衡外交政策。1968年，美国对约旦的军事援助有所增加，而对以色列的援助则有所收敛（见表2），这也从一定程度上说明了约翰逊政府对阿以政策的变化。

但随着形势的不断发展，约翰逊政府的这一政策逐渐发生了变化，并最终于1968年10月决定向以色列出售鬼怪式飞机。由于苏联不断向埃及、叙利亚等阿拉伯国家输送武器（见表1）；法国蓬皮杜总统决定对以色列实施武器禁运，这使得阿以之间的飞机数量比例提高。按照美国的估计，到1969年年底阿以飞机数量比将达到8∶1（1967年6月双方的比率是4∶1）。[③] 1968年10月8日，美国国会通过对外援助法，其中有关援以的主要内容为：向以色列出售超音速飞机（即F-4鬼怪式战斗机）——在该法案颁布之后，为防止阿拉伯国家将来对以色列发动侵略、抵消阿拉

①　*FRUS*, 1964－1968, Vol. XX, pp. 88－93.
②　*FRUS*, 1964－1968, Vol. XX, pp. 96－99.
③　*FRUS*, 1964－1968, Vol. XX, pp. 352－353.

表 1 　　　　　　　　　1967—1969 年阿以受援武器情况表

军援项目	受援国	年份		
		1967	1968	1969
坦克（辆）	埃及	370	710	925
	约旦	100	230	309
	叙利亚	400	430	450
	以色列	990	800	1020
战斗机（架）	埃及	225	400	352
	约旦	0	16	23
	叙利亚	25	145	145
	以色列	220	235	275

资料来源：Hans Rattinger，"From War to War to War：Arms Races in the Middle East"，*International Studies Quarterly*，Vol. 20，No. 4，Dec. 1976，p. 508 ［2009 – 12 – 24］http：//www. jstor. org/stable /2600338.

伯国家在六日战争后获得的尖端武器，应向以色列出售足够数量的超音速飞机，总统应尽快采取切实措施与以色列政府就此达成一致。次日，约翰逊签署了该法案，并让国务卿腊斯克与以色列政府进行谈判。埃及和约旦对此深感忧虑，而艾希科尔却对此大加赞赏。[①] 12 月 24 日，在以色列政府做出不使用 F – 4 鬼怪式飞机运载核武器、不首先在中东地区引入核武器的承诺后，美国答应从 1969 年 9 月开始向以色列提供鬼怪式飞机。[②] 至此美以就 50 架鬼怪式战斗机的出售问题达成协议，这标志着自六日战争以来约翰逊政府采取对等平衡政策的尝试失败。

三　制约约翰逊政府实施对等平衡政策的因素

自六日战争结束以来，约翰逊政府试图通过采取对等平衡政策来推动阿以和平进程，但美苏、阿以分歧使约翰逊政府的这一政策面临重重考验。从约翰逊的五原则，到美苏葛拉斯堡罗会议，都体现了美国的意图，

---

① *FRUS*，1964 – 1968，Vol. XX，pp. 548 – 549.

② *FRUS*，1964 – 1968，Vol. XX，p. 716. 从 1968 年 10 月 9 日始，美以双方就已经就 F – 4 鬼怪式飞机的协议问题进行谈判。在谈判过程中，美方担心以色列会使用美国的这些飞机运载核武器，因此美方提出应在双方达成谅解的备忘录中对此加以声明。但以色列驻美大使拉宾认为应采取信函的形式加以说明，最终双方以互致信函的方式达成一致。See *FRUS*，1964 – 1968，Vol. XX，pp. 656 – 657.

但约翰逊政府对阿以冲突的政策取向也在逐渐发生变化：美国最初是希望通过阿拉伯国家承认以色列，而换取以色列从所占领土中撤退，但随着美苏联手推进阿以和谈进程的受挫、以色列立场的转变，美国逐渐改变了这一认识，转而采取了支持以色列的立场。而无论是美国单独的方案还是美苏的联合草案，都需要考虑冲突的当事方——阿以双方的立场。在涉及本国利益方面，阿以双方都有着不为其友国所控制的坚定立场，美苏在1967年7月共同拟定的决议草案的"流产"就证明了这一点。美国对表述模糊的安理会242号决议的支持，虽然表明了美国对以色列企图保留部分所占领土的意图的支持，但这也说明美国意识到，如果不采取这一模糊手法，要达成一个阿以双方同时都接受的方案是不可能的。因此，尽管安理会242号决议增添了阿以双方的分歧，但却基本反映了美国采取对等平衡政策的意图：既想支持以色列，又希望以色列让步；既希望阿拉伯国家接受决议，又希望阿拉伯国家承认以色列。

致使约翰逊政府在中东推行的对等平衡政策难以为继的困难因素，除了阿拉伯国家和以色列各自的立场存在严重分歧外，美国还要考虑苏联的反应及其向阿拉伯国家的武器输送等因素。1968年7月16日，苏联柯西金总理称要继续向阿拉伯国家输送武器，以便在面对以色列的侵略时实施自卫；[①] 而在对阿拉伯国家的立场上，勃列日涅夫等苏联领导人则多次宣称，以色列从所有被占领土中撤出是政治解决中东问题的先决条件。[②] 约翰逊政府所推行的对等平衡外交，实际上是在维持中东现状或美苏都对中东的武器供应保持克制的前提下推行的，但是苏联的立场使约翰逊政府重新审视了其中东政策，这也是鬼怪式飞机出售协议最终达成的一个重要原因。

此外，越南战争耗费了约翰逊的主要精力，这限制了约翰逊政府对中东事务的关注程度。在约翰逊政府的最后阶段，美以鬼怪式飞机协议的签署，使已获得对美好感的约旦、与美国关系已有所缓解的埃及，加深了对中东局势的忧虑。因此，从以上内容来说，中东军备竞赛、阿以双方越来

---

① *Middle East Record*（*MER*）1968，Jerusalem：Israel University Press，1973，p. 18. 进入1968年后，苏联在上半年放缓了对埃及等阿拉伯国家的武器供应，西方国家认为这是苏联意识到其武器供应已足以弥补阿拉伯国家在六日战争中的军事损失；也有人认为这可能是美苏维持中东地区军事平衡的结果。但从1968年7月纳赛尔访苏之后，苏联对埃及的武器供应又呈上升趋势。

② *MER* 1968，pp. 21，23.

越严重的分歧及彼此不妥协的立场，都使约翰逊的这种对等平衡外交政策举步维艰。1969 年尼克松上台后，新任国务卿罗杰斯领导的国务院，基本上延续了约翰逊政府在中东采取的对等平衡政策。

第二章 缓和①与尼克松政府的 对等平衡政策

　　1969 年，尼克松入主白宫。20 世纪 60 年代末 70 年代初，美国正处于国力下降时期，尼克松因此提出了在全球进行战略收缩的"尼克松主义"。对苏遏制是美国自杜鲁门政府以来的战略导向，在自身实力下降的情况下，尼克松政府为缓解与苏联的紧张关系、遏制苏联在全球的扩张，采取了与苏缓和的战略。尼克松政府对美国外交政策的调整，也重新界定了美国对中东的外交政策原则。尼克松政府的中东政策，就是在美苏缓和的背景下，利用平衡政策推动阿以和平进程，以此来遏制苏联在中东的扩张。这是尼克松政府采取的削弱苏联在中东的存在的软遏制措施，也是对历届政府所采取的平衡政策的发展与深化。与此同时，尼克松政府还在各个危机时期采取了战争边缘政策，以对苏联进行威慑。因此，尼克松政府对阿以争端的政策，体现了软遏制与通过军事威慑进行硬遏制的结合。自肯尼迪时期就提出的由以色列实现自由世界在中东的均势、保护以色列的安全等方面的内容，也在尼克松政府时期得以全面展现。

---

　　① 缓和（Détente），这一从字面上可理解为"紧张的缓解"的法语词汇，很久以来就被用于外交领域，以此代表国家间紧张关系的缓解。在 20 世纪 60 年代，缓和被用来描述东西方之间紧张关系的缓解，特别是在 60 年代中后期，法国总统戴高乐将其作为在北约平衡防御的一个因素；1963 年美国总统肯尼迪也曾用缓和来表述与苏联的关系。1969 年，尼克松为改善美苏关系而首次使用该词时，他所表达的含义还是模糊的。1970 年 10 月，尼克松在联合国成立 25 周年大会上首次用缓和来阐述其政策。事实上美国政府在一段时间内对"缓和"讳莫如深，尼克松与时任国家安全事务助理基辛格则将缓和视为用谈判代替对抗、用相互包容构建和平的新时代。1973—1974 年，美国官方才公开将缓和指称为尼克松的新政策。苏联对"缓和"的使用，最初是出现在 1966 年 3 月勃列日涅夫在苏联共产党第 23 次代表大会上的报告中；1970 年 6 月，勃列日涅夫在演讲中首次将缓和运用于苏美关系。本书所涉及的缓和，是指美苏之间的双向缓和及埃及总统萨达特向美国和以色列发出的单向缓和要求。相关内容参见 Raymond L. Garthoff, *Détente and Confrontation: American - Soviet Relations from Nixon to Reagan*, Washington D. C.: The Brookings Institution, 1985, p. 25。

尼克松政府上台后不久，埃及总统纳赛尔就发动了旨在打破阿以僵局、迫使以色列改变立场的消耗战。为防止埃以消耗战进一步升级，主导中东事务的国务卿罗杰斯（William P. Rogers）和负责近东与南亚事务的副国务卿西斯科（Joseph J. Sisco），在推动解决埃以消耗战的过程中，延续了约翰逊政府时期所采取的对等平衡政策。为结束埃以消耗战而提出的两个罗杰斯计划、解决耶路撒冷问题而提出的约旦计划等方案，都是罗杰斯主张的对等平衡外交政策的体现。但这些全面解决阿以争端框架下的中东和平计划，最终都以失败告终。

第一节　美苏缓和及其对美国中东政策理念的影响

尼克松主义的出台，表明美国要从其所承担的全球义务中全面收缩，这使得缓和与苏联的关系成为美国对苏政策的必需。但尼克松政府并没有因此而摆脱自从杜鲁门政府以来对苏遏制的窠臼，美国的缓和政策的实质仍是遏制苏联。苏联由于对核战争所带来的破坏性的认识，也认识到美苏缓和的必要性，但苏联仍然将美国作为首要的对手。因此，美苏对缓和的本质，是在避免双方直接对抗，尤其是避免两国发生核对抗前提下的竞争与争夺。

美苏缓和对美国的中东政策产生了重要影响，美国历届政府在中东地区所采用的平衡政策也因此而展开了新的演变过程。在这个过程中，利用平衡政策推动阿以问题的解决，进而遏制苏联在中东的势力和政治影响，也成为尼克松政府中东政策的主流。

一　尼克松主义与美国对缓和的认知

20 世纪 60 年代后期，深陷越南战争泥潭的美国，逐渐失去了国内对外交政策的支持，美国的在国际上的优势地位也逐渐丧失；与此同时西欧和日本等国同美国的离心倾向也越来越明显。面对美国实力的衰落，1969年 7 月 25 日，尼克松在关岛提出了尼克松主义；同年 11 月 3 日，尼克松在就越南战争问题向美国民众发表的讲话中，将尼克松主义归结为以下三点：第一，美国将恪守所有的条约义务；第二，如果一个核大国威胁到美国的盟国，或其生存对美国的安全至关重要的国家的自由，美国将提供保护；第三，对于其他形式的侵略，美国将应受侵略国的要求根据条约义务提供军事和经济援助，但直接受威胁国应依靠本国军队来承担防务之责。① 尼克松主义的三原则，主要还是美国对亚洲的政策，1970 年 2 月 18 日，尼克松在向国会提交的首度外交咨文中，将尼克松主义进一步推广为全球政策。

在这份咨文中，尼克松进一步阐发了美国的外交政策，提出构建持久和平的三大支柱："伙伴关系、实力和谈判。"对于伙伴关系在实现和平中的作用，尼克松指出，美国将参与盟友的防御与发展，但美国不能也不会构想全部计划、拟定全部方案、实施全部决定及承担世界自由国家的全部防务。尼克松也宣称美国不会因为和平而将自己隔离，也没有从全世界退缩的意图；美国只是为了更有效地履行义务、保护美国的利益。而就"实力"而言，尼克松认为"良好的意愿不能带来和平"，还必须有必要的军事力量作后盾。② 尼克松在 1971 年向国会递交的第二份外交政策咨文中，进一步阐明了这三者之间的关系："伙伴关系"是美国新外交政策的核心，它反映了美国所寻求建立的国际结构的基本主旨；确保美国利益的"实力"与协调各方利益的"谈判"，则是伙伴关系必不可少的辅助手段。③ 在尼克松制定的这些原则中，后两项是用来对付苏联的主要手段。④

尼克松主义的基本内容，是在美国继续发挥重大作用的前提下，逐渐让盟友分担义务以摆脱美国力量的过度伸展而带来的困境。就其实质而言，美国试图以此适当收缩其海外力量，从承担全球义务的高水平上退下来。⑤ 但这并不意味着美国会从在世界上发挥积极作用的立场后退，⑥ 同

---

① "Adress to the Nation on the war in Vietnam. November 3，1969", *Public Papers of Presidents of the United States*：*Richard Nixon* 1969，Washington D. C.：Government Printing Office，1971，pp. 905 – 906.

② "First Annual Report to the Congress on United States Foreign Policy for the 1970's，February 18，1970", *Public Papers of Presidents of the United States*：*Richard Nixon* 1970，Washington D. C.：Government Printing Office，1971，pp. 117 – 120.

③ "Second Annual Report to the Congress on United States Foreign Policy，February 1971", *Public Papers of Presidents of the United States*：*Richard Nixon* 1971，Washington D. C.：Government Printing Office，1972，p. 221.

④ "First Annual Report to the Congress on United States Foreign Policy for the 1970's，February 18，1970", *Public Papers of Presidents of the United States*：*Richard Nixon* 1970，pp. 172，177.

⑤ 时殷弘：《尼克松主义》，武汉大学出版社 1984 年版，第 34 页。

⑥ "First Annual Report to the Congress on United States Foreign Policy for the 1970's，February 18，1970", *Public Papers of Presidents of the United States*：*Richard Nixon* 1970，p. 119.

时也表明美国仍不会放弃与苏联的争夺，苏联依然是美国 20 世纪 70 年代战略政策的首要目标。[1] 在现实的外交政策的制定与实施过程中，美国的这种以苏联为目标的政策原则，也渗透到美苏共同关注的领域和地区。对于尼克松和基辛格来说，苏联是美国全球问题的核心。尽管他们承认国内日益反对越南战争、全世界不断对单边军事行动进行反对，但是尼克松政府依然信奉积极的外交政策。尼克松政府的对苏战略，是当苏联进行挑战时，直接与其进行对抗，同时通过加强合作、贸易甚至在他们"表现得体"时利用经济援助等手段诱使苏联就范。因此，具有冷战思维的尼克松和基辛格，使美国的外交政策在制定之初就被注入了强烈的意识形态。[2] 这种带有冷战色彩的政策，既使美国的外交政策理念演绎到美国的中东政策中，也使美苏争夺成为中东冲突的主要内容之一。

在美国实力下降的情况下，缓和成为尼克松政府处理美苏关系的重要政策策略。然而，尽管美苏都倾向于缓和，但双方对缓和的认知各异，其所希望达到的目的也不尽相同，美苏的缓和观影响了双方在中东的政策取向。

20 世纪 60 年代末 70 年代初，美国深陷越南战争而带来的自身实力的下降，及苏联经济停滞和中苏关系的破裂，使两个超级大国都有了缓和彼此紧张关系的意图。尽管美苏缓和不能代表这一时期的国际关系的全部，但却是其中至关重要的一部分，它直接影响了地区冲突的和平进程，这在中东问题上表现得尤为突出。在当代国际关系史中，缓和既是冷战时期的一个特定阶段，也是一个过程。作为一个阶段，主要是指美国总统尼克松时期至卡特任期结束前这一时期的国际关系。[3] 作为一个过程，它主要是指两个及两个以上的国家抛弃彼此持续的对抗关系而转向整体合作的方向或轨道，这种紧张关系的缓解主要基于以下三个条件：一是认识到其

---

① "First Annual Report to the Congress on United States Foreign Policy for the 1970's, February 18, 1970", *Public Papers of Presidents of the United States: Richard Nixon 1970*, p. 173.

② Steven Spiegel, *The Other Arab – Israeli Conflict: Making America's Middle East Policy, From Truman to Reagan*, pp. 171 –172.

③ 关于美苏缓和的发展阶段问题主要有两种观点：一种认为美苏缓和经历了 1963—1968 年的有限缓和、1969— 1974 年的缓和高潮及 1975—1979 年由缓和到对抗的三个阶段；另一种认为，1969—1972 年是美苏由对抗到缓和的过渡阶段，美苏之间的真正缓和始于 1972 年尼克松和勃列日涅夫的首脑会晤，终于 1980 年卡特主义的提出。参见刘金质《冷战史》中册，世界知识出版社 2003 年版，第 585 页；Raymond L. Garthoff, *Détente and Confrontation: American – Soviet Relations from Nixon to Reagan*, p. 1。

政治、经济力量在全球的局限性；二是各方对"敌人"的认知的改变；三是认识到通过与对手的部分和解来提高自身地位的必要性。① 美苏正是基于以上要素而趋向缓和。

尼克松之前的艾森豪威尔和肯尼迪总统都曾试图改善与苏联的关系，尤其是肯尼迪，在经历了古巴导弹危机之后，他意识到大国之间核对抗的危险性，在 1963 年就提出了对苏缓和。但肯尼迪所提到的缓和，是用来描述美苏紧张关系的缓解过程，还不是一种战略。② 尽管从艾森豪威尔到肯尼迪时期，遏制与对抗一直是美国对苏政策的主旋律，同苏联对话与合作也是相当有限的，但到 20 世纪 60 年代，对苏采取竞争与对抗、合作与相互克制的双重途径，实际上已成为美国政治上的必需。然而越南战争却改变了这种外交态势：战争使美国传统的外交政策分裂；对捍卫自由、资本主义与自由民主的义务的履行所导致的无差别的全球主义，带来了灾难性的后果；而美国政府在第二次世界大战后所形成的那种目的感和自信，被越南战争带来的道德失序与混乱所替代。③ 越南战争促进了美国外交态势的转变，为尼克松政府重新制定美国的外交政策提供了契机。

在尼克松政府的外交政策中，缓和的提出经历了一个渐进的过程。尼克松在第一次就职演说中提到将用对话、谈判和合作代替对抗，其中尽管没有提及缓和，但从中也可以看出尼克松政府外交政策的端倪。④ 在 1970—1972 年向国会提交的外交政策年度报告中，尼克松用了许多用以标识改善美苏关系的概念，如"新时代"、"相互包容"、构建"和平框架"、"持久和平"、"和平共处"、"行动准则"等。1973 年，尼克松在第四次外交政策年度报告中宣称：在由美国主导的两极世界向共同分担责任的多极世界过渡的过程中，美国所追求的是一个稳定的结构，而非均势。而这种可靠的稳定包括对对手的克制与自我克制。缓和的确改善了两国的

---

① Vladimir Petrov, *US – Soviet Détente: Past and Future*, Washington D. C.: American Enterprise Institute for Public Policy Research, 1975, p. 1.

② John Lewis Gaddis, *Strategies of Containment: A Critical Appraisal of Postwar American National Security Policy*, New York: Oxford University Press, 1982, p. 289.

③ Phil Williams, "Detente and US Domestic Politics", *International Affairs*, Vol. 61, No. 3, Summer 1985, p. 433.

④ "Inaugural Address, January 20, 1969", *Public Papers of Presidents of the United States: Richard Nixon* 1969, p. 3.

关系，但缓和并不意味着危险的结束，也不代表持久的和平与竞争的结束。① 这基本明确了对缓和的界定。

基辛格认为，尼克松的对苏缓和政策，是将美苏关系纳入一个既非全面对抗也非完全妥协的全然之道，是以合作为杠杆调整苏联在美苏抵牾之处的行为，即利用联系原则来解决问题。但在反对共产主义扩张的问题上，尼克松与艾奇逊和杜勒斯的观点并无二致，只是方法上有所不同。② 因此，尼克松政府的缓和政策更多的是在手段上而非在目的上的转变。尼克松—基辛格既没有抛弃苏联对美国安全威胁的深层关注，也没有放弃传统的遏制目标，其中的区别在于：此前的遏制政策是美国实力的显示，而尼克松—基辛格的遏制则是承认美国的衰弱；尼克松政府之前的遏制政策主要是依靠美国的实力与苏联的谨慎，而未来的遏制则依靠苏联的克制，以使美国衰弱与意志丧失的后果最小化。③

从美国对缓和的认知来看，缓和并不代表美苏敌对关系的结束；从严格意义上讲，它仅意味着拒绝用战争和以战争相威胁作为解决两国冲突及达到其特殊目的的终极手段。尽管美苏两国都认为它们的矛盾并非不可调和，双方各自的目的也是可以通过谈判来解决的；尽管谈判也的确意味着自我克制、持续与积极的外交互动，但谈判并不排除运用政治、经济压力或利用其他地区和国家的有利发展而损害其对手。④ 由此可见，在美国对缓和的认知中，缓和包含着竞争与对抗；缓和是如何利用有效的机制来限制对手，使苏联按照美国可接受的方式实现美国目标的手段。因此，缓和是美国在实力衰退的情况下与苏联展开争夺的策略，尼克松政府的首要任务仍是在缓和的名义下遏制苏联，这是美国缓和观的本质。

二　苏联的缓和观

影响苏联缓和观的因素主要有以下几点：一是和平共处思想。作为苏联长期以来一直力图实现与西方国家进行交往的重要理念，和平共处思想

---

① "Fourth Annual Report to the Congress on United States Foreign Policy, May 3, 1973", *Public Papers of Presidents of the United States: Richard Nixon 1973*, Washington D. C. : Government Printing Office, 1975, pp. 517 – 518.

② Henry A. Kissinger, *Diplomacy*, p. 714.

③ Phil Williams, "Détente and US Domestic Politics", *International Affairs*, pp. 434 – 435.

④ Vladimir Petrov, *US – Soviet Détente: Past and Future*, pp. 1 – 2.

对苏联外交产生了深远影响，这也是苏联采取缓和政策的历史与思想原因。① 二是中美关系。20 世纪 60 年代末中苏关系的破裂，使苏联视中国为威胁，而中美之间的接触更引起了苏联的不安。因此，试图通过对美缓和以阻止中美关系发生不利于自己的发展，也是苏联采取缓和态势的动因之一。② 三是苏联对核武器、自身核力量的认知。2009 年 9 月 11 日，美国国家安全档案馆公布的冷战期间关于苏联核政策的材料显示，苏联对核武器、核战争及自身核力量的认知，也是推动苏联采取缓和、影响苏联对缓和的认知的重要因素。③

20 世纪 60 年代末 70 年代初，苏联对核武器的破坏性、苏联自身核力量的限度及美国对苏首先实施核打击的后果等方面都有较为清醒的认识。1972 年，苏联在一次军事演习中模拟了美国对苏联的首次核打击，情况简报显示：美国的核打击将会导致苏联八千万人死亡，85% 的工业生产能力遭到破坏，并对军事设施造成巨大毁坏。苏联领导人勃列日涅夫对此极为震惊。苏联的政治军事领导人意识到核战争的毁灭性后果，认为要不惜一切代价避免使用核武器和发动核战争。④ 同时，苏联对美核力量的战略劣势，加之苏联无法确保在美苏核战争中取胜、对美国发动先发打击的恐惧，及其对核威慑的严重依赖，都使苏联本能地避免原子战争、防止美国对其军队和领土使用核武器。这些因素均促使苏联与美国搞对等关系。⑤ 因此，从解密的材料来看，苏联对核战争的后果、对自身核力量与安全等方面的认知是苏联采取缓和政策的一个重要原因，也是对苏联的缓和观产生影响的重要因素。这不仅可以解释苏联对美缓和的动因，而且也可以从中解释苏联在与美核对抗中退缩的原因。

鉴于对自身军事实力与国际政治环境的认知，苏联力图在军事与政治两个方面与美国进行合作：军事缓和主要是战略武器限制与北约和华约军

① Richard Pipes, *U. S. – Soviet Relations in the Era of Détente*, Colorado: Westview Press, pp. 73 – 76.

② Adam B. Ulam, "Détente under Soviet Eyes", *Foreign Policy*, No. 24, Autumn 1976, p. 146.

③ See William Burr and Svetlana Savranskaya, eds., "Previously Classified Interviews with Former Soviet Officials Reveal U. S. Strategic Intelligence Failure Over Decades", *The National Security Archive*, September 11, 2009.

④ John G. . Hines, Ellis M. Mishulovich, John F. Shull, *Soviet Intentions 1965 – 1985 Vol. I, An Analytical Comparison of U. S. – Soviet Assessments During the Cold War*, pp. 23 – 24.

⑤ John G. Hines, Ellis M. Mishulovich, John F. Shull, *Soviet Intentions 1965 – 1985 Vol. I, An Analytical Comparison of U. S. – Soviet Assessments During the Cold War*, pp. 2 – 3, 27 – 29.

队的裁减问题；而政治缓和则是在政治、经济与科学方面的合作问题。苏联认为，"缓和，其首要的含义应当是克服'冷战'而将国家间关系转向正常与平等。缓和意味着不是通过武力、威胁和战争恫吓而是通过和平的方式、在会议桌上来解决分歧与争端，缓和意味着一定程度的信任及对另一方合法利益的考虑。"缓和的实施不能以牺牲国家利益或践踏国家主权为代价，即其实施是以不损害国家利益和主权为前提的。① 在美苏缓和过程中，尤其是在两个超级大国缓和的高潮阶段，苏联的确企图与美国在这两个方面达成共识，这是苏联对缓和的一个方面的理解。

但如同美国对缓和的理解一样，在苏联对缓和的认知中也包含着竞争与争夺的含义。在 1971 年苏共第 24 次代表大会的总结报告中，尽管勃列日涅夫也指出美苏缓和符合两国的利益，两国关系的改善是可能的，但依然对这种关系持怀疑态度，并仍将美国作为最主要的对手。② 因此，虽然苏联认为缓和是苏美之间的新型关系，但这并不意味着苏联主动将这种关系置于追求美国认可的义务之下，苏联从来不认为缓和是一项具体协议或一系列协议，也不是一个联盟；缓和意味着提供一个两国能寻求共识的框架，提供一种能有助于政治磋商而不受战争威胁的环境，能够使双方更准确把握彼此的利益与意图，但缓和不应对苏联的政策加以限制。③ 由此可见，苏联对缓和的认知，不只是包括苏美之间的谈判、对话与合作，也包括在缓和框架下的争夺与竞争，所不同的是这种竞争与争夺需要双方的克制与协商。

20 世纪 70 年代，苏联在中东的目标是要加强与美国的争夺，利用阿以冲突加紧对中东地区进行渗透；而在对盟国的支持方面，则既要一定程度地满足他们的要求，又要防止因此而引起美苏的直接对抗。从 1967—1973 年，苏联在阿以冲突中采取了双重路线政策：第一条路线是重建埃及和叙利亚的军事力量，以使他们能够对以色列的进攻进行威慑或自卫，这也有利于增强阿拉伯国家在与以色列进行政治谈判时的地位。第二条路线是苏联拒绝提供给阿拉伯国家进攻性军事武器，特别是能够使阿拉伯国家对以色列发动进攻的地对地导弹与先进的战斗轰炸机。在 1967 年后被

---

① Vladimir Petrov, *US – Soviet Détente: Past and Future*, p. 2.

② 辛华：《苏联共产党第二十四次代表大会主要文件汇编》，三联书店 1976 年版，第 46—47 页。

③ Adam B. Ulam, "Détente under Soviet Eyes", *Foreign Policy*, pp. 145, 147.

派往埃及、叙利亚的苏联顾问与技术人员，实际上保持着对一些最先进的武器的控制，并对当地的军事力量进行约束。① 从苏联在中东地区的政策来看，苏联一方面通过加强对盟国的援助而增强埃叙的实力，以确保苏联在中东地区的影响；另一方面又对受援国进行约束，以防止阿以冲突升级而引发美苏对抗，破坏美苏的缓和局面。因此，从这些方面分析，在苏联对美国和阿拉伯国家的政策中，缓和起了重要的影响作用，也使美国的中东政策能在双方缓和的前提下得以实施。

三　美苏缓和对美国中东政策的意义

从 1969 年尼克松就职至 1973 年十月战争爆发，尼克松政府的缓和观对美国的中东政策产生了重大影响，这主要表现在以下两个方面：

第一，与苏联在缓和基础上所进行的争夺，在中东地区主要表现为美国在处理阿以冲突中对苏联的排挤。美国在中东的一个重要理念就是要排挤苏联在中东的影响和势力。尽管苏联在六日战争后曾参与了联合国 242 号决议的磋商、在尼克松就职后曾与美国探讨通过外交途径解决阿以冲突等问题，但无论是最初的动议还是最后的决议基本上都是美国意图的反映，苏联的建议及其反映阿拉伯国家意图的立场，均未得到美国的支持。自尼克松上任以来，美国先后提出了 1969 年 12 月、1970 年 6 月两个罗杰斯计划、支持 1971 年恢复的联合国特别代表雅林主持的会谈、1971 年 3 月的临时运河协议计划等一系列试图解决阿以冲突的方案。虽然这些方案除了第二个罗杰斯计划取得了短暂的成功外，其他均以失败告终，但苏联一直是这些方案的被动参与者，苏联的建议也基本被排除在外，苏联解决中东问题的作用事实上已被边缘化。

1973 年年初，已从越南战争问题中脱身的基辛格开始考虑他的中东战略。尽管基辛格试图在中东危机的解决中得到苏联的合作，但他的目的是希望借 1972 年埃及驱逐苏联顾问的机会，来说服苏联人接受他的一套解决阿以冲突的原则，以进一步削弱苏联在中东的势力及影响。② 在 1972 年 5 月、1973 年 6 月美苏两次首脑会晤中，尽管苏联提出了自己解决阿以冲突的方案，但没有得到美国的支持，相反却接受了美国维持现状的建

---

① Jerome Slater, "The Superpowers and an Arab – Israeli Political Settlement: The Cold War Years", *Political Science Quarterly*, Vol. 105, No. 4, Winter 1990 – 1991, pp. 560, 567.

② William B. Quandt, *Decade of Decision: American Policy toward the Arab – Israeli Conflict*, pp. 156 – 157.

议，这表明苏联实际上是接受了美国的观点，也间接支持了以色列的立场。

第二，尼克松政府在中东排挤苏联的重要理念，是通过继承历届美国政府在阿以问题上所采取的平衡政策，来推动阿以争端的解决。尼克松政府的中东政策经历了两个阶段、形成了两种政策：一种是不偏不倚的对等平衡政策，这是国务院对约翰逊政府后期的中东政策的继承，也是在1971年临时运河计划失败之前美国在中东采取的主要政策。另一种是尼克松和基辛格主张的加强以色列军事优势、迫使苏联和阿拉伯方面让步的威慑平衡政策，这发生在临时运河协议计划失败之后。在罗杰斯负责中东问题时期，美国对阿以双方采取不偏不倚的对等外交政策，但这并没有得到白宫的有力支持。

1970年9月约旦危机之后，美国逐渐加强了对以色列的军事援助，美国对中东的政策，也由原来的对等平衡外交逐步向加强以色列军事优势的威慑平衡外交转变。1971年美国提出的临时协定计划的失败，宣告了罗杰斯和西斯科主导美国中东政策的终结。此后，美国对中东的政策开始由尼克松和基辛格执掌。[①] 尼克松—基辛格的中东政策是加强以色列的军事优势，以阻止阿拉伯国家发动战争；同时要求以色列放弃先发打击，以维持阿以现状。这表明在缓和的名义下，美国经历了一个政策转变过程，即由罗杰斯主张的压以色列让步，转为迫使苏联和埃及等阿拉伯国家妥协。尽管政策发生了变化，但美国的初衷依然是通过解决阿以问题，防止阿以爆发新的冲突、避免美苏间的直接对抗，进而排挤苏联在中东的势力和影响。

从美国对中东危机的政策来看，美国的目的是排挤苏联在中东的势力，在保证以色列对阿拉伯国家的军事优势、劝阻以色列发动先发打击的同时，又安抚阿拉伯国家，以免阿以冲突升级。美国的这种平衡政策，是为了保持美国在中东的影响力，实现自身利益的最大化，这既反映了美国对缓和的认知，也影响了美国解决中东危机的方式及进程。

从美苏双方对缓和的认知来说，两国尽管对缓和有不同的注解，但美苏的意图却是明显的，即通过缓和防止爆发新一轮的中东危机，尽量避免

---

① William B. Quandt, *Decade of Decision*: *American Policy toward the Arab – Israeli Conflict*, pp. 104，143 – 144.

由此带来双方的直接对抗。美苏的这种认识，成为影响双方应对中东危机的重要理念，而1967年六日战争后阿以争端问题得以继续推进，也是由于缓和使然。但1970年约旦危机之后，美国逐渐采取了加强以色列军事优势的威慑平衡政策，而美苏1972年、1973年两次首脑会晤则认可了美国的这一政策。在以色列立场强硬、美苏维持中东现状的情况下，阿拉伯国家失去了通过政治途径解决领土问题的希望，最终发动了十月战争。因此从这个角度来说，缓和既延缓了中东大规模战争的爆发，也成为十月战争爆发的外部因素。就政策角度而言，缓和之于美国，是通过和平方式排除苏联在中东的势力和影响的外衣；而在双方直接对抗的情况下，美国则会将缓和转化为直接的武力威胁。对于苏联，缓和则成为束缚其手脚的羁绊，在埃及地位的丧失即为其中一例。

尼克松认为"作为世界上两个相互竞争的超级大国，美苏利益是如此广泛与相互重叠，对利害区域进行分割或划分是不现实的"。① 基辛格则认为，在地缘政治上，特别是在中东地区应加强与苏联的争夺。② 尼克松政府也正是基于这种认识而拟定了美国在中东的政策目标：减少苏联的影响，削弱阿拉伯激进主义分子的地位；鼓励阿拉伯国家中的温和派，确保以色列的安全。③ 在应对中东危机的过程中，尼克松政府所采取的策略，彰显出苏联煽动危机的能力比不上美国解决问题的能力，这样左右逢源的美国就可以使苏联处于进退两难的尴尬境地，从而对苏联实施有效的遏制。④ 同时，美国也充分利用了苏联希望与美国缓和的心理，屡屡采取了战争边缘政策，而苏联的缓和思想及其对缓和的认知，使苏联在20世纪70年代的约旦危机、十月战争中，分别由于美国陈兵地中海、发出三级战备警告而退缩。美国在这些中东危机的解决中占了上风，并最终达到了埃及等阿拉伯国家立场的软化及以色列的让步，在一定程度上实现了阿以双方的对等平衡。因此，在美苏缓和的背景下，尼克松政府时期的平衡政策已经成为美国排斥苏联在中东势力的工具，十月战争后苏联与埃及、叙利亚关系的弱化及美国与埃及和叙利亚外交关系的修好，表明了美国这一策略的成效。

---

① Richard Nixon, *The Memoirs of Richard Nixon*, p. 346.

② Henry A. Kissinger, *Years of Renewal*, p. 99.

③ Henry A. Kissinger, *White House Years*, p. 564.

④ Henry A. *Kissinger*, *Diplomacy*, pp. 737 – 738.

第二节　埃以消耗战爆发的动因

安理会通过第 242 号决议之后，联合国秘书长吴丹根据该决议的相关内容，委派瑞典驻苏联大使冈纳·雅林（Gunnar Jarring）为秘书长特别代表，负责协调阿以之间的立场、促进双方争端的和平解决。[①] 但由于决议本身就模棱两可，这使雅林的和平使命到 1968 年年底就陷入僵局。在埃及和以色列围绕雅林的角色、接受 242 号决议问题展开交锋的过程中，双方的态度发生了转变，但这种转变并没有改变双方原来的立场，双方对峙的问题仍然是直接谈判、撤出被占领土问题，只是解释的角度有所不同。在政治解决领土问题毫无进展、国内压力不断加大、军力基本恢复的情况下，纳赛尔为打破僵局、迫使以色列改变其在领土问题上的既定立场，于 1969 年 3 月发动了对以色列的有限地区战争——消耗战。[②]

消耗战的爆发，是多重因素共同作用的结果。其中既有雅林会谈陷入僵局、阿以争端的政治解决毫无进展的外部因素，也与纳赛尔的认知及国内要求收复失地及军事上的准备已有所恢复等方面的内因。在战争的规模上，尽管纳赛尔认识到要改变美国和以色列的立场，只有发动一场全面战争才能实现，但由于埃及受到自身力量不足、外部缺乏有效援助的局限，埃及在当时情况下只能采取有限的、局部的消耗战，来消耗以色列的士气，"以有限战争的形式，达到全面战争的目的"。[③]

一　雅林使命陷入僵局

1967 年 11 月 8 日，以色列内阁通过了最新的和平目标：拒绝任何不通过直接谈判而达成的协议；只有完全按照以色列的条款才能实现和平。

---

① "Note by the Secretary – General", United Nations, Security Council, *Document S/8259*, November 23 1967, pp. 1 – 2. ［2010 – 11 – 30］http：//documents – dds – ny. un. org/doc/UNDOC/GEN/N67/276/81/pdf/N6727681. pdf? OpenElement.

② 1969 年 3 月，埃以消耗战爆发，但"消耗战"之名却是来自 1969 年 7 月纳赛尔在埃及革命纪念日的演讲：埃及现在进行的是一场"解放战"，是一场"消耗战"，是为"消耗敌人而进行的长期斗争"。See David A. Korn, *Stalemate：The War of Attrition and Great Power Diplomacy in the Middle East*, 1967 –1970, p. 109.

③ Yaacov Bar – Siman – Tov, *The Israeli – Egyptian War of Attrition 1969 –1970；A Case Study of Limited Local War*, p. 47.

美国认为以色列的要求过于理想化而不切实际。① 虽然美国没有迁就以色列的上述立场，而是同意了英国提出的包含以色列从所占领土撤出等内容的决议，但这却是以色列在安理会决议通过后一直坚持的立场。事实上在11 月 22 日安理会通过 242 号决议之后的几个月里，无论是在联合国的相关文件里，还是在以色列外交部公布的官方档案中，都没有以色列内阁或议会就此所做的声明或决定。以色列的这种不接受、不拒绝的态度，直到1968 年 2 月才有所松动。

巴勒斯坦解放组织于决议通过的第二天，即 11 月 23 日就发表反对声明，称安理会 242 号决议给以色列留下了任意解释退留所占领土的空间；决议过于强调以色列的存在问题，而忽略了巴勒斯坦人民的权利。巴解组织拒绝接受决议，并声称将为解放自己的家园而继续战斗。② 自此至 1967年年底，巴勒斯坦游击队从约旦河西岸共向以色列发动了 61 次袭击，但也遭到以色列安全部队的攻击，游击队为此付出了高昂的代价。此后，巴勒斯坦游击队被迫撤离西岸而转向东岸。③ 此后的事实证明，游击队转入约旦为日后约旦危机的爆发埋下了伏笔。埃及和约旦有通过签署和平协议换回领土的意愿，然而他们所希望的是以色列从所有被占领土中撤出。因此，虽然两国最终接受了该决议，但他们仅是将决议视作全面恢复领土的一个计划而已。④ 后来纳赛尔总统的继任者萨达特虽然对以色列部分撤出表示同意，但也只是作为全面光复所有被占领土的一个步骤。因此，埃及在这一问题上的立场是没有改变的。阿以双方的对立性立场，表明在安理会决议框架下实现阿以和解是不可能的，这就预示了雅林使命的失败结局。

1967 年 11 月 26 日，瑞典驻苏联大使雅林接受了联合国秘书长吴丹的任命，开始作为联合国秘书长的特别代表走马上任。⑤ 从 1967 年 12 月到 1969 年 4 月初的这段时间里，雅林与埃及、约旦、黎巴嫩等阿拉伯国

---

① *FRUS*, 1964 - 1968, Vol. XIX, pp. 1043 - 1044.

② "Statement issued by the Palestine Liberation Organization Revolution Rejecting U. N. Resolutions 242, Cario, 23 November, 1967", in Yehuda Lukacs, ed., *The Israeli - Palestinian Conflict*: *A Documentary Record*, pp. 290 - 291.

③ Clinton Bailly, *Jordan's Palestinian Challenge*, 1948 - 1983: *A Political History*, Boulder: Westview Press, 1984, pp. 30 - 31.

④ Robert Stephens, *Nasser*: *A Political Biography*, p. 525.

⑤ United Nations, Security Council, *Document S*/10070, January 4, 1971, p. 2.

家和以色列进行了广泛接触，试图从中找到解决问题的途径。

1967 年 12 月 9 日，雅林开始与阿以双方进行接触。以色列坚决认为，中东问题只有通过直接谈判才能实现。29 日，以色列外交部部长埃班建议埃及和以色列应讨论一份有关和平的议事日程，其中包括和平条约代替停火协议、结束敌对行动、确定边界及通航等内容。但埃及和约旦则认为，如果以色列先撤退至 1967 年 6 月 5 日前的边界，各方对于参加讨论将毫无问题。阿以双方的这些在安理会决议通过后就存在的观点，依然没有变化。雅林呼吁双方应在履行安理会 242 号决议的基础上进行讨论。随后，阿以双方在谈判问题上态度有了变化。以色列外交部部长埃班在 1968 年 2 月 19 日提出的方案中称，出于对安理会决议的尊重，以色列同意与雅林全面合作，以促进中东和平。如果间接讨论是为了直接谈判，那么以色列将不会反对。而埃及外交部部长里亚德则称，埃及准备全面履行安理会 242 号决议；但埃及不会同意直接谈判，即使是间接谈判，也是以以色列宣布履行安理会决议为先决条件的。约旦也对此持相同态度。①

雅林初次行使使命所面对的问题有两个：一个是阿以之间的直接谈判问题，另一个是以色列接受安理会 242 号决议的问题。对于前者，以色列坚持直接谈判的原因，是担心间接谈判所带来第三方的调停会对以色列不利；而埃及和约旦则认为，直接谈判就等于承认以色列，以色列直接谈判的企图就在于撤退前获得阿拉伯国家的承认。② 所以，双方在直接谈判问题上截然相对的立场是雅林面临的困难之一。关于接受安理会决议问题，这是以前推动阿以争端的解决方案中所未曾涉及过的问题，埃及则将这一问题与阿以谈判问题联系了起来。以色列接受在安理会决议框架下进行谈判，并于 1968 年 5 月 1 日宣布全面接受安理会 242 号决议的举措，表明以色列在接受联合国决议方面的转变。而以色列对谈判方式的表述，则表明了以色列在对直接谈判立场的松动。

1968 年 3 月初，雅林发起了第二轮斡旋，提议在安理会决议的框架下邀请阿以双方在塞浦路斯首都尼克利亚与联合国秘书长的特别代表（即雅林本人）进行会谈。以色列认为这将是一个包括阿以双方与雅林在内的联合会议，因此表示接受；约旦则对雅林的建议进行了修改，实际上

---

① United Nations, Security Council, *Document S/*10070, January 4 1971, pp. 3 – 6.

② Saadia Touval, *The Peace Brokers: Mediators in the Arab – Israeli Conflict*, 1948 – 1979, p. 144.

是将双方与雅林主持下的会谈变为雅林单独与各方会谈；而埃及则坚持以色列全面撤退。约旦和埃及的态度使雅林的提议最终搁浅。① 到 10 月，以色列越来越感到，如果雅林会谈长期陷于僵局将可能会导致大国的干预，而这有可能会使大国对以色列施压而强行通过一项不利于以色列的方案，这是以色列所不希望的。10 月 8 日，埃班在联合国大会上第一次阐明了以色列的包括和平、安全协议、边界、难民、通航、耶路撒冷等 9 点内容在内的和平计划，并随后将两份涉及推动雅林使命的具有实质性内容的备忘录交与雅林。但这份和平方案所强调的依然是结束战争状态、签署和平条约，而对领土问题却避而不谈，这使本来就希望大国介入的埃及和约旦拒绝了该计划，并于 11 月初中断了在纽约的会谈而回国。②

为进一步了解阿以双方的立场、促进阿以双方的和谈，雅林从 1969 年 3 月 5 日起陆续向埃及、约旦、以色列和黎巴嫩提交了有关阿以双方所关心问题的调查问卷。然而对这些问卷的答复仅是原来立场的重复，阿以之间的严重分歧丝毫没有弥合，因此雅林认为召集会议解决问题是不可能的。③ 从 1967 年 11 月底至 1969 年 3 月间的雅林会谈，经过一年多的努力，最后却仍在原地逡巡不前，这促使纳赛尔发动了针对以色列的消耗战。

二　纳赛尔对阿以问题的认知

从六日战争后到 1969 年 3 月消耗战的爆发，纳赛尔对阿以争端的态度在逐渐发生变化，这既与当时的国际局势有关，也与以色列的态度有关。战后初期，国际社会对阿以争端的态度呈多样化，这时纳赛尔在政治与武力解决并举的情况下，更倾向于通过政治途径实现领土的光复。但在安理会 242 号决议通过之后，以色列依然坚持其毫不妥协的立场，联合国通过雅林会谈而实施的政治解决方案也毫无进展，这使本来就对雅林会谈未抱希望的纳赛尔失去了通过政治途径解决阿以争端的信心。因此，纳赛尔希望通过发动一场有限战争迫使两个超级大国介入阿以争端，以实现阿以问题的政治解决。

---

① United Nations, Security Council, *Document S/10070*, January 4 1971, pp. 6 – 8.

② Saadia Touval, *The Peace Brokers: Mediators in the Arab – Israeli Conflict*, 1948 – 1979, pp. 146 – 147; *MFA Foreign Relations Historical Documents 1947 – 1974*, Volumes 1 – 2: 1947 – 1974, XII. The War of Attrition and Cease Fire, Doc. 4.

③ United Nations, Security Council, *Document S/10070*, January 4 1971, p. 12.

　　重建军队、增加军队的防御能力是纳赛尔在战后的主要目标之一，也是为了增强埃及在谈判中的筹码，更是在通过外交途径不能迫使以色列从被占领土中撤出时所要倚重的手段。纳赛尔将其军事重建分为三个阶段：防御、威慑与解放。因此纳赛尔的外交有双重目的：寻求领土问题的和平解决及为埃及重建武装力量赢得时间。[①] 尽管纳赛尔也认为最好是能和平解决阿以争端，并使世界人民相信埃及的这种意愿，但纳赛尔不相信雅林和谈会有结果，而他主张谈判的主要目的，则是使苏联人相信不可能通过和平途径解决问题，从而使他们越来越深地卷入中东事务，也为埃及提供更多的武器。

　　纳赛尔不反对进行外交斡旋的另一个主要原因，是为反击以色列赢得时间。从 1968 年年初，纳赛尔几乎完全专注于三个方面的问题：部队的武装、埃以关系及埃及与其他阿拉伯国家的关系。纳赛尔为采取军事行动做准备的原因，是他认为阿以冲突不可能通过外交途径得到解决；而是否能从阿拉伯国家中寻找到并肩作战的伙伴，对于实现自己的战略意图又是非常重要的。[②] 从这方面来说，纳赛尔所采取的外交行动也是为采取军事行动做准备。1968 年年初，纳赛尔试图与美国进行和解，一方面是为了探求美国对阿以争端的真实意图，营造更好的外部环境；另一方面则是由于苏联与以色列断交，只有美国能对以色列形成制约。因此，与美国缓和能促使美国采取更为公正的立场创造条件，而这种公正就是对以色列的支持保持克制。[③] 美埃虽然并没有实现外交关系的恢复，但却在一定程度上从美国方面优化了埃及的外部环境，为其准备用武力收复领土赢得了时间。

　　纳赛尔发动消耗战，也是其本身所陷的困局所致：埃及虚弱的形势使埃及不能发动一次全面战争，但埃及也不可能全然按照以色列的条款进行政治解决；而面对国内的批评及以色列对所占领土的巩固，纳赛尔又不能总是处于一种消极状态。同时，埃及的军队已经恢复；而在战后的两年里，中东争端的政治解决并没有取得多少进展，这些都成为纳赛尔通过消耗战夺回被占领土的因素。[④]

---

① Robert Stephens, *Nasser: A Political Biography*, pp. 511 – 512.

② ［埃］穆罕默德·海卡尔：《通向斋月战争之路》，第 56—58 页。

③ *FRUS*, 1964 – 1968, Vol. XX, p. 69.

④ Robert Stephens, *Nasser: A Political Biography*, p. 518.

三 制约消耗战规模的因素及战争的爆发

首先应当指出的是，本书中称埃以消耗战是有限战争，指的是战争的规模、烈度与持续性。因为尽管埃以双方在整个战争中战事不断，但并没有爆发大规模的、大量军队直接参与的战斗，而是通过炮击、轰炸或各方的突击队实施的突袭等破坏行动，这与大规模军队的正面冲突是不同的，即相对于全面战争而强调消耗战的有限性。①

到 1968 年秋，以色列一直没有改变其立场，埃及认为应当对美国和以色列施加压力来迫使以色列改变立场，从而为进一步从外交上解决领土问题开道。因此，在通过政治或外交途径不能解决这一问题的情况下，埃及认为只有通过战争才能保证获得一个埃及可接受的政治解决方案。② 埃及虽然有通过发动对以色列的全面战争来解决问题的意图，但埃及的军事现状、外部环境等方面的因素，决定了埃及只能发动一场有限的地区战争。

六日战争后，埃及主要从苏联获取武器来补充战争中的损失。自1967 年 6 月 21 日苏联最高苏维埃主席团主席波德戈尔内（Podgorny）访问埃及后，苏联开始源源不断地把武器输送到埃及；在苏联军事顾问的帮助下，埃及军队的重建工作也已开始。③ 尽管如此，苏联在向埃及和其他阿拉伯国家补充军火的过程中，仍然考虑到要防止与美国发生对抗。因此，苏联并没有向埃及提供尖端的进攻性武器，也不承担埃及的空防任务，而只提供防御性武器和对埃及军队进行训练。④ 苏联拒绝与埃及建立共同防御协议就是一例。在波德戈尔内访问埃及期间，鉴于以色列军队在苏伊士运河东岸驻扎、埃及空军尚处于瘫痪状态的现实，纳赛尔渴望与苏联签署一份相互防御协议，根据协议苏联将有义务对埃及实施空防，但苏联婉拒了纳赛尔的提议。⑤ 显然，苏联并不想将自己卷入阿以冲突中，更

---

① 以色列学者雅各布·巴西曼托夫则从地区有限战争理论中的大国角度对埃以消耗战进行了分析，他认为从地缘政治上来说埃以消耗战是远离超级大国的，仅是中东国家参与的战争，这是消耗战被称之为有限地区战争的原因。Yaacov Bar – Siman – Tov, *The Israeli – Egyptian War of Attrition 1969 – 1970: A Case Study of Limited Local War*, pp. IX – X.

② Yaacov Bar – Siman – Tov, *The Israeli – Egyptian War of Attrition 1969 – 1970: A Case Study of Limited Local War*, pp. 44 – 45.

③ Jon D. Glassman, *Arms for the Arabs: The Soviet Union and War in the Middle East*, p. 66.

④ Nadav Safran, *Israel: the Embattled Ally*, p. 261.

⑤ Karen Dawisha, *Soviet Foreign Policy towards Egypt*, London: Macmillan Press, 1979, p. 46.

不想由此而引起美苏的直接对抗。苏联对埃及提供武器的限制，尤其是拒绝向埃及提供远程战斗轰炸机，使得纳赛尔想要发动一场全面战争的意图受到了局限。

无论是从苏联援助的克制，还是从构建针对以色列的防空体系方面，埃及要取得对以色列的空中优势是不可能的，这就促使埃及采取抵消以色列军事优势，尤其是空中优势的"东方战线"战略。因此，埃及很快转到在 1967 年就提出的开辟第二战线的问题，即建立叙利亚、伊拉克对以色列的"东方战线"，以中和以色列的空中优势。但叙利亚和伊拉克之间的摩擦使得东方战线并未对以色列形成有效的牵制，因为在战争期间埃及、叙利亚和巴勒斯坦游击队组织基本都是单兵作战，而未形成有力的联合。① 因此，尽管在 1967 年 11 月 25 日，即仅在安理会 242 号决议通过 3 天后纳赛尔就指出"被武力夺去的东西只能用武力夺回"，② 但囿于自身军事力量、外部环境等因素的制约，埃及只能发动一场消耗战，即通过消耗以色列的士气，迫使以色列放弃其不妥协的立场，最终达到收复领土的目的。

事实上，自六日战争后埃以之间的战斗就一直没有停止过。根据当时以色列国防部长摩西·达扬（Moshe Dayan）的回忆录，埃以之间的战争早在六日战争结束几个月后就已开始。1967 年 10 月 21 日，埃及向以色列发动了第一轮进攻，结果造成以色列 47 人死亡与失踪，以色列则对埃及的炼油厂进行了轰炸。1968 年 4 月，纳赛尔宣布埃及进入巩固阶段；9 月埃及国防部长宣布这个阶段已经结束，对以色列发动了第二轮进攻。在这个阶段，埃及主要采取了袭击、火炮攻击等方式，在对以色列军队进行打击与破坏的同时，又总是克制发动全面的攻击。对于埃及的进攻，达扬认为何种防御都不可能阻止埃及的进攻，应采取和平计划，并使埃及相信和平计划是对他们有利的。在接下来的 4 个月中，双方处于平静状态，直

---

① Yaacov Bar - Siman - Tov, *The Israeli - Egyptian War of Attrition 1969 - 1970：A Case Study of Limited Local War*, pp. 48 - 49；［埃］穆罕默德·海卡尔：《通向斋月战争之路》，第 61 - 62、64 页。在阿以消耗战期间，叙利亚和巴勒斯坦游击队组织都曾与以色列交战多次，这使消耗战成为一场真正意义上的地区战争，只是战争的强度与烈度相对较小。关于消耗战期间阿以间的交战情况，参见 *Strategic Survey* 1969, London：The International Institute for Strategic Studies, 1970, pp. 50 - 54。

② ［埃］穆罕默德·海卡尔：《通向斋月战争之路》，第 53 页。

到 1969 年 3 月埃以战争进入一个新的阶段。[①]

在目前关于消耗战的研究中，多将消耗战定位于埃及和以色列之间的战争。但事实上巴解组织、叙利亚都参与了战争，尤其是在 1969 年 7 月、8 月、12 月，巴解组织和叙利亚都曾与以色列数度交手，这也导致了以色列对约旦、黎巴嫩境内巴解组织据点的袭击。[②] 这说明埃及自发动消耗战以来并不是孤军奋战，只是彼此间没有密切的合作。因此消耗战实际上是一场范围宽广的地区有限战争。

从 1969 年 3 月埃以消耗战的爆发，至 1970 年 8 月 7 日第二个罗杰斯计划的实施，消耗战经历了近 1 年半的时间。根据战争的发展进程，特别是美国对埃以消耗战的政策演变，消耗战可划分为以下两个阶段：（1）1969 年 3 月 8 日战争爆发至 1969 年 10 月 27 日，这是埃及对以色列从进攻到防御的主要阶段，也是阿拉伯提出和平倡议、英法美苏四国会议和美苏两国双边会谈逐渐展开的阶段。（2）1969 年 10 月 28 日第一个罗杰斯计划的提出，至 1970 年 8 月 7 日第二个罗杰斯计划的公布。这是以色列对埃及实施深度打击、苏联介入及美国最终促成双方停火的阶段，也是美国国务院试图抛开苏联、单独解决阿以问题以推动对等平衡政策的阶段。[③] 本书将按这两个发展阶段来阐述美国对消耗战的政策。

---

① Moshe Dayan, *Moshe Dayan: Story of My Life*, New York: Warner Communications, 1976, pp. 538 – 541.

② *Strategic Survey* 1969, pp. 52 – 54.

③ 这是根据战争进程和美国对战争的政策而进行的划分。以色列学者雅各布·巴西曼托夫则从战争中各方的目标、目标间的关系及各方的政治—战略意图等消耗性战争的基本原则出发，将消耗战划分为 4 个阶段：（1）1969 年 3 月 8 日—7 月 19 日，埃及推行其战略阶段；（2）1969 年 7 月 20 日—12 月底，埃及战略的失败；（3）1970 年 1 月 7 日—4 月 17 日，以色列实施其战略阶段；（4）1970 年 4 月 18 日—8 月 7 日，苏联的直接军事干涉到战争的结束。也有研究者根据战争的进程，将消耗战划分为两大阶段：（1）从 1969 年 3 月战争的爆发到 1969 年底；（2）从 1970 年 1 月以色列对埃及实施深度打击到 8 月战争的结束。为便于梳理战争发展的大体脉络和阐述美国对消耗战的政策，本书在时段的划分上与第二种划分方法较为一致，但划分的依据则有所不同。关于这两种划分方法，See Yaacov Bar – Siman – Tov, *The Israeli – Egyptian War of Attrition 1969 – 1970: A Case Study of Limited Local War*, p. 5; Ahmed S. Khalidi, "The War of Attrition", *Journal of Palestine Studies*, Vol. 3, No. 1, Autumn, 1973, pp. 61, 66。

第三节 尼克松政府初期的中东政策取向与大国会谈

尼克松政府初期，负责中东事务的是国务卿罗杰斯和负责南亚与近东事务的助理国务卿西斯科。在处理中东事务上，罗杰斯和西斯科继承了约翰逊政府后期的对等平衡政策，尼克松政府在这个阶段的中东政策，也基本上是按照国务院的理念来实施的。从 1969 年 3 月到 10 月底，即在消耗战的第一阶段，美国参加了由美、苏、英、法四国组成的四国会谈及美苏两国会谈。四国会议及美苏两国会议，为国务院在处理中东冲突问题上初试对等平衡政策提供了机会，但由于各国对会谈所抱有的不同目的及彼此间的分歧，这些会谈最终不了了之或以失败告终，从而导致了美国在下一阶段和平计划的提出。

一 罗杰斯主导下的中东政策

尼克松在 1969 年 1 月就职后，委派国务卿罗杰斯（William P. Rogers）和负责近东和南亚事务的助理国务卿西斯科（Joseph Sisco）专门负责中东事务，而没有委派给总统国家安全事务助理基辛格。尼克松认为，这样安排的部分原因是基辛格的犹太背景，这会使基辛格在与阿拉伯国家重开外交关系的初步谈判中处于不利地位；更为主要的原因是处理中东问题需要充分的时间并能予以特别关注，而尼克松和基辛格则需要更多的精力和时间关注越南、限制战略武器会谈、苏联、日本和欧洲。对于中东问题，尼克松是从冷战的角度来看待的，他认为美苏双方在中东存在冲突，美苏间的差别在于美国想要的是和平，而苏联想要的则是中东，进而是获得阿拉伯国家的石油、土地及其在地中海的港口。因此，美国要遏制苏联势力在中东的扩张，就要改善同阿拉伯国家的关系。①

---

① Richard Nixon, *The Memoirs of Richard Nixon*, p. 477. 对于尼克松不让基辛格插手中东事务的原因，基辛格认为除了他的犹太血统外，还在于尼克松与国务卿罗杰斯之间的关系及中东地区的特殊性。在基辛格看来，尼克松不相信中东问题的解决会取得进展，而采取积极的外交行动却可能会引起以色列支持者的不满，白宫最好是远离中东问题。基辛格认为，这是他从 1969 年到 1971 年底只能就中东问题提出建议却不允许进行外交活动的原因。See Henry A. Kissinger, *White House Years*, p. 348.

尼克松的这一认知，恰合了国务院对中东的政策取向，也成为罗杰斯领导的国务院对阿以双方推行对等平衡政策的指南。美国国务院一直被认为是支持阿拉伯、反对以色列的堡垒，尤其是与美国国会和公共舆论相较。国务院中的近东与南亚事务司，集中了主张对阿以双方采取对等平衡政策或对阿拉伯国家的政策持赞成立场的"阿拉伯专家"，他们的主张会影响决策者们接受他们对阿以的立场。[1] 提倡导对阿以双方采取对等平衡政策，是罗杰斯领导的国务院的一贯主张，这就意味着美国要采取一种既不公然支持阿拉伯，也不公开支持以色列的立场。西斯科曾向以色列驻美大使拉宾表示，美国在中东的利益不仅限于与以色列的友谊，美国将致力于阿以冲突的和平解决，只有这样才符合美国在中东的利益。[2] 这说明美国国务院在处理阿以争端问题时，也会对阿拉伯国家的利益予以考虑，而不会仅关注美以关系。因此，就国务院对阿以争端的观点来说，若要在安理会 242 号决议的原则下解决阿以问题，就要求美国在援助以色列问题上保持克制，不认可以色列在战争中获得的领土；而阿拉伯国家则不应在签署和平协议问题上对以色列提出过于苛刻的要求。从美国应对埃以消耗战时期的一系列政策，到 1971 年的临时运河协议，罗杰斯和西斯科一直延续了这种不偏不倚的对等平衡政策理念。

从 1969 年年初到 1970 年 8 月，尼克松政府认为，要在安理会 242 号决议的基础上推动阿以问题的政治解决，美国就必须采取积极的外交姿态，这就需要美国与其他国家，尤其是苏联进行合作。[3] 国务院认为，既然苏联致力于利用该地区的紧张来损害美国的利益，那么美国在该地区采取积极的和平政策就能挫败苏联企图。罗杰斯建议美苏应通过联合倡议来解决冲突，以此作为考验苏联意图的途径。1969 年 2 月 1 日，美国国家安全委员会决定采取更为积极的中东政策，这为大国间的对话提供了必要条件。[4]

然而，作为国家安全事务助理的基辛格显然对此有不同意见。基辛格

---

[1]　William B. Quandt, *Decade of Decision: American Foreign Policy toward the Arab – Israeli Conflict*, 1967 – 1976, p. 25.

[2]　Yitzhak Rabin, *The Rabin's Memoirs*, p. 149.

[3]　William B. Quandt, *Decade of Decision: American Foreign Policy toward the Arab – Israeli Conflict*, 1967 – 1976, pp. 79 – 81.

[4]　Yaacov Bar – Siman – Tov, *Israel, the Superpowers, and the War in the Middle East*, p. 151.

在《白宫岁月》中指出，1969 年国务院认为美国所面临的困境的根源在
于阿以双方在领土问题上的冲突，一旦这个问题得以解决，阿拉伯国家中
激进派的影响和苏联在该地区的作用就会减弱，国务院的这种观点一直在
1969 年指导着美国的中东外交，并日益形成详细的全面解决的建议。基
辛格对国务院的观点持反对意见，他认为阿拉伯激进主义是由以色列对阿
拉伯领土的征服、以色列国家的存在、对社会和经济的不满、反对西方及
阿拉伯温和派的立场五个方面的因素导致的，仅靠解决其中一个方面是难
以实现中东和平的；而且他也不认同国务院关于解决了阿以问题就会削弱
苏联在中东的影响的观点。但尼克松并不认可基辛格的看法，而是采取了
默认国务院应对中东冲突的政策取向。[①] 然而，后来国务院政策的受挫，
从另一个角度证明了基辛格的观点的合理性，这也为基辛格插手中东事务
打下基础。

　　1969 年 3 月 8 日，埃及的隆隆炮声拉开了埃以消耗战的帷幕。4 月 19
日，埃及突击队开始跨过苏伊士运河对以色列军队发动袭击。23 日，埃
及官方正式宣布停火结束，以色列对埃及的袭击进行了报复。[②] 埃以冲突
有愈演愈烈之势。尽管在消耗战爆发之后，约旦国王侯赛因和纳赛尔曾提
出实现中东和平的六点建议，但由于以色列的反对而失败，这表明埃以消
耗战将会继续下去。[③] 此后埃及（叙利亚、巴解组织也参加了战斗）与以
色列之间的这种打击与反打击行动此起彼伏，7 月埃以爆发了六日战争以
来最大规模的战争。埃以消耗战的爆发，为罗杰斯实施其中东政策理念提
供了广阔的舞台。为防止消耗战演变为大规模的军事冲突，尼克松政府按
照国务院的中东政策理念参与了四国会谈和美苏会谈；罗杰斯在消耗战的
第二阶段提出的、代表着罗杰斯中东政策最高成就的两个罗杰斯计划，则

---

　　① Henry A. Kissinger, *White House Years*, pp. 558 – 559.

　　② Ahmed S. Khalidi, "The War of Attrition", *Journal of Palestine Studies*, Vol. 3, No. 1, Autumn 1973, p. 64; *Strategic Survey* 1969, p. 51.

　　③ 1969 年 4 月 8 日，正在访美的约旦国王侯赛因，以他本人和纳赛尔的名义提出了实现中
东和平的六点建议，其中包括承认中东各国的政治独立、领土完整与其不可侵犯性、自由通航及
建立非军事区和公正地对待难民等方面的内容。侯赛因宣称，对于这些考虑，以色列唯一要做的
就是要从 1967 年六日战争期间占领的所有领土中撤出，并实施安理会 242 号决议的所有内容。
随后访美的纳赛尔的高级助手穆罕默德·法齐（Mahmoud Fawzi）证实了侯赛因的看法，并私下
表示埃及愿意实现阿以问题的政治解决，即使叙利亚对此表示反对。See Yehuda Lukacs, ed.,
The Israeli – Palestinian Conflict: A Documentary Record, p. 455; William B. Quandt, *Decade of Decision: American Foreign Policy toward the Arab – Israeli Conflict*, 1967 – 1976, p. 98.

既是国务院中东政策理念的体现，也是国务院推行的对等平衡政策的反映。

二　大国会谈

在埃以消耗战爆发之前，美苏等大国就酝酿如何应对雅林使命所面临的困境问题。伴随消耗战的爆发，美苏两国会谈和美苏英法四国会谈逐渐被提上日程。但这涉及四国会谈、两国会谈和雅林使命间的关系问题。关于雅林与四国会谈的关系，四国会议并不是为了恢复雅林使命，而是试图强行通过一项决议，至少苏联和法国是这种立场。但阿以双方却在大国干预的态度上发生了互换变化：由于以色列坚持阿以直接谈判，因此以色列最初是反对通过中间人调停阿以问题，即反对雅林会谈；但随着雅林的任务陷入僵局，大国开始酝酿通过直接干预来解决阿以冲突，这使以色列担心大国会强行通过一项对自己不利的和平协议，因此转而支持雅林会谈。然而埃及则认为大国干预会出现有利于自己的局面，因而支持四国和两国会谈。由于以色列坚持大国会谈必须是为了支持雅林会谈，① 美国在此后的声明、四国会谈及与苏联的会谈中，明显的是照顾了以色列的立场。1969 年 2 月 6 日，尼克松在新闻发布会上称，要全力支持雅林，也支持美苏双边会谈、四国会谈及与阿拉伯国家间的会谈。② 3 月 8 日，罗杰斯向多勃雷宁建议，四国应向雅林使命提供支持。③ 在美苏于 3 月 18 日举行的第一次双边会谈中，双方同意通过雅林来实现问题的解决。④

以上内容似乎说明四国会谈和两国会谈都是为了打破雅林使命所面临的困局、继续支持雅林会谈，但实际情况却并非如此。联合国的记录表明，雅林从 1969 年 4 月 5 日去莫斯科后，仅在 1969 年 9 月 12 日—10 月 8 日、1970 年 3 月 10—26 日期间回到过联合国总部，其余时间则在莫斯科履行其驻苏大使的职责；而关于四国会谈的进展情况，则是由联合国秘书长吴丹向雅林进行通报。这表明，截止到 1970 年 3 月，雅林基本上置身于四国会谈和美苏双边谈话之外，这主要是因为雅林"未发现有促进和

① Saadia Touval, *The Peace Brokers: Mediators in the Arab – Israeli Conflict*, 1948 – 1979, p. 151.

② "The President's News Conference of February 6, 1969", *Public Papers of Presidents of the United States: Richard Nixon* 1969, p. 69.

③ *FRUS*, 1969 – 1976, Vol. XII, Soviet Union, January 1969 – October 1970, Washington, D. C.: Government Printing Office, 2006, p. 91.

④ *FRUS*, 1969 – 1976, Vol. XII, p. 134.

平与促使他重新恢复使命的新因素"。① 四国之间的同而不和、美苏之间
的分歧，最终使大国会谈没有达成任何协议，这导致了罗杰斯计划的
出台。

早在 1967 年，英法两国就主张召开四大国会议来解决阿以问题；在
雅林使命于 1968 年年底无所进展之时，美苏也就该问题进行了讨论。②
其实 1969 年年初，雅林使命陷入困境，这使美、苏、英、法四国认为应
采取共同行动来解决阿以争端问题。其实 1969 年年初，美国尚处于是参
加四国会谈还是实施美苏两国会谈的纠结中。在基辛格看来，法国和苏联
对阿拉伯的倾向性立场，可能会形成一种与美国的立场进行对抗的阵势；
而两国会谈，如果成功则可归功于苏联对美国施压，而失败则是美国的原
因。因此基辛格建议尼克松两个会议都参加，通过美苏会谈的情况来决定
四国会谈的进展。③ 尼克松接受了基辛格的建议。1969 年 2 月 3 日，尼克
松原则上接受法国提出的召开四国会议的建议，指示美国驻联合国大使约
斯特（Charles Yost）着手美苏双边会谈，但他同时也对四国会议能否产
生积极的效果表示怀疑。④ 从解密的美国国家安全档案中关于四国会谈的
相关内容来看，美国自始至终都没有对四国会谈抱有成功的希望，基辛格
甚至不希望四国会议获得成功。⑤

随着 1969 年 3 月埃以消耗战的爆发，1969 年 4 月 3 日，四国会议召
开了第一次会议，但不久就进行了长期休会，而且四国会议所采取的多是
呼吁，少有能够实际解决阿以冲突的建议或行动。1969 年 12 月 2 日，四
国在休会长达 5 个月后再次召集会议，会议声明：四国认为中东形势日益
危急，四国不允许其威胁到国际和平；各方应在安理会 242 号决议的框架
下，通过"一揽子"计划来解决中东冲突；同时，四国将协助雅林大使

---

① "Activities of the Special Representative from 27 November 1968 to June 1970", United Na-
tions, Security Council, *Document S*/10070, January 4, 1971, p. 12.

② Saadia Touval, *The Peace Brokers: Mediators in the Arab – Israeli Conflict*, 1948 – 1979,
p. 149.

③ Henry A. Kissinger, *White House Years*, pp. 351, 353.

④ Kissinger Telephone Conversations, "Four – Power Talks on Middle East", February 3, 1969,
DNSA, KA00103. ［2010 – 06 – 04］http: //nsarchive. chadwyck. com/nsa/documents/KA/00103/
all. pdf.

⑤ Kissinger Telephone Conversations, "Four – Power Talks on Middle East", February 17,
1969, *DNSA*, KA00188. ［2010 – 06 – 04］http: //nsarchive. chadwyck. com/nsa/documents/KA/
00188/all. pdf.

行使其使命。在此后举行的四国会议中，四国讨论的议题主要集中于难民及约旦所面临的危机问题。[①] 事实上，四国会议中的这些倡议或呼吁并没有起到实际作用，而仅流于形式。会议在长达近两年的时间里，并没有形成任何对解决阿以争端有建设性意义的决议，甚至在1971年3月四国会议结束时，四方既没有发布联合公报，也没有达成一纸协议。而美苏双方直至会议结束前还一直在相互指责。[②]

对于四国会议的毫无结果，以致最后不了了之，除了各方立场上的分歧外，还有一个重要原因是各方将四方会谈视为一个达到自己目的的论坛。法国希望通过这样一个论坛来彰显自己作为大国的地位及其对世界事务的影响；而美国则试图通过同意法国的建议来改善美法关系，并以此作为美法关系的新开端；苏联则希望借助该论坛获得国际社会对其在中东的利益、插手中东事务的认可。[③] 因此，四国会议中的这些解决争端背后的非中东因素，也是导致四国会谈议而不决的重要原因。

与美、苏、英、法四国会谈相交织的，是美苏两国会谈，美国在准备参加四国会谈时也在筹划开启美苏两国会谈，这是尼克松政府的既定政策。1969年3月3日，苏联驻美大使阿纳托利·多勃雷宁（Anatoly Do-brynin）在利用秘密通道（Back Channal）与基辛格的谈话中表示，苏联仅将四国会谈视为门面而已，苏联的主要考虑是希望通过美苏两国会谈来解决阿以问题。[④] 因此，美苏在准备参加四国会议的时候，就在酝酿两国的双边会谈问题。美苏对两国双边会谈与四国会谈的认识，表明两国会谈显然比四国会谈更处于核心的地位。

3月18日，由美国助理国务卿西斯科和多勃雷宁进行的美苏双边会谈正式启动。到4月22日，西斯科和多勃雷宁共进行了9次会谈，而其中的议题涉及和平协定的签订、以色列的撤退、直接谈判、非军事区的划

---

① "Big Four UN Talks Restart" *ARR*, 1969 Issue 23, London: Arab Report & Record, 1970, p. 509. 参加四国会议的是美、苏、英、法四国驻联合国代表：约斯特（Charles Yost）、马立克（Jacob Malik）、贝拉尔（Armand Berard）和卡拉登（Lord Caradon）。

② Kissinger Telephone Conversations, "Middle East Peace Talks; Kidnapping of Air Force Personnel in Turkey", March 15, 1971, *DNSA*, KA00188. ［2010 - 06 - 04］http://nsarchive. chadwyck. com/nsa/documents/KA/05166/all. pdf.

③ Saadia Touval, *The Peace Brokers: Mediators in the Arab - Israeli Conflict*, 1948 - 1979, pp. 150 - 151.

④ *FRUS*, 1969 - 1976, Vol. XII, p. 89.

定、难民问题的解决、耶路撒冷和加沙问题等方面的内容。在会谈中，美国显然是想通过"一揽子"计划来解决中东问题，多勃雷宁在 3 月 26 日举行的第 4 次会谈中，对采取"一揽子"计划实现中东和平的建议表示认可。在 4 月 17 日的第 8 次会谈中，多勃雷宁称苏联参与会谈的目的不是为了休战，而是要彻底结束战争，这两次会谈表明美苏立场在逐渐接近。但苏联不同意阿以直接谈判，美方认为这可以通过雅林来解决这个问题。随后，在 4 月 22 日举行的第 9 次会谈中，西斯科向多勃雷宁表达了对当前阿以在苏伊士运河开战的忧虑，称美国将对此与以色列协商，并希望苏联能就此与埃及进行商讨，但多勃雷宁并没有对此做出积极的回应。会谈中双方都希望对方能对自己的立场表述得更为明确，实际上就是希望对方能做出让步而与己方立场一致，但这却使双方陷入仅仅是重复过去问题的僵局。① 对于多勃雷宁提出的进一步"明确"美国立场的要求，基辛格认为，苏联的目的就是要求美国向苏联和阿拉伯国家的立场靠拢，显然这是美国所不能接受的，也势必会遭到以色列的强烈反对。②

在 1969 年 5 月 6 日、8 日和 12 日三次会谈中，西斯科先后向多勃雷宁提出了美国解决阿以问题的建议，其主要内容为：阿以问题的解决应在安理会 242 号决议的基础上"一揽子"实施，各方应同意根据联合国宪章来解决未来争端，结束包括恐怖袭击在内的敌对行动，实现中东的和平；相互承认主权、领土完整与不可侵犯及难民问题的公正解决；加沙的地位在雅林的主持下由以色列、埃及和约旦来商定；将以色列占领的地区非军事化。对于阿以边界问题，尽管西斯科的表述仍带有很大的不确定性，但也表明了美国倾向于以色列不全部退出所占领土的立场。西斯科同时宣称，尽管美苏一直在致力于埃以问题的解决，但这并不等于放弃解决中东其他方面的问题。美国方案的成功与否，取决于苏联能否使埃及做出必要的承诺和让步。对于美方的建议，多勃雷宁称苏联也坚持认为不能仅单方面解决埃及的问题。但多勃雷宁也指出，美国对苏联的态度有误解，苏联倾向于以色列撤退到 1967 年战争前的边界，但如果相关各方想要改变，苏联并不反对；美国只坚持以色列方面的立场，如果在其他方面美国没有实质性的变化，美苏谈判将会回到 3 月的立场；而美国忽略了边界与

---

① *FRUS*, 1969 – 1976, Vol. XII, pp. 133 – 137.

② Henry A. Kissinger, *White House Years*, p. 358.

以色列撤退两个方面的问题，阿拉伯国家对此是不会接受的。^① 6月10—13日，葛洛米柯访问埃及，与纳赛尔商讨美国的方案。由于埃及在这一阶段军事上的优势，纳赛尔拒绝了美国的建议，认为阿以问题应"一揽子"解决而不应仅是埃以争端；纳赛尔同时强调以色列要从所有被占领土中撤出，反对对边界问题进行讨论。苏联接受了埃及的意见，并同意拒绝美国的建议但仍与其保持联系。^②

　　6月17日，苏联对美国的建议进行了答复，其主要内容为：（1）同意接受美国提出的"一揽子"解决方案，在以色列退出所占领土前签署协议。（2）最终达成有共同约束力的谅解。（3）同意在加沙和沙姆沙伊赫派驻联合国部队。（4）阿拉伯国家将尊重并承认以色列的主权、领土完整、不可侵犯与政治独立等。（5）允许以色列通过蒂朗海峡和苏伊士运河。^③ 从以上方面来看，苏联的建议显然有了重大变化：在以色列撤退与签署和平协定的先后、在加沙等地派驻联合国部队、阿拉伯国家对以色列的承认问题上，都表明了苏联基本接受了美国在这些方面的建议，也与美国和以色列在以上方面的立场更加趋于一致。

　　但这些对于美以积极的一面，并不意味着双方已就阿以问题达成了一致，因为美方认为苏方的答复依然还有以方或美方无法接受的立场：（1）直接谈判。苏联排除了直接谈判问题，仍然强调阿以双方应通过雅林进行接触。（2）和平。在对和平方面的责任上，苏联消除了阿拉伯控制游击队的义务，这是以色列所不能接受的，因为这是以色列所关注的重要方面之一。（3）边界。以色列要撤退到战前边界，这是苏联认为美苏应在解决阿以问题上要达成共识的一个前提。（4）加沙要归埃及控制，这是要恢复1967年5月就存在的形势及联合国部队。（5）难民。以色列应执行联合国的难民决定，而这种无限制遣返回国是对美国限制遣返的反对。（6）非军事区。苏联认为应将非军事区仅限定在双方的边界，而美国认为应将以色列撤出的地区全部划为非军事区。^④ 苏方的观点表明，苏联在以上问题上与阿拉伯国家的观点是一致的，这也表明美苏双方仍然存有严重分歧而难

　　① *FRUS*, 1969 – 1976, Vol. XII, pp. 150 – 151, 154 – 156.

　　② Yaacov Bar – Siman – Tov, *The Israeli – Egyptian War of Attrition 1969 – 1970：A Case Study of Limited Local War*, pp. 77 – 78.

　　③ *FRUS*, 1969 – 1976, Vol. XII, pp. 184 – 185.

　　④ *FRUS*, 1969 – 1976, Vol. XII, pp. 185 – 186.

以达成共识。

1969 年 7 月 15 日，美国针对苏联 6 月 17 日的建议更为明确地阐述了己方的立场：在雅林的主持下实现阿以双方的直接谈判；将以色列撤出的领土非军事化；加沙的地位由以色列、埃及和约旦协商解决；签署和平协定的各方有义务限制其领土内的军队或准军事部队的行动，即埃及和约旦应对巴勒斯坦游击队组织进行控制；战争状态也应于协议生效之日终止；不排除将埃以间的国际分界线（international frontier）作为最终的和平边界（peace border）。苏联要求美国对边界问题表述得更为清晰，但西斯科则要求苏联让埃及对和平和直接谈判的承诺阐述得更为明确。9 月 23 日，西斯科与多勃雷宁就美国 7 月草案的讨论内容显示出了美苏双方的诸多分歧，这也表明双方推动阿以问题的解决也面临着多重困难。①

10 月 28 日，西斯科根据两国多次商讨的情况向多勃雷宁提交了美国方案的文本，事实上这就是后来第一个罗杰斯计划的蓝本，但两国会谈从此就陷入中断。尽管苏联在 12 月 23 日对美国的该份提案进行了答复，②但此后两国之间仅限于文件的交换，已鲜有西斯科和多勃雷宁就中东问题的讨论。即使两国会谈后来于 1970 年 4 月得以恢复，但其实际意义已经不大，因为双方都不会改变自己的立场，而且美国也打算提出自己的方案。第二个罗杰斯计划的提出及包括苏联在内的各方的接受，标志着两国会谈的终结。

从总体上来说，尼克松政府在此期间主要是通过参与大国协商来推动阿以问题的解决。在四国协商中，由于各方所代表国家的立场存在严重分歧而最终未达成协议；而在美苏交锋的过程中，尽管双方都做了不同程度的让步，并有了立场趋于一致的趋向，但在撤退、边界等实质性问题上双方互不让步，这导致双方无法形成一致的意见。从罗杰斯领导的国务院的政策取向上来说，美国在这个阶段的确是在考验苏联的意志，但同样也在考验美国政策的灵活性。因此，在消耗战的第一阶段，美苏双方实际上是在相互试探对方的底牌，而国务院所主张的对等平衡政策在两国会谈中也尚未彰显。

与国务院在谈判中推行隐性对等外交相较，以色列却认为美国对以色

---

① *FRUS*, 1969 - 1976, Vol. XII, pp. 271 - 273；William B. Quandt, *Decade of Decision: American Foreign Policy toward the Arab - Israeli Conflict*, 1967 - 1976, pp. 87 - 89.

② *FRUS*, 1969 - 1976, Vol. XII, p. 329.

列的援助呈现显性下滑趋势。从 1969 年 3 月到 7 月，以色列决策者发现美国不断减少对以色列的援助，以色列据此认为大国所达成的任何协议都将会把这些条款强加给其代理国，因此应向美国施压以改变这种政策。[1] 1969 年 5 月 7 日，拉宾向西斯科表达了以色列对美国政策的不满，因为会谈没有对和平问题、阿拉伯国家的责任进行阐明；而四国会议和两国会议明显是要避免阿以双方的直接谈判。[2] 美苏双方在会谈中既想满足对方的条件，又需要照顾到各自所代表的利益方的要求，但这最终却无法避免阿以双方对各自友国的指责，这是美苏会谈的尴尬境遇。美苏会谈陷入僵局，为罗杰斯计划的出台提供了条件。

第四节　罗杰斯计划

美国在这一阶段所采取的中东政策，既是尼克松政府时期美国在中东采取对等平衡政策的主要时期，也是罗杰斯执掌中东政策的顶峰时期。这一时期美国政府的中东政策包括三个方面的内容：第一个罗杰斯计划（Rogers Plan）、约旦计划[3]和第二个罗杰斯计划（Rogers Initiative）。事实上，这三个方面都与美苏双边会谈有着密切的关系，从某种角度上来说都是美苏两国会谈的延续与发展；但又都是会谈陷于僵局的产物。

就两个罗杰斯计划而言，这两个计划都是由美国单方面提出来的，这无疑是更多地顾及美国和以色列的立场，反映出美国国务院对中东的对等平衡政策理念，但其中也包含有两国会谈的基本成果等方面的内容。美苏两国会谈中所达成的解决中东问题的"一揽子"计划，一方面为约斯特能够在美苏解决埃以冲突时提出解决耶路撒冷的方案提供了条件；另一方面，则反映出美国试图全面解决阿以问题的意图。因此，尽管两个罗杰斯计划是为结束埃以消耗战而制定的，但其主旨仍是要全面解决阿以问题。

---

① Yaacov Bar – Siman – Tov, *Israel, the Superpowers, and the War in the Middle East*, p. 152.

② *FRUS*, 1969 – 1976, Vol. XII, p. 151.

③ 关于美国驻联合国大使约斯特于 1969 年 12 月 18 日提出的解决约以关于耶路撒冷等问题的方案，并没有一个统一的名称，基辛格称之为"约旦计划"，以色列学者巴西曼托夫则称之为"约斯特文件"，本书采用的是"约旦计划"。See Henry A. Kissinger, *White House Years*, p. 375; Yaacov Bar – Siman – Tov, *Israel, the Superpowers, and the War in the Middle East*, p. 158.

罗杰斯为应对消耗战而提出的计划，折射出美国国务院通过实施对等平衡政策、全面推动中东和平进程的意图。

一 第一个罗杰斯计划（Rogers Plan）

1969 年 9 月，美苏两国为了阿拉伯和以色列的立场，又重新陷入无休止的讨价还价之中，而阿以双方对大国会谈、领土、撤退及和平的态度，也使得美苏的意图大打折扣。根据约翰逊政府曾于 1968 年年底与以色列签署的协议，1969 年 9 月初美国将第一批鬼怪式飞机送抵以色列。阿拉伯国家认为这是美国支持以色列的重要标志。为阻止美国进一步推动阿以和平协定的谈判，阿拉伯世界对美国军援以色列的行为进行了强烈的抗议。[①] 而以色列总理梅厄夫人则坚决要求阿拉伯国家与以色列实现和平，并放弃消灭以色列的立场。9 月底，埃及外交部部长里亚德称，为推动美苏继续谈判，埃及考虑采取 1949 年解决阿以问题的罗德岛模式（Rhodes – type）[②] 作为谈判的基本范式，即雅林分别与阿、以一方进行谈判，而不对直接谈判问题做出任何承诺。美苏对此表示接受，梅厄夫人也不再表示反对。[③] 1969 年 10 月 7 日，在罗杰斯和葛洛米柯于纽约举行的最后一次会谈中，双方就提出一份共同文件问题上没有取得任何进展。尽管双方已经就停火、采取罗德岛模式谈判等问题达成了原则上的共识，但在撤退、领土边界等关键问题上，仍未达成一致；而且埃以双方在这些问题的立场上仍针锋相对。[④]

10 月 28 日，西斯科向多勃雷宁递交了美国草拟的包括和平、撤退、边界、非军事区、安全协定等实质性问题在内的文件，并向多勃雷宁做了解释。西斯科称他所递交的并不是一份新的美国文件，而是反映美苏共同立场的、更为详细的说明，这将通过四国会议转给雅林代表。[⑤] 11 月 9

---

① William B. Quandt, *Decade of Decision: American Foreign Policy toward the Arab – Israeli Conflict, 1967 – 1976*, p. 88. 1969 年 2 月，以色列前总理艾希科尔于任上去世，后由果尔达·梅厄夫人继任总理。

② 1949 年，担任联合国代理调停员的美国黑人拉尔夫·本奇，在希腊的罗德岛主持了以色列与埃及等阿拉伯国家的谈判，并签署了停火协定。该模式是先由本奇与各方单独就停火问题进行讨论，到一定阶段后则开始进行非正式的联合会议，在此期间阿以双方不直接谈判，这种谈判方式因此而得名。See *FRUS, 1969 – 1976*, Vol. XII, p. 264, Note 2.

③ Lawrence L. Whetten, *The Canal War: Four – Power Conflict in the Middle East*, p. 75; *FRUS, 1969 – 1976*, Vol. XII, p. 264.

④ *FRUS, 1969 – 1976*, Vol. XII, pp. 276 – 277.

⑤ *FRUS, 1969 – 1976*, Vol. XII, pp. 293 – 300.

日，美国将该文件的副本递交到埃及外交部部长里亚德手中。里亚德认为，美国的这份建议表明美国同意以色列从其所占埃及领土中撤出，并承认全面解决阿以冲突的必要性，但实际存在的问题却是确保以色列从西岸、戈兰高地和耶路撒冷的撤出。因此，里亚德认为不应拒绝美国的新建议，而是继续保持与美国的联系，以摸清美国在其他边界问题上的意图。11 月 16 日，里亚德对罗杰斯进行了回复：解决阿以问题的根本办法就是要全面解决，而埃及尚不清楚美国对以色列所占其他领土的解决方案，因此，埃及的最终立场取决于安理会 242 号决议的实施情况。① 这表明埃及对美国的方案采取了迂回战术：埃及对罗杰斯计划的最终立场，取决于安理会 242 号决议的实施及美国对约旦和叙利亚的立场。而苏联方面，尽管西斯科早在 1969 年 10 月 28 日就递交给多勃雷宁美国的方案，但苏联方面却迟迟未表态，直到罗杰斯计划出台后苏联才在 12 月 23 日予以口头答复，而事实上这却是美苏双边会谈中断的开始。

12 月 9 日，罗杰斯在美国成人教育骨干会议②（Galaxy Conference on Adult Education）上作了关于美国在中东的外交政策的演讲，其中涵盖了 10 月 28 日美国建议的大部分内容，这就是第一个罗杰斯计划。③ 罗杰斯在这次会议上公开阐述的美国的中东政策，主要包括以下内容：（1）和平。安理会 242 号决议的目的就是要建立和平，而和平的条件与义务应在具体的条款中规定，如蒂朗海峡和苏伊士运河的自由航行；阿以之间的和平协定应当是建立在明确的意图基础之上，各方应改变原来的敌对立场。大国只是在促进各方和平中起催化作用和提供谈判的框架，而不能替代相关国家的真正和平。（2）安全。在安理会决议的框架下建立非军事区和签署安全协定，以实现中东各方的安全。（3）撤兵和领土问题。以色列应根据安理会决议的原则从 1967 年战争期间所占领土中撤出，这是实现

---

① Mahmoud Riad, *The Struggle for Peace in the Middle East*, pp. 110 - 111.

② 美国成人教育骨干会议，是美国成人教育组织于 1969 年 12 月 5—11 日在华盛顿举行的会议。会议报告涉及尼克松政府与继续教育、中东等方面的内容，国务卿罗杰斯关于中东问题的报告被安排在 9 日晚 8 点，罗杰斯在此次会议上的报告即为通常所称的第一个罗杰斯计划。See "Galaxy Conference on Adult Education", *Proceedings of a Conference*,（Washington D. C., December 5 - 11, 1969）：63 - 72. ［2010 - 12 - 03］http：//www. eric. ed. gov/PDFS/ED041201. pdf.

③ *FRUS*, 1969 - 1976, Vol. XII, p. 315.《运河战争：埃以美苏四国在中东的冲突》一书的作者劳伦斯·惠滕，直接将 10 月 28 日的文件称为"罗杰斯和平计划"。See Lawrence L. Whetten, *The Canal War：Four - Power Conflict in the Middle East*, p. 46.

阿以双方安全的前提。（4）难民与耶路撒冷问题。公正地解决巴勒斯坦难民问题，否则将不能实现中东持久的和平；耶路撒冷应当是一个完整的城市，美国反对任何单方面决定耶路撒冷地位的行动，耶路撒冷问题应当由以色列和约旦协商决定。罗杰斯还在演讲中称，在四国会议和两国会议中美苏进行了长期的磋商，双方都认为有责任推进中东问题的解决；埃以方案并非是单独解决埃及的问题，而是以此为开端、分阶段逐步解决其他问题。在对待阿以双方的立场上，如果不签署和平协定而要求以色列在安理会决议的框架下撤退，这是偏袒阿拉伯国家；而以色列不撤兵却要求阿拉伯接受和平则是偏袒以色列，因此美国将一如既往地对阿以采取不偏不倚的政策，即在促使阿拉伯国家接受和平协定的同时敦促以色列撤兵。①

从罗杰斯计划的内容来看，罗杰斯希望在安理会 242 号决议的框架下，通过力促以色列撤军、有利于安全的边界及对耶路撒冷的协议解决建议，实现阿以双方的相互妥协，从而"一揽子"解决阿以问题。在这一点上罗杰斯计划与约翰逊政府时期的中东政策是一致的，即在中东推行不偏不倚的对等平衡政策。但罗杰斯计划也像安理会 242 号决议一样，其中充满了模棱两可与界定不清；尤其是美国在阿以问题的立场上，遭到阿以双方及苏联的反对，而美国内部对此也有不同声音，这最终导致了第一个罗杰斯计划的失败。

1969 年 12 月 10 日，以色列内阁发表声明，称如果中东之外的国家再提一些无法促进和平和安全的提议，将会严重损害中东未来的和平，和平谈判必须在没有前提条件、外部影响和压力的基础上进行。12 月 14 日，苏联《真理报》称美国采取的仍是单边的、反对阿拉伯的立场，指责美国支持以色列实施侵略、企图制造阿拉伯阵营的分裂。② 在消耗战中处于被动地位的埃及，本来对美国 10 月 28 日文件持观望态度，在以色列正式拒绝罗杰斯计划后，也拒绝接受罗杰斯计划，因为该计划明显地是在支持以色列。③

二　约旦计划

在解决埃以消耗战的同时处理阿以之间的其他问题，即通过"一揽

---

①　United States Department of State, *The Quest for Peace*: *Principal United States Public Statements and Related Documents on the Arab – Israeli Peace Process* (1967 – 1983), pp. 23 – 29.

②　"Proposals Rejected by UAR and Israel", *ARR*, 1969 Issue 23, p. 521.

③　Mahmoud Riad, *The Struggle for Peace in the Middle East*, p. 114.

子"计划来实现阿以和平，是美国在美苏会谈中坚持的一个基本原则，解决约旦和以色列之间的问题就是其中的内容之一，而涉及约以关系的主要是耶路撒冷问题。

1947 年，联合国通过了巴勒斯坦和以色列分治的决议，其中规定耶路撒冷由联合国负责管理。① 1948 年 5 月爆发第一次中东战争后，以色列逐渐占领了西耶路撒冷，并宣布在该地区实施以色列的法律，② 这种情况一直持续到 1967 年。1967 年 6 月 7 日，即在六日战争爆发的第 3 天，以色列国防部长达扬称以色列国防军已占领了约旦控制下的耶路撒冷旧城，以色列官方称之为"结束了约旦 17 年的统治"。③ 6 月 28 日，以色列突破原来的城市限制，完全吞并了整个耶路撒冷，并随之采取了一系列试图改变耶路撒冷现状的行动。尽管联合国要求以色列放弃其改变耶路撒冷现状的行动，但以色列并不遵守联合国的决议。而后来通过的安理会 242 号决议，却对耶路撒冷问题只字未提，这只能从该决议的总体原则中去理解耶路撒冷的解决了。面对以色列在耶路撒冷的举措，约翰逊政府也没有采取积极的措施。相反，美国采取了模棱两可的态度：既反对联合国将耶路撒冷国际化的主张，也反对以色列将其作为自己的首都的声明，而是主张耶路撒冷的地位应由相关各方在以后解决。④ 这个问题最终留给了尼克松政府。

---

① "Future government of Palestine", United Nations, The General Assembly, *Doc. A/RES/181 (II) [A – B]*, November 22, 1967, p. 146. [2010 – 06 – 12] http：//daccess – ods. un. org/TMP/3133452. 5346756. html.

② "Jerusalem Declared Israel – Occupied City", Government Proclamation, Official Gazette, No. 12, 2 August 1948, *MFA Foreign Relations Historical Documents* 1947 – 1974, Volumes 1 – 2：1947 – 1974, IV. Jerusalem and the Holy Places, Doc. 2.

③ "Statement at the Western Wall by Defense Minister Dayan", 7 June 1967, *MFA Foreign Relations Historical Documents* 1947 – 1974, Volumes 1 – 2：1947 – 1974, IV. Jerusalem and the Holy Places, Doc. 11.

④ Donald Neff, *Fallen Pillars：US Policy towards Palestine and Israel since* 1945, pp. 139 – 141. 1948 年第一次中东战争结束之后不久，以色列即将耶路撒冷确定为首都。尽管以色列与约旦都强烈反对将耶路撒冷问题国际化，但联合国大会在 1949 年 12 月 9 日以 38 票同意、14 票反对、7 票弃权通过了旨在将耶路撒冷国际化的 303（四号）决议。12 月 13 日，以色列总理本 – 古里安提议、国会同意将除国防部及外交部之外的其他政府机构，包括国会的办公场所在内都迁至耶路撒冷。古 – 本里安在向国会所做的这份声明中称，耶路撒冷是以色列的永久性首都。12 月 27 日，以色列国会第一次在耶路撒冷召开了会议，此后以色列政府的其他机构开始陆续迁往耶路撒冷。1953 年，以色列外交部也迁入该城。See *MFA Foreign Relations Historical Documents* 1947 – 1974, Volumes 1 – 2：1947 – 1974, IV. Jerusalem and the Holy Places, Doc. 6, 7.

尼克松政府第一次正式提出耶路撒冷问题，是 1969 年 7 月 1 日美国驻联合国大使查尔斯·约斯特在联合国大会上的声明。约斯特称，耶路撒冷不是一个孤立的问题，而是当前整个中东冲突中的一个重要组成部分，应当从整体上来对该问题加以解决；美国反对以色列在耶路撒冷采取的措施，反对以色列单边改变耶路撒冷地位的企图；各方应为了全面解决中东问题、实现公正而持久的和平而放弃不利于解决问题的行动。7 月 3 日，安理会一致通过了该声明，是为安理会 267 号决议。① 但这份文件遭到以色列的反对。11 月 27 日，以色列外交部部长埃班认为对耶路撒冷的分割无动于衷与对耶路撒冷的和平统一横加指责，是与联合国的宗旨不相称的；不应对以色列在耶路撒冷采取的保护居民的行动进行指责。12 月 8 日，埃班的这一答复被递交给安理会。②

继以色列提出反对约斯特的建议后不久，第一个罗杰斯计划出台，约斯特旋即提出了一份以罗杰斯计划为基础的有关约旦的计划。12 月 10 日，应国务院的要求，美国国家安全委员会对约斯特提出的约旦计划进行了讨论，尼克松同意了该建议，并于 17 日授权将计划提交四国会议讨论。③ 18 日，约斯特公开提出了这份约旦计划。这份计划实际上与美国 1969 年 10 月 28 日文件在很多地方都一样，只是在约以边界等方面稍微做了修改。该计划的内容主要为：在耶路撒冷问题上，耶路撒冷应是一个统一、完整的城市，以色列和约旦应在城市管理中共同承担公民、经济等方面的责任，耶路撒冷的问题应当由约以两国来解决；此外，在边界问题上以色列应撤退到 1967 年战争前的停火边界；对阿拉伯难民进行遣返或进行再安顿补偿，每年难民的遣返限额将由各方商定；可以自由通行亚喀巴湾。约旦表示同意。④ 当日，该文件被提交给以色列。按照基辛格的说法，尼克松在批准该计划的同时，也私下向梅厄总理保证不会强行推进美国的建议。⑤ 事实上这就让约斯特的约旦计划成为一纸空文。此外，约旦计划中包含有让以色列出让其已占领的东耶路撒冷等地，这势必会遭到以

---

① *The Quest for Peace*: *Principal United States Public Statements and Related Documents on the Arab - Israeli Peace Process* (1967 -1983)，pp. 19 -21.

② "Israel's Rejection of Jerusalem Resolution"，*ARR* 1969，Issue 23，p. 525.

③ Yaacov Bar - Siman - Tov，*Israel*，*the Superpowers*，*and the War in the Middle East*，p. 158.

④ William B. Quandt，*Decade of Decision*：*American Foreign Policy toward the Arab - Israeli Conflict*，1967 - 1976，p. 91.

⑤ Henry A. Kissinger，*White House Years*，p. 376.

色列的坚决反对。因此，尽管约旦表示愿意接受约旦计划，但以上因素却使该计划在出台时就注定了失败的结局。

对于美国提出的罗杰斯计划和约旦计划，以色列内阁曾多次召集会议商讨如何改变美国这些"令人不安"的对以政策，驻美大使拉宾也被召回国内进行磋商。1969 年 12 月 22 日，以色列内阁发表声明，称美国的这些提议并不符合以色列直接谈判的要求，而且这些建议对以色列有偏见，其中并没有规定阿拉伯国家的责任问题；该计划中对难民、耶路撒冷的地位等问题的提议，都是以色列无法接受的；如果这些建议被实施，将对以色列的和平和安全带来巨大危险，以色列不会为大国的政策做出牺牲。① 以色列在这份声明中一并拒绝了罗杰斯计划和约旦计划。

第一个罗杰斯计划和约旦计划，反映了罗杰斯领导的国务院试图在中东推行对等平衡政策的目的，但罗杰斯只继承了约翰逊政府在中东的对等平衡政策，却没有吸取上一届政府推行这一政策失败的教训，至少是在国内的因素上就已失先机。罗杰斯计划和约旦计划并没有得到白宫的有力支持，甚至美国内部也存有质疑，这也是这两项计划失败的一个重要原因。正专注于越南战争及与新中国外交等问题的白宫，只是边缘性地参与了罗杰斯计划；而尼克松和基辛格都认为罗杰斯计划与约旦计划不可能会实现。② 因此，尽管约旦计划得到约旦的支持，但以色列的坚决反对及埃及、苏联等各方对罗杰斯计划的反对，标志着美国政府发起的第一轮中东和平计划的失败。

三 第二个罗杰斯计划（Rogers Initiative）

从 1969 年 10 月 28 日美国向苏联提交中东和平建议始，美苏间的双边谈判实际上仅处于一种相互交换信函，甚至是口头传达的形式。1970 年 3 月 11 日，多勃雷宁在与罗杰斯的会谈中表达了苏联恢复双边会谈的意愿。但罗杰斯表示，即使恢复会谈，美国也不会接受苏联的建议或超出 1969 年 10 月 28 日文件的框架。在 1970 年 4 月 1 日西斯科与多勃雷宁的会谈中，西斯科坚持以美国 1969 年 10 月 28 日文件为谈判框架；而多勃雷宁则坚持以苏联 1969 年 6 月 17 日文件为基础，双方在这个问题上未达

---

① "Israel Rejects the Rogers Plan, Cabinet Statement, 22 December 1969", *MFA Foreign Relations Historical Documents* 1947 – 1974, Volumes 1 – 2: 1947 – 1974, XII. The War of Attrition and Cease Fire, Doc. 10.

② Richard M. Nixon, *The Memoirs of Richard Nixon*, p. 479.

成一致。① 虽然此后双方仍在继续互致信函、进行讨价还价，但双方仅限于对彼此拟定文本措辞上的争论，而在立场方面却没有取得任何进展。在1970 年 6 月 8 日美苏会谈后，美国认为美苏会谈已不会取得进展。② 这种情况一直延续到 6 月 19 日第二个罗杰斯计划的提出。与此同时，消耗战的形势也发生了重要变化，阿以双方的攻防形势也左右着美苏的援助态度，而这又影响着美苏的谈判进程。事实上，在消耗战的第二阶段，消耗战的发展成为促成第二个罗杰斯计划出台并最终为各方所接受的主要因素。

随着消耗战的渐次展开，战争逐步升级。苏联应埃及的要求加大了对埃及的援助力度，这不仅是在武器装备方面，而且在军事人员的配备方面也有了大幅度增加。1970 年 1 月 7 日，以色列对埃及实施深度打击，开罗市郊遭到以色列数以千吨计的炸弹轰炸。纳赛尔于 1 月 22 日秘密访苏，希望通过苏联的军事援助来对付以色列的升级战。经过纳赛尔的据理力争，苏联最终答应向埃及提供萨姆－3 地对空导弹，并派苏联飞行员在埃及境内执行作战任务。③ 在纳赛尔访问莫斯科之后，苏联媒体称，为打破以色列通过空袭迫使埃及就范的企图，苏联已被迫做出援助埃及的决定。1 月 27 日，苏联《真理报》的评论文章表明苏联对中东采取了新的政策路线：通过消除以色列的军事优势，实现中东冲突的政治解决。"阿拉伯军队，尤其是埃及军队战斗力的增强，有利于打破以色列一直觊觎阿拉伯领土的幻想。"④ 31 日，苏联总理柯西金在致尼克松的信中称，如果以色列再对埃及及其他阿拉伯国家的领土进行轰炸，苏联将被迫支持埃及和其他阿拉伯国家对以色列采取军事行动。⑤ 2 月 12 日，以色列对埃及一座冶金厂进行轰炸，造成近 200 人伤亡，这促使苏联遵循新的中东路线。⑥ 从1970 年 3 月始，苏联对埃及进行了大量的军事援助，尤其是向埃及派去了包括飞行员和导弹人员在内的大量军事人员（见表 2）。

---

① *FRUS*, 1969 – 1976, Vol. XII, pp. 468 – 470.

② *FRUS*, 1969 – 1976, Vol. XII, p. 496.

③ Mahmoud Riad, *The Struggle for Peace in the Middle East*, pp. 118 – 119.

④ Jon D. Glassman, *Arms for the Arabs*: *The Soviet Union and War in the Middle East*, pp. 75 – 76.

⑤ "Texts and Documents: Nixon – Kosygin Letters", *ARR*, 1970 Issue 5, London: Arab Report & Record, 1971, p. 167.

⑥ Jon D. Glassman, *Arms for the Arabs*: *The Soviet Union and War in the Middle East*, p. 76.

表2　　　　　　　　　　1970 年苏联援助埃及的军事设施

日期	援助人员			苏联人员操作或控制的设施		
	飞行员	导弹人员	其他	导弹基地	飞机	机场
1 月 1 日	0	0	2500—4000	0	0	0
3 月 31 日	60—80	4000	2500—4000	22	0	1（?）
6 月 30 日	100—150	8000	2500—4000	45—55	120	6
9 月 30 日	150	10000—13000	2500—4000	70—80	150	6
12 月 31 日	220 +	12000—15000	4000	75—85	150	6

资料来源：*Strategic Survey* 1970，London：The Institute for Strategic Studies，1971，p. 47.

　　对于苏联向埃及输送萨姆 – 3 导弹及苏联军事人员的做法，多勃雷宁称是出于防御，美国不应对此感到不安。但基辛格显然并不认同苏联大使的看法，他认为如果不实施空中报复，以色列将失去抵御埃及突击队袭击的能力，从这个方面来说，萨姆 – 3 导弹提高了埃及的攻击能力。① 在埃以双方进攻—报复—防御的不断往复循环中，进攻和防御的界限变得模糊，但有一点却是清楚的，即苏联的援助在为埃及提供保护的同时，也为埃以消耗战的进一步升级提供了条件。

　　对于柯西金致尼克松的信件，基辛格认为，尽管该信的语气相对温和，但这却是苏联政府对尼克松政府发出的第一次威胁；而信中所表明的阿以冲突问题，苏联又坚持撤兵是解决其他问题的前提的立场，即又回到了 1967 年时的立场。因此，基辛格认为在回复中应采取更强硬的态度，并使苏联陷入一个困局：如果不接受美国的建议，阿以冲突扩大的责任将由苏联承担；如果同意，就必须让阿拉伯国家同意美国的建议。② 在对以色列进行军事援助问题上，基辛格认为应采取措施，既要防止因以色列对埃及的打击而招致苏联进行报复的威胁，也要阻止由于以色列在消耗战中使用鬼怪式飞机而使苏联向埃及输入先进武器、配备相应的军事人员。③但尼克松的态度模棱两可，而政府内部则大都反对向以色列提供更多的鬼怪式飞机。他们认为，即使不提供飞机，以色列在保持对阿拉伯国家的军事优势方面也毫无问题；而苏联向阿拉伯国家输送武器，是以色列用鬼怪

① *FRUS*，1969 – 1976，Vol. XII，p. 466.

② *FRUS*，1969 – 1976，Vol. XII，pp. 367 – 368.

③ Henry A. Kissinger，*White House Years*，pp. 560 – 563.

式飞机对埃及进行深入打击的结果。尤其是国防部，也倾向于采取政治途径来解决阿以冲突。这使得以色列 1970 年 3 月的军事援助请求被搁置。

　　因此，美国在强硬回应柯西金来信的同时，也放缓了对以色列的军事援助，以限制中东地区的武器竞赛。1970 年 3 月，以色列要求美国提供 100 架 A – 4 空中之鹰式攻击机和 25 架 F – 4 鬼怪式战斗机，但美国顾虑到埃以冲突的激化而搁置了以色列的要求。作为安抚，美国向以色列提供了 1 亿美元贷款。[①]

　　为结束埃以消耗战，美方派负责近东与南亚事务的助理国务卿西斯科访问中东。1970 年 4 月 10—14 日，西斯科访问了埃及。在 4 月 11 日与埃及外交部部长里亚德的会谈中，西斯科宣称美国在中东追求不偏不倚的政策，在敦促以色列撤兵的同时希望阿拉伯国家能做出具体的安全保证。里亚德则强调埃及坚持以色列撤兵与难民问题的解决。[②] 次日，西斯科与埃及总统纳赛尔进行了会谈。西斯科表示美国希望能与埃及进行直接的政治与外交对话，而不是通过苏联。纳赛尔则称埃及对美国缺乏信任，因为美国每一次提出新方案都要求埃及作出新的让步，埃及希望美国能采取明确的行动而不是仅做出含糊的承诺。[③] 这表明埃方认为美埃关系还没有达到进行直接对话的条件，因此，西斯科的埃及之行并没有满足美方解决消耗战的前提条件。西斯科原本计划于 4 月 17 日访问约旦，但约旦在 15 日爆发了大规模的反美游行示威，这使得西斯科的约旦之旅未能成行。[④]

　　埃及不妥协的立场及约旦的反美活动，使西斯科的中东之行一无所获。但纳赛尔随后在 5 月 1 日的演讲中却向尼克松发出呼吁，称如果美国希望中东和平，至多则是要求以色列撤出被占领土；至少则是只要以色列占据着阿拉伯国家的领土，美国就应停止对以色列进行政治、经济和军事上的支持；决定阿美关系的决定性时刻即将到来，无论是永远决裂还是一个新的开端，都会对阿美关系产生深远影响。但纳赛尔也强调，无论是遭受炸弹还是鬼怪式飞机的袭击，埃及都不会向美国关闭大门。[⑤] 5 月 21

---

① William B. Quandt, *Peace Process: American Diplomacy and the Arab – Israeli Conflict Since 1967*, pp. 71 – 72.

② "Sisco Visits the UAR", *ARR*, 1970 Issue 9, London: Arab Report & Record, 1971, p. 220.

③ Mahmoud Riad, *The Struggle for Peace in the Middle East*, p. 127.

④ "Anti – American Riot in Amman", *ARR*, 1970 Issue 7, p. 207.

⑤ "Nasser appeals to Nixon on US – Arab Relations", *ARR*, 1970 Issue 9, p. 276.

日，尼克松会见以色列外交部部长埃班，承诺交付 1968 年 12 月协议中规定的飞机，但尼克松要求以色列发表一份公开声明，以表明以色列在接受停火协议方面的灵活性。1970 年 5 月 26 日，梅厄总理正式宣称，以色列将接受安理会 242 号决议基础上的解决方案。① 纳赛尔对美国的呼吁，以色列的公开声明，都为新的和平计划的出台提供了条件，而美国也认为有必要尽快解决消耗战问题。

美苏会谈在这个时期也处于对双方文本的讨论阶段，尽管在撤退、和平、边界、难民等问题上有所进展，② 但最终却无法消除双方立场上的分歧，这也是促使美国决定撇开苏联、实施自己方案的原因之一。1970 年 6 月 5 日，尼克松在对外情报咨询委员会（Foreign Intelligence Advisory Board）会议中指出，苏联作战人员进入埃及使得维持中东地区的平衡尤为困难，如果美国不采取行动以色列将会被迫采取行动，这将会引发新的中东危机。③ 随后，尼克松在国家安全决策备忘录第 62 号文件中授权罗杰斯，要求各方遵守为期至少 3 个月的停火协定，并恢复雅林会谈。④ 19 日，罗杰斯提出了第二个"罗杰斯计划"，该计划提议：埃以双方在接受并全面履行联合国 242 号决议的基础上，派代表参加由雅林主持的谈判；双方谈判的目的就是在 242 号决议的基础上达成公正而持久的和平协议，这要求埃以双方相互承认主权、领土完整和政治独立，以色列从 1967 年中东战争所占领土中撤出；为促进和平协定的达成，双方应从 1970 年 7 月 1 日至 10 月 1 日期间遵守安理会的停火决议。

6 月 20 日，罗杰斯和西斯科将美国的这份实现中东和平的文本交与多勃雷宁，尽管多勃雷宁提出了自己的看法，但美方显然没有改变其方案的意图。⑤ 6 月 26 日，苏联表示不反对美国的建议；阿拉伯国家则对罗杰斯计划给予了严厉的批评；而以色列最初是于 6 月 29 日拒绝了该建议。⑥

---

① William B. Quandt, *Decade of Decision: American Foreign Policy toward the Arab-Israeli Conflict*, 1967–1976, pp. 98–99.

② *FRUS*, 1969–1976, Vol. XII, pp. 503–505.

③ *FRUS*, 1969–1976, Vol. XXIV, Middle East Region and Arabian Peninsula, 1969–1976; Jordan, Sep. 1970, Washington D. C.: Government Printing Office, 2008, p. 79.

④ William B. Quandt, *Decade of Decision: American Foreign Policy toward the Arab-Israeli Conflict*, 1967–1976, p. 100.

⑤ *FRUS*, 1969–1976, Vol. XII, pp. 526–527.

⑥ *ARR*, 1970 Issue 12, p. 265.

但在美苏的敦促下，埃及、约旦及以色列分别于 7 月 23 日、26 日和31日接受了罗杰斯计划。[1] 8 月 7 日，联合国秘书长吴丹正式宣布了罗杰斯计划，停火协议开启。[2] 8 月 25 日，雅林与埃及、约旦和以色列的间接和谈在纽约开启，此即"纽约会谈"（New York Talks）。[3]

但第二个罗杰斯计划并没有带来预想的和平，不久埃以双方即开始就停火协议的遵守问题再起争端。8 月 13—14 日，以色列发表声明称埃及在苏联的帮助下在停火区（Standstill Zone）部署萨姆 - 2 和萨姆 - 3 导弹。美国国务院并不认同以色列的这些声明，而是要求以色列提供更多的证据加以证实；同时美国认为，即使以色列所言属实也不应以此作为取消罗杰斯计划的借口。[4] 19 日，以色列政府公布了 8 张关于埃及违反停火协定的照片；同日，美国也获得了埃及违反停火协议的证据，并于 22 日向埃及指出其违反停火协议的事实。[5] 埃及对此进行了反驳，认为埃及在停火线东、西向 50 公里的地带内所采取的行动，是与其对停火协议的理解相一致的，停火协议规定不得引入或建造新的军事设施，但并没有规定不得加强原来的阵地；而埃及在停火区建立的加强埃及导弹防御体系的导弹基地是在停火协议生效前实施的，这并不构成对停火协议的违反。[6] 9 月 8 日，以色列政府称以色列接受罗杰斯计划，但实施罗杰斯计划与雅林会谈的核心要素，是严格遵守停火协议，如果不全面遵守停火协议及恢复原

① *ARR*，1970 Issue 14，pp. 428 – 430.

② United States Department of State，*The Quest for Peace*：*Principal United States Public Statements and Related Documents on the Arab - Israeli Peace Process*（1967 - 1983），pp. 30 – 33. 罗杰斯在6月19日提出该和平计划时，规定在 7 月 1 日至 10 月 1 日间实施停火；而事实上该计划是联合国秘书长吴丹于 8 月 7 日宣布后才生效，因此停火时间变为 8 月 7 日至 11 月 5 日。另外需要说明的是，罗杰斯计划是旨在结束埃以消耗战而制定的方案，为何其中还要包括约旦？匡特认为，这是由于美国想确保埃及和约旦承诺对巴勒斯坦游击队（Fedayeen）加以控制，因为游击队反对任何以罗杰斯计划为基础的政治协定。接受了罗杰斯计划的约旦国王侯赛因明显地感到阻止所有从其领土内采取武力行动的压力。在接受罗杰斯计划之前，侯赛因曾告知内阁，接受美国的停火协议可能意味着与游击队的进一步军事冲突。本书认为，匡特的解释是其中的一个方面，而更重要的是美国坚持"一揽子"解决阿以争端的原则，解决阿以问题也是其中的一个方面；同时，约旦也是消耗战中的参战者之一，这些都是罗杰斯计划中涉及约旦的重要原因。关于匡特的解释，参见 William B. Quandt，*Decade of Decision*：*American Foreign Policy toward the Arab - Israeli Conflict*，1967 - 1976，p. 102。

③ *ARR*，1970 Issue 16，p. 485.

④ *ARR*，1970 Issue 15，p. 457.

⑤ *ARR*，1970 Issue 16，p. 483；Henry A. Kissinger，*White House Years*，pp. 587 – 588.

⑥ Mahmoud Riad，*The Struggle for Peace in the Middle East*，pp. 151 – 152.

来的停火局面，以色列将不参加雅林会谈。尽管后来雅林与阿拉伯国家进行会谈，但以色列的拒绝参与使雅林和阿拉伯国家间的会谈难以取得成效。由于以色列坚持认为埃及违反停火协定，所以一直拒绝参与雅林会谈，这种形势一直持续到约旦危机之后。直到1970年12月30日，以色列才宣布准备参与雅林会谈。①

埃以双方对停火协议理解上的分歧，使罗杰斯的和平计划举步维艰。这说明罗杰斯试图采取的对等平衡外交，在对协议缺乏监督的情况下，要全面履行停火协议及解决阿以冲突是困难的，至少在时机上是不成熟的。8月27日，基辛格称美国正在筹划一个在联合国监督下的、由大国联合实施维持和平行动的计划。然而，无论是美国的侧面呼吁还是以色列的正面抗议，都没有引起苏联和埃及的回应。与此同时，苏联对埃及的军事援助却大幅度增加，尤其是驻埃及的军事人员不断增加，到1970年9月，苏联在埃及的军事及技术人员已经超过10000人（见表3），而且还在继续增加。

苏联和埃及对美国提议的毫无反应、苏联对埃及的大规军事模援助，促使美国撤开通过谈判解决的计划，采取了重建已然倾斜于埃及的军事平衡的政策。9月1日，参议院通过了军购授权法，规定以色列有权以优惠的条件得到美国的军援，以对抗过去、现在及将来苏联对阿拉伯国家的武器输送。② 这表明美国已经从法律上认可了对以色列的军事援助，即通过美国对以色列的军援，来实现对阿拉伯国家的优势。如果从美国平衡政策转换的角度，而不是从跨机构的角度出发，这应是美国试图打破对等平衡外交的先声，只不过这是从国会而不是从官僚政治机构内部出现的。尽管在约旦危机期间，尼克松依然还试图采取挽救罗杰斯计划的行动，但事实证明第二个罗杰斯计划最终湮没在美国对拯救约旦的讨论中，这为威慑平衡的实施提供了条件。9月9日美国国务院宣称，除了1968年与以色列签署的协议外，美国将向以色列提供12—18架鬼怪式飞机。③ 埃及外交部部长里亚德指责美国这是在"僵化自己的计划"、"结束和平计划"；美

①　United Nations, Security Council, *Document S*/10070, January 4 1971, pp. 14 – 15.

②　Richard C. Thornton, *The Nixon – Kissinger Years: Reshaping America's Foreign Policy*, New York: Paragon House, 1989, p. 53.

③　*ARR*, 1970 Issue 17, p. 508.

国对以色列的援助，甚至引发了埃及国民大会对是否拒绝罗杰斯计划的辩论。[①]

埃及在停火区域部署导弹、以色列对埃及违反停火协议的指责、美国对以色列军事援助的承诺以及埃及对罗杰斯计划的质疑，都表明了罗杰斯计划在实施之初就面临重重障碍。尽管在约旦危机前后，雅林会谈仍在第二个罗杰斯计划的框架下进行，但却并未取得任何进展，这种尴尬的局面一直持续到1971年的临时运河协议计划。

四　对等平衡政策的困境

从约翰逊政府后期至尼克松政府前期，美国政府试图在阿以之间采取"不偏不倚"的对等平衡外交政策，但却屡屡受挫。首先这种平衡是相对的，美国的对等平衡是在维持以色列军事优势下的平衡；但同时又在对以色列保持约束、争取阿拉伯国家的好感，因此美国的这种平衡是相对的对等平衡。但这种相对的平衡有其致命的弱点：对以色列施压不足，则不足以引起阿拉伯国家的好感；对以色列施压有余，则招致以色列的不满。因此，美国的这种政策往往处于两难境地，这也是难以推进阿以和平问题的一个重要原因。另外一个方面的重要因素则是苏联。美苏在中东的争锋，使这两个国家在代表己方友国会谈时常常采取互不妥协的立场，即使是双方意见一致时，也往往会在措辞上出现分歧。在埃以消耗战期间苏联向阿拉伯国家输送武器，也是美国无法坚守约束对以武器援助立场的重要原因。而其中最根本的因素，则是阿以双方的立场，因为即使是美苏在推动阿以和平中达成共识，也会因阿以互不妥协的立场而使这种共识变得毫无意义。

纳赛尔发动的消耗战并没有实现迫使以色列改变其立场的预期目标，也正像以色列国防部长达扬所认为的那样，纳赛尔曾向其国民和世界宣称"被武力夺去的要用武力夺回来"，但他为此而发动的长达17个月的消耗战并没有取得成功：埃及的炼油厂被破坏，运河沿岸的城市成为废墟；同时纳赛尔的消耗战也让约旦和叙利亚两个阿拉伯盟国失望，而纳赛尔也比原来更加依赖苏联。[②] 对于以色列来说，埃以消耗战则使以色列在获得对阿拉伯国家胜利的同时，又获得了美国的军事援助，这更增强了以色列的

---

① *ARR*, 1970 Issue 17, p. 504; *ARR*, 1970 Issue 24, p. 697.

② Moshe Dayan, *Moshe Dayan: Story of My Life*, pp. 545 – 546.

军事优势。因此，对阿拉伯方面来说，消耗战消耗的更多的是自身，同时却又反而增强了以色列的军事优势，这是阿拉伯国家始料未及的。

国务卿罗杰斯所推行的中东政策，在经历了重重考验后，虽然取得了暂时的成功，但很快就遭到违反，这标志着罗杰斯和西斯科在中东所倡导的全面解决框架下的对等平衡政策的受挫。然而，这却为本来就想插手中东事务的国家安全事务助理基辛格提供了契机。尽管尼克松没有让基辛格负责中东地区，但从美国外交文件集及美国数字国家安全档案中可以看出，这并没有阻止他对中东事务的关注。通过基辛格与多勃雷宁的秘密通道，基辛格更多地了解了多勃雷宁对美苏双边会谈的真实看法。1970 年 4月 7 日，在多勃雷宁和基辛格的谈话中，多勃雷宁称与西斯科进行会谈是在浪费时间，他希望能与基辛格会谈。① 同时，国家安全委员会成员桑德斯（Harold H. Saunders）将美苏双边会谈的情况向基辛格做的详细报告也使基辛格对双边会谈有了较为全面的了解，这些都为基辛格插手中东事务打下基础。另外，美国所参与的四国会谈的不了了之、两国会谈的毫无结果、罗杰斯两次倡议的和平计划所遭遇的挫折，表明了罗杰斯在中东推行的对等平衡政策的失败。然而，这却证明了基辛格对这一问题的正确认知，尤其是在 1970 年 9 月的约旦危机之后，基辛格的中东理念与尼克松的认知越来越合拍，特别是基辛格关于中东问题的地缘政治分析，得到了尼克松的认可。

---

① *FRUS*, 1969 – 1976, Vol. XII, p. 465.

第三章 约旦危机：美国平衡政策演变的支点

　　美国国务卿罗杰斯两度提出的解决阿以争端的计划都以失败告终，这使美国国务院的对等平衡政策陷入困境。1970年9月爆发的约旦危机，为基辛格顺理成章地插手中东事务搭建了理想的平台，也为美国中东政策由对等平衡转向威慑平衡提供了契机。约旦危机介于1969年3月的埃以消耗战与1973年10月的十月战争之间，从危机的根源上讲，三者都是因阿以冲突未得到有效解决而引发的。安理会第242号决议及第二个罗杰斯计划都成为引发危机的因素；而约旦危机后美国采取的加强以色列军事优势的威慑平衡政策，使埃及总统萨达特认识到政治解决阿以争端的不可行性，因此埃及和叙利亚下定决心通过武力手段来解决问题，这最终导致了十月战争的爆发。从这个角度出发，约旦危机在20世纪60代末70年代初的中东危机中有着承上启下的作用，也成为1973年十月战争爆发的重要原因之一，因此，约旦危机对于中东和平进程具有重要的转折性意义。

　　根据约旦危机的发展进程，约旦危机可分为三个阶段：第一个阶段从1970年9月6日巴勒斯坦人民解放阵线组织（Popular Front for Liberation of Palestine，PFLP，简称"人阵"组织）劫持飞机至9月12日炸毁飞机，这是劫机事件发生及各国致力于解救人质的阶段；第二个阶段从9月13日至19日叙利亚介入约旦危机，这是约旦危机进入内战阶段；第三个阶段是从 9 月 19 日至 29 日所有人质的释放，这是危机的最后解决阶段。①
在这三个阶段中，美国根据不同阶段的任务进行了政策调整，国家安全委
员会下属的专门应对危机的机构——华盛顿特别行动小组（Washington
Special Action Group，WSAG），在其中起到了至关重要的作用。在应对约
旦危机中，美国要实现的具体目标有两个：解救人质与保证侯赛因的政权
不被推翻。在第一个阶段，前者占主导；在后两个阶段中，美国考虑的主
要是维系侯赛因政权的存在。

第一节　尼克松政府应对劫机的政策

巴勒斯坦解放组织（Palestine Liberation Organization，PLO，简称巴解
组织）与约旦当局间的嫌怨、反对罗杰斯计划及人阵组织对空中劫持活
动所带来的冲击性效果的追求，最终导致了约旦危机的爆发。美国及其他
各国在这一阶段的主要任务是解救人质，因此，美国在危机爆发之初积极
参与了旨在与人阵组织谈判的伯尔尼谈判小组的构建，支持国际红十字会
（International Red Cross，IRC）的积极斡旋，并不断向阿拉伯国家进行呼
吁。同时，美国也采取了相应的军事行动，对人阵组织进行威慑。在从劫
机到侯赛因向游击队摊牌前的这一时段，尼克松政府形成了国务院倡导的
和平解决、华盛顿特别行动小组主张的军事威慑并举的双重路线。

一　约旦危机爆发的原因

约旦危机是由两方面的因素促成的：一方面是巴解组织与约旦政府长

---

① 关于约旦危机的发展阶段，目前存在两种不同的划分方法：一种是从劫机、内战、地区
危机三个方面进行的大致划分；另一种是从劫机、战争与危机的解决三个方面进行的划分：第一
个阶段是从 1970 年 9 月 6 日劫机至 15 日；第二个阶段为从 9 月 16 日约旦国王侯赛因向游击队宣
战至 23 日叙利亚军队撤离约旦；第三个阶段则是从 9 月 23 日至 29 日最后 6 名人质的释放。这些
都主要是从研究美国在约旦危机期间的外交决策的角度进行的划分。本书认为，约旦危机始于劫
机，终于巴约双方接受开罗停火协议及所有被劫人质的释放，整个危机先后经历了劫机、内战、
外部干涉及危机的解决三个阶段，从这一角度进行的划分有利于阐述危机的发展脉络，厘清基本
的历史史实。因此，本书在基本采纳第一种划分方法的基础上重新进行了划分。关于两种划分方
法，参见 Asaf Siniver，*Nixon，Kissinger，and U. S. Foreign Policy Making：The Machinery of Crisis*，
p. 116；Alan Dowty，*Middle East Crisis：U. S. Decision - Making in 1958，1970 and 1973*，pp. 111 -
175。

期以来的矛盾不断激化，使巴解组织试图推翻约旦国王侯赛因政权；另一方面则是出于反对第二个罗杰斯计划的需要。

1967 年六日战争之后，巴勒斯坦游击队从约旦河西岸向以色列发动了一系列的袭击，以色列采取了针锋相对的报复行动，游击队遭受严重损失，被迫放弃从被占领土向以色列发动袭击的战略，而转移到约旦河谷。① 为报复法塔赫轰炸以色列校车的行为，1968 年 3 月 21 日，以色列对约旦河谷的卡拉迈赫（Karameh）和死海南部的游击队基地展开了进攻。游击队和约旦军队进行了顽强的抵抗，激烈的战斗使双方互有不同程度的损失，而巴勒斯坦方面则宣称为游击队方面取得了胜利，这就是巴勒斯坦引以为豪的卡拉迈赫之战。② 然而卡拉迈赫之战被宣传成阿拉法特及其游击队的胜利，而应属于约旦军队的战功也被视为是游击队的功劳，从而引起了约旦军队对游击队的嫌怨，这成为约旦军队与游击队间抵牾的起始。③

伴随以色列对游击队组织的打击，游击队逐渐转移到他们认为以色列不会袭击的人口密集的地区；巴解组织也多将指挥部设立在约旦首都安曼附近。这样就产生了两个重要后果：一是进驻安曼的巴解组织试图在安曼建立一个"国中之国"，这对约旦政权构成了威胁。巴解组织无视约旦的主权与法律，不服从约旦当局的管理，插手当地事务，甚至约旦国王侯赛因也被禁止进入法塔赫的指挥部。④ 二是巴解组织从约旦袭击以色列，招致以色列对约旦的报复。尽管许多阿拉伯国家支持巴勒斯坦解放运动，但又担心巴解组织的袭击活动会带来以色列的报复。如叙利亚支持巴解组织，但反对从叙利亚进攻以色列。1968 年，人阵组织领导人哈巴什（George Habash）曾要求大马士革同意其从叙利亚袭击以色列，结果遭到叙利亚的坚决反对，其原因就在于担心由此而招致以色列的报复。⑤ 由于

---

① Clinton Bailly, *Jordan's Palestinian Challenge*, 1948 – 1983: *A Political History*, pp. 30 – 31.

② Clinton Bailly, *Jordan's Palestinian Challenge*, 1948 – 1983: *A Political History*, p. 37. 对于这次战争的伤亡，以色列和巴勒斯坦对各自的伤亡情况都有不同记录，但无论双方伤亡的情况如何，有一点是肯定的，即以色列的袭击遭到游击队的顽强抵抗，这也是游击队及阿拉伯国家予以肯定的一点。

③ Nigel John Ashton, *King Hussein of Jordan: A Political Life*, New Haven: Yale University Press, 2008, p. 139.

④ Clinton Bailly, *Jordan's Palestinian Challenge*, 1948 – 1983: *A Political History*, p. 34.

⑤ Charles D. Smith, *Palestine and the Arab – Israeli Conflict*, p. 215.

巴解组织是从他们在约旦的根据地向以色列发动袭击，这使以色列对约旦境内的巴解组织实施打击，但也造成约旦的人员伤亡与财产损失。面对巴解组织带来的一系列问题，约旦当局试图对约旦境内的巴解组织进行约束，结果导致了巴约关系的日益紧张。[①] 从 1968 年 7 月到 1970 年 9 月间，巴解组织的袭击与以色列报复行动的交错跌宕，给巴解组织所在国约旦造成了严重损失。约旦政府为此于 1970 年 2 月实施了更为严格的限制政策，但遭到巴解组织的反对，并因此引发了二月危机。[②]

巴约关系的持续紧张，同时由于约旦国王侯赛因在阿拉伯世界中最支持美国、在对待阿以冲突中态度又最温和，这使巴解组织在与约旦军队进行对抗的同时，也极力想推翻侯赛因的政权。[③] 在 1970 年年初对华盛顿的访问中，侯赛因就表示巴约之间的冲突将不可避免。[④] 到同年 6 月，巴约关系进一步恶化。1970 年 6 月 9 日约旦军队与游击队发生冲突，并于当日发生了针对约旦国王侯赛因的刺杀事件。9 月 1 日，人阵组织实施了另一起企图暗杀侯赛因的行动，这两起暗杀国王的行动虽然均未成功，但表明巴约之间一场在所难免的冲突一触即发。[⑤] 事实上，人阵组织此次暗杀侯赛因的目的，除了要推翻侯赛因的政权外，另外就是要破坏美国所提出的和平计划，而这也是人阵组织采取劫机行动的动因之一。

1970 年 7 月底，埃及、约旦和以色列先后同意了美国国务卿罗杰斯发起的停火协议，但对于巴勒斯坦游击队来说，这却是一个危险的信号。尤其是他们所信赖的支持者纳赛尔也要和侯赛因一起与以色列签署和平协定，巴解组织认为这是以牺牲他们的利益为条件的。巴解组织甚至通过其宣传媒体对纳赛尔接受罗杰斯计划进行了攻击，纳赛尔因此于 7 月 27 日关闭了巴解组织和法塔赫设在开罗的电台。由于担心自己最大的支持者纳赛尔可能会对巴解组织实施抵制，阿拉法特主张在反对罗杰斯计划方面要保持克制，但遭到组织中激进派的反对。[⑥]

---

① Clinton Bailly, *Jordan's Palestinian Challenge*, 1948 – 1983: *A Political History*, pp. 33 – 36.

② *ARR*, 1970 Issue 3, p. 89.

③ Asaf Siniver, *Nixon*, *Kissinger*, *and U. S. Foreign Policy Making*: *The Machinery of Crisis*, pp. 122 – 123.

④ *FRUS*, 1969 – 1976, Vol. XXIV, 2008, p. 27.

⑤ James D. Lunt, *Hussein of Jordan*: *Searching for a Just and Lasting Peace*, New York: William Morrow and Company, 1989, pp. 125, 131.

⑥ Clinton Bailly, *Jordan's Palestinian Challenge*, 1948 – 1983: *A Political History*, pp. 54 – 55.

1970 年 8 月 7 日，联合国秘书长吴丹（U – Thant）宣布了由美国国务卿罗杰斯提出的、旨在结束埃以消耗战的第二个"罗杰斯计划"，以色列、埃及和约旦都表示接受，至此长达一年多的埃以消耗战始告结束。然而，巴解组织则对约旦和埃及签署和平协定感到震惊，他们担心和平计划会削弱他们的地位；对于和平协定的内容，他们担心其中仅涉及难民问题而忽视巴勒斯坦的自治权。[①] 8 月底，巴解组织已到了进行抉择的关键时刻，他们在安曼召集了国民大会紧急会议。激进派主张推翻侯赛因政权，而阿拉法特领导的法塔赫则不主张向国王发出挑战，并试图说服极端分子采取较为温和的行动。[②] 然而就在巴解组织就这一问题达成共识之前，人阵组织采取了劫持飞机的行动。

此外，人阵组织之所以采取劫机的方式来达到自己的目的，是因为该组织信奉这种行动所产生的冲击性效应。在以约旦为基地的巴解组织中，1968 年成立的人民解放阵线是其中最为激进的一派，其创始人乔治·哈巴什即是恐怖袭击活动的主要实施者之一。1968 年 7 月 23 日，以色列一架从罗马飞往特拉维夫的波音 707 客机，被巴勒斯坦人阵组织的 3 名成员劫持到阿尔及利亚。[③] 这是该组织实施空中劫持活动的开始。阿尔及利亚政府认为这是中东过去 20 年来都不曾遇到的新难题，担心巴勒斯坦突击队的这一行动会被其他巴勒斯坦组织所效仿，从而产生更恶劣的影响。[④] 哈巴什在 1969 年解释了恐怖活动对于巴勒斯坦事业的重要意义：恐怖活动的价值就在于它的冲击性效应，巴解组织必须以此来引起世界的关注及提高巴勒斯坦民族低落的士气，世界已经将巴勒斯坦遗忘，巴解组织所追求的就是巴勒斯坦的解放，因此要炸毁更多的以色列飞机。[⑤] 从哈巴什对恐怖活动的理解可以看出，巴勒斯坦人阵组织所采取的恐怖活动的目的之一，就是为了引起世界对巴勒斯坦的关注，以最终获得世界的承认，引发1970 年约旦危机的劫机行动，就是哈巴什这种思想的体现。

二　劫机及美国的双重应对路线

1970 年 9 月 6 日，巴勒斯坦人阵组织对美国、瑞士和以色列的 4 架飞

---

① Charles D. Smith, *Palestine and the Arab – Israeli Conflict*, p. 223.

② William B. Quandt, *Peace Process: American Diplomacy and the Arab – Israeli Conflict Since* 1967, p. 76.

③ Terrorism and U. S. Policy, 1968 – 2002, "Israeli Plane", *DNSA*, No. TE00003.

④ Terrorism and U. S. Policy, 1968 – 2002, "El Al Aircraft Hijacking", *DNSA*, No. TE00005.

⑤ Donald Neff, *Fallen Pillars: U. S. Policy towards Palestine and Israel since* 1945, p. 113.

机进行了劫持，其中除了以色列的飞机劫持未遂外，美国环球航空公司的
741 航班、瑞士航空公司的 100 航班被劫持到约旦一废弃的军用机场——道
森机场（Dawson Field）①；美国泛美航空公司的 93 航班，于当日先在贝鲁特
着陆，加油后又在开罗降落，飞机在乘客被带到安全地带之后遭炸毁。② 9
日，英国海外航空公司的 775 航班也被劫持到道森机场（见表 3）。③

表 3   1970 年约旦危机期间被劫持飞机情况一览表

劫机时间	被劫航班	机型	出发地	目的地	乘客人数	迫降地点	炸毁时间
9 月 6 日	美国环球航空公司 741 航班	波音 707	法兰克福	纽约	142	约旦道森机场	9 月 12 日
9 月 6 日	瑞士航空公司 100 航班	DC 8	苏黎世	纽约	147	约旦道森机场	9 月 12 日
9 月 6 日	以色列航空公司 219 航班	波音 707	阿姆斯特丹	纽约	148	伦敦	未遂④
9 月 6 日	美国泛美航空公司 93 航班	波音 747	阿姆斯特丹	纽约	152	先至贝鲁特，后停至开罗	9 月 6 日
9 月 9 日	英国海外航空公司 775 航班	VC10	孟买	伦敦	114	约旦道森机场	9 月 12 日

资料来源：Terrorism and U. S. Policy, 1968 – 2002, "Aircraft Hijackings", September 6, 1970, *DNSA*, No. TE00078; http：//www.vc10.net/History/Hijackings.html. ⑤

在劫机之初，人阵组织似乎并没有明确的目的，起初是以炸毁美国泛
美及环球航空公司、瑞士航空公司的飞机为要挟，要求这些国家支付 100
万美元；后来又向瑞士发出了一个 72 小时的最后通牒，要求释放曾因于
1969 年袭击在苏黎世的以色列航班而被判刑 12 年的 3 名突击队员。⑥ 9 月

---

① Jussi Hanhimaki, *The Flawed Architect: Henrry Kissinger and American Foreign Policy*, p. 94.

② *FRUS*, 1969 – 1976, Vol. XXIV, p. 603.

③ *FRUS*, 1969 – 1976, Vol. XXIV, p. 622.

④ 1970 年 9 月 6 日，巴勒斯坦人民解放阵线成员在劫持以色列航空公司的 219 航班时，遭
到机组人员的反击，致使其一死一伤。飞机在伦敦迫降，英国政府逮捕了受伤的女劫机者莉拉·
卡莱德（Leila Khalid）并扣留了其被击毙的男同伙的尸体。See *ARR*, 1970 Issue 17, p. 506.

⑤ Vickers VC10 的专门网站详细记述了 1970 年 9 月 9 日 775 航班从起飞至被炸毁的全过
程。相关内容参见 http：// www.vc10.net/ History/Hijackings.html。

⑥ *FRUS*, 1969 – 1976, Vol. XXIV, p. 604.

7 日，巴勒斯坦人阵组织提出了四项要求：（1）立即释放被关押在瑞士的 3 名游击队员，并使其返回安曼；（2）将在劫持以色列客机时被杀的游击队队员的尸体送回安曼，并释放其同伴莉拉·卡莱德；（3）释放被囚于西德的 3 名敢死队员；（4）要求释放所有被关押在以色列的敢死队员。但人阵组织的前三项要求与第四项要求是分开的，即如果答应前三项，将释放英德瑞三国的人质并归还飞机；而只有释放所有被关押在以色列的敢死队员，才会释放以色列人和拥有双重国籍的人。①

尽管在这一阶段游击队和约旦军队有了一定程度的冲突，但双方还没有正式摊牌，因此美国在这一时期所考虑的主要是拯救人质。为此，美国在力图保持伯尔尼谈判小组②的立场一致、为人质的释放进行呼吁的同时，也在为拯救美国人质进行军事部署。

（一）美国解救人质的和平路线

美国在解救人质方面所采取的和平路线由三个方面构成：通过国际红十字会解救人质，维系伯尔尼谈判小组在解救人质立场上的一致；向阿拉伯国家进行呼吁，转达美国的意愿；不主张联合国介入危机的解决。其中最主要的方面是以国际红十字会为中介、通过伯尔尼谈判小组与人阵组织进行谈判，以此达到释放人质的目的。因此，保证该谈判小组内部意见的一致，是谈判顺利进行的关键。

对于人阵组织释放人质的条件，除了以色列政府表示拒绝外，德国（西德）、瑞士和英国都准备答应人阵组织的要求。美国担心，如果人阵组织坚持只有以色列释放其所关押的所有游击队员，他们才释放以色列人和双重护照持有者，那么英国、瑞士和西德等国很可能会为了本国国民和飞机的安全而抛开美以，两国将会在该问题的谈判中陷入孤立。为防止出现这种情况，美国试图通过各国一致同意的解决劫机问题的机构——国际红十字会发表一项四国的联合声明：如果所有的乘客和两架飞机都能转给国际红十字会，四国将同意进行交换。③ 9 月 8 日，英、

---

① *ARR*，1970 Issue 17，p. 506；*FRUS*，1969 - 1976，Vol. XXIV，p. 606.

② 伯尔尼谈判小组由美国、英国、瑞士、西德和以色列五国的代表组成，其主要使命为协调各国的行动，通过国际红十字会营救被巴勒斯坦人民解放阵线组织劫持的飞机乘客。根据美国外交文件集中的相关材料，该谈判小组应是在 9 月 7 日组成。See *FRUS*，1969 - 1976，Vol. XXIV，p. 617；p. 643，Note 5。

③ *FRUS*，1969 - 1976，Vol. XXIV，pp. 608 - 610.

瑞和西德的代表在伯尔尼会晤中称，如果游击队将所有的乘客和两架飞机都移交红十字会，他们的政府就同意释放在这三个国家关押的7名游击队员。[①]

这虽然防止了美国和以色列在人质问题上陷入孤立，但人阵组织于9月10日又提出了反建议：同意立即撤离所有的妇女、儿童和患病人员；作为交换，英德瑞应释放7名游击队员及归还劫机者的尸体；而剩下的男乘客只有在以色列释放关押的游击队员后才能获释。国际红十字会代表安德烈·罗彻特（Andre Rochat）认为这样一个初步的撤离方案将是积极的一步，甚至可能会促进为剩下的人质进行进一步的谈判。然而他也指出，这也意味着只有以色列释放大约600名巴勒斯坦人后，剩下的男乘客才会得以释放。这项反建议实际上是将以色列摆在了一个两难的位置上，因为无论哪个计划最终都取决于以色列的态度，即四国一道拒绝建议而向以色列施压，或者留下最为严重的问题——乘客与以色列关押的游击队员的交换问题。[②] 伯尔尼谈判小组拒绝了人阵组织的反建议，日内瓦国际红十字会向罗彻特和伯尔尼谈判小组表明了反建议的不可接受性。[③] 这使美国和以色列避免了在人质问题的谈判上陷入孤立，并保证了五国在谈判中立场的一致。

美国在参与多国解救人质行动的同时，也向阿拉伯国家发出了呼吁。9月8日，国务卿罗杰斯召集所有的阿拉伯使团团长，针对人质的安全问题向他们进行了人道主义呼吁。科威特大使代表阿拉伯外交使团表示，人阵组织不受任何阿拉伯政府，甚至不受温和的游击队组织的控制，他们按自己的意志行事，并经常违背阿拉伯政府和人民的意愿。但他也指出，激进派的目的是要使世界关注巴勒斯坦人的艰难处境，在经历了20年后，巴勒斯坦人已经到了绝望的顶点，他希望这一问题能通过美国政府的和平计划来解决。罗杰斯强调，美国政府的呼吁并不是让阿拉伯政府对这种不人道的行为负责，而是希望这些政府能够通过某种方式来向恐怖分子转达美国的意愿，即他们立即无损伤地释放这些无辜的乘客；这也不表示其人道主义呼吁与和平计划之间的联系，更不是暗示阿拉伯国家能控制人阵组织；关于和平计划，美国政府将尽力在实施过程中保持公平、公正。罗杰

---

① *FRUS*, 1969 – 1976, Vol. XXIV, p. 617.
② *FRUS*, 1969 – 1976, Vol. XXIV, p. 640.
③ *FRUS*, 1969 – 1976, Vol. XXIV, pp. 655 – 656.

斯重申，从长远来看，巴勒斯坦激进组织的这种非法、非理性的做法只能给巴勒斯坦的事业带来损害。①

从罗杰斯的措辞中可以看出，这仅是一份内容和含义都非常单一的呼吁而已。而且罗杰斯也不同意对人阵组织采取强硬立场，即使尼克松和基辛格都坚持认为应向人阵组织发一份措辞强硬的电报，罗杰斯也表示反对他认为所有的乘客已被安置于宾馆中，对他们生命的威胁已降低；而且约旦也认为进行威胁并无益处，因为巴解组织中的温和派正在与激进派在乘客问题上进行斗争。此外，激进派担心的是以色列的入侵而不是美国，如果美国声明要进行干涉会使这些狂热分子采取过激的行动。② 因此，就释放人质问题而言，罗杰斯的这种温和而消极的立场显然是与尼克松和基辛格不同的；而基辛格与尼克松在处理危机的立场的合意性，也是罗杰斯在危机处理过程中受排挤的一个重要因素。

9月9日晚，联合国安理会也就劫机事件召开了短暂会议，一致同意并通过的决议表达了对劫机事件的严重关切，要求释放乘客，并推动苏联和叙利亚坚决支持释放人质的呼吁。③ 为了对人阵组织进行约束，进一步将世界的注意力集中于人质问题；同时也为了在国际红十字会放弃努力的情况下能为解救人质的国际行动提供条件，10日，联合国秘书长吴丹计划向道森机场派驻联合国人员，并希望叙利亚政府能够参与。对此，西斯科致电英国驻美大使弗里曼（Freeman），称联合国向道森机场派驻包括叙利亚代表在内的人员，并不利于问题的解决，应还由国际红十字会代表解决；因为联合国代表的出现可能会增加不必要的复杂因素，并可能会使红十字会误以为这是美英等国对他们工作的不信任，反过来还需要向他们进行解释。弗里曼同意西斯科的分析，并认为以色列的立场是关键，联合国因素的介入，几乎不会使以色列产生积极的反应。而叙利亚对联合国向道森机场派驻人员的主张也不感兴趣。联合国秘书长的前私人代表萨尔曼（Thalmann）也认为联合国不适宜在约旦采取行动。他认为联合国的这一建议缺乏明确的方向，而且联合国在该地区威望较低，这不利于联合国在该地区采取行动；同时，鉴于罗彻特的任务失败可能带来的危急形势，他

---

① *FRUS*, 1969 – 1976, Vol. XXIV, pp. 612 – 614.
② *FRUS*, 1969 – 1976, Vol. XXIV, p. 663.
③ *FRUS*, 1969 – 1976, Vol. XXIV, pp. 638 – 639.

认为应通过大国的参与来稳定局势。① 美英的反对及叙利亚的消极反应，使联合国的这一建议搁浅。在约旦危机的后续发展中，联合国也一直没有再进行参与。

从以上内容可见，美国所采取的温和路线就是在维持伯尔尼谈判小组立场一致的前提下，通过国际红十字的中间斡旋，在多国努力下实现人质的释放；并为此而排除联合国等其他各方的干预，为红十字会提供良好的谈判环境。同时，美国也向阿拉伯国家进行呼吁，希望阿拉伯国家能转达美国的意愿，以促进人质的尽早获释。

（二）美国为解救人质而采取的军事行动

美国并没有仅仅停留在谈判或呼吁的层面，而是积极采取军事措施，为拯救本国人质做准备，这是美国采取的与和平路线并行的应对劫机事件的政策之一。这主要表现在以下两个方面：一方面是对军事介入约旦危机的措施展开论证。9 月 9 日，专门应对危机事件的华盛顿特别行动小组②（Washington Special Action Group，WSAG）召开会议，就解救人质和对约旦危机进行干预问题达成以下共识：在确定人阵组织采取极端行动前，美国不会动用武力营救人质；美国军队仅用于对乘客进行军事撤离，而在支持侯赛因国王反对游击队及可能的伊拉克的干涉方面，以色列军队更为合适。③这实际上是美国在约旦危机期间提出由以色列来实现美国意图的开始。

次日，华盛顿特别行动小组再次开会，讨论了援助约旦的两种选择：第一种是由美国进行支援。美国军队进行干涉的首选是空中打击，其次是地面部队进入，但后者面临后勤等一系列问题。对美军干涉可能带来的苏联的连锁反应，小组认为应采取加强第六舰队、对战略空军司令部进行警戒等措施，对苏联实施威慑。第二种是由以色列进行干涉，这也是参加讨论的成员普遍支持的观点。如果以色列应侯赛因的要求而支持约旦，美国必须对以色列予以支持；同时以色列可能会与伊拉克或叙利亚遭遇，而埃及也可能会加紧运河区的军事部署，苏联也许会采取行动，因此以色列干涉也会引起一系列问题，但最主要的问题是要防止苏联在以色列进驻约旦

---

① *FRUS*, 1969 – 1976, Vol. XXIV, pp. 653 – 656.

② 华盛顿特别行动小组，是尼克松政府时期专门的危机管理组织。该组织由总统国家安全事务助理担任主席，成员主要由副国务卿、国防部副部长、中央情报局局长、参谋长联席会议主席等人构成。See Henry A. Kissinger, *Crisis: The Anatomy of Two Major Foreign Crisis*, p. 33.

③ *FRUS*, 1969 – 1976, Vol. XXIV, p. 621.

时进行干涉。为防止出现这种情况，应当通过加强欧洲的军事态势和战略形势来对苏联进行威慑。① 总体上来说，威慑苏联、防止苏联阻碍美国或以色列介入危机，是美国或以色列等外部力量对约旦危机进行干涉的必要条件。而针对美国干涉面临的种种困难，华盛顿特别行动小组还是倾向于由以色列实施介入行动，这在后来也为尼克松所接受。

另一方面则是进行军事部署，为拯救人质做准备。9 月 8 日，6 架 C - 130 飞机飞抵土耳其的因斯里克（Incirlik）；10 日，美国独立号航空母舰及 6 艘驱逐舰也到达距以色列/黎巴嫩海岸约 100 海里处。② 虽然华盛顿特别行动小组决定在人阵组织采取极端行为前不会采取军事行动，但美国营造的这种军事态势，对人阵组织来说，却在传递着美国要进行干预的信息，这对人阵组织产生了心理震慑作用。

苏联也对劫机事件表示了关注，先后与安曼和巴格达进行了联系。在 9 月 9 日致伊拉克的私函中，苏联对阿拉伯人之间的自相残杀深表忧虑；苏联政府呼吁伊拉克和约旦政府能着眼于长远，通过和平方式解决问题，结束约旦危险的发展趋势。10 日，伊拉克外交官员贾马利（Jamali）称伊拉克政府对劫机进行谴责，尽管伊拉克没有卷入，但他们将尽力与游击队进行协商，以释放所有被劫持在约旦的各国公民。但据美国从 9 月 6 日至 11 日的情报显示，伊拉克与游击队合谋制造了劫机事件，因为当约旦军队随被劫持的环球航空公司和瑞士航空公司的飞机来到道森机场时，他们发现伊拉克军队已经在那里。同时，伊拉克由于错误判断了世界对劫机事件的反应程度，而特别担心外部干预所带来的威胁，并在尽最大努力从中抽身。③

伯尔尼谈判小组对反建议的拒绝、苏联的呼吁、伊拉克的避之不及，及美国所采取的军事部署，使游击队感到了来自外部的压力，尤其是对于外部可能进行的军事干涉非常紧张。他们已告诉罗彻特，如果在约旦有任何外国的军事行动，他们就将三架飞机炸毁并炸死乘客。据美国驻约旦大使馆的分析，乘客已由恐怖分子的人质变为游击队用以与约旦政府进行政治斗争的工具。④ 9 月 11 日，关于释放人质的谈判到了关键阶段，军事干涉的传闻使人阵组织明显地开始慌乱，所做的一系列决定也前后不一。12

---

① *FRUS*, 1969 - 1976, Vol. XXIV, pp. 642 - 652.
② *FRUS*, 1969 - 1976, Vol. XXIV, p. 616.
③ *FRUS*, 1969 - 1976, Vol. XXIV, pp. 654, 662.
④ *FRUS*, 1969 - 1976, Vol. XXIV, p. 636.

日，人阵组织在其要求没有得到满足的情况下炸毁了被劫持在道森机场的三架飞机，并在扣留了54名人质后将其余乘客全部释放。[1]

飞机的炸毁及大量人质的释放，标志着约旦危机第一阶段的结束。人质方面的压力明显缓和了下来；而人阵组织也于12日早被逐出巴解组织中央委员会，这表明巴解组织内部也出现了分裂。[2] 在这一阶段，各国营救人质主要是通过伯尔尼谈判小组与国际红十字会来进行的。从代表团内部各成员国的态度来看，英、德、瑞都曾有单独与人阵组织谈判的企图，试图单独解决自己的人质问题；而以色列在这一问题上始终采取不妥协的态度，它提出的要释的放两名阿尔及利亚官员的条件虽然有妥协的成分，[3] 但更多的是对人阵组织实施反制，其强硬路线并没有改变。尽管如此，美国出于防止在谈判中陷入孤立的考虑而从中进行调解，始终维持了这一小组的团结和统一行动，保证了五国在谈判中的一致立场，这对于人质的释放起到了重要作用。而美国的危机决策机构对约旦危机的论证与为拯救人质而进行的军事部署，则为下一阶段的行动、掌控约旦危机外围的主动权打下了基础。

为解救人质，美国在这一阶段采取了两条路线：一条是国务卿罗杰斯所倡导的向国际社会呼吁、维持伯尔尼谈判小组的立场一致的和平解决路线；另一条是基辛格领导的华盛顿特别行动小组所主张采取的强硬军事路线。从根本上来说，在危机的初始阶段，这并不是两条非此即彼、互不相容的路线，相反却是互为补充、相互关联的，这对于人质的释放都起到了重要作用。约旦危机进入内战阶段后，这两条路线继续延续。

第二节　约旦内战

自从人阵组织劫机以来，巴勒斯坦游击队与约旦军队之间冲突不断，尤其是在1970年9月12日人阵组织炸毁飞机后，巴约之间的冲突愈演愈

---

[1]　*FRUS*, 1969 – 1976, Vol. XXIV, pp. 662, 678.

[2]　*FRUS*, 1969 – 1976, Vol. XXIV, p. 667. 另据威廉·匡特在其著作《十年抉择：美国对阿以冲突的政策（1967—1976）》中的注解，人阵组织由于采取了未经授权的劫机行动而被巴解组织临时逐出中央委员会；但在9月16日侯赛因向游击队摊牌后，又为巴解组织中央委员会所接纳。See William B. Quandt, *Decade of Decision: American Policy toward the Arab – Israeli Conflict*, p. 111, Note 6.

[3]　*FRUS*, 1969 – 1976, Vol. XXIV, p. 669.

烈。16 日，约旦国王侯赛因宣布对游击队采取军事行动，这标志着约旦内战进入高潮阶段。由于人阵组织没有提供要求以色列释放人员的名单，这使伯尔尼谈判小组与人阵组织失去了谈判的基础，加之谈判小组内部有意见分歧，从而导致剩下的 54 名人质的谈判从 9 月 14 日就陷入停顿，直至 25 日约旦军队实施解救。① 因此，美国在这一阶段尽管还在为维持谈判小组的团结而努力，但由于大量人质的释放及谈判小组内部的议而不决，致使解救人质的谈判问题裹足不前，从而导致和平路线地位严重下滑。随着侯赛因向游击队摊牌，美国的任务也转向支持侯赛因、防止侯赛因政权被推翻这一方面，尼克松和基辛格所主张采取的强硬军事路线，则成为决策层讨论的主要议题。

一　巴约冲突

从 1970 年 6 月起，约旦境内的游击队组织就不断向侯赛因发起挑衅，但侯赛因还是不希望与游击队进行军事对抗，因为他担心由此会带来外部干涉。劫机事件发生后，侯赛因处于两难境地：如果不对游击队采取行动，他的政权有可能会被推翻，而且其忠实的贝都因军官领导下的军队也可能会自行采取行动，这样会有损他的权威；如果他对游击队采取行动，就可能引起叙利亚和伊拉克的干涉。② 然而，部分约旦军队早已在按自己的计划行动。从 1970 年 9 月 8 日到 16 日侯赛因向游击队摊牌前，约旦军就一直在与游击队作战。③ 面对越来越严重的形势，侯赛因决定对游击队采取措施。9 月 16 日早，侯赛因任命了新的军政府，并命令新军事内阁首相穆罕默德·多德（Muhammad Daud）准将行使国家权力。巴解组织中央委员会也向各国际组织发出紧急呼吁，希望他们能对约旦危机进行干预。④ 阿拉法特命令所有的巴勒斯坦力量实施紧急联合，同时还呼吁阿拉伯国家首脑立即进行干涉，以结束约旦的流血冲突。⑤

9 月 17 日早，配有装甲车、坦克的约旦军队开进安曼，控制了安曼

---

① *FRUS*, 1969 – 1976, Vol. XXIV, pp. 675, 916. 1970 年 9 月 25 日，约旦军队释放了由游击队控制的 54 名人质中的 16 名，其中包括 2 名德国人、6 名瑞士人和 8 名英国人。剩下的人质则随着巴约之间逐步达成谅解而陆续获释。

② William B. Quandt, *Decade of Decision*: *American Policy toward the Arab – Israeli Conflict*, p. 111.

③ *FRUS*, 1969 – 1976, Vol. XXIV, pp. 622, 638, 675.

④ *ARR*, 1970 Issue 18, pp. 517 – 518.

⑤ *FRUS*, 1969 – 1976, Vol. XXIV, p. 690.

的大片区域。随后约旦军包围了位于叙利亚边界以南的兰姆沙（Ramtha），挺进到约旦的第二大城市、游击队的根据地伊尔比德（Irbid）城外。① 在约旦军队进展顺利的情况下，约旦向游击队提出了停火，条件是游击队从约旦所有的城市撤离且离开约旦，并已提供了运送游击队员至边境的汽车。② 但约旦军队遭到游击队的激烈抵抗，这显然是不接受约旦提出的条件。侯赛因则坚持认为，只有游击队严格遵守他提出的条件，战斗才会结束。

阿拉伯国家对于巴约间的冲突反应不一。尽管伊拉克在约旦驻有17000 名士兵，但并没有进行军事干涉。9 月 17 日中午，约旦军队打击了在伊拉克军队驻扎区的游击队，伊拉克军队未作任何反应，纳赛尔也保持了沉默，甚至其支持者苏联也没有做出积极回应。③ 与之相反，叙利亚对约旦的军事行动则反应强烈。叙利亚进行了军队集结，大马士革电台号召约旦军队起义，与游击队一起作战；同时，叙利亚外交部还告知约旦大使，如果巴勒斯坦游击队遭受失败，叙利亚不会置之不理。伊拉克的阿拉伯复兴社会党领袖也发出了同样的警告。④ 与此同时，埃及等阿拉伯国家也在进行积极的调停。纳赛尔与利比亚、苏丹领导人已呼吁侯赛因和阿拉法特停止战争，阿拉伯联盟委员会也要求双方结束冲突。由埃及、苏丹、利比亚和阿尔及利亚成立的四国调解委员会，也正在努力达成一项决议。⑤ 巴约形势的新进展，使一直关注约旦形势发展的美国展开了政策决策过程。

二 美国在约旦内战期间的强硬路线

在危机中采取强硬路线，一直是尼克松和基辛格的共识。早在 1970年 9 月 11 日，尼克松与基辛格在电话交谈中就一致认为在未来解决约旦危机的方案中应采取强硬路线，因为美国"每一次采取强硬路线，都起作用"。⑥ 约旦内战爆发后，美国对危机的政策也逐渐转向拯救侯赛因政权的行动选择上，即是由美国还是以色列进行干涉及如何进行干涉的

① *FRUS*, 1969 – 1976, Vol. XXIV, p. 759.
② *FRUS*, 1969 – 1976, Vol. XXIV, p. 724.
③ *FRUS*, 1969 – 1976, Vol. XXIV, pp. 732 – 733.
④ *ARR*, 1970 Issue 18, pp. 516, 518.
⑤ *ARR*, 1970 Issue 18, p. 518; *FRUS*, 1969 – 1976, Vol. XXIV, p. 734.
⑥ *FRUS*, 1969 – 1976, Vol. XXIV, p. 658.

问题。

尼克松和基辛格都主张采取强硬路线，但尼克松和基辛格领导的华盛顿特别行动小组之间在具体路线的取舍上，即在由美国还是以色列采取行动的问题上存有分歧。在飞机被炸后，尼克松认为，六日战争给以色列造成的恶劣形象正由于埃及和苏联违反停火协定而在逐步得到改善，如果以色列介入危机，停火（即罗杰斯计划）就会归于失败，因此最好是由美国进入约旦支持侯赛因打击游击队，而不应让以色列进行干涉。这反映了尼克松在危机处理中的一个重要认知，是要避免再度发生阿以冲突，同时要对引起危机的游击队进行打击。但基辛格及华盛顿特别行动小组的多数成员认为，美国进入约旦仅是为撤离在约旦的美国公民而采取的行动。对于进入约旦支持侯赛因的问题，基辛格建议，如果侯赛因求助，将由美国提供空中支援、通过侯赛因对游击队实施打击，并通过第六舰队支援营救人质的行动。尼克松表示同意。① 这暂时迎合了尼克松要求美国对约旦实施援助来拯救侯赛因政权的要求。

然而华盛顿特别行动小组对尼克松的见解并不认同，尤其是对内战期间对约旦的空中支援方面。在 9 月 17 日召开的华盛顿特别行动小组会议中，基辛格分别阐明了支持以色列或美国采取行动的理由：基地、飞经国家的许可、援助的持续性等现实问题，表明以色列进行空中支援更为合适，而且如果美国干涉失败，势必还需以色列的援助，这对美国来说无疑是尴尬之举；但如果美国采取行动，则会在该地区显示美国的力量，甚至可以在约旦问题解决之后有助于推动和平计划的实施；而以色列的干涉则有重开阿以全面冲突与终结停火协定的危险。后一种观点显然是照顾到了尼克松的看法。但基辛格也指出，无论是美国还是以色列的干涉，都会削弱侯赛因的地位。西斯科则认为，以色列力量的任何显示或以色列行动的成功都将被视为是美国力量的显示。然而，尽管尼克松倾向于由美国采取行动，但基辛格及行动小组仍相对倾向于由以色列对约旦进行援助；同时小组成员也都一致认为，无论由谁进行干涉都不能与以色列共同采取行动，因为这样会造成美以合谋的印象。② 在基辛格征求罗杰斯对干涉问题的意见时，罗杰斯也认为应由以色列来实施，因为这符合以色列的国家利

---

① *FRUS*, 1969 –1976, Vol. XXIV, pp. 665 –667.
② *FRUS*, 1969 –1976, Vol. XXIV, pp. 712 –713.

益，有助于阻止伊拉克插手约旦事务；而从美国的国家利益方面，如果美国失败了，依靠以色列来帮美国摆脱困境是不可想象的。① 在这一点上，罗杰斯和基辛格意见是一致的。因此，就内战期间对约旦的援助问题，基辛格及其领导的华盛顿特别行动小组与国务卿罗杰斯的立场是一致的。

以上是在约旦仅对付游击队的情况下，尼克松和华盛顿特别行动小组在由美国还是以色列实施援助问题上的分歧。而在伊拉克或叙利亚干涉约旦的情况下，应该是由美国还是以色列采取行动的问题，双方也存在分歧。尼克松在 9 月 17 日与基辛格的谈话中指出，如果伊拉克或叙利亚采取行动，应该由美国实施空中援助或打击，因为这可以显示美国处理劫机问题的决心。② 但华盛顿特别行动小组早在 1970 年 9 月 9 日召开的会议中就一致认为，如果伊拉克或叙利亚介入约旦危机，应当由以色列进行干预。

从以上分析来看，尼克松的观点是，无论是空中打击还是地面进入，也无论是在内战阶段还是在伊拉克或叙利亚介入危机的情况下，都应由美国对约旦进行干预。而华盛顿特别行动小组则认为，只有在对美国公民实施撤离的情况下，美国才能进入约旦实施干预，其他情况下最好是由以色列采取行动。尼克松更为侧重从解决阿以冲突、打击阿拉伯国家中的激进派和鼓励温和派的角度来看待危机，因此尼克松希望通过美国的行动来解决危机，推动中东的和平计划，尤其是要避免罗杰斯计划的失败；同时通过打击游击队而保护侯赛因政权。而华盛顿特别行动小组则更侧重于从技术角度，即从美国或以色列介入危机的可行性方面考虑。随着形势的发展，尼克松的看法开始发生变化，推动中东和平计划的感性认知逐渐让位于具有可操作性的现实考虑。

尽管尼克松政府内部对干预方式及干预方的选择问题没有做出最终决定，但尼克松政府在对苏联的政策上却是一致而明确的：即无论是美国干预还是由以色列采取行动，都势必会引起苏联的反应；无论如何苏联都是美国或以色列实施干预的最大障碍，也将是实施干预过程中的最大威胁，美国必须就此采取措施遏制苏联可能进行的干预。③ 因此，美国陈兵地中海除了为拯救美国公民、给侯赛因提供援助做准备、对伊拉克和叙利亚等国家可能进行的干涉进行威慑外，主要还是为遏制苏联造势。9 月 17 日

---

① *FRUS*, 1969 – 1976, Vol. XXIV, pp. 719 – 720.
② *FRUS*, 1969 – 1976, Vol. XXIV, p. 717.
③ *FRUS*, 1969 – 1976, Vol. XXIV, pp. 742 – 743.

下午，萨拉托加号与独立号航空母舰在塞浦路斯南部会合，整个第六舰队也基本上都在地中海东部就位。① 此外，在克里特岛周围包括一个营的海军陆战队在内的第 61 特遣部队（Task Force 61）；一支包括 1500 人、16 架飞机在内的两栖作战部队已如期出发；肯尼迪号航空母舰（已于 9 月 18 日出发）和关岛舰队将分别于 9 月 25、26 日进入直布罗陀海峡。② 尽管美国对在地中海实施的军事部署冠以"常规训练"、"轮值"、"北约演习"等名义，③ 但这些军事行动仍然引起了苏联和埃及的警觉。

面对美国可能要进行的军事干涉，苏联和埃及做出了反应。苏联称，美国不应当以保护美国公民为借口插手该地区事务。④ 9 月 18 日，苏联代办伏龙索夫（Vorontsov）向美国政府提出了苏联政府的要求：苏联方面认为，有必要敦促约旦、伊拉克、叙利亚和埃及领导人采取措施尽早结束巴约冲突；在当前复杂的形势下，所有国家都应谨慎行事。苏联希望美国政府能对以色列政府加以影响，以排除以色列利用当前局势激化整个中东形势的可能性。苏联坚持在实施安理会 242 号决议的基础上，通过和平途径解决中东危机。⑤ 埃及显然也试图阻止美国的干涉，9 月 19 日，埃及政府发言人发表声明称，美国舰队在地中海东部的行动、白宫和国务院发表的不排除进行干预的可能的声明，将使冲突升级并扩大到整个中东地区；美国的这些举措将会为美国干涉和以色列侵略制造机会；美国任何直接或间接的压力都是对中东安全与和平的威胁，都会导致进一步的军事冒险与鼓励以色列的侵略，美国要对其行动所带来的严重后果负责。⑥

对于苏联的照会，基辛格认为不应急于做出答复，美国可以以严重关切美国公民的生命，伊拉克或叙利亚进行干涉将会造成严峻的形势为由进行拖延。而对于苏联所宣称的与巴勒斯坦人建立联系等制止危机的行为，基辛格和负责政治事务的副国务卿约翰逊等人都持怀疑态度。⑦ 但就照会的表述而言，基辛格认为苏联的照会是温和的，尼克松和基辛格两人都认为，这是美国在地中海采取的军事姿态使然；甚至人阵组织降低谈判条件

---

① *FRUS*, 1969 – 1976, Vol. XXIV, pp. 703 – 705.
② *FRUS*, 1969 – 1976, Vol. XXIV, p. 739.
③ *FRUS*, 1969 – 1976, Vol. XXIV, pp. 705, 728.
④ *FRUS*, 1969 – 1976, Vol. XXIV, p. 737.
⑤ *FRUS*, 1969 – 1976, Vol. XXIV, p. 744.
⑥ *ARR*, 1970 Issue 18, p. 542.
⑦ *FRUS*, 1969 – 1976, Vol. XXIV, p. 748.

的行为，也是由于美国在地中海进行军事部署的原因。① 尼克松认为，基辛格所采取的冷静、理智地应对苏联的方法是有效的，因此他改变了原来主动向苏联发出警告的做法，而支持基辛格侧重于从心理方面向苏联发动攻势、使苏联揣摩美国的意图的方式。② 事实上，这成为危机之后尼克松总结的一条未来可资借鉴的经验。

三　和平路线的延续及其困境

中东是专属于国务卿罗杰斯的外交领域，但罗杰斯在约旦危机期间所采取的行动仅限于人质问题而已，而对于援助侯赛因政权，甚至在营救人质方面都鲜有积极的建议或举措。罗杰斯既不想通过施压以色列来实现人质的交换，也不愿通过武力方式实施营救，而只限于呼吁与寄希望于国际红十字会的努力。甚至在飞机被炸、约旦发生内战后仍坚持这种温和的观点，这与尼克松和基辛格处理危机的观点越来越不合拍。对于飞机被炸及大量人质的获释，罗杰斯认为这是采取了谨慎、冷静的方法使然，要解救剩下的人质应继续采取过去成功的经验，通过红十字会来解决。③ 但就国际红十字会本身的作用，如该组织副主席弗莱蒙德（Freymond）所言，该组织只是转达双方的信息，仅为各国政府采取下一步行动提供参考。④ 这说明国际红十字会的作用是有限的，而在双方缺乏谈判基础、谈判小组内部分歧不断的情况下，国际红十字会很难发挥应有的作用。伴随约旦军队在巴约对抗中不断取得优势、伯尔尼谈判小组与人阵组织在谈判问题上陷入僵局，罗杰斯的这一认知实际上对于问题的解决已意义不大，这也导致罗杰斯在危机管理中的地位与作用逐渐被弱化。尽管罗杰斯后来也支持以色列介入约旦危机，但那时罗杰斯已经由决策人变为参与人，危机的决策权已流转到基辛格的手中。

解构罗杰斯所主张的和平路线的，是伯尔尼谈判小组内部出现的分歧。人阵组织坚持将欧洲人质与以色列和美国人质分开的解决方案；而美国则要求五国统一立场，这使欧洲人认为欧洲人质是被用来换取美国和以

---

① 1970 年 9 月 19 日，人阵组织的官员告诉美国大使馆，人阵组织准备通过红十字会谈判人质的释放问题。他们声明提出这份建议不是由于自身的弱势，而是出于人质需要医疗的人道主义考虑。基辛格认为这是派遣第六舰队到地中海所产生的影响。See *FRUS*, 1969 – 1976, Vol. XXIV, pp. 754, 759 – 760.

② *FRUS*, 1969 – 1976, Vol. XXIV, p. 731.

③ *FRUS*, 1969 – 1976, Vol. XXIV, pp. 670 – 671.

④ *FRUS*, 1969 – 1976, Vol. XXIV, p. 675.

色列人质的释放。在这种情况下，维持伯尔尼谈判小组的立场一致变得日益困难。在 1970 年 9 月 12 日晚举行的伯尔尼谈判小组会议上，各国讨论的焦点急剧转到了以色列和人阵组织的人员的交换上。尽管英国仍然坚持五国应采取统一立场，但实际上却在与德国为促成人质的交换而向以色列施压。而另外，人阵组织并没有提供一份要求释放人员的名单，即游击队没有对以色列提出确切的要求，这就无法建立谈判的基础。

事实上，关于人质问题的谈判在 9 月 14 日就已陷入停顿。依然坚决拒绝接受交换原则的以色列，出于实施反制措施的需要及国内的压力，于 9 月 13 日逮捕了大约 450 名可能与人阵组织有联系的阿拉伯名流，并于当晚公开宣称，如果不释放剩下的人质，以色列将不排除使用武力的可能。① 14 日，以色列试图向人阵组织传递威胁性信息：人阵组织必须释放人质，否则以色列将对这些与人阵组织有关的人员进行报复，但人阵组织的领导人拒绝接见以色列派去传达信息的使者。② 以色列的策略，显然是想通过向人阵组织施加压力来迫使其释放剩下的人质，也是向游击队组织显示以色列强硬的一面。这可能会使人阵组织更谨慎地对待以色列人质，甚至还可能会有助于这些人质的最终释放，但这种以暴制暴的方式更可能会驱使人阵组织的要求愈加苛刻。

9 月 15 日，人阵组织发表了一份新闻声明，宣称任何试图夺回人质的尝试都将使人质面临巨大的生命危险；同时又提出了释放人质的条件：人阵组织将用瑞士、德国和英国的人质交换在这些国家手中的 6 名游击队员及莉拉·卡莱德和她同伴的尸体；以色列应接受的原则包括释放在洛德（Lod）机场逮捕的两名阿尔及利亚官员、1 个属于人阵组织的瑞士青年、10 个黎巴嫩士兵等，只有这样人阵组织才提供给以色列必须释放的人员名单，然后再按名单进行交换。人阵组织还指责国际红十字会在协调中采取了偏袒相关国家的立场，规避了它作为公正方的义务；并且认为相关各国家应直接承担责任，这些国家也有责任宣布他们同意人阵组织的要求。人阵组织的这种差别性要求及对国际红十字会的指责，明显是在离间伯尔尼谈判小组；而关于人阵组织所要求释放的人员名单，则成为释放以色列人及拥有以—美双重国籍者的关键。对于人阵组织的要求，以色列拒绝做

---

① *ARR*，1970 Issue 17，p. 508；*FRUS*，1969 - 1976，Vol. XXIV，pp. 675 - 677. 直到 9 月 19 日，以色列才在国际压力下将这些人质释放。See *ARR*，1970 Issue 18，p. 540.

② *FRUS*，1969 - 1976，Vol. XXIV，p. 696.

出承诺。① 在人质问题陷入僵局的情况下，英、德越来越明显地表现出离心倾向，均试图摆脱伯尔尼谈判小组的统一立场而单独与人阵组织谈判。

9月15日晚，德国召集伯尔尼谈判小组会议，提出了两项要求：第一项是加强红十字会小组，第二项是要求以色列与人阵组织进行谈判；如果不答应这两项要求，德国将寻求与人阵组织进行单独接触。对于第一项要求，红十字会已向安曼派了两名资深官员，这满足了德国的第一项要求；而第二项要求，美国希望以色列在答应释放两名阿尔及利亚人的基础上，释放另外一些人，以此来满足德国的要求，维持伯尔尼谈判小组的统一立场。② 但除了要满足西德的要求外，美国要维系伯尔尼谈判小组的统一立场，还要面对英国提出的要求。

9月16日下午，伯尔尼谈判小组再次召开会议。英国要求以色列释放除两个阿尔及利亚官员以外更多的在押人员，以促进问题的解决，否则英国将单独采取行动，德国也持相同意见。美国代表为挽回局面，提出如下框架：五国同意考虑人阵组织的建议，但他们同时也要提出包括要求释放的人员名单在内的全部要求。如果以色列接受这个框架，则可以安抚英国和德国。因此，以色列是否接受该框架，成为维系谈判小组团结的前提。③ 英国首相助理格林希尔（Greenhill）在9月17日与基辛格、西斯科的电话交谈中，就与人阵组织的谈判问题提出了两个方案：一个是发布一份联合公报，声明只要人阵组织提出包括其所要求释放的人员名单在内的所有条件，五国政府将会准备开始谈判；另一个则是英德瑞单独与该组织进行谈判，按其要求进行交换。西斯科反对单独谈判，希望五国统一行动，建议采取第一种方案。尽管格林希尔同意将这一方案通知伯尔尼谈判小组中的英国代表，但这也反映了英德等国的意图，即不愿为了美以而继续与人阵组织讨价还价，而主张英德瑞用他们关押的游击队员交换人阵组织手中的欧洲人质，这也反映了西方国家的离心倾向。④

伯尔尼谈判小组在9月17日下午举行的会议上，要求国际红十字会与人阵组织继续进行谈判，表示只要人阵组织能提出包括要以色列释放的人员名单在内的所有要求，五国就将同意考虑人阵组织最近的建议。事实

---

① *FRUS*, 1969 – 1976, Vol. XXIV, pp. 684 – 685.
② *FRUS*, 1969 – 1976, Vol. XXIV, p. 691.
③ *FRUS*, 1969 – 1976, Vol. XXIV, p. 694.
④ *FRUS*, 1969 – 1976, Vol. XXIV, pp. 714 – 716.

上这是美国提出的方案，对于英国提出的方案，德国认为该方案没有满足其要求，而特别强调以色列应促进问题的解决。这表明，如果以色列不参加多边解决方案，英国和德国将会打破这种联合而单独与人阵组织交易。但以色列外交部部长埃班（Eban）再次拒绝了美国的建议，因为他认为这无异于以色列开了一张空白支票。① 19 日，美国也拒绝接受人阵组织提出的条件。② 美以的反对，标志着伯尔尼谈判小组与人阵组织之间已经失去了谈判的基础。

从 9 月 12 日人阵组织炸毁飞机以来，人质的解救问题一直没有取得进展，其主要原因在于人阵组织提出的具有策略性的条件使伯尔尼谈判小组内部产生分歧。人阵组织 9 月 15 日提出的将欧洲人质与美以人质分开释放的条件，尤其是释放以色列人质的条件，进一步扩大了英德瑞与美以间的分歧。欧洲国家希望以色列让步，以促进人质问题的解决；美国则尽量满足英德两国提出的要求，试图保证小组的立场一致，但以色列毫不妥协的态度使得小组内部的分歧难以弥合。这样一来，仅伯尔尼谈判小组内部的分歧就使谈判问题举步维艰。因此，人阵组织所提出的条件成为五国拯救人质的掣肘，而事实上，从 15 日提出释放人质的条件直到危机的最后解决，人阵组织始终未曾拿出一份要求以色列释放的人员名单。从这方面来说，对于人阵组织是否了解以色列逮捕的游击队员的情况，红十字会代表早先曾表示怀疑并非没有道理。③

9 月 19 日，苏联态度相对温和，而侯赛因也基本控制了约旦的局面，形势开始趋于缓和，但也正是在这种情况下叙利亚于当日介入了约旦危机。叙利亚的介入使约旦危机由国内危机演变为地区性危机，这既促使美国加快了决策进程，也为人质的释放开辟了另一条通道。

第三节　约旦危机的演变及其解决

促使约旦危机发生演变的，是叙利亚的介入，这使渐趋平息的危机再起波澜，并由此引发了美国、苏联、以色列及阿拉伯国家的联动反应。从

---

① *FRUS*，1969 – 1976，Vol. XXIV，pp. 734 – 735.
② *FRUS*，1969 – 1976，Vol. XXIV，p. 753.
③ *FRUS*，1969 – 1976，Vol. XXIV，p. 676.

美国外交文件集及相关资料来看，自叙利亚 1970 年 9 月 19 日介入危机至 9 月 23 日从约旦撤出这段时间，是美、苏以及约旦等国互致照会、电话联系最为频繁的时期，这种高频率的联系与多方互动，反映了局势的白热化与各国对危机的关注程度。伴随约旦危机由于叙利亚的介入而迅速转变为地区性危机，危机的解决过程也演变为美苏角力、阿拉伯国家努力调停的过程，也正是这个过程中的威慑、协调与妥协，促进了问题的最终解决。

一　叙利亚介入危机与美国的应对措施

美国原来认为在约旦驻扎有 17000 名士兵的伊拉克更可能会进行干预，而仅驻有 600 名士兵的叙利亚不会采取行动，[①] 但实际情况却恰恰相反，伊拉克并没有采取行动，而叙利亚却对约旦进行了干预。9 月 18 日即有报道称叙利亚已介入约旦危机，[②] 但华盛顿并未对此加以特别关注，因为美国一直认为最有可能介入约旦的是伊拉克。次日，叙利亚坦克穿过约叙边界并炮击约旦阵地，与美国所担心的相反，伊拉克军队并没有采取任何行动。[③] 自 19 日晚，叙约装甲部队一直在约旦北部地区进行战斗。20 日，叙利亚两个装甲旅沿约旦北部边界向约旦军队发动了大规模进攻，约旦认为叙利亚的目标是距叙利亚边界仅 20 公里处的约旦第二大城市伊尔比德。经过 5 个多小时的激战，两度被击退的叙利亚装甲旅遭受重大损失，但约旦军也损失惨重。然而叙利亚在约叙边界依然有火炮及大约 150 辆坦克，而其中大约 70 辆在约旦，叙利亚数量上的优势使约旦感到形势严峻。[④]

面对叙利亚军队的大规模入侵及约旦北方军队遭受的损失，侯赛因发出了援助请求。由于约旦与美国驻约旦大使馆联络的中断及与以色列缺乏直接的联系，侯赛因于 9 月 20 日发出的第一份援助请求，是发向英国的。他要求以色列或其他国家对叙利亚军队进行空中打击或采取其他威慑措施，同时他希望英国能考虑他的请求并向以色列转达。但英国的保守党政

---

① *FRUS*, 1969 – 1976, Vol. XXIV, pp. 697 – 698.

② *FRUS*, 1969 – 1976, Vol. XXIV, p. 745. 匡特在其著作中称，9 月 18 日晚华盛顿收到了第一份关于叙利亚介入约旦危机的报告。在对该报告的注释中，匡特称对约旦进行干涉的叙利亚军队是由巴勒斯坦解放军组成的，其坦克被粗略地刷上了巴勒斯坦解放军的标志。但在 2008 年出版的美国外交文件集约旦危机卷中并没有出现匡特所说的这样一份报告，直到 19 日基辛格向尼克松提交的关于约旦危机的形势报告中，才有与约叙战争有关的信息。关于匡特的表述，See William B. Quandt, *Decade of Decision: American Policy toward the Arab – Israeli Conflict*, 1977, p. 115。

③ *FRUS*, 1969 – 1976, Vol. XXIV, p. 759.

④ *FRUS*, 1969 – 1976, Vol. XXIV, pp. 766, 771 – 772.

府一致反对进行军事干涉，认为巴勒斯坦会最终赢得对侯赛因的战争，而且如果英国采取拯救侯赛因政权的行动，将不利于英国在阿拉伯国家中的利益。① 美国新任驻约旦大使迪恩·布朗（L. Dean Brown）直到约叙战争爆发后才到任，因此他只好乘装甲车去向侯赛因国王递交就任国书。由于英国拒绝援助，于是侯赛因向布朗发出援助请求。②事实上，侯赛因当日曾多次向布朗大使发出援助请求。

约旦国王侯赛因最初向美国发出的援助请求，是希望美国能发表谴责叙利亚入侵约旦及通过国际行动制止外部军队干涉的声明。从侯赛因的请求来看，侯赛因事实上还是希望尽量避免美国的直接干预，以防招致阿拉伯国家的指责；而对于采取国际行动的请求，则是希望更多的国家能够参与进来，这样既会赢得国际社会的同情与支持，也为美国的支持提供合理的理由，同时也不会受到阿拉伯国家的指责。因此，尽管侯赛因是亲美的阿拉伯温和派，但在采取针对阿拉伯游击队的行动时，对其形成掣肘的还是阿拉伯国家的态度。但伴随战争形势的发展，侯赛因的初衷逐渐被现实考虑所取代。9 月 20 日下午，由于叙利亚在约旦北部的大范围进攻，侯赛因的副官电告布朗大使，称侯赛因国王要求美国采取行动。③ 美国对侯赛因的援助请求迅速进行了回应，在 20 日主要采取了以下措施：

第一，向叙利亚发出警告。国务院就叙利亚的干涉进行了谴责，坚决要求已侵入约旦北部的叙利亚军队立即撤出，并警告叙利亚，如果不立即撤退将会使冲突扩大。在对苏联 18 日照会的答复中，美国再次向叙利亚发出了警告，并要求苏联坚决让叙利亚撤退。④

第二，进行军事准备。指示在德国（联邦德国）演习完毕的美国军队执行全面警戒；国防部将加紧通过以色列收集情报，制定出美国进行空中侦察、对叙利亚在约旦的军队实施空中打击的计划。⑤

第三，与以色列协调空中打击行动。与以色列协商对约旦危机实施干预的问题，首先美国政府内部应该在由谁实施干预方面达成一致意见，而问题在于总统与其高级顾问在这一问题上存有分歧。实际上，从危机爆发

① Avi Shlaim, *Lion of Jordan*：*The Life of King Hussein in War and Peace.*
② James D. Lunt, *Hussein of Jordan*：*Searching for a Just and Lasting Peace*, p. 141.
③ *FRUS*, 1969 – 1976, Vol. XXIV, p. 772.
④ *FRUS*, 1969 – 1976, Vol. XXIV, pp. 766 – 767.
⑤ *FRUS*, 1969 – 1976, Vol. XXIV, p. 772.

之初到叙利亚介入约旦，尼克松与基辛格及其领导的华盛顿特别行动小组，就一直在是由美国还是由以色列对约旦进行援助的问题上纠结。尽管基辛格认为无论政府内部在对干预方的选择问题上争论得如何激烈，最终的结果都将取决于总统的态度，[①] 但事实上基辛格还是试图说服尼克松按照自己的意图进行决策选择，即由以色列进行干预。

9 月 20 日，基辛格与尼克松就该问题进行了深入讨论。尼克松坚持由美国采取行动，因为以色列的干预虽然可能会缓和当前的紧张局势，但也会使阿拉伯国家站到叙利亚一方；而从遏制苏联的角度考虑，如果美国行动成功，它对苏联的打击会比以色列采取行动所带来的打击要大得多。应当说，尼克松还是从战略角度来审视约旦危机，但尼克松的这些战略性思考需要现实条件的允许及战术上可操作性的支持，基辛格主要从现实角度向尼克松阐明了美国采取行动所面临的重重障碍。基辛格试图说服尼克松接受由以色列采取行动的建议的理由，主要有以下两点：首先是美国在地中海没有可用的基地，仅舰载机是不能对叙利亚进行充分打击的。在这一点上，尼克松提出由以色列采取空中打击行动。其次是基辛格向尼克松提到了一份关于苏联支持叙利亚采取行动的电报。在叙利亚干预约旦问题上，尼克松认为这是苏联支持的结果，而基辛格提到的这份情报及苏联 9 月 18 日的照会，使尼克松确定了自己对苏联意图判断的准确性，即苏联的企图就是使美国保持冷静却又对美国进行威胁；而叙利亚的入侵则是苏联向美国发起的挑战。这使尼克松改变了原来由美国采取行动的想法，而支持由以色列对约旦境内的叙利亚军队实施空中打击。但尼克松也指出，虽然支持由以色列进行打击，但不能发表公开声明，即避免让外界认为以色列的行动是美国支持的结果。[②] 国务院的罗杰斯和西斯科、华盛顿特别行动小组此前就都倾向于由以色列采取行动，这样美国政府内部在由以色列对约旦境内的叙利亚军队实施空中打击的问题上，达成了一致意见。

对于侯赛因的空中打击请求，基辛格、罗杰斯及尼克松根据以色列方面提供的情报，赞同由以色列实施空中打击，美国负责以色列的物资供给。美以就该问题进行了磋商，基辛格向以色列驻美大使拉宾承诺，美国将帮助以色列应对由此带来的苏联干涉等问题。但以色列根据其获得的约

---

①　*FRUS*, 1969 – 1976, Vol. XXIV, p. 717.

②　*FRUS*, 1969 – 1976, Vol. XXIV, pp. 791 – 795.

且有大量叙利亚军队的情报，不能确定仅靠空中打击是否奏效。以色列总理梅厄夫人与美国国防部长莱尔德（Laird）交换了意见，但梅厄总理除了同意尽快实施空中侦察并将结果传达给美国外，并没有向美国做出任何承诺。① 因此，如果要以色列采取行动，尚需美以双方进一步磋商。

二 苏联等国的反应及美国的威慑行动

对于叙利亚介入约旦，苏联和阿拉伯国家也采取了相应的行动。但是与美国相比，苏联和阿拉伯国家的行动是相对谨慎与温和的。9 月 20 日，苏联三艘导弹舰艇从黑海驶入地中海。苏联向地中海海军中队增派导弹舰艇，是对美国向地中海增派军队的回应，但除了对美军的动向进行监视外，苏联并没有采取进一步的行动。埃及则明确表示不赞成叙利亚的干涉，埃及所希望的是尽早结束而不是扩大危机。利比亚、苏丹、也门、科威特与突尼斯则表示支持利比亚此前提出的召开阿拉伯国家峰会的建议，侯赛因表示同意参加，并要求召开阿拉伯联盟委员会紧急会议讨论其对叙利亚武装干涉的控诉问题。②

9 月 20 日晚，叙利亚占领了伊尔比德，并为加强在兰姆沙—伊尔比德（Ramtha – Irbid）地区的力量而在该地区部署了大约 300 辆坦克。③ 侯赛因请求立即对叙利亚军队进行空中打击，以缓解约旦军队所面临的压力。虽然他更倾向于由美国来实施空中打击，但他同时也表示，如果存在以色列对叙利亚实施空中打击的可能性，他也将会接受。④ 然而形势很快就发生了变化，约旦军队不久就重创了叙利亚军队，许多城市的情况也相应得到了改善。⑤ 尽管约旦形势已有所好转，但侯赛因仍希望能得到空中支援。本来美国近期已发布的多项措辞强硬的声明、尼克松在芝加哥的公开表态⑥、美国舰队即将对地中海的造访，都传递了形势严峻及在必要情况下美国将采取行动的信息，而侯赛因的援助请求，更进一步加重了苏联

---

① *FRUS*, 1969 – 1976, Vol. XXIV, pp. 796 – 798.

② *FRUS*, 1969 – 1976, Vol. XXIV, pp. 772 – 773.

③ *ARR*, 1970 Issue 18, p. 543；*FRUS*, 1969 – 1976, Vol. XXIV, p. 861.

④ *FRUS*, 1969 – 1976, Vol. XXIV, p. 843, Note 5.

⑤ *FRUS*, 1969 – 1976, Vol. XXIV, p. 855, Note 3.

⑥ 威廉·匡特在其著作《和平进程：1967 年以来的美国外交与中东冲突》中称，尼克松曾两次会见芝加哥的报纸编辑，称如果伊拉克或叙利亚为援助游击队而干涉约旦，美国将进行军事干涉。《太阳时报》对此进行了报道。See William Quandt, *Decade of Decision: American Policy toward the Arab – Israeli Conflict*, p. 102；See *FRUS*, 1969 – 1976, Vol. XXIV, p. 728, Note 2.

对美国、以色列可能采取行动的担忧。

对苏联来说，其在阿拉伯国家中最大的友国依然是埃及，苏联不会对巴勒斯坦推翻约旦而焦虑，但对于叙利亚介入约旦也不是它们的首选，相反却使苏联和埃及感到尴尬。对于美国的军事部署及其强硬的外交立场，苏联通过温和的方式表达了要阻止美国和以色列进行干涉的意图。[1] 9 月 20 日，莫斯科电台对美国可能进行的军事干涉发出了警告。但在苏联与美国单独进行的外交活动中，苏联则称其与叙利亚干涉毫无瓜葛，并表示尽力与叙利亚取得联系。[2] 21 日，苏联在对美国 9 月 20 日照会的回复中，表达了对美国在约旦形势中的举措的严重关切，并质询美国在该地区进行军事部署的动机，尤其是美国向地中海东部派遣第六舰队。针对美、以可能采取的行动及叙利亚的干涉，照会还提出了以下四点内容：第一，苏联希望美国能阻止以色列采取行动；第二，苏联将继续努力使叙利亚撤销其军事行动；第三，苏联希望美国能对以色列采取苏联对叙利亚的对等路线，并希望双方能用其所有的影响力来平息危机；第四，任何外部国家的干涉都会使局势复杂化。西斯科告诉递交照会的伏龙索夫，美国关注的是叙利亚立即从约旦撤退，而不是说辞。实际上，尼克松也对苏联的态度表示怀疑。他认为，过去的经验证明苏联是在老调重弹，因此美国在密切关注苏联动向的同时，应尽快做出反应，以稳定局势。[3]

事实上，美国也在为解除以色列的后顾之忧进行准备。9 月 22 日，国防部为以色列实施干预制订了援助计划；参谋长联席会议为应对以色列或苏联的干涉，制定了在中东及全球范围内实施的行动计划。[4] 同时，美国也采取了最大限度的海陆空部署：包括"萨拉托加号"和"独立号"航空母舰及"斯普林菲尔德"号（Springfield，有的译为"春田"号）巡洋舰、14 艘驱逐舰和 140 架飞机在内的两个航空母舰特遣组，已驻于黎巴嫩的海滨附近；一支拥有 1200 名海军陆战队员的两栖特遣部队已准备就绪，并将在 35 小时内在海滨附近就位；另一支航母特遣组——"肯尼迪号"及两艘导弹护航舰，将在 9 月 25 日上午进入地中海；另外一支两

① Barry M. Blechman, Stephen S. Kaplan, *Force without war：U. S. Armed Forces as a Political Instrument*, Washington D. C.：The Brooking Institution, 1978, pp. 279 – 280.

② *FRUS*, 1969 – 1976, Vol. XXIV, p. 863, Note 3；*ARR*, 1970 Issue 18, p. 543.

③ *FRUS*, 1969 – 1976, Vol. XXIV, pp. 864 – 866.

④ *FRUS*, 1969 – 1976, Vol. XXIV, pp. 880 – 881.

栖特遣部队（“关岛号”战舰，拥有 17 架直升机和一支由 2814 名海军陆战队士兵组成的加强营）已分为快慢两组，将分别于 27 日和 30 日进入地中海；5 架海军 P－3 反潜战斗巡逻机现在罗塔（Rota，西班牙港口、海军基地）；另外的两艘攻击潜艇将在 9 月 25 日和 29 日进入地中海；还有 4 艘驱逐舰将于 23 日从美国驶向地中海。陆军方面：总数有 1600 人的两个空降营和一个步兵营准备就绪；第 82 空降师也已开始实施警戒。空军方面：18 架 F－4 及 4 架 C－130 飞机已在土耳其的因斯里克就位。显然，美国在地中海采取的大规模军事行动既是为了对苏联和叙利亚进行威慑，也是为以色列进行必要的干预解除后顾之忧。①

面对美国大规模的调兵遣将，苏联最高苏维埃主席团主席波德戈尔内于 9 月 23 日发表声明，称干涉约旦的任何外部行动及任何借口都是不可接受的。24 日，苏联发表声明，称在目前中东复杂的情况下，各国应谨慎行事，任何外部的军事力量的干涉都将进一步使中东甚至整个国际局势复杂化。②

尼克松政府为何为了营救侯赛因政权而如此大动干戈？尼克松政府此举的原因主要在于以下三点：

首先，这是出于对第二个罗杰斯计划的考虑。尼克松在危机期间的一个重要认识，就是要努力实现阿以之间的和平，防止第二个罗杰斯计划的失败。尼克松认为，侯赛因赢得对游击队的胜利是罗杰斯发动和平攻势的最后机会。基辛格也认为如果双方的停火失败，和平计划就会以失败告终，因为如果侯赛因失败，游击队就会获得优势，这就会使纳赛尔和苏联走激进路线而使以色列不情愿地妥协。③

其次，美国力图避免因侯赛因政权被推翻而带来的连锁反应。尼克松认为，不能让苏联煽动起来的叛乱推翻侯赛因政权。如果叛乱得逞，整个中东就可能会爆发战争，因为以色列势必会向叙利亚控制下的激进的约旦政府采取先发打击；而鉴于苏联、埃及与叙利亚的关系及美国与以色列的关系，这很可能会引起美苏间的直接对抗。④ 基辛格在 9 月 16 日就约旦形势向尼克松提交的备忘录中认为，如果约旦与游击队联合，这将证明侯

---

① *FRUS*, 1969 – 1976, Vol. XXIV, pp. 890 – 891.

② *ARR*, 1970 Issue 18, p. 542.

③ *FRUS*, 1969 – 1976, Vol. XXIV, p. 718.

④ Richard Nixon, *The Memoirs of Richard Nixon*, p. 483.

赛因的无能并迫使他成立一个顺从的平民政府，和平谈判将是不可能的。因为这样一个激进政府将使巴勒斯坦居住区与以色列关系紧张，越过以色列东部的攻击将增加，并增加了迫使以色列攫取约旦领土的机会；纳赛尔与以色列谈判及苏联支持谈判的能力将迅速降低；中东又多了一个抵制美国的激进国家，而这也会加强针对沙特阿拉伯、科威特和波斯湾国家的运动。总之，一个激进的政府对美国的利益无益，也不会形成和平所必需的稳定，这是美国应当极力避免的。①

最后，尼克松和基辛格从美苏冷战的角度来看待约旦危机。约旦危机发生在 1970 年 9 月的"多事之秋"，这是美国赋予约旦危机以冷战含义的重要原因。在对与本国有特殊利益或有直接关系的地区及国家的界定中，美国认为西半球、中东地区的伊朗、约旦、以色列等地区和国家均属于此列，因此美国不会轻易让激进的阿拉伯分子推翻亲美的侯赛因政权。② 而对于智利与古巴这两个拉美国家，美国是绝不会让苏联在自己的后院采取有损美国利益的行动的。这三次与苏联有关的危机，无疑使美国认为这是苏联在向自己发起挑战。基辛格认为，这使美国要在 9 月的三个周里同时面对来自共产主义不同角度的挑战，而约旦危机则是苏联对埃及进行军事渗透并煽动阿拉伯激进分子所导致的。③ 尼克松政府并不是孤立地看待这三次几乎并发的危机。尽管约旦危机与苏联的联系有些牵强，美国政府内部对苏联支持叙利亚干涉约旦的行动也仅仅是猜测，但在当时的情势下，尼克松政府显然不认为叙利亚的行动是孤立的，而认为是受到了苏联的指使。④ 因此，无论是从尼克松上台后美苏的攻防态势，还是从危机本身来说，尼克松政府都是从冷战的角度处理约旦危机，这也是尼克松政府不会让侯赛因倒台的重要原因。

三 美国与以色列就干预问题的磋商

虽然梅厄总理答应向美国提供侦察情报，但就干预问题却没有做出任何承诺。以色列的侦察情报显示，在伊尔比德有大量的叙利亚军队但尚未

---

① *FRUS*, 1969 – 1976, Vol. XXIV, pp. 686 – 687.

② "First Annual Report to the Congress on United States Foreign Policy for the 1970's, January 18, 1970", *Public Papers of Presidents of the United States: Richard Nixon* 1970, p. 119; *FRUS*, 1969 – 1976, Vol. XXIV, p. 82.

③ Henry A. Kissinger, *White House Years*, p. 595.

④ *FRUS*, 1969 – 1976, Vol. XXIV, p. 821.

向南移动，以色列据此认为仅依靠空中打击是不够的；如果进行空中打击，必须同时采取地面行动。对此，以色列希望知道美国对以色列采取地面行动的反应。

对于以色列要对约旦采取地面军事行动，尼克松最初的态度是谨慎的。他认为，以色列采取地面行动将意味着对约旦的入侵，这并不是空中打击行动的初衷；而如果反对以色列采取地面行动，他们也将不会采取空中行动，但是否允许以色列采取地面行动，应视约旦的态度而定。基辛格认为以色列要求在采取空中打击的同时实施地面行动，其目的是为了能更加确保干预的成功，并且以色列仅有有限的行动时间。至于约旦方面，基辛格认为侯赛因总是将自己的生存与其他行动剥离开来，尤其是地面行动。① 从尼克松和基辛格对以色列采取地面行动的态度来看，尼克松对以色列的态度是谨慎的，他仍然担心由此带来的负面影响，这也是他后来同意以色列采取地面行动，但又设置了种种条件的原因。而基辛格更多是从现实的角度出发来看待以色列的行动，他认为侯赛因最先考虑的应当是自身政权的存在问题。也就是说，在自己的王权受到严重威胁的情况下，侯赛因是没有选择余地的，因此，他并不主张考虑侯赛因的建议。事实上，尼克松随后提出的同意以色列采取地面行动的条件，即反映了两人的观点。

9 月 21 日，尼克松同意以色列采取地面行动，但同时提出以色列采取行动必须要遵守的几条原则：第一，无论是军事、政治还是外交行动，必须要取得成功；第二，从各方观点来看，优先考虑采取空中打击；第三，在空中打击不能奏效的情况下，美国将支持以色列采取地面行动；第四，地面行动要严格限制在约旦境内，而空中行动则可以在叙利亚进行。之所以要求以色列仅在约旦境内采取行动，是因为尼克松考虑到，如果以色列对叙利亚采取地面行动，就会涉及入侵叙利亚问题，这会将以色列置于与叙利亚相同的境地，而给苏联一个真正的借口。②

同日，以色列在递交给美国的照会中，提出了其干预可能会带来的苏联干涉及联合国的谴责等问题，指出以色列要打击的是约旦境内而非叙利亚境内的叙利亚军队，即以色列不会进攻叙利亚本土；并希望美国能以备

---

① *FRUS*, 1969 – 1976, Vol. XXIV, pp. 809 – 811.
② *FRUS*, 1969 – 1976, Vol. XXIV, pp. 812 – 813.

忘录形式答复以色列的问题。就以色列采取行动的问题，美国国务院告诉拉宾，美国倾向于以色列实施空中打击，但如果他们认为采取地面行动是必要的，美方也表示理解；美方不主张侵入叙利亚，而且美方同意以色列采取地面行动是以国王的默许为前提的，并保留重新考虑美方立场的权利。① 关于以色列提出的其他问题，国家安全委员会在 9 月 21 日举行的会议上进行了讨论。对于以色列方面提出的用备忘录形式答复问题的要求，基辛格认为可以接受以色列的谅解备忘录要求，但不必向以色列提供一份具体的书面保证，罗杰斯对此也表示同意。在防止苏联进行干涉的问题上，尼克松认为美国对苏联所采取的行动将是用笼统的方式进行的，而不是通过向以色列提供具体的条款来保证。而事实上美国在次日所采取的军事行动就是对苏联进行的威慑。但基辛格也考虑到，如果美国的做法使以色列失去了对美国的信任而反悔，而美国又已公开声明中东之外的国家不要对约旦进行干预，并向苏联发出警告，那么美国在支持侯赛因方面将陷入尴尬的境地。② 在随后对以色列的答复中，美国除了拒绝用秘密备忘录的形式答复以方的问题外，基本满足了以色列在其他方面的要求。③

根据以上内容，美国处理美以关系的态度是微妙的：美国既希望以色列实施干涉，但又不想让外界感觉到以色列的介入是美以合谋的结果；更不想对以色列的问题以秘密备忘录的形式进行答复。叙利亚干涉的危机一过，罗杰斯和基辛格就忙着同以色列解除原已达成的一致意见，这也充分说明了美国为实现自己的目标而表现出来的两面性：利用友国打击敌对势力，却又规避自己的责任；怂恿友国采取行动，却不做出任何书面保证。这虽然会在一定程度上避免了日后节外生枝与尽量少地担负责任，但这也会使以色列产生不信任感。后来基辛格正是担心以色列会有被"招之即来，挥之即去"之感而失去对美国的信任，所以才对国务院回复以色列的照会进行了批评。

对于以色列的干预问题，侯赛因的私人秘书扎伊德·利菲尔（Zaid Rifia）称，国王接受以色列对叙利亚实施地面进攻的建议，但这只能在约旦之外进行。④ 尼克松认为，以色列采取侵入叙利亚的行动将会给侯赛

---

① *FRUS*, 1969–1976, Vol. XXIV, p. 847.

② *FRUS*, 1969–1976, Vol. XXIV, pp. 866–867.

③ *FRUS*, 1969–1976, Vol. XXIV, pp. 875–876.

④ *FRUS*, 1969–1976, Vol. XXIV, p. 857, Note 7.

因以最好的喘息机会；对以色列来说，侵入叙利亚与快速采取行动都是容易的，这样既可以切断叙利亚的尾翼，同时又不会损害国王在阿拉伯世界中的地位。出于这些原因，尼克松认为最好是由以色列攻打叙利亚本土。这表明尼克松改变了原来所坚持的以色列要只能在约旦境内采取地面行动的认识①，9 月 22 日，西斯科在与拉宾对该问题进行的讨论中认为，鉴于苏联在叙利亚的特殊利益，在叙利亚本土实施打击有较大的危险性；但从约旦的角度出发，在约旦之外采取行动，从政治上更为有利，因为这对国王的地位影响更小，带来的问题也更少。拉宾同意这些判断，并将向耶路撒冷汇报这一问题。② 然而，随着形势的发展，以色列的干预变得越来越没必要了。

9 月 21 日和 22 日，约旦空军对缺乏掩护的叙利亚装甲部队进行了打击，叙利亚损失了大约 75 辆坦克。③ 当约旦军队准备于 23 日拂晓对叙利亚发动进攻时，叙利亚军队已经开始撤退。当日，叙利亚从约旦撤退出三个装甲旅——其中两个旅已撤至国内，另一个旅则在约叙边境进行掩护。后来侯赛因对叙利亚表示了友好姿态，允许叙利亚收回其丢弃在战场上的坦克。23 日，约旦公开声明，它们已在伊尔比德—兰姆沙地区彻底击败叙利亚军队。次日，约旦宣布停火，叙利亚的介入宣告结束。④

伴随约旦形势的好转，美国对以色列的态度也发生着微妙的变化。9 月 21 日对以色列采取行动所做的承诺，在 23 日召开的国家安全委员会上被视为美国支持以色列采取行动的把柄：如果以色列现在采取行动，则会被认为是美国支持的结果，这是美国所担心的。因此罗杰斯强烈建议，在回复以色列 21 日的照会时应要求以色列不要自行其是，否则美国将取消以前所做的承诺。尼克松则认为，在对约旦进行援助问题上，这是美以采取的计划，是以色列对美国的要求给予了最大的帮助。尼克松指出，约旦的形势依然紧张，美国可能最终还需要以色列采取行动，因此回复要谨慎，不能排除将来需要以色列采取行动的可能；同时应向以色列表明，由

① *FRUS*，1969 – 1976，Vol. XXIV，p. 868.

② *FRUS*，1969 – 1976，Vol. XXIV，p. 862.

③ Clinton Bailly，*Jordan's Palestinian Challenge*，1948 – 1983：*A Political History*，p. 58. 由约旦空军打击所造成的叙利亚坦克的损失情况，美方认为叙利亚损失了近 120 辆坦克，其中大约 60—90 辆为约旦的打击所致，其余的则是由于故障问题。See *FRUS*，1969 – 1976，Vol. XXIV，p. 883；Henry A. Kissinger，*White House Years*，p. 628.

④ James D. Lunt，*Hussein of Jordan：Searching for a Just and Lasting Peace*，p. 141.

于形势的缓解，约旦可能不需要进行援助，并暗示美国不希望以色列单独采取行动。[①]

23 日下午，拉宾向美国政府建议，鉴于叙利亚正规军从约旦的撤退，以色列在约旦要采取的军事行动应当终止。为消除以色列在约旦采取行动的相关记录及此前与以色列在这方面所交换的文件，国务院计划由西斯科口头转达给拉宾相关信息。但基辛格对国务院的以下回复内容表示反对——"我们与以色列文件交换中所有与叙利亚干涉约旦有关的方面，包括那些与苏联可能进行军事干涉有关的文件，仅适用于叙利亚干涉时的形势，现在则不再适用"[②]。基辛格认为，这种表述方式将使以色列对美国要保卫以色列免受苏联攻击的基本愿望产生严重的质疑，而鉴于以色列在危机中的合作态度，如此声明是对以色列政府的冒犯；最重要的是，在美国不能完全确定是否有必要再要求以色列采取军事行动之前，这会严重妨碍美以今后可能还要进行的合作。

9 月 25 日，美国国务院在对以色列的回复中采纳了基辛格的修改意见，其主要内容为：美国政府对以色列就美国的要求做出快速而积极的回应表示感激；由于采取行动的境况已经有了不同，美方认为美以之间就叙利亚入侵约旦方面进行交流的所有方面都不再适用。[③] 同日，基辛格代表尼克松致电拉宾，称美国对以色列在防止约旦形势恶化、阻止推翻侯赛因政权的企图中所起的作用表示赞赏；美国为在中东能有以色列这样的盟友感到幸运。在未来两国关系的发展中，美国将会考虑到这些因素。[④] 这样，在约旦危机渡过之后，美国既防止了以色列贸然采取行动，也为日后的进一步合作留下了余地。

四　危机的解决

叙利亚虽然已从约旦撤出，但剩下的 54 名人质依然还在游击队手中，而且约旦与巴勒斯坦游击队间的问题仍旧悬而未决。对于巴约间的冲突问题，尽管美国为拯救侯赛因政权在外围进行了不懈努力，但最终还是在阿拉伯国家内部解决。而人质问题也是随着巴约和解而逐步得到解决。

尽管红十字会在这一阶段所起的作用没有第一阶段那样重要，但仍在

---

① *FRUS*, 1969 - 1976, Vol. XXIV, pp. 901 - 902.

② *FRUS*, 1969 - 1976, Vol. XXIV, p. 907.

③ *FRUS*, 1969 - 1976, Vol. XXIV, pp. 914 - 915.

④ Yitzhak Rabin, *The Rabin's Memoirs*, p. 189.

为释放剩下的人质进行积极的协调。9 月 23 日，红十字会代表布瓦西耶（Boissier）在提交给人阵组织的建议信中，提议释放所有的欧洲人质及双重国籍中不含有以色列国籍的美国人质；同时将以色列人及持有双重国籍的以色列人转移到安全地点。尽管美国和以色列反对这个提议，但英、德、瑞政府认为该建议是释放大部分人质的最好机会，同时又在进一步的谈判期间确保了剩余人质的安全。美国国务院认为应在以下问题的基础上与人阵组织进行讨论：英、德、瑞、以四国准备释放关押在欧洲的 7 名游击队员及在以色列的 2 名阿尔及利亚人（人阵组织要求各国释放该组织所有被关押的人员）；人阵组织应将所有人质集中于安全场所，以确保他们在安排释放方案期间的安全。尽管各国政府对与布瓦西耶对话的谈判者的实际权能表示严重质疑，但为找到一个合法的对话者以继续进行谈判，他们都同意这一步骤。这表明随着形势的发展，人阵组织本身也缺乏有影响力的对话者来进行谈判，西方国家不得已而采取了这一行动。与此同时，美国希望在战斗中不断获得优势的约旦政府能在解救人质方面发挥更大的作用，因为约旦政府俘虏了大量的人阵组织成员。① 已占据优势的约旦军队很快就打破了双方这种久议不决的僵局，9 月 25 日，约旦军队解救了游击队控制的 54 名人质中的 16 人——2 名德国人、6 名瑞士人和 8 名英国人②，剩下的人质则随着巴约之间逐步达成谅解而陆续获释。

在叙利亚的干涉逐步进入尾声时，阿拉伯国家也在为巴约问题进行磋商。9 月 22 日，为解决约旦军与游击队间的战斗问题，阿拉伯领导人在开罗召开会议。会议决定派由苏丹总统加法尔·尼迈里（Jaafar Nimairi）领导的一个四人调停使团到约旦，试图与侯赛因国王对话并与亚瑟·阿拉法特进行联系。③ 9 月 24 日，苏丹总统尼迈里率领的调停使团在阿拉法特陪同下回到开罗，并在 26 日向阿拉伯领导人提交了一份冗长的报告，指责约旦军队违反停火协议，断言这是约旦有预谋地镇压约旦人民及清除巴勒斯坦抵抗运动。纳赛尔据此也向侯赛因国王发了一封措辞严厉的电报，指责侯赛因"丝毫不顾及曾向我们做出的承诺"，并称约旦有"清除巴勒

① *FRUS*, 1969 – 1976, Vol. XXIV, p. 907.
② *FRUS*, 1969 – 1976, Vol. XXIV, p. 916.
③ *FRUS*, 1969 – 1976, Vol. XXIV, pp. 844 – 845.

斯坦抵抗运动的图谋"。① 侯赛因在发给纳赛尔的电报中对此进行了反驳，称苏丹总统的报告是歪曲事实、是对约旦政府的非难。② 纳赛尔认为对侯赛因的全面抵制可能会使他对巴勒斯坦采取极端行动，因此纳赛尔在指责侯赛因的同时，又在为侯赛因参加与阿拉法特的谈判营造一种友好的气氛。③ 27 日，侯赛因飞抵开罗，在对巴解组织作了一些让步后与阿拉法特签署了停火协议。协议条款包括双方实施停火、约旦军队和游击队从所有城市撤出、唯一有权维持治安的是约旦民警、释放战俘是警察维护治安的职责及结束军政府等内容。阿拉法特则向游击队军队发布了停止一切军事行动的命令。此外，为监督停火协议的实施，成立了由突尼斯首相拜希·拉德加姆（Bahi Ladgham）领导的，包括约旦政府和游击队各一名代表在内的阿拉伯委员会。④

伴随巴约停火问题的逐步解决，人阵组织也开始陆续释放人质。9 月 26 日，人阵组织释放了 32 名人质，次日这些人质被送至塞浦路斯。⑤ 剩下的 6 名人质则于 29 日被移交给国际红十字会驻安曼代表。⑥ 至此，自 9 月 6 日以来被劫持的所有人质全部获释。巴约停火协议的签署、人质的全部释放，标志着约旦危机的结束。

应当说，叙利亚从约旦撤军是危机解决的关键。对于叙利亚的撤退，尼克松认为这是美国采取强硬立场的结果；⑦ 基辛格认为侯赛因渡过危机，固然与国王的勇气和果断分不开，但如果侯赛因不是与美国为友，那么他所有的努力都是徒劳的，因此美国在其中起到了关键作用。⑧ 然而埃及外交部部长穆罕默德·里亚德则认为，美国在地中海的军事部署并没有威慑到任何人，这不是促成叙利亚撤退的关键因素，因为约旦危机是阿拉伯内部的冲突，是纳赛尔的英明决定使叙利亚从约旦撤军。⑨ 尼克松和基辛格自始至终都将约旦内战视为是与苏联的对抗，而基辛格将最终的结果

---

① *ARR*, 1970 Issue 18, p. 537.

② *ARR*, 1970 Issue 18, p. 521

③ Mahmoud Riad, *The Struggle for Peace in the Middle East*, pp. 162 – 163.

④ *ARR*, 1970 Issue 18, p. 538.

⑤ *FRUS*, 1969 – 1976, Vol. XXIV, pp. 919 – 920.

⑥ *FRUS*, 1969 – 1976, Vol. XXIV, p. 926.

⑦ *FRUS*, 1969 – 1976, Vol. XXIV, p. 900.

⑧ Henry A. Kissinger, *White House Years*, p. 631.

⑨ Mahmoud Riad, *The Struggle for Peace in the Middle East*, p. 164.

视为是苏联的退却。但也应当看到，苏联在危机中的态度是谨慎的，仅局限于对外部干涉发出警告，这是针对阿拉伯国家，也是针对以色列和美国的。曾在约旦危机期间担任劫机工作小组主任的特尔科特·西利（Talcott W. Seelye）[1] 认为，莫斯科没有煽动危机，国务院特别工作小组的可靠情报显示，苏联试图对叙利亚进行约束，这使阿萨德决定撤回掩护坦克的空军。[2] 在 9 月 24 日召开的华盛顿特别行动小组会议上，西利认为叙利亚撤退的关键因素是阿拉伯国家内部对叙利亚施加的压力。[3] 时任以色列国防部长的摩西·达扬认为，在巴约对抗中，约旦军对游击队的严厉镇压，及侯赛因无视阿拉伯国家的紧急呼吁，使叙利亚介入约旦危机；而应侯赛因的要求美国所采取的对第八十二空降师全面警戒、以色列在北部边界集结装甲部队，都不是促使叙利亚撤兵的原因，而是约旦军对叙利亚军队的重创使其撤退。[4]

　　总体上来说，约旦危机的解决是内外因素合力的结果，美国陈兵地中海、以色列调兵于约旦河西岸既对苏联和叙利亚产生了威慑作用，也促使苏联加强了对叙利亚的制约，这些为约旦危机的解决提供了外部条件。而阿拉伯国家对叙利亚干涉约旦的态度、侯赛因对阿拉伯国家反应的重视，则为约旦危机的内部解决提供了条件。其中应当注意的是，尽管在整个危机期间美国为援助约旦、防止侯赛因倒台而制订了缜密的计划，进行了详细的论证，但无论是美国还是以色列都没有实质性的军事或经济援助，所做出的仅是姿态，很多决策尚处于讨论阶段时约旦的情况便已经好转。而从约旦的形势发展来看，事实上约旦军力足以能对付叙利亚军队和巴勒斯坦游击队，而侯赛因甚至在约旦形势好转的情况下仍要求美国或以色列进行干预，这也说明了侯赛因在对付外敌入侵方面缺乏信心。因此，从这个角度来看，美国和以色列在外围所采取的举措，给侯赛因更多的是心理支持，这些都促进了危机的解决。

　　① 1970 年 9 月 9 日，为了解最新的劫机形势、协调部门间对危机的反应，美国国务院特成立了约旦劫机工作小组这样一个跨机构组织，任命特尔科特·西利为小组主任，要求每天 24 小时值班，每天汇报两次。See Terrorism and U. S. Policy，1968 - 2002，"Establishment of Jordan Hijack Working Group"，September 9，1970，*DNSA*，No. TE00097.

　　② Donald Neff，*Fallen Pillars*：*U. S. Policy towards Palestine and Israel since* 1945，p. 175.

　　③ *FRUS*，1969 - 1976，Vol. XXIV，p. 913.

　　④ Moshe Dayan，*Moshe Dayan*：*Story of My Life*，p. 518.

第四节 约旦危机的影响

就约旦危机本身而言，它并不是阿以之间的冲突，而是阿拉伯内部的争斗，但约旦危机所造成的影响却远远超过它本身所产生的结果。约旦危机对约旦、巴勒斯坦解放组织、美国及美以关系都产生了广泛而深远的影响，这在一定程度上影响了阿以之间的力量对比，也改变了中东的和平进程。

一 约旦危机对巴约双方的影响

1970 年 9 月 16 日侯赛因正式向游击队宣战，标志着约旦与巴解组织的决裂。对于约旦本身而言，约旦危机给约旦带来的最大后果是将巴解组织从约旦驱逐出去；国王侯赛因则保住了王权，重新建立了自己的权威。巴约冲突虽然在纳赛尔的主持下于 9 月 27 日实现了停火，但在阿拉法特和侯赛因签署停火协议的第二天，即 9 月 28 日纳赛尔就去世了，这进一步削弱了本来就脆弱的停火协议。而新继任的埃及总统萨达特、1970 年 11 月掌权的叙利亚总统阿萨德，与其前任相比都对巴解组织有了较少的承诺。最为重要的是，1971 年 3 月伊拉克停止了对巴解组织的资助，这都使巴解组织陷入重重困境，但人阵等激进组织仍然坚持对约旦军采取军事行动。1971 年 7 月，完全处于劣势的巴解组织被约旦军驱逐出境；11 月，约旦关闭了在安曼剩下的两个巴解组织的办公场所，原来巴解组织在约旦国中国的局面彻底荡然无存。[①]

对约旦来说，约旦危机阵痛的结果，是终结了其与巴解组织的关系，恢复了国家的安定与国王侯赛因的权威，同时又得到了美国的大力支持。自 1970 年 9 月 27 日在开罗宣布巴约停火协议不久，约旦就向美国提出了军事援助请求，美国立即进行了援助，并制定了一份始于 10 月初的军火援助计划，[②] 这对于后来约旦军肃清巴解组织的武装力量起到了重要作用。失去了约旦阵地的巴解组织转移到黎巴嫩，在临近以色列边界建立起

---

① Yezid Sayigh, *Armed Struggle and the Seatch for State*: *The Palestinian National Movement 1949 – 1993*, New York: Oxford University Press, 1997, pp. 274 – 281.

② *FRUS*, 1969 – 1976, Vol. XXIV, p. 927.

自己的独立领地，① 事实上这又为下一个约旦式的黎巴嫩危机埋下了伏笔。

人阵组织虽然没有推翻侯赛因政权，也没有迫使以色列释放其所关押的游击队员，但却实现了以下目的：一是在英德瑞三国羁押的 6 名游击队员、在 1970 年 9 月 6 日劫机中被捕的莉拉·卡莱德，都得以释放。9 月 30 日，英国政府释放了莉拉·卡莱德；10 月 1 日，英国皇家空军将她和在联邦德国、瑞士羁押的 6 名游击队员一起送至开罗。② 二是哈巴什领导的人阵组织引起了世界的关注，也使世界第一次将目光集中在恐怖活动与巴勒斯坦难民身上。③ 三是阻遏了阿以之间的和平计划。约旦危机后，阿以之间并没有签署和平协定，这一方面是由于美国改变了其中东政策，采取了支持以色列的威慑平衡政策；另一方面则是苏联与美国都倾向于缓和，苏联迟迟不兑现对埃及的援助承诺，美国则成功构筑了加强以色列军事优势的威慑平衡政策，而这又使以色列在阿以谈判中采取了不妥协的态度。从这个角度来看，人阵组织的劫机活动在其中起到了引发性的作用，至少是延缓了阿以之间的和平进程。

约旦危机中侯赛因国王向游击队的宣战，给巴解组织带来的另一个后果，是成立了"黑九月组织"（Black September Organization，BSO）。④ 1971 年 11 月 28 日，约旦首相瓦斯菲·塔尔（Wasfi Tal）在开罗被"黑九月组织"暗杀，这是世人知晓该组织的开始。约旦认为这是法塔赫指使的对约旦采取恐怖活动的一部分。⑤ 黑九月组织最为著名的活动，是在 1972 年慕尼黑运动会期间暗杀了以色列的 11 名运动员，致使以色列不断对黎巴嫩境内的巴解组织据点进行报复性打击。⑥ 事实上，沙特、科威特

---

① Gilboa, Eytan. *American Public Opinion toward Israel and the Arab – Israeli Conflict*, Lexington: Lexington Books, 1986, p. 123.

② *ARR*, 1970 Issue 18, p. 540.

③ Jussi Hanhimaki, *The Flawed Architect: Henrry Kissinger and American Foreign Policy*, p. 94.

④ 有研究认为该组织是由阿拉法特领导的法塔赫控制，美国国务院在 1973 年 3 月的电报中，认为该组织是由阿拉法特领导的、对以色列及其友国实施恐怖行为的恐怖组织。See Charles D. Smith, *Palestine and the Arab – Israeli Conflict*, p. 225; Department of State Telegram, Mar. 15, 1973, "Arab Government Support Black September Organization". [2010 – 09 – 10] http://www.jewishvirtuallibrary.org/jsource/Terrorism/ plobso. html.

⑤ Yezid Sayigh, *Armed Struggle and the Seatch for State: The Palestinian National Movement 1949 – 1993*, p. 281.

⑥ Charles D. Smith, *Palestine and the Arab – Israeli Conflict*, p. 225.

等温和的阿拉伯国家，甚至叙利亚和埃及都不赞成巴解组织的这种激进倾向，但这些国家和黎巴嫩也都不愿对其实施决定性打击，因为无论是真实的还是想象的，游击队在阿拉伯世界中的力量太强大了。许多阿拉伯领导人认为，向巴解组织交一些"保护费"，以免自己出现在暗杀名单上，对他们来说，像 1970 年的侯赛因那样与游击队摊牌是难以想象的。① 事实证明这种激进行动，并不利于巴勒斯坦的民族事业。

二　约旦危机对美国中东政策的意义

从 1970 年 9 月 6 日劫机到 29 日人质的全部获释，美国围绕人质与侯赛因的政权采取了不同的措施，进行了不同的政策决策。从总体上来说，约旦危机期间的决策过程，被认为是尼克松政府时期质量最高的决策过程，在危机的每一个阶段都产生了最佳的效果。② 尼克松政府在整个危机过程中对每一个能考虑到的问题、每一种可能性都进行了详细的阐述与论证，尤其是华盛顿特别行动小组和国家安全委员会，对于危机中美国应采取的战略战术进行了详细的分析，这使得美国的决策更具有可操作性。就尼克松总统来说，尽管从自身对阿以冲突的认知角度提出了自己的看法，但两个决策机构基于现实的缜密考虑，使他逐渐改变了坚持由美国进行干预的主张，而接受了两大决策机构的建议，从而使得危机的决策进程能够顺利地进行并保证了决策的有效实施。约旦危机给美国带来的最大后果，是促成了美国在中东对付苏联、美国对中东政策的转变，这分别表现在以下两个方面：

（一）强调在中东对苏联的战争边缘政策

尼克松认为美国在应对约旦危机，尤其是对叙利亚的干涉所采取的措施，与艾森豪威尔在 20 世纪 50 年代台海危机中所采取的手法有相似之处：当时艾森豪威尔坚持认为，不能告诉敌人（指中国大陆）美国是否会采取军事行动，重要的是保持威慑的真实性，即使美国在内部决定不采取军事行动。无论是在台海危机期间，还是约旦危机期间，其所采取的都是行走于战争边缘的威慑政策，美国都是通过对干预的模糊性的微妙表达

①　Terrorism and U. S. Policy, 1968 - 2002. "the Fedayeen: Contradictions and Crisis", *DNSA*, No. TE00150, p. 2. ［2010 - 06 - 03］http：//nsarchive. chadwyck. com/nsa/documents/TE/00150/all. pdf.

②　Asaf Siniver, *Nixon, Kissinger, and U. S. Foreign Policy Making: The Machinery of Crisis*, p. 115.

来迷惑对手，增加对方对问题考虑的复杂性，从而起到对敌手的威慑作用。尼克松认为这是一条可资借鉴的经验。① 事实上，无论是艾森豪威尔在台海危机时采取的措施，还是尼克松在约旦危机期间所使用的手法，其本质都是战争边缘政策，都是通过不断升级的军事对抗或部署对对方进行威慑，使对方立场趋于软化，从而达到不战而屈人之兵的效果，以最终促进危机的解决。

在危机的最后阶段，尼克松认为在地中海维持美国强大的军事存在是重要的；美国应该同希腊和土耳其调查在地中海布置新的美国装备或武器的可能性。他认为，在希腊和土耳其部署额外的装备，并不是要发动战争，而是为了显示美国维持其在地中海存在的决心，以及增强应对苏联的信心，特别是考虑到苏联在古巴的行动。② 对于威慑苏联，基辛格认为最有可能采取的行动是：首先采取极为强硬的立场或威慑逐步升级。他认为即使美国不采取威慑苏联的行动，也不会从阿拉伯国家那里得到更多的好处，阿拉伯国家对美国的态度不会改善多少，但苏联将会改变。对美国来说，主要的问题不是军事行动，而是对苏联的影响。③ 从这个方面来说，基辛格所采取的依然是心理战术，从心理上对苏联进行遏制。另外，苏联在六日战争中表现得不尽如人意、在约旦危机中的举措，也都使美国认为其每次采取强硬路线都会产生理想的效果。④ 这也成为美国在危机管理中对付苏联的一个重要认知。

就战争边缘政策而言，这是艾森豪威尔政府时期提出的不战而屈人之兵的政策，因此这并不是基辛格的创举，而是尼克松政府对艾森豪威尔政府时期战争边缘政策的继承。从台海危机、古巴导弹危机、约旦危机直至十月战争，都表明了这一政策的延续性与有效性。事实证明，这也成为尼克松政府在中东危机中应对苏联的一条经验。在 1973 年十月战争期间，尼克松政府依然采取了这一手法，但苏联对此似乎缺乏敏感性，而最终进行了妥协。

（二）为美国中东政策的转变提供了契机

尽管美国为援助侯赛因制定了详尽的计划，甚至不遗余力地说服以色

---

① *FRUS*, 1969 – 1976, Vol. XXIV, p. 900.
② *FRUS*, 1969 – 1976, Vol. XXIV, p. 886.
③ *FRUS*, 1969 – 1976, Vol. XXIV, p. 898.
④ *FRUS*, 1969 – 1976, Vol. XXIV, p. 658.

列实施干预，但侯赛因似乎并不领情，还抱怨美国没有说服以色列进行空中打击；① 而侯赛因在与游击队达成妥协的问题上并没有事先征求美国的任何意见，他所考虑的主要还是他在阿拉伯国家中的地位问题。从某种程度上来说，这无疑是美国外交的尴尬。

约旦危机从内部而生，最终又在阿拉伯国家内部而终，这成为美国从此更加倚重以色列的一个重要原因。约旦虽然是温和的亲美阿拉伯国家，但在维护美国在中东的利益方面他们都会考虑由此带来的后果，尤其是激进的阿拉伯国家的反应及自身在阿拉伯世界中的地位问题。以色列则没有这方面的顾虑，自始至终都在附和美国的立场，为干预做积极的准备。因此，我们通常所认为的约旦危机使美国意识到了以色列的战略资产作用，实际上是由两方面促成的：一方面是以色列趋同于美国的立场，积极配合美国的行动，为美国排忧解难；另一方面则是阿拉伯中的温和派在维护美国利益方面缺乏主动性与合意性，这使得以色列的地位尤为突出。从冷战的角度出发，以色列在中东地区担当了美国排挤苏联势力的先锋，这既有利于打击阿拉伯国家中的激进派，也有利于维护美国在中东的利益。约旦危机后美国对中东政策的转变，主要表现在以下三个方面：

第一，美国由原来在阿以冲突中支持以色列的立场，转变为利用以色列来解决中东危机。以色列在约旦危机中的表现，使美国意识到以色列在维护美国在中东的利益的战略作用，这成为美国日后处理中东问题的一条经验。9 月 24 日，就在约旦危机即将平息之时，由基辛格主持的专门负责危机管理的华盛顿特别行动小组召开会议，讨论了应对未来黎巴嫩局势的紧急计划，小组成员一致认为：如果黎巴嫩由于巴勒斯坦的行动爆发内战并请求干预，由以色列进行干预是其中的一个选择。②

第二，改变了美国解决阿以冲突，尤其是埃以僵局的理念。早在1970 年 6 月 5 日召开的美国对外情报咨询委员会（Foreign Intelligence Advisory Board）会议中，尼克松就曾认为，随着苏联战斗人员进入埃及，维持中东地区的平衡是困难的；如果美国不采取行动，以色列将会被迫采取行动；而且，如果美苏不达成协议，中东冲突是无法和平解决的。只要有一个解决方案，那么唯一解决的途径就是通过美苏强行实施。③ 但约旦危

---

① *FRUS*, 1969 – 1976, Vol. XXIV, Doc. 314, p. 888, Note 3.
② *FRUS*, 1969 – 1976, Vol. XXIV, Doc. 326, p. 913.
③ *FRUS*, 1969 – 1976, Vol. XXIV, pp. 79 – 80.

机逐步改变了尼克松的这种认识，约旦危机后，他认为只有保证以色列对阿拉伯国家的军事优势，才能对这些国家形成威慑作用，从而吓阻阿拉伯国家试图通过武力解决阿以冲突的努力。① 在 1972 年 5 月的美苏峰会上，美国反对苏联提出的由两国共同推进解决阿以问题的提议，就是美国这一认知的反映。② 而事实上，从 1971 年到 1973 年十月战争前，已在中东实行威慑平衡政策的美国，在阿以冲突问题上一直保持了沉默态度。

第三，约旦危机促成了美国中东事务决策者的变换与政策的转变。在整个约旦危机期间，罗杰斯在对危机的解决仅停留在对释放人质的呼吁上，在其他方面则少有作为；而基辛格则在华盛顿特别行动小组和国家安全委员会中充分发挥了自己的作用，通过正常的渠道为自己插手中东事务找到合理的理由。这也是在美国外交文件集约旦危机卷中出现的奇怪现象的原因：作为专门负责中东事务的国务卿，在叙利亚介入危机后却鲜有应对举措；而并不主管中东事务的国家安全事务助理却成为召集重要会议、联络各官僚机构、传达总统指令及与以色列大使进行磋商的不可或缺的人物。因此，罗杰斯和基辛格应对危机的能力是促成这一变化的一个因素，从这个角度来说，罗杰斯实际上是将自己唯一负责的外交领域拱手让给了基辛格。

导致这一变化的另外一个因素，则是基辛格与尼克松在应对危机中的一致立场。从全球范围、冷战的角度来考虑约旦危机，基辛格与尼克松在这一点上是不谋而合的。尤其是在对叙利亚侵入约旦的政策中，尼克松和基辛格所坚持的强硬路线显然是美国决策层的首选，对人质的拯救问题也让位于对侯赛因政权的安全考虑③，因此和平路线已不符合白宫的要求，罗杰斯也必然被边缘化。这一方面说明了通过军事手段拯救侯赛因政权是白宫决策中压倒一切的选择；另一方面也表明尼克松与基辛格意见的一致。而罗杰斯自身在约旦危机中的无所作为、意见与总统危机管理理念的不一致，也是其受到冷落的一个重要因素。因此，在危机的最后阶段，罗

---

① Asaf Siniver, *Nixon, Kissinger, and U. S. Foreign Policy Making: The Machinery of Crisis*, p. 119.

② *FRUS*, 1969 – 1976, Volume XIV, American – Soviet Relations 1971 – 1972, Washington, D. C. : Government Printing Office, 2006, pp. 1128 – 1138.

③ 21 日上午，以色列在向美国递交的照会中，提出了以色列干涉约旦可能引发的 7 个问题，其中包括以色列是否要对由此引起的人质的安危负责的问题。在对该问题的答复中，美国明确表示，如果因以色列的行动而引起人质的安危问题，美国不会让以色列负责。See *FRUS*, 1969 – 1976, Vol. XXIV, pp. 875 – 876.

杰斯试图通过谈判解决人质问题的和平路线被湮没在白宫对军事路线的讨论中就不足为奇了。与罗杰斯已然弱化的地位相比，却是基辛格逐步掌握了解决危机的决策权，这既为基辛格插手中东事务提供了绝好机会，也为白宫采取支持以色列的威慑平衡政策埋下伏笔。

基辛格插手唯一专属罗杰斯的中东领域，本来会使两人原本就存在的争斗扩大化，但由于双方采取的路线与关注问题的视角不同，又在很大程度上避免了这种情况的出现，并方便了基辛格对中东事务的渗透。伴随罗杰斯的温和路线因不合时宜而变得无关紧要，罗杰斯也由原来中东事务的决策人变为参与人，而基辛格则由于危机管理中与尼克松决策取向的合意性而掌握了处理约旦危机的锁钥。1971 年，罗杰斯所倡导的临时协议计划的失败与尼克松令基辛格执掌中东事务，既标志着罗杰斯执掌中东事务的终结，也标志着尼克松政府初期对阿以冲突所采取的不偏不倚的对等平衡危机管理政策的结束。[①] 此后，美国对中东的政策开始由尼克松和基辛格执掌，美国对中东的政策也进一步向威慑平衡政策转变。

约旦危机成为尼克松时期美国应对中东危机政策的分水岭：从决策者的角度，约旦危机使国务卿罗杰斯进一步陷入孤立，基辛格在中东决策中的地位却逐步提高，此后基辛格逐渐成为美国中东政策的决策人。从尼克松时期美国对中东危机的政策方面，约旦危机也为美国从对等平衡政策转向威慑平衡政策提供了机会。约旦危机后，美国逐渐放弃对等平衡政策，转而采取了加强以色列军事优势的威慑平衡政策，即通过加强以色列的军事优势对阿拉伯国家形成威慑，以此来防止阿拉伯国家用武力改变现状，而最终实现通过政治途径解决阿以争端的目的。[②] 约旦危机之后，美国开始对以色列进行大规模的军事援助，以此构筑加强以色列军事优势的威慑平衡形势。从约旦危机结束后不久一直到 1973 年十月战争爆发前，美国一直奉行这一政策，但美国忽略了阿拉伯国家解决领土问题的信念与决心，十月战争的爆发表明，尼克松政府为这一认知付出了高昂代价。[③]

① William B. Quandt, *Decade of Decision: American Policy toward the Arab - Israeli Conflict*, pp. 143 - 144.

② Jerome Slater, "The United Stated and the Middle East: American Foreign Policy since Détente", in Robert C. Gray and Stanley J. Michalak, Jr., eds., *American Foreign Policy since Détente*, p. 62.

③ William B. Quandt, *Decade of Decision: American Policy toward the Arab - Israeli Conflict*, p. 106.

第四章 美国平衡政策的嬗变及其对阿以局势的影响

约旦危机后，美国的中东政策开始进入由对等平衡向威慑平衡转变的过渡阶段。在这个过程中，阿以双方和美国逐渐改变了此前采取的全面解决阿以争端的框架，转而倾向于采取临时、部分解决的方案，临时运河协议计划即为这种方案的反映。然而，阿以双方根本性的分歧，使美国国务院倡导的临时运河协议方案最终归于失败，这也标志着罗杰斯极力倡导的对等平衡政策的终结。与之相伴的，是基辛格掌管了中东事务的决策权，美国也逐步在中东构筑起了以以色列的军事优势为基础的威慑平衡政策。

标志着美苏缓和高潮的两次峰会，固化了美国维持以色列军事优势、维持中东现状的政策取向，这也间接支持了以色列在解决阿以争端中的立场，而忽略了埃及对美、对以缓和的诉求。与美国对以色列进行的大规模军事援助相比，埃及并没有得到苏联方面的有力援助，相反却由于苏联对缓和的追求而对萨达特的军事援助请求一拖再拖。美苏缓和对以色列立场的间接支持、苏联的再三推诿及萨达特对美以缓和政策的失败，使萨达特最终放弃了通过政治途径收复失地的努力，走上了以武力解决阿以争端的道路。

第一节 临时运河协议方案与对等平衡政策的终结

全面解决阿以争端，一直是阿以双方、美国等解决阿以问题的基本框架。从安理会242号决议通过到1969年四国会谈、美苏两国会谈，一直到两个罗杰斯计划，阿拉伯方面和以色列都一直坚持全面解决阿以争端；美国所坚持的立场也是主张通过"一揽子"交易来实现阿以问题的和平解决，即坚持全面解决的原则。然而，第二个罗杰斯计划生效后不久，埃以双方很快就陷入对停火协议遵守的争执之中，这使得刚刚达成的协议又陷入僵局；作为罗杰斯计划内容之一的雅林使命，也处于进退两难的尴尬境地，这表明全面解决框架尚缺乏可行性。在这种情况下，以色列、埃及和美国逐渐转到对临时、部分解决框架的探索上，这便导致了临时运河计划的出台。然而，由于阿以双方互不妥协的立场，尤其是以色列不断提高谈判要求，使美国对等平衡政策的这一最后尝试，也以失败告终。

一　临时运河协议的最初方案

自从 1967 年六日战争以来，阿拉伯方面一直坚持采取全面解决的方式。埃及外交部部长里亚德认为，约翰逊政府与以色列政府为寻求埃及和以色列的单独解决而向埃及施压，并企图离间苏埃关系，但这种企图被挫败；而在尼克松政府时期，尤其是从 1969 年 7 月至 1970 年 8 月期间，美国试图全面解决阿以冲突问题。[1] 1970 年 8 月生效的第二个罗杰斯计划，不久就因为停火协议的遵守问题而再生枝节，致使该计划的实施陷入困局，埃以和平问题再次出现危机。与此同时，纳赛尔的去世也使埃及面临新的政策选择，这些因素都为埃以双方探讨新的解决方案提供了基本条件。

1970 年 10 月，以色列国防部长达扬非正式地提出了打破僵局的建议。达扬认为，埃及新总统的上任为阿以和平提供了一个机会，双方在不恢复战争方面有共同的利益；在埃及反对的情况下要求签署正式的和平条约是不现实的，但要实现事实上的和平共处还是可能的。因此，可以通过以色列从运河区部分撤出并将这部分地区非军事化，来实现运河的重新开放及对运河区的重建。[2] 这是关于临时运河计划的最初建议，实际上也是一份单独解决埃以争端的方案。

达扬的这份建议引起了各方面的不同反应。在以色列国内，梅厄总理极力反对达扬提出的建议，她认为临时协议计划背离了以色列自 1967 年以来所坚持的政策；以色列所坚持的，是通过和平条约来实现阿以冲突的全面、永久解决。美国也持反对态度，因为如果美国支持达扬提出的临时协议计划，就会违背罗杰斯计划；美国国防部则从全球战略考虑，也反对

---

① Mahmoud Riad, *The Struggle for Peace in the Middle East*, p. 103.
② *Strategic Survey*, 1971, London: The International Institute for Strategic Studies, 1972, pp. 34－35.

重新开放苏伊士运河。① 然而，最可能对以色列方面的建议持反对态度的埃及，却看到了达扬计划中的积极方面。尽管该方案不符合阿拉伯方面的要求，但埃及认为该方案在阿以双方脱离接触、使大国更多地卷入阿以争端而不是作为保护者的角色来参与解决、使埃及是重开战火还是要接受苏联援助的困境、缓解埃及对外部援助的依赖等方面，都对埃及有利。② 因此，尽管萨达特在公开场合谴责以色列，但他还是试图通过外交途径打开僵局。

1970 年 12 月，萨达特在接受《纽约时报》的采访时，提出了和平解决中东冲突的五项条件，主张只要以色列从 1967 年战争中占领的领土撤出，埃及将承认以色列并立即就以色列在蒂朗海峡和亚喀巴湾的通航问题进行谈判；而如果以色列解决了难民问题，埃及将允许以色列通过苏伊士运河，但埃及政府不与以色列建立正式的外交关系。③ 1971 年 2 月 4 日，萨达特在宣布将停火期延长 30 天的同时，提出了埃及方面的解决方案：以色列军队部分撤离苏伊士运河东岸，以此作为埃及重新开放苏伊士运河、实施安理会其他条款的第一步。萨达特还进一步声明，问题的关键不在于是否停火，而在于光复所有的阿拉伯领土及恢复巴勒斯坦人民的合法权益。④ 罗杰斯认为应对埃及的计划予以"认真考虑"。⑤ 然而，萨达特的临时解决提议却遭到以色列的反对。

2 月 6 日，以色列前军事情报主任（Director of Israeli Military Intelligence）赫佐格（Chaim Herzog）认为，这是第一个由阿拉伯领导人提出的分阶段解决阿以问题的计划，但要求以色列从运河区撤退是不切实际的，因为以色列不会放弃在运河沿线的军事优势。⑥ 2 月 9 日，梅厄总理在以色列国会上宣称，以色列准备就重开运河问题进行谈判，但并不是根据埃及的路线。梅厄认为萨达特的提议是老生常谈，并没有改变过去的既有立场；以色列所坚持的是在没有任何前提条件下的直接谈判，以色列也不会撤退到 1967 年 6 月 5 日前的边界。同时，梅厄还对埃及进行了指责，

---

① Saadia Touval, *The Peace Brokers*: *Mediators in the Arab – Israeli Conflict*, 1948 – 1979, p. 178.

② Lawrence L. Whetten, *The Canal War*: *Four – Power Conflict in the Middle East*, p. 75; *FRUS*, 1969 – 1976, Vol. XII, pp. 168 – 169.

③ *ARR*, 1970 Issue 24, London: Arab Report & Record, 1971, pp. 696 – 697.

④ *ARR*, 1971 Issue 3, London: Arab Report & Record, 1972, pp. 96 – 97.

⑤ *ARR*, 1971 Issue 4, p. 127.

⑥ *ARR*, 1971 Issue 3, p. 97.

认为22年来（从1948年以色列建国到1970年）埃及所称的"本地区国家"、能在苏伊士运河自由航行的"所有国家"中，均将以色列排除在外，埃及的目的就是要以色列撤退及保证巴勒斯坦人民获得相应的权益。① 这表明梅厄仅对埃及建议中的运河重新开放部分感兴趣。梅厄让以色列驻美大使拉宾就重开运河问题征求基辛格的意见。梅厄想当然地认为，由于美国深陷越南战争而且苏联有使用运河的意图，美国不会同意。基辛格却认为，只要运河的重开有利于中东的稳定，以色列就应予以考虑，但梅厄并未因此而对萨达特的建议采取积极的行动。1971年2月10日，埃及对以色列的拒绝进行了谴责，称只要以色列不从所有阿拉伯领土中撤退，任何以色列官方的讲话都是毫无意义的。②

有学者认为，1971年以色列之所以没有接受萨达特和平建议的原因，在于萨达特坚持阿拉伯国家所要求的以色列从所有被占领土撤出的立场，萨达特的毫不让步使得美国和以色列没有任何成功的机会。③ 这一解释固然有一定道理，但这显然过于强调阿拉伯在领土方面的立场，而淡化了以色列在解决阿以僵局问题上的基本认知。尼克松政府认为，尽管埃以双方都曾提出在以色列部分撤军、埃及重新开放苏伊士运河的基础上达成一个临时协议，但双方的出发点各不相同：埃及认为，临时协议的接受与否取决于协议与光复所有领土的联系程度；以色列则坚持只有先谈判安全边界再谈领土问题，才接受临时协议。埃以分歧使美国只有很小的选择余地。④ 埃以在原则性问题上的针锋相对、毫不妥协固然是双方的计划彼此都无法接受的根本原因，但美国的立场也表明美国并不急于解决阿以冲突，而倾向于维持现状。由此可见，阿以双方都有倾向于部分解决争端的意向，但又出于不同的目的而在这一框架下提出了有利于己方的条件，而事实上双方没有在自己既有的立场上做出丝毫让步。因此，尽管这是一个新的

---

① "Statement to the Knesset by Prime Minister Meir on theInterim Agreement, 9 February, 1971", *MFA Foreign Relations Historical Documents* 1947 - 1974, Volumes 1 - 2：1947 - 1974, XII. The War of Attrition and Cease Fire, Doc. 29.

② *ARR*, 1971 Issue 3, p. 97.

③ Mordechai Gazit, "Egypt and Israel—Was There a Peace Opportunity Missed in 1971?", *Journal of Contemporary History*, Vol. 32, No. 1 (Jan., 1997), p. 97.

④ "Third Annual Report to the Congress on United States Foreign Policy, February 9, 1972", *Public Papers of Presidents of the United States：Richard Nixon* 1972, Washington D. C.：Government Printing Office, 1974, p. 293.

框架，但双方毫不妥协的立场及不同的目的，致使双方谈判再度陷入僵局。

二 雅林的单独解决方案

就在埃以双方就临时协议问题争论的过程中，联合国特别代表雅林也试图在埃以问题上发挥更加积极的作用。雅林此前就曾对以色列从所占领土中撤退与和平协定的签署等问题，向埃及和以色列提出过建议。1971 年 2 月 8 日，雅林针对埃以双方在撤退与签署和平协定的先后顺序方面的争执，同时向埃以双方提出了内容相同的单独解决计划：以色列从埃及的领土中撤出，同时将采取建立非军事区、在蒂朗海峡和苏伊士运河自由通航等有利于以色列的安排；埃及则要承诺缔结一份包括结束敌对状态、确保本国不采取针对对方领土、公民及财产的敌对行动等方面的和平协定。

2 月 15 日，埃及对雅林的提议进行了答复。埃及宣称将完全履行安理会 242 号决议所规定的义务，以最终实现中东问题的和平解决，但以色列军队必须从西奈半岛和加沙地带撤出；关于蒂朗海峡和苏伊士运河的自由通航问题，则参照国际法和 1888 年《君士坦丁堡条约》（Constantinople Convention）① 中的规定来执行；非军事区必须在跨埃以边界同等距离的范围内设立，其中的维和部队需由英、美、苏、法四国组成。② 在埃及答复之后，以色列驻联合国大使约瑟夫·特克尔（Josef Tekoah）于 2 月 26 日向雅林递交了以色列的答复。以色列对埃及准备与其签署和约表示赞成，并准备与埃及进行任何有关两国和平的谈判。但以色列也在撤退边界、敌对行动等方面提出了自己的观点：以色列不会撤退到 1967 年 6 月 5 日前的边界，以色列将从埃以停火线撤退到安全的、和约中一致认可的边界；就敌对行动而言，埃及有义务保证在其领土上的任何个人、组织不针对以色列民众、军队和财产采取暴力行为；埃及不得加入对以色列抱有敌意的联盟，并禁止仍与以色列处于交战状态的他方军队驻扎在埃及。此外，以色列还将问题做了延伸，认为对难民的赔付、重新安置等问题，以

---

① 1888 年 10 月 29 日，法、德、奥、英、意、西、荷、俄、土（奥斯曼帝国）在土耳其的君士坦丁堡签订的条约。1869 年苏伊士运河正式通航后，一直由英法两国所控制。各国签订此约的目的在于保证一切国家在任何时候都可以使用该运河。1956 年埃及宣布将运河收归国有。关于《君士坦丁堡条约》的内容，参见《国际条约集》，世界知识出版社 1986 年版，第 100—104 页。

② *ARR*，1971 Issue 5，pp. 158 – 159.

色列将直接与相关各方进行谈判。① 以色列国防部长达扬认为，埃及反对
雅林提议的原因是：埃及同意停火但不同意签署和平条约，同时要求由以
色列负责解决难民问题，以军从埃及领土、加沙地带及其他阿拉伯领土上
撤退至六日战争前的边界；而以色列则坚持在没有前提条件的情况下才会
与埃及进行和平谈判，但绝不会撤退到 1967 年六日战争前的边界。②

从埃以双方向雅林提交的答复来看，埃及和以色列表面上都表示要撤
退、签署和平条约，但在实质性问题上，即撤退的范围、签署和平条约的
前提条件，埃以双方都没有让步。埃及方面坚持，如果要签署和平条约及
保证各国领土的不被侵犯，以色列必须撤离西奈半岛和加沙地带；而以色
列则坚持不会全部撤出，而是要撤退到安全的地区边界。因此，就雅林的
新计划来说，尽管雅林意识到埃以双方陷入僵局的症结在于签署和约与撤
退的先后问题，但他忽略了这两个互相制约因素的细节，也是使双方最终
无法达成共识的关键因素。从这个角度来说，尽管萨达特曾在 1971 年 2
月中旬暗示埃及要与以色列签订和约、以色列总理梅厄夫人在 2 月 17 日
的演讲中隐含有以色列要从阿拉伯领土中撤退的含义，③ 但这些表述都是
有其前提条件的，这在埃以双方递交的答复中都显示了出来。因此，只要
雅林采取了一方应先采取行动的倾向性表示，都会引起不满，如雅林在
1971 年 2 月提出的计划失败，拉宾就认为是雅林采取了"单边路线"
（separate line）所致，即采取了单一的压制以色列的立场使然。④ 埃以双
方对雅林建议的反对，标志着第二个罗杰斯计划已经走入"死胡同"，这
为美国继续推动临时运河协议计划提供了条件。

三　美国的临时运河协议计划

面对埃以的临时运河协议建议、雅林的部分解决方案都先后陷入僵局
的局面，尼克松在 1971 年 2 月 25 日对美国参众两院的演讲中，阐释了实
现中东和平所应具备的条件：（1）恢复阿拉伯国家在战争中失去的土地；
（2）以色列足以相信其作为一个主权国家不会遭到邻邦的攻击；（3）大

---

① "The Jarring initiative and the response – 8 February 1971", *MFA Foreign Relations Historical Documents* 1947 – 1974, Volumes 1 – 2：1947 – 1974, XII. The War of Attrition and Cease Fire, Doc. 28.

② Moshe Dayan, *Moshe Dayan：Story of My Life*, pp. 548 – 549.

③ *ARR*, 1971 Issue 4, p. 125.

④ *ARR*, 1971 Issue15, p. 425.

国应当对以上问题提供保证，以帮助阿以双方克服根深蒂固的互不信任；（4）公正地解决巴勒斯坦人民的问题，满足他们的要求。中东和平需要在以色列需求的安全与承认、阿拉伯方面对领土和巴勒斯坦问题的诉求间达到平衡。[①] 尼克松认为直接与和平协定关联的领土边界问题，应当由相关各方协商解决；任何一个大国想在中东获得支配性地位都会给世界和平带来威胁。

以色列外交部部长埃班认为，尼克松的声明中唯一有新意之处，在于暗示苏联：如果要实现中东的和平共处，苏联就必须要全面改变其中东政策。[②] 但就埃及方面而言，萨达特显然是想敦促美国采取推动临时运河协议的行动。3 月 5 日，萨达特在致尼克松的信中，呼吁美国发起临时协定倡议；7 日，萨达特发表声明，称联合国、英法美苏四大国，尤其是美国有义务推进中东问题的和平解决。尼克松对萨达特的请求做出了积极回应，要求国务院制定临时运河协议计划。[③]

尼克松的决定，表明美国已经从两个罗杰斯计划中所彰显的全面解决观，转向临时、部分解决的理念。关于美国这一意识的转变，美国国家安全委员会在 1972 年 5 月向尼克松提交的一份报告中，解释了 1971 年美国解决阿以冲突的理念转向的原因：（1）埃以间的全面和解不可能一步实现；（2）埃以双方均有临时部分解决的意向；（3）在和平遥遥无期的情况下，这是通过和平方式推动阿以问题向前发展的一种途径。[④] 自从六日战争结束后，阿拉伯方面和以色列一直坚持全面解决；而美苏及美国发起的两个罗杰斯计划，都是以全面解决为框架，但均以失败而告终。因此，在尼克松指令国务院制定临时运河协议计划后的几个月里，美国一直试图在部分或单独的框架下打破埃以僵局。

尽管罗杰斯领导的国务院采取了部分解决框架，但罗杰斯的对等平衡政策依然没有改变，即在要求以色列让步、推迟对以色列的军事援助等方面，国务院的立场是一贯的。1971 年 3 月 16 日，罗杰斯在记者招待会上

---

① "Second Annual Report to the Congress on United States Foreign Policy, February 1971", *Public Papers of Presidents of the United States: Richard Nixon* 1971, p. 289.

② *ARR*, 1971 Issue 4, p. 126.

③ William B. Quandt, *Decade of Decision: American Policy toward the Arab - Israeli Conflict*, p. 138; *ARR*, 1971 Issue 5, p. 153.

④ *FRUS*, 1969 - 1976, Soviet Union, October 1971 - May 1972, Volume XIV, Washington, D. C.: Government Printing Office, 2006, p. 866.

阐明了他的立场：埃以问题已经简化为两个方面的分歧，即用武力获取领土的有效性及国家安全问题，而安全问题并不必然要求获得领土；应以1967年六日战争前边界作为埃以分界线。罗杰斯也认为，如果要使阿以双方对问题的解决都感到满意，还应将西奈半岛非军事化。①

罗杰斯的声明表明了他在处理埃以问题上的一贯立场：要求以色列撤退到1967年战争前的边界。但罗杰斯在领土问题上也出现了将西奈半岛非军事化的新变化，这显然是为了迎合以色列的立场。然而，罗杰斯的这种主要是为了平衡阿以双方需要的理念，所带来的并不是埃以双方对美国方案的接受，而是双方的反对：以色列因为不会撤退到六日战争前的边界而将拒绝这份建议；而埃及也会因为反对将西奈半岛非军事化而加以拒绝。因此，罗杰斯处理阿以问题的一贯理念，依然搭在了埃以双方共同反对的双脊之上。

1971年3月25日，美国国务院提出了两阶段的运河重开计划：第一阶段，清理苏伊士运河，埃及正式接受与以色列的非战状态；而以色列则沿苏伊士运河东岸撤退军队。第二阶段，埃及重开运河，允许以色列使用该航道。美国随后将该计划分别提交给埃以双方。结果，美国的这一计划在29日同时遭到埃以双方的拒绝。以色列称，如果与埃及的部分解决协议不能正式结束敌对状态及共同采取军事脱离行动，那么以色列将不同意任何重开苏伊士运河的计划。埃及国民大会则一致认为，无论在何种情况下，埃及都会拒绝将西奈半岛非军事化，因为这是试图剥夺埃及对自己领土所享有的主权。31日，埃及外交部部长里亚德要求埃及驻西欧各国的外交官向所在国政府发出呼吁，希望这些政府能敦促美国施压以色列从其所占领土上撤出。②

4月2日，美国国务院发言人称，重开运河计划是供相关各国讨论的方案，各国应对任何旨在减少地区紧张、防止重新开战的建议予以认真考虑，美国将在促进埃以问题的解决中发挥应有的作用。③ 同日，埃以双方分别提出了接受临时运河计划的条件。埃及坚决认为临时运河协议仅是实现全面撤退的第一步，拒绝讨论西奈半岛的非军事化等与其领土有关的问题，不允许以色列在沙姆沙伊赫有任何形式的存在。以色列则坚持将西奈

---

① *ARR*, 1971 Issue 6, p. 179.
② *ARR*, 1971 Issue 6, p. 180.
③ *ARR*, 1971 Issue 7, p. 199.

半岛非军事化，并认为应将以色列军队沿运河撤退 7.5 公里，在撤离地带设立非军事区，其中驻扎的观察员部队应是以色列方、有限的埃及警察，但不包括苏方人员在内。① 对于部分解决框架下的临时运河协议，尽管埃以双方总体上都表示接受，但双方提出的针锋相对的接受条件，则又使这种总体上的接受变得毫无意义。这表明领土、全面撤退等问题，依然是埃以双方分歧的核心，只要埃以双方在这方面互不让步就不会有解决问题的可能。但罗杰斯却抱有较为乐观的态度，认为有希望解决埃以问题。4 月 19 日，尼克松同意罗杰斯出访中东，以推行部分解决框架下的临时解决方案。尽管基辛格认为如果出访的任务失败，可能会进一步加剧目前美以与苏阿间的僵局，但尼克松并没有采纳基辛格的意见。②

　　陷入无休止的讨价还价之中的阿以双方，事实上也希望美国能出面斡旋。以色列积极寻求美国的调停，以与埃及就重开运河达成协议。尽管埃及于 4 月 23 日拒绝了以色列新提出的重开运河协议，仍坚持部分撤退仅是全面撤退的第一步的立场，但对于罗杰斯出访中东，埃及《金字塔报》主编海卡尔认为罗杰斯的中东使命是避免阿以重开战争的唯一希望。埃及官方则普遍认为这是挽救中东和平的最后机会，但同时也对能否提出一个有力的部分解决协议感到怀疑。③ 1971 年 5 月，罗杰斯和西斯科开始了中东之旅。

　　从 1971 年 5 月 4 日起，罗杰斯先后对埃及和以色列进行了访问。罗杰斯在访问中东期间所采取的政策依然是对等平衡政策，并坚持了 1969 年第一个罗杰斯计划的立场，即要求以色列从所占领土上撤退，并希望以色列能在解决中东问题上更为灵活。但梅厄总理在 1971 年 5 月 5 日的演讲中称，以色列不会改变自己的立场；埃班也表示以色列不会将自己绑定在一纸方案上。在罗杰斯访问埃及期间，埃及外交部部长里亚德提出了新的两阶段计划：以军部分撤退，埃及开放运河并进驻东岸；以军全面撤退，埃及宣布结束与以色列的敌对状态，直至最后埃及与以色列签署和平协定。5 月 12 日，以色列同意在埃及军队不穿过运河的情况下部分撤退。但萨达特告知在苏伊士运河前线的军官，在以色列部分撤退后，埃及将跨

①　*ARR*，1971 Issue 7，pp. 203 – 204.

②　Henry A. Kissinger，*White House Years*，p. 1282.

③　*ARR*，1971 Issue 8，p. 222.

过运河；他还认为中东和平的机会不会超过百分之一。①

在中东的斡旋当中，罗杰斯在很大程度上是依靠以色列的撤军来实现双方协议的达成；但以色列却认为，以色列已做出很大让步，而埃以双方仍然存在无法消弭的分歧，这说明现已经不是让步问题，而是埃及方面的反应问题。② 以色列显然希望埃及方面也能做出相应的让步。然而，1971年5月苏埃签署友好合作条约，使埃及进一步坚定了以色列从被占领土全部撤出、全面解决与要求美国进一步挤压以色列的强硬立场。③ 因此，尽管罗杰斯的中东之行有所进展，但却远远没有解决埃以之间的分歧，罗杰斯、西斯科的中东访问并没有取得预期的效果。

除了亲自到中东进行斡旋外，罗杰斯为进一步推进临时运河协议计划，还采取了过去压以色列改变立场的手法，即通过拖延或搁置对以色列的军事援助来迫使以色列就范。为使以色列参与谈判，美国早在提出临时运河协议计划前后，就拒绝了以色列获得更多军事供应的要求。国务院坚持认为，对以色列进行武器供应的唯一准则是维持中东的军事平衡。④ 1971年6月，美以关于F-4鬼怪式飞机的合同到期，但美国推迟了合同的续签，美国的目的显然是要以继续向以色列提供飞机为筹码，迫使以色列接受美国的和平协议，即以色列要想得到美国的支持，就必须在政治上付出代价。⑤

美国所采取的这些措施，与约旦危机后基辛格向拉宾所作的承诺相去甚远，因此美国的这些举措不仅没有改变以色列的立场，相反却导致了美以关系的紧张，促使以色列重新审视美以关系。1971年5月26日，以色列财政部长萨皮尔（Pinhas Sapir）表示，以色列宁愿美国削减经济与军事援助，也不会同意危及以色列安全的协议，生存重于援助。⑥ 7月3日，以色列驻美大使拉宾称，美国首要的考虑是要确保自己的利益，而美国的利益是与主要由阿拉伯国家构成的中东相联系的。⑦ 这实际上是指责美国偏袒阿拉伯国家，挤压以色列。8月8日，拉宾向美国发出警告，称美国

---

① *ARR*, 1971 Issue 9, pp. 251-253.

② *ARR*, 1971 Issue 10, p. 278.

③ *ARR*, 1971 Issue 9, pp. 272, 276.

④ *ARR*, 1971 Issue 6, p. 181.

⑤ *Strategic Survey* 1971, London: The International Institute for Strategic Studies, 1972, p. 36.

⑥ *ARR*, 1971 Issue 10, p. 277.

⑦ *ARR*, 1971 Issue 13, p. 363.

任何将自己对中东和平的认知强加给以色列的做法，都是非常危险的。①
从以色列的官方回应来看，以色列认为美国国务院所采取的压以色列推进
中东和平进程的措施，是促使以色列采取不妥协立场、加剧了阿以间僵化
局势的重要原因，这实际上是表达了以色列对美国采取对等平衡政策的
不满。

四　罗杰斯对等平衡政策的终结

从 1971 年 7 月 28 日至 8 月 6 日，美国助理国务卿西斯科再度访问以
色列，以期获得临时运河协议的进展。在访问以色列期间，西斯科提出了
分阶段撤退计划：在第一阶段，以色列军队撤退 6—8 公里，允许埃及军
队象征性地驻扎于运河东岸；第二阶段则是 6 个月后以色列军队自运河撤
退 36 公里，撤离地区由联合国部队介入，直至归还埃及大部分西奈。但
西斯科的计划遭到以色列的拒绝。8 月 5 日，西斯科称他已经预料到阿以
问题不会取得任何"决定性的突破"，最终会"一无所获"。由于以色列
对西斯科建议的拒绝，西斯科取消了访问埃及的计划。② 10 月 4 日，罗杰
斯再度提出了包括建立临时协议的监督机制、对埃及跨域苏伊士运河问题
进行谈判，包括以色列在内的所有国家在苏伊士运河自由通航等 6 项内容
在内的临时解决方案，但也同样遭到以色列的坚决反对。③

此后，尽管罗杰斯和西斯科还在为促进埃以双方达成一致而努力，埃
以双方也不断提出新的倡议，但所有这些都归于徒劳。直到 1972 年 5 月
上旬，罗杰斯和西斯科仍坚持认为"部分解决更为可行"、"临时解决是
非常可能的"，但其中的条件却与埃及的立场越来越远。事实上，美国国
务院此时已对强行解决阿以争端不感兴趣，而只是做出一副努力和平解决
的样子而已。④ 由于尼克松不希望在大选之年发生中东战争，于是尼克松
在 1971 年 7 月份就让基辛格插手中东事务，而到 12 月则让基辛格掌握了
中东外交的实权，这标志着罗杰斯的中东外交使命及其倡导的对等平衡政
策的终结。⑤ 而基辛格的掌权，也成为以色列反对临时运河协议计划的一
个动因，因为从 1971—1972 年，梅厄夫人不接受临时协议的一个重要原

---

① *ARR*, 1971 Issue 15, p. 425.

② *ARR*, 1971 Issue 15, p. 424.

③ *ARR*, 1971 Issue 19, p. 4.

④ *ARR*, 1972 Issue 9, London: Arab Report & Record, 1973, p. 243.

⑤ Henry A. Kissinger, *White House Years*, pp. 1285, 1289.

因，她认为基辛格不会将其影响力和时间用在埃以之间艰难的谈判上。事实上，中东的现状也未使以色列感觉到真正的威胁，因此，只要阿以冲突没有恶化到必须要改变的程度，美国和以色列就不会强行推进一个新的外交方案。[①]

1970 年 8 月第二个罗杰斯计划生效后，以色列一直认为埃及在违反双方签订的停火协议，所以直到 1970 年 12 月 30 日才宣布准备参加雅林主持下的埃以和谈，但 1971 年 2 月雅林提出的解决方案却遭到埃以双方的一致反对，这标志着第二个罗杰斯计划的失败。而在此之前达扬提出临时运河协议计划的目的，就是希望绕过雅林，主张由美国直接进行推动，因为以色列已经不再信任雅林，同时更希望美国能促进问题的解决。[②] 因此，以色列的动机也预示了雅林使命的结局。

临时运河协议计划，正是埃以双方在对第二个罗杰斯计划失去信心后提出的新方案，它与第二个罗杰斯计划的不同之处，在于该计划所强调的是在部分、临时解决的框架下进行，而非此前所一直坚持的全面解决框架。需要说明的是，尽管埃以双方都提出了临时运河协议计划，并由于双方初衷的不同而最终促使罗杰斯提出了新的协议计划，但这份美国版的临时运河协议计划，仍然没有跳出罗杰斯对等平衡政策的窠臼。罗杰斯对等平衡外交政策下的临时运河协议计划，无论是在对待埃以双方的立场上，还是在对该计划方案的推行上，都与罗杰斯此前解决阿以冲突时所采取的立场、手法是一致的，即通过对阿以双方不偏不倚的对等平衡政策，推动阿以问题的解决。但这还是遭到阿拉伯国家，尤其是以色列的强烈反对，这是该计划，也是罗杰斯提出的一系列解决阿以冲突的方案最终失败的重要原因。埃以双方对临时解决方案的不同理解，则是导致这一方案失败的根源。埃及所强调的临时或部分解决是全面解决的一部分或一个步骤；而以色列则是试图通过临时解决来搁置埃以，甚至阿以之间的争端。事实上这使埃以问题又回到了原来双方在领土、撤退等问题上的立场。因此，埃以双方理解上的巨大差异，导致双方在所提方案上的重大分歧，从而最终导致了双方在该框架下和谈的失败。

---

① Kenneth Stein, *Heroic Diplomacy: Sadat, Kissinger, Carter, Begin, and the Quest for Arab - Israeli Peace*, pp. 59 -61.

② Saadia Touval, *The Peace Brokers: Mediators in the Arab - Israeli Conflict*, 1948 - 1979, p. 177.

第二节 威慑平衡政策的形成

美国在中东所采取的威慑平衡政策，是通过对以色列的大规模军事援助来实现的，其目的就是要保持以色列对阿拉伯国家的绝对军事优势，从而迫使阿拉伯国家改变立场，最终通过政治途径解决阿以争端。约旦危机之后，尼克松政府通过提供先进武器、军事贷款及进行军事技术合作等方式，进一步构筑起以色列对阿拉伯国家的军事优势。与美国相比，苏联则并没有对埃及等阿拉伯国家施以大规模军事援助，这进一步彰显了美国对友国的援助力度及以色列的军事优势，也影响了阿以间的态势。

一 约旦危机后美国对以色列的支持

在 1970 年 7 月 1 日的电视采访中，尼克松就美国的中东政策进行了详细的阐述，表明了尼克松对阿以问题的认识与立场："以色列不想把任何国家推入海中，而埃及和叙利亚则试图将以色列推入海中；一旦中东的均势发生转变，即以色列比其邻国弱，就意味着战争。我们所要做的是要维持以色列对其邻国的强势，不是因为我们想让以色列处于一种发动战争的地位，而是要以色列对进攻它的邻国进行威慑。在这种情况下我们着手进行外交，但外交是相当困难的。因为以色列的邻国必须要承认以色列，而以色列也必须要撤退到可进行防御的边界。同时由于苏联的加入而使得问题更加复杂和困难重重。"①

尼克松在其谈话中所阐明的美国政府处理阿以问题的理念，是以维持以色列对阿拉伯国家的军事优势为基础的；在以色列的撤退问题上，尼克松强调的是以色列要撤退到可进行防御的边界，而不是完全从以色列在战争期间占领的所有领土上撤出。同时，尼克松认为在维持以色列军事优势，而苏联又卷入的情况下，通过外交途径实现阿以和解的困难极大。因此，尼克松的讲话反映了他在处理阿以问题上的复杂心态：既要在防止战争的同时维持以色列的军事优势，又无法通过外交途径解决双方争端，因此维持现状成为最佳选择。从 1970 年 9 月约旦危机后美国对中东的政策

---

① "A Conversation with the President on Foreign Policy, July 1, 1970", *Public Papers of Presidents of the United States: Richard Nixon 1970*, p. 558.

来看，这实际上是美国加强以色列军事优势、维持中东现状的先声。在尼克松的这种认知下，罗杰斯领导的国务院所采取的不偏不倚的对等平衡政策，很难得到白宫的有力支持，这也使得其成功的可能性微乎其微。

在约旦危机之前，美国承诺对以色列进行军事援助的动因，既是为了防止中东出现不利于以色列的新的军事平衡，也是以此作为促进阿以和谈的筹码，这也是国务卿罗杰斯对阿以采取对等平衡政策的反映。而在约旦危机之后，尤其是在1970年后，美国对以色列的军事援助，则是为了构建以色列对阿拉伯国家的绝对优势而采取的措施，这是美国在解决阿以问题中实施威慑平衡政策的起始。美国对以色列的军事援助主要表现在以下三个方面：

第一，技术援助。1970年12月22日，即在约旦危机发生3个月之后，美国与以色列签署了影响深远的主要国防发展数据交换协定（Master Defense Development Data Exchange Agreement），这为以色列提供了当时规模最大的技术转让。通过这项协定，美国不仅通过技术数据"一揽子"交易来进行技术转让，而且向以色列提供了能在国内生产美国武器的先进技术，以色列因此获得了美国武器本土化的生产权。

第二，提供先进武器。1970年尼克松承诺将于1971年上半年提供12架F-4鬼怪式战斗轰炸机和20架A-4空中之鹰式攻击机。同时美国还允许以色列从美国购买以下类型的重武器：M-60坦克；105毫米口径坦克；M-109式155毫米自行榴弹炮；M-107式175毫米自行火炮；M-113步兵战车；Ch-53直升机和霍克地对空导弹。[①]

第三，军事贷款。1971财年，美国向以色列提供了5亿美元的军事援助，这大约是以前历届政府对以军事援助总和的两倍，其中包括美国在10月份向以色列提供的9000万美元额外赠款，这达到了美国在该年份对以军援的顶点。继1971年的大规模军事援助之后，美国在1972财年、1973财年也对以色列进行了大规模的军事援助，尽管与1971年相比有所回落，但每年仍不低于3亿美元，这在以前历届政府是绝无仅有的。[②] 从1970年年底起，尼克松政府从以上三个方面对以色列进行的大规模援助，与1969年年底、1970年年初对以军售的克制情况形成了鲜明对比，这表

---

① Donald Neff, *Fallen Pillars: U. S. Policy towards Palestine and Israel since* 1945, pp. 175 – 176.

② Clyde R. Mark, *Israel: U. S. Foreign Assistance*, CRS 14.

明了尼克松政府在中东对威慑平衡政策的推行。

　　美国对阿以政策的转变，除了表现在对以色列的军事支持外，还表现在美国对中东问题的外交决策者的转换方面。1971 年 7 月，西斯科的中东斡旋失败后，罗杰斯作为中东决策者的地位逐渐被边缘化，与之相伴的是基辛格在尼克松的授意下掌握中东的外交大权，美国因之也最终抛弃了对等平衡政策而采取威慑平衡政策。由于尼克松不希望在其大选之年发生中东战争，因此他要求基辛格插手中东事务。基辛格的中东理念是：探究苏联是否愿意采取温和立场，否则就将苏联拖入长期而毫无结果的谈判，直至苏联或某个阿拉伯国家改变立场。① 基辛格与罗杰斯的中东政策理念恰好相反：尽管尼克松政府从总体上采取了支持以色列的政策，但罗杰斯试图采取较为公平的阿以政策，倾向于压以色列改变立场；而就基辛格而言，无论是从尼克松政府上台之初，还是在约旦危机期间，基辛格始终是从全球冷战、与苏争锋的角度处理中东问题，他认为在处理中东问题上应采取使苏联和阿拉伯国家改变立场的政策。在埃及开通的对美秘密通道中基辛格就坚持采取了这种措施，这最终导致了埃及秘密通道毫无建树。因此，基辛格行使中东事务外交大权后，美国的中东政策也随之打上了基辛格这种认知的烙印。

　　随着美国对阿以政策的转变，美以关系也由原来的较冷状态渐趋转暖。1972 年 1 月 14 日，拉宾称美以关系得到了很大程度的改善，美国政策的转变是美国意识到政治解决阿以冲突中所面临的诸多现实困难的结果，美国将会接受长期、逐步渐进地解决阿以冲突的现实。② 然而相比之下，苏联对埃及的援助力度、埃及对苏联的失望，进一步凸显了以色列对阿拉伯国家的优势，也彰显了美国威慑平衡政策的作用。

二　苏联对埃及的援助

　　与约旦危机之后尼克松政府对以色列的大规模军事援助相比，苏联对埃及的援助则不免相形见绌，两者形成了鲜明的对比。这与埃及领导人的更替、新任总统萨达特解决阿以争端的理念、苏联援助埃及的原则都有着密切的关系。在约旦危机结束次日，即 1970 年 9 月 28 日，埃及总统纳赛尔逝世，这在一定程度上影响了苏埃在纳赛尔时期形成的友好关系。在外

---

① Henry A. Kissinger, *White House Years*, p. 1285.
② *ARR*, 1972 Issue 1, pp. 19 – 20.

交领域，埃及新任总统萨达特采取了一种更为强硬的立场：如果到 1971
年年底与以色列的冲突还不能通过和平方式解决，埃及将通过战争来解
决。萨达特不断流露出来的通过战争解决阿以冲突的意图，使苏联感到担
忧。苏联认为萨达特的口号背离了他最初的通过和平方式解决冲突的承
诺，而苏联一直主张通过和平方式、反对通过武力解决中东冲突。因为一
旦中东爆发战争，苏联就会陷入尴尬境地：或者卷入战争或者失去苏联在
埃及的地位及在阿拉伯世界的威望。因此，苏联在对萨达特进行援助时就
非常谨慎。[①] 萨达特与苏联互不信任，这使得苏联在对埃及的援助方面顾
虑重重。[②]

　　1971 年 3 月 1—2 日，萨达特访问苏联，就罗杰斯计划下的雅林使命
陷于僵局与苏联进行紧急磋商。在这次访问中，萨达特为了履行 1971 年
阿以冲突"决定性的一年"的承诺，首次要求苏联提供米格 - 25 等先进
武器，苏联有条件地答应了萨达特的请求。[③] 然而，随后由于 1971 年 7
月萨达特插手苏丹政变，致使支持共产主义的政变失败，这使苏联感到不
满，从而放慢了对埃及的武器供应。萨达特虽然于 10 月访问苏联以商谈
武器供应问题，但由于 1971 年 12 月印巴战争的爆发等原因，苏联对埃及
的军事援助请求一再推诿，致使萨达特所制定的"决定性一年"的计划
无疾而终。[④] 1972 年 1 月 13 日，萨达特以印巴战争为由，解释了他暂时
停止对以色列采取行动的原因。他宣称由于印巴战争使世界的目光聚焦于
印度次大陆，因此埃及应暂停行动。同时，他认为"决定性的一年"的
毫无结果并非是"有失脸面"的问题，而是关系到"埃及人民生死"的
问题；"1971 年是决定性的一年"的意思是：如果阿以问题不能在这一年
内解决，就将会搁置到 1973 年或 1974 年之后，而这也正是美国和以色列
所希望的。[⑤]

　　萨达特所宣称的"决定性的一年"，是指在 1971 年阿以双方非战即
和。而在 1971 年阿以和谈毫无结果的情况下，萨达特只有通过战争才能

---

　　① Shaheen Ayubi, *Nasser and Sadat: Decision Making and Foreign Policy* (1970 – 1972), New Hampshire: Longwood Academic, 1992, p. 64.

　　② Shaheen Ayubi, *Nasser and Sadat: Decision Making and Foreign Policy* (1970 – 1972), pp. 153 – 154.

　　③ Karen Dawisha, *Soviet Foreign Policy towards Egypt*, pp. 57 – 58.

　　④ Karen Dawisha, *Soviet Foreign Policy towards Egypt*, p. 62.

　　⑤ *ARR*, 1972 Issue 1, p. 3.

兑现他的承诺，但苏联并没有向萨达特提供足够多的、可以用以发动一场战争的进攻性武器，这是萨达特搁置对以采取行动的主要原因。印巴战争期间苏联将埃及所必需的武器转给印度，这可能是萨达特放弃对以色列采取行动的原因之一，但印巴战争发生在 1971 年年底（1971 年 12 月 4—17日），而且直到 1972 年 7 月发生萨达特驱逐苏联军事人员之后，苏联才向埃及大规模提供武器，因此这种因印巴战争而使埃及未得到足够多的、发动战争的武器的解释显然较为牵强。但值得注意的是，萨达特将他没有在1971 年对以色列采取军事行动的另一个原因，归结为世界的注意力主要集中于印巴战争，① 这反映了他试图通过一场战争来吸引世界关注中东局势的意图，而这也恰恰是萨达特在 1973 年发动十月战争的主要动因之一。

　　苏联对埃及较为有力的支持，是与埃及签订了双边条约。1971 年 5月 27 日，苏埃双方在开罗签署了为期 15 年的友好互助条约。该条约包含了互不干涉内政、继续发展埃及的军事能力等有利于埃及的条款。但作为与非共产主义的发展中国家签署的第一个条约，苏联希望能以此促使埃及沿苏联的意图行进，并试图通过一纸条约来防止埃及采取任何旨在密切与美国关系的行动。② 因此，苏联在条约中规定：埃及应遵循社会主义路线；双方应就重大问题及在和平受到威胁时进行磋商；双方承诺不加入任何针对对方的联盟或国家组织，不采取针对对方的行动和措施。③

　　对于萨达特来说，这项条约是保证苏联继续对埃及进行经济与军事支持的一种方式。在 6 月 2 日举行的埃及全民代表大会上，萨达特宣称埃及需要这样一个包含有军事合作内容的条约，因为埃及只有有了一支完全接受过电子装备训练的军队，才能保证埃及不致遭受以色列的袭击，这是他与苏联签署友好合作条约的原因。而苏联媒体则从自己的立场进行了宣传，认为苏埃条约既强化了埃及沿社会主义道路前进，也为苏联将来与其他第三世界国家建立关系提供了样板。④

　　尽管从表面上来看苏埃条约促进了双方的关系，但萨达特却持谨慎乐观态度。萨达特认为，苏联过去曾拒绝过他和纳赛尔都提出的与苏联缔结条约的要求，而苏联主动提出缔结条约的原因，是为了回应西方对苏联在

① *ARR*，1972 Issue 1，p. 3.

② Karen Dawisha，*Soviet Foreign Policy towards Egypt*，p. 61.

③ *ARR*，1971 Issue 10，p. 272.

④ *ARR*，1971 Issue 11，p. 300；Karen Dawisha，*Soviet Foreign Policy towards Egypt*，pp. 61 –62.

埃及的地位问题的揶揄。因此，对萨达特来说，这个条约更主要的是为了消除苏联对埃及的怀疑，但条约的签署并未打消萨达特对苏联一再食言的顾虑。[①] 从两国关系的后续发展来看，苏联并没有因苏埃条约的签署而兑现其对萨达特的军事援助承诺，这也使得该条约成为致使苏埃分歧扩大化的一个因素。1972 年 2 月和 4 月，萨达特两次出访苏联，与苏联磋商军事援助问题，但这时苏联正专注于 5 月美苏首脑会晤，不想采取任何有损两国会晤成功的举措。尽管苏联不断向埃及保证他们已与美国就埃及的问题进行了谈判，但苏联优先考虑的是与美国的缓和，因此苏联向埃及做出的供应武器的承诺被一再搁置，这种情况一直持续到 1972 年年底。[②]

三　威慑平衡下的阿以态势

美苏对各自友国援助的强大反差更凸显了美国对盟友的支持力度，也进一步强化了以色列对阿拉伯国家，尤其是对埃及的军事优势，这使以色列在对阿以谈判中处于更为有利的地位。以色列因此失去了与阿拉伯国家在谈判中达成共识的动力，在谈判中也逐步提高了要价。1971 年 3 月初，梅厄总理在接受美国《新闻周刊》采访时称，阿以双方应在没有任何前提条件下进行直接谈判；而在接受伦敦《泰晤士报》采访时则首次详细阐明了以色列对领土的要求，其中包括占有沙姆沙伊赫、西奈半岛非军事化、加沙成为约旦的一个港口、维系耶路撒冷的统一并成为以色列的一部分、以色列不从戈兰高地撤退及西岸边界协商解决等内容。从以色列的这些领土要求来看，以色列企图保留部分占领领土，并使部分撤出领土非军事化，这表明以色列的立场与之前相比出现了倒退。对此，埃及加强了外交攻势，要求四大国促使以色列从被占领土上撤出，并指出以色列对领土的要求关闭了和平大门，领土不是用来讨论或妥协的话题。叙利亚也反对以色列的领土要求；约旦则称将不会与"占领领土的敌人"进行任何形式的对话。[③]

但阿拉伯国家的反对，并没有阻止美以关系的进一步改善与美国对以色列的军事援助。1971 年 11 月 30 日至 12 月 13 日，以色列总理梅厄夫人对美国进行了为期两周的访问。在尼克松与梅厄的谈话中，尼克松表示罗

① ［埃］安瓦尔·萨达特：《萨达特回忆录——莫斯科同开罗之间的坚冰正在消融》，辛华译，人民出版社 1978 年版，第 132—135 页。
② Karen Dawisha, *Soviet Foreign Policy towards Egypt*, pp. 62 – 63.
③ *ARR*, 1971 Issue 5, pp. 151 – 152.

杰斯于 10 月 4 日提出的六点和平计划①，仅仅是用以谈判的框架，而不代表美国的最终立场。而对于包括在 1970 年 7 月搁置的鬼怪式飞机等问题的磋商，梅厄夫人也深表满意。② 在 1972 年 1 月 2 日的电视采访中，尼克松确认恢复对以色列的武器供应，其中包括 40 架鬼怪式飞机和 80 架空中之鹰式飞机。③

在尼克松政府对以色列的政策支持与武器援助下，以色列在领土问题上不断提出更为苛刻的要求。1972 年 1 月 12 日，梅厄称以色列政府不会放弃东耶路撒冷，即使这不利于和平；耶路撒冷是一座统一的城市，它将继续作为以色列的首都。④ 4 月 8 日，梅厄进一步宣称，即使以色列与阿拉伯国家签署和平条约，以军也不会从耶路撒冷、戈兰高地、沙姆沙伊赫或加沙撤退；但如果埃及与以色列签署和约，以色列将从西奈的大部分地区撤出。梅厄坚持认为任何可以防止将来对以色列发动进攻的安全边界，对以色列来说都是必需的。⑤ 5 月 3 日，以色列国土部长（Minister of State）加利利（Yisrael Galili）在以色列国会上称，在将来的协议中，加沙将是以色列不可分割的一部分。而对于中东地区的阿以争端问题，以色列外交部部长埃班甚至在 1972 年 5 月初称中东地区已不再是存在危机的地区，因为阿以双方已经实现有效停火达两年。埃班还表示，以色列已不再坚持直接谈判，但以色列撤退的距离必须根据安全的需要来决定，而这是以加沙是以色列不可分割的一部分为前提的。⑥ 以色列的这些试图长期占据阿拉伯国家领土、不断提高阿方无法接受的谈判条件的做法，实际上是企图使被占领土"既成事实化"，这使阿以双方的和谈陷入绝境。

对于美国支持以色列的政策，以及以色列在绝对军事优势下的强硬立场，阿拉伯方面尤其是埃及发出了战争警告。1972 年 1 月，萨达特称即将对以色列发动的战争将是一场全面战争，这不仅是针对以色列，也是针

---

① 1971 年 10 月 4 日，美国国务卿罗杰斯在联合国大会上提出了临时解决中东争端的六点和平计划，其中包括运河协议计划、以色列的撤退、停火的时限、埃及跨越苏伊士运河、运河的自由通航、临时协议的监督实施六个方面的内容。罗杰斯的和平计划遭到以色列的反对，梅厄总理指责罗杰斯的声明强化了埃及的立场。See *ARR*, 1971 Issue 19, p. 545.

② *ARR*, 1971 Issue 23, p. 638.

③ *ARR*, 1972 Issue 1, p. 21.

④ *ARR*, 1972 Issue 1, p. 20. 以色列在 1950 年将耶路撒冷定为首都，当时还仅是耶路撒冷西城。1967 年六日战争时，以色列占领了东城。

⑤ *ARR*, 1972 Issue 7, p. 195.

⑥ *ARR*, 1972 Issue 9, p. 243.

对美国的；美国在中东有重要的石油利益，应对此加以考虑。① 2 月 18 日，埃及国民大会宣布，一场光复阿拉伯所有被占领土、打破不战不和状态的解放战争在所难免。② 4 月 17 日，萨达特对以色列阻挠雅林使命进行了谴责，并称埃及注定会通过战争解决争端。③ 但在军事上处于优势地位的以色列显然对此并不在意。1973 年 7 月，即在十月战争开战的 3 个月前，联合国对要求以色列从所占领的阿拉伯领土上撤出的草案进行投票，结果在 15 个理事国的投票中，除美国投反对票外（中国弃权），其他 13 个理事国投了赞成票。但以色列表示并不会因此而改变其既定政策。④ 美国和以色列的态度表明，两国依然高度依赖绝对军事优势下的威慑政策，维持中东现状。美国和以色列的立场引起了阿拉伯国家的强烈不满，也更加坚定了阿拉伯国家通过战争解决领土问题的决心。

以色列对领土的苛求，阿拉伯国家特别是埃及越来越明显的战争倾向，似乎又回到了六日战争后尼克松访问以色列时所曾担忧的局面：以色列对阿拉伯国家取得的压倒性胜利，使他们产生了一种过分的自信，从而不愿意就所占领土问题与阿拉伯国家进行和平协议的谈判。以色列所取得的胜利太大了，以至于播下了其邻邦仇恨的种子，这势必将引起另一场战争。⑤ 但尼克松上任后，尤其是在约旦危机之后，尼克松似乎淡忘了六日战争结束不久他访问以色列时所产生的这种认识，相反却采取了会使局面恶化的措施。从阿以冲突的发展趋势来看，以色列的过于自信、不妥协的立场及阿拉伯国家恢复领土的决心，最终导致了十月战争的爆发。这也的确验证了尼克松早期的预感，也表明尼克松政府对十月战争的爆发起到了催化作用。从另一个角度来说，阿以之所以在约旦危机之后到十月战争之前这段时间未爆发战争，一方面是由于罗杰斯计划依然在不温不火地进行；另一方面则是纳赛尔在 1970 年 9 月 28 日去世后，其继任者萨达特逐渐改变了外交策略；同时，经过消耗战之后，埃及和以色列均试图通过政治途径解决领土与和平问题。但一系列方案的议而不决对以色列有利，而这对于阿拉伯国家则意味着通过政治途径解决阿以争端的失败。以色列国

---

①　*ARR*, 1972 Issue 1, p. 3.

②　*ARR*, 1972 Issue 4, p. 79.

③　*ARR*, 1972 Issue 8, p. 203.

④　*ARR*, 1973 Issue 14, London: Arab Report & Record, 1974, pp. 284, 332.

⑤　Richard Nixon, *The Memoirs of Richard Nixon*, p. 283.

防部长达扬在1972年1月就曾发出警告：谈判失败就意味着战争。① 但以色列、美国显然没有对此加以关注，埃及却正是在这个过程中，逐渐放弃了通过政治或外交途径解决阿以争端的尝试，最终发动了十月战争。

第三节　走向十月战争之路

埃及总统萨达特为收复被占领土而采取了军事与外交两手准备，他一方面希望能在军事上得到苏联的支持，另一方面试图通过与美国和以色列的缓和来达到目的。但美苏两次缓和峰会不仅默认了美国对中东的威慑平衡政策，而且也认可了美国维持阿以现状的基调，这从外部环境上就消解了萨达特依靠大国介入来解决阿以冲突的冀图。在争取美苏支持阿拉伯国家的解决方案的同时，埃及也试图通过与美缓和、与以色列和解或部分和解来解决阿以冲突。由于以色列的强硬立场、美国对以色列立场的支持以及阿拉伯国家对全面解决阿以冲突的坚持，尤其是埃以双方的出发点和意图存在的根本分歧，最终致使解决冲突的外交途径受阻。

依靠大国介入解决无望、与以色列缓和失败，使埃及最终放弃了通过政治途径解决争端的意图，从而走上了武力解决阿以冲突的道路。因此，十月战争的爆发实际上涉及两个方面的缓和：即美苏之间的双向缓和与埃及对缓和的单向追寻，美苏间的缓和限定了埃及对美、以缓和的诉求，这两个方面的缓和在解决阿以冲突问题上的失败构成了十月战争爆发的外因；而埃及等阿拉伯国家收复失地的决心，则构成了十月战争爆发的内因。萨达特驱逐苏联军事顾问而对苏联约束的解除、阿拉伯国家对战争问题的不断商讨，使发动战争的条件日渐成熟。

一　美苏峰会与中东现状的维持

尽管美苏采取缓和的出发点不同，目的各异，但在对缓和的基本认知上彼此却心照不宣：通过谈判而非武力解决争端；在尽量避免两大国直接对抗的前提下，争取有限合作；同时，双方不放弃甚至强化对盟国的支持与在不同领域的争夺与竞争。自1967年六日战争以来，美苏双方都加强了对各自盟国的支持力度，十月战争之前的阿以军备竞赛，也实际反映了

① *ARR*, 1972 Issue 2, p. 43.

美苏对缓和的认知及各方的意图：苏联向阿拉伯国家提供武器的主要意图，是维持其在阿拉伯国家的地位，同时借此维系阿以之间的军事平衡；而美国则认为只有保持以色列在军事上对阿拉伯国家的绝对优势，才可以威慑其阿拉伯邻邦，从而制止阿以战争的爆发。

尽管美苏都不断向自己的盟国进行军事援助，但从整个事态的发展来看，双方都不希望阿以发生新一轮的武装冲突，更不希望因此而引发美苏之间的直接对抗。甚至基辛格在获知埃及和叙利亚要在 6 小时内进攻以色列时，仍致电苏联驻美大使多勃雷宁，希望美苏能够对各自的朋友进行约束，防止发生任何先发打击；同时，基辛格警告以色列不要进行先发打击。① 美苏对缓和的认知与追求，在很大程度上促使两国均主张维持六日战争后，尤其是在 1970 年 9 月约旦危机之后的阿以对峙局面，就连标志着美苏缓和高潮的 1972 年、1973 年的首脑会晤对中东问题的会谈也体现了这一点。

美苏《相互关系原则》，是 1972 年 5 月美苏首脑会晤所取得的重要成果之一。该文件为美苏缓和确定了基调：美苏两国和平共处；通过谈判以和平方式解决分歧，限制军备、防止核战争；美苏对于消除引起国际紧张局势的冲突具有特殊责任；加强政治、经济与科技等方面的合作。其中还规定，该文件不影响此前美苏对其他国家所承担的任何义务。② 该文件既为美苏缓和规定了基本的原则，也为美苏在处理中东问题上提供了回旋的余地。事实证明，这既没有妨碍两国在中东问题上达成共识，也没有限制止美苏向各自的盟国供给武器。

5 月 26 日下午，美苏会谈的主题转入中东问题。勃列日涅夫针对以色列拒不执行安理会 242 号决议以及阿拉伯国家的愤恨，认为美苏应当共同努力来解决阿以冲突，达成一个解决阿以冲突的方案。但尼克松认为，以色列之所以不执行安理会决议，是因为得不到安全保证，而美苏也不可能强加给以色列一个解决方案；况且在六日战争后，美国能够对以色列施加影响的能力也是有限的。因此，尼克松表示，在美国目前还没有找到一

---

① "Message from Secretary Kissinger, New York, to White House Situation Room, for delivery to President Nixon at 9: 00 a. m. , 6 October 1973", *NPMP*, *NSCF*, Box 664, Middle East War Memos & Misc October 1 – October 17, 1973, p. 1. ［2009 – 09 – 21］http：//www. gwu. edu/ ~ nsarchiv/ NSAEBB/SAEBB98/octwar – 10. pdf.

② "Basic Principles of Relations between the United States of America and the Union of Soviet Socialist Republics", *Public Papers of Presidents of the United States*：*Richard Nixon* 1972, pp. 633 – 635.

个既满足阿以双方要求，又能永久解决冲突的方案之前，在阿以冲突问题上应保持冷静；而在 1972 年大选之前他也不会解决这个问题。尼克松建议，对于解决阿以冲突的基本原则问题由基辛格—多勃雷宁通过特殊渠道来解决；而对于阿以争端则应尽可能维持现状，避免打破停火局面。勃列日涅夫对此表示同意。① 美苏在第一次缓和会晤中就中东问题达成的维持现状的共识，与 1972 年 4 月萨达特访苏时提出的"反对任何维持不战不和现状的协议"的要求是相悖的②，这使萨达特认为，要解决阿以僵局就必须制造新的危机迫使美苏进行干预。③

1973 年 6 月第二次美苏首脑会晤的主要内容，是缓和、合作及限制战略武器问题，中东问题并非双方的重要议题。事实上，中东问题仅在 6 月 23 日即苏联访问团离开美国的前一天晚上十点半才谈及。在这场令美国领导人疲倦的讨论中，勃列日涅夫一再提醒美国，苏联的盟国越来越难以驾驭、战争的危险越来越大，但这却未能引起尼克松和基辛格足够的重视。④基辛格认为，以色列军事力量强大，而美国又掌握着解决阿以冲突的锁钥，因此苏联的警告是想利用尼克松陷入"水门事件"而对美国发出的战争威胁，以达到其不付出任何代价而解决阿以僵局的目的。⑤ 然而从事态的发展来看，这显然是基辛格对苏联警告的误读。但是，尽管苏联意识到中东战争的迫近，却并没有提出消除中东爆发战争危险的合理化建议，仍希望通过与美国合作迫使以色列接受苏联支持的阿拉伯国家的和平条款，即以色列要想获得安全保障就必须从所有所占领土上撤退；并要求尼克松在当晚的会谈中决定解决阿以冲突的原则，显然美国对此是断然不会接受的。⑥

① *FRUS*, 1969 – 1976, Volume XIV, Washington D. C. : Government Printing Office, 2006, pp. 1128 – 1138.

② *ARR*, 1972 Issue 12, p. 347.

③ Coral Bell, "A Case Study in Crisis Management During Détente", *International Affairs*, Vol. 50, No. 4, Oct. , 1974, pp. 531 – 532.

④ Anatoly Dobrynin, *In Confidence: Moscow's Ambassador to American's Six Cold War Presidents* (1962 – 1986), p. 283.

⑤ Henry A. Kissinger, *Years of Upheaval*, pp. 298 – 299.

⑥ "President's Meeting with General Secretary Leonid Brezhnev on Saturday, June 23, 1973 at 10: 30 p. m. at the Western White House, San Clemente, California", *HAKO*, Box 75, Brezhnev Visit June 18 – 25 1973 Memcons, pp. 2, 5. [2009 – 09 – 21] http: //www. gwu. edu/ ~ nsarchiv/ NSAEBB/NSAEBB98/octwar – 3. pdf. ; Anatoly Dobrynin, *In Confidence: Moscow's Ambassador to American's Six Cold War Presidents* (1962 –1986), pp. 284 – 285.

　　因此，在美苏第二次首脑会晤中，双方除了表示对"中东局势的深度关切"外，并没有达成任何解决阿以争端的实质性共识。① 尽管在这次会晤后国务卿罗杰斯认为，如果阿以僵局持续下去，埃及将会动员联合国和国际舆论支持埃及的立场，并会说服沙特阿拉伯等国家向美国施压，从而会带来大国对抗、石油禁运等一系列有损美国利益的后果。罗杰斯认为美国进行温和的让步来促进解决阿以问题的时机已经成熟，因为以色列对美苏首脑会谈的结果满意，而埃及则承认美国在解决阿以争端中的核心作用，因此他建议采取埃以秘密会谈的方式来达成埃以和解。但罗杰斯的建议遭到早已觊觎国务卿职位的基辛格的反对，尼克松对此也不支持，这导致罗杰斯所做的最后一次中东和平努力流产。② 然而，日后阿以争端的发展走向及其对美国和与中东地区的影响，却几乎是按照罗杰斯对中东冲突的理解发展的。

　　第二次美苏首脑会晤对中东问题的漠视，使希望通过大国干预来政治解决阿以冲突的埃及总统萨达特尤为失望。③ 自1972年7月驱逐苏联顾问后，尽管萨达特认为在美国1972年总统大选后采取军事行动是打破中东僵局的唯一方法，④ 但埃及仍希望1973年6月的美苏第二次首脑会晤能在中东问题上达成共识，然而这次会晤对中东问题谈之甚少，并且中东是美苏会谈中唯一没有达成协议的主题，这使埃及深感失望，也使埃及坚定了用武力夺回失去的领土的决心。⑤

　　美苏在1972年5月的首脑会晤中对中东问题的态度，使萨达特决心通过战争使两个大国更深地卷入中东危机；而1973年6月的第二次美苏首脑会晤对阿以争端的漠视，则使萨达特彻底放弃了通过美苏，尤其是美国来促进中东和平的想法。美苏在两次首脑会晤中对维持阿以现状的决

　　① "Joint Communiqué Following Discussions With General Secretary Brezhnev. June 25, 1973", *Public Papers of Presidents of the United States: Richard Nixon* 1973, p. 615.

　　② "Theodore Eliot, Jr., Executive Secretary State Department, Memorandum for the Record, 'Next Steps on the Middle East', 29 June 1973, enclosing, Secretary of State Rogers to Nixon, 'Next Steps on the Middle East', 28 June 1973", *National Archives*, Record Group 59, Department of State Records, Subject – Numeric Files 1970 – 1973, Pol 27 – 14 Arab – Isr. [2009 – 09 – 21] http:// www. gwu. edu/ ~nsarchiv/ NSAEBB/NSAEBB98/octwar – 4. pdf.

　　③ William B. Quandt, *Peace Process: American Diplomacy and the Arab – Israeli Conflict Since* 1967, pp. 101 – 102.

　　④ ［埃］穆罕默德·海卡尔:《通向斋月战争之路》，第204—205页。

　　⑤ *ARR*, 1973 Issue 12, p. 284.

定，实际上是支持了以色列早在 1970 年年底就倾向于对阿拉伯国家采取不战不和的立场①，即支持以色列继续占领阿拉伯方面的领土。这既伤害了阿拉伯国家，也使阿拉伯国家失去了对苏联的好感，但这却为美国排挤苏联在中东的势力提供了条件。两次美苏首脑会晤对中东问题的态度，使萨达特决心通过战争来打破阿以僵局，实现中东问题的解决。因此，从美苏缓和中东危机发展的进程来看，美苏缓和实际上成为促发 1973 年中东战争的外部因素。

二 埃及对美国和以色列缓和的失败

在 1970 年 9 月 28 日纳赛尔去世之时，无论是在政治还是军事方面，阿以争端问题均未取得进展，收复失地问题还仅是远景。继任后的萨达特，为打破阿以不战不和的僵局而进行了政治和军事两手准备。在任副总统期间，萨达特就领教过苏联对埃及军事援助的出尔反尔，因此在他担任埃及总统后，对苏联的援助承诺并没有抱很大的希望，与苏联的关系也较为紧张②；同时他也深知，仅靠埃及的军事力量是无法将以色列驱逐出西奈半岛的。③ 因此，萨达特改变了纳赛尔依靠苏联来打破僵局的方式，转而尝试通过缓和与美国和以色列的关系来打破阿以之间的僵局。事实上，即使是在埃及与苏联关系密切的纳赛尔时期，埃及也仍然保持了与美国的联系，如纳赛尔与肯尼迪的私人关系。萨达特认为，埃及的理念，就是埃及与某个超级大国的关系取决于该国对埃及的立场。④ 但在苏联对萨达特不信任、美国支持以色列的情况下，萨达特只有很小的选择余地，因此埃及开始尝试改变与美国的关系，以打破这种局面。⑤

萨达特所采取的第一个步骤，是向美国发出缓和信号。1970 年 10 月 1 日，萨达特向前来参加纳赛尔葬礼的美国代表团表示，他希望开启美埃关系的新篇章。但萨达特的这次意在改善美埃关系的试探，并没有得到美

---

① *ARR*，1970 Issue 21，p. 624.

② ［埃］安瓦尔·萨达特：《萨达特回忆录——莫斯科同开罗之间的坚冰正在消融》，第62—78 页。

③ William Zartman，"The Failure of Diplomacy"，in Richard B. Parker ed.，*The October War: A Retrospective*，p. 37.

④ ［埃］安瓦尔·萨达特：《萨达特回忆录（附：权力中心的流血斗争)》，第75—76 页。

⑤ ［埃］安瓦尔·萨达特：《萨达特回忆录（附：权力中心的流血斗争)》，第80 页。

国的积极回应。① 在此后的两年里，即从 1971 年到 1973 年十月战争前，美国在中东的外交一度处于一种异乎寻常的静默与消极状态，这主要在于以下两个方面的原因：一方面是基辛格逐渐掌握了中东的外交实权，美国转而采取了强调以色列对阿拉伯国家绝对军事优势的威慑平衡政策。基辛格希望埃及能在对以色列的政策上表现得更为灵活，即要求阿拉伯国家改变立场、通过政治途径解决阿以争端问题。② 在这种认知下，美以认为阿以双方不会在短时间内再度出现危机，也并不急于打破现状。另一方面则是基辛格致力于解决越南战争及中美关系、尼克松忙于美苏首脑会晤及准备 1972 年大选，美国无暇专注于中东事务。在这种情况下，甚至萨达特于 1972 年 7 月驱逐驻埃及的苏联军事顾问也没有引起美国对其外交政策的重新评估，这导致了阿拉伯国家对美国的失望。③ 而在此期间旨在获取美国支持的埃美秘密通道，也遭遇到了同样的命运。

为改善与美国的关系，埃及于 1972 年 4 月开通了与白宫的秘密通道，萨达特试图通过这条通道更深入地了解美国的意图，以便在解决阿以冲突问题上尽可能多地获得美国的支持。④ 但事实证明，无论是美埃之间的正常外交途径还是秘密通道，都没有给埃及带来更多打破阿以僵局的帮助。萨达特的国家安全顾问哈菲兹·伊斯梅尔（Hafiz Ismail）与基辛格多次会谈的情况就证明了这一点。事实上，萨达特正处于一个两难境地：要全部获得以色列所占领土是不可能的，但如果背离这个目标，就会使自己在阿拉伯世界陷入孤立；另外，阿拉伯国家要获得和平就要让步，但 1967 年战争的失败所带来的羞辱与挫折，又使萨达特不可能在这些问题上做出让步。

为摸清美国对埃及方案的态度，以解埃及面临的困境，1973 年 2 月 23 日伊斯梅尔出访美国。在伊斯梅尔与尼克松的会谈中，尽管尼克松认为以色列应为解决冲突做出让步，但他认为阿拉伯国家也应为此让步；美国不能背叛自己的朋友，而且美国压以色列解决阿以冲突的能力也极为有

---

① William Zartman, "The Failure of Diplomacy", in Richard B. Parker ed., *The October War: A Retrospective*, p. 36.

② Kissinger Transcripts, "Discussion with Simcha Dinitz of Egyptian Position on Middle East Conflict; Includes Summary of Exchanges with Hafiz Ismail", *DNSA*, No. KT00698. [2010 – 08 – 18] http://nsarchive.chadwyck.com/nsa/documents/KT/00797/all.pdf.

③ William B. Quandt, *Decade of Decision: American Policy toward the Arab – Israeli Conflict*, p. 129.

④ Henry A. Kissinger, *White House Years*, pp. 1293 – 1296.

限。在伊斯梅尔随后与基辛格的会谈中，双方没有达成任何共识。① 同年
3月，伊斯梅尔在巴黎再次会见基辛格，基辛格表示美国不能确保埃及对
西奈半岛的主权，结果双方不欢而散。② 4月，伊斯梅尔继续向基辛格探
究通过外交途径解决阿以冲突的可能性，基辛格反复告诉伊斯梅尔，任何
外交上的进展，只能等到1973年秋，即以色列大选完成之后才有可能；
而埃及也应为打破僵局有所作为。显然，基辛格的言外之意即为埃及应为
政治解决阿以争端做出让步。这次会谈令埃及感到失望，终使萨达特决定
对以色列发动战争。③ 5月20日，伊斯梅尔与基辛格在巴黎再次进行会
谈，希望进一步探寻美国的意图。伊斯梅尔没有得到美国的任何承诺，相
反基辛格却试图说服伊斯梅尔接受美国的逐步解决方案。④ 实际上，这是
十月战争前基辛格和伊斯梅尔的最后一次会谈，由于埃及不会改变自己的
既定立场，而美国也不会改变其对阿以冲突的政策，双方这次毫无结果的
会谈，标志着萨达特对美国采取的缓和外交政策的失败。⑤

　　在对以色列方面，萨达特先后提出了包括1971年2月4日开放运河
建议等一系列旨在通过政治途径解决阿以冲突的方案，但以色列或者提出
埃及无法接受的条件，或者直接表示反对，这表明萨达特试图通过与以色
列政治和解的道路被堵死。对以色列缓和的失败、与美国缓和外交的毫无
结果、美苏首脑会晤对中东现状的认可、苏联追求缓和而对埃及军事要求
的推诿，使萨达特最终抛弃了通过政治或外交途径解决阿以争端，尤其是
恢复被以色列占领领土的努力。从1972年至1973年，陷入外交困境的萨
达特认为，军事选择是确保美国进行政治干预与便于谈判的必要条件。从
此，萨达特走上了筹备对以战争的道路。

---

① Henry A. Kissinger, *Years of Upheaval*, pp. 210 – 216.

② Kenneth Stein, *Heroic Diplomacy: Sadat, Kissinger, Carter, Begin, and the Quest for Arab – Israeli Peace*, p. 67.

③ Janice Gross Stein, "The Failure of Deterrence and Intelligence", in Richard B. Parker ed., *The October War: A Retrospective*, pp. 80 – 81.

④ "Memorandum from Kissinger to the President, 'Meeting with Hafiz Ismail on May 20', 2 June 1973", *NPMP*, *HAKO*, Box 132, Egypt/Ismail, Vol. VII, May 20 – September 23, 1973, pp. 1 – 5. [2009 – 09 – 21] http: //www. gwu. edu/ ~ nsarchiv/ NSAEBB/ NSAEBB98/octwar – 2B. pdf.

⑤ "Memorandum of Conversation [Memcon] between Muhammad Hafez Ismail and Henry A. Kissinger, 20 May 1973, 10: 15 a. m", *National Archives*, Record Group 59, Department of State Records RG 59, Records of Henry Kissinger, Box 25, Cat C Arab – Israeli War, pp. 30 – 31. [2009 – 09 – 21] http: //www. gwu. edu/ ~ nsarchiv/ NSAEBB/ NSAEBB98/octwar – 2A. pdf.

三　美苏缓和背景下埃及对苏联政策的转变

1972 年 1 月，开罗爆发了大规模的大学生游行示威活动，学生要求埃及发动对以色列的战争，并表达了对苏联提供援助状况的不满。1 月 25 日，萨达特向学生代表们表示，与美国进行的旨在和谈的接触都已终止，与以色列的战争是不可避免的，埃及已经做出对以色列发动战争的决定。① 然而，要发动对以色列的战争尚需要苏联的军事援助，这使萨达特面临着来自国内的巨大压力。萨达特在其回忆录中表达了对苏联的不满，在他看来这主要是由于苏联对向埃及提供军事援助承诺的一再推诿、苏联驻埃及顾问的颐指气使使然。而苏联曾在 1972 年 4 月萨达特访苏期间许诺的武器供应，到 6 月依然没有任何实施供应的迹象，萨达特对此深感烦恼。②

1972 年 6 月，萨达特曾两次要求苏联阐明其曾一再向埃及承诺提供军事援助的意图；同时，萨达特派作战部长前去苏联就武器供应问题进行磋商，结果一无所获。7 月 8 日，埃及收到苏联只针对两国关系的一般性回复，对援助问题却只字未提，这使萨达特忍无可忍，于当日做出了驱逐苏联军事人员离开埃及的决定③，要求苏联顾问到 7 月 16 日全部离开埃及。④ 7 月 17 日，萨达特发布了苏联军事顾问从埃及撤走的命令：（1）从 7 月 17 日起，苏联军事专家和顾问的任务将终止，由埃及军队中的相关人员负责接管相关工作；（2）自 1967 年六日战争以来建造的设施与设备，都将成为埃及的专门财产；（3）在埃苏友好合作条约的框架下就两国关系进行磋商。其中前两项决定已于 7 月 16 日开始实施。外国观察人士认为，自 1955 年埃及—捷克斯洛伐克武器交易以来，萨达特的这一行动是阿拉伯与东欧在军事关系上最重要的变化。对于驱逐苏联军事专家和顾问，萨达特归咎于埃苏两国的分歧。萨达特认为，埃苏从观点上就存在天然的分歧，埃及的任务是恢复被占领土，而苏联作为大国则有其国际职责；埃苏签署友好合作条约后，苏联并没有因埃及做出"决定性的一年"的决定而获得苏联承诺的援助，而 1971 年 7 月苏丹事件也影响了

---

① *ARR*, 1972 Issue 2, p. 26.

② ［埃］安瓦尔·萨达特：《萨达特回忆录——莫斯科同开罗之间的坚冰正在消融》，第187 页。

③ Shaheen Ayubi, *Nasser and Sadat: Decision Making and Foreign Policy* (1970 – 1972), p. 70.

④ ［埃］安瓦尔·萨达特：《萨达特回忆录——莫斯科同开罗之间的坚冰正在消融》，第193—194 页。

两国的关系；同时，美苏首脑会晤对中东现状的认可，也不符合埃及的立场。1972 年 7 月 18 日，萨达特在阿拉伯社会主义联盟中央委员会上发表演讲，宣布了命令苏联军事顾问从埃及撤离的决定，中央委员会对此通过决议，全力支持萨达特的决定。①

对于萨达特的决定，尽管基辛格认为他有使埃及减少对苏联的依赖的意图，但萨达特并不是在得到美国明确保证的情况下采取的行动。因此，基辛格认为萨达特此举是为了解除苏联对其所提供武器的使用限制，以增加自己的军事选择机会。② 而从萨达特发布的命令来看，尽管萨达特要求苏联军事顾问撤离埃及，但仍强调在苏埃友好合作条约的框架下进行磋商，这表明萨达特在采取行动时也留有余地，仍希望能与苏联沟通。尽管苏联对埃及的军事援助一再拖延，但苏联仍是埃及的最大军事援助国。因此，萨达特显然是想通过此举将苏联推向风口浪尖，迫使苏联向埃及提供进攻性武器及更多的军事援助。萨达特此举的另一个目的，是为了解除苏联对武器的使用限制。1972 年 10 月 3 日，萨达特解释了他驱逐苏联军事顾问的原因：由于苏联反对埃及采取军事行动，这使得苏联的军事顾问成为负担；而苏联拒绝向埃及提供武器，是不希望自己在中东卷入与美国的冲突。③ 具有讽刺意味的是，此后的历史事实表明，萨达特驱逐苏联军事顾问所带来的最大后果，恰恰是促成了苏联对埃及实施大规模的军事援助。

1972 年 7 月 19 日，苏联塔斯社发表声明，称"经苏联与埃及交换意见，双方认为埃及做出的苏联撤回其派往埃及的军事人员的决定是可取

---

① *ARR*，1972 Issue 14，pp. 346 - 347. 对于萨达特驱逐苏联军事顾问的动机，大多数研究者认为是萨达特无法容忍苏联对埃及军事援助的拖延、国内要求恢复被占领土的压力的结果。但也有学者认为，1972 年 7 月萨达特驱逐苏联顾问的理由，表面上是苏联未向埃及提供进攻性武器，但萨达特发生明显转变的更重要的因素，是他意识到只有美国有充足的影响力来压以色列从西奈半岛撤出。华盛顿不断告知萨达特，只要埃及依然与苏联保持盟国关系，美国就不会压以色列做出让步；并暗示埃及，如果终止与苏联的军事联盟关系，美国会恢复早期的以以色列从西奈半岛，甚至可能从在六日战争中占领的其他领土上撤退为基础的解决方案。因此，萨达特采取驱逐苏联军事顾问的行动是美国误导的结果。但问题是既然美埃之前没有达成谅解，而且萨达特明知 1972 年正值美国大选之年，正为选举而争取犹太选票的尼克松不会在这一年采取不利于以色列的举措，那么萨达特为何还在失去从美国获得政治利益的情况下做出决定？因此，以上观点尚需进一步商榷，至少萨达特作出这一决定的主要因素，并不是出于对美国暗示的考虑。See Jerome Slater, The United Stated and the Middle East: American Foreign Policy since Détente, in Robert C. Gray and Stanley J. Michalak, Jr. , eds. , *American Foreign Policy since Détente*, pp. 62 - 63.

② Henry A. Kissinger, *White House Years*, pp. 1295 - 1296.

③ *ARR*，1972 Issue 19，p. 471.

的";苏方向埃及派驻军事人员,是为了帮助埃及军队操作苏联军事设备,现已完成任务。显然,这是苏联在为自己寻找挽回颜面的台阶。但除此之外,苏联并没有为萨达特的决定做更多的注解或对埃及进行指责。即使是美英,也未对埃及这一突然行动做出官方评论。7 月 22 日,埃及曾试图从西欧国家获得援助,尤其是希望从法国获得援助,但法国明确表示继续对参加 1967 年中东战争的国家,包括埃及、叙利亚、约旦和以色列实行武器禁运。[①] 自 1972 年 8 月巴勒斯坦"黑九月组织"在慕尼黑奥运会上暗杀了以色列运动员之后,埃及失去了任何从西欧获取武器的可能性。而美国正在准备 1972 年 11 月的总统大选,从而也排除了埃及从美国获取武器供应的可能性。在这种情况下,萨达特认为与苏联恢复关系的时机到了。[②]

1972 年 10 月,萨达特派西德基(Aziz Sidqi)总理前去苏联,以修补两国关系。10 月 16—18 日,西德基对苏联进行了访问,从而实现了自 1972 年 7 月驱逐事件以来埃方与苏联领导人的首次对话。在会谈中,苏联承诺将采取切实可行的步骤来加强埃及的军事力量。[③] 萨达特通过驱逐苏联军事顾问使苏埃间的分歧公开化,显示了埃及的独立姿态。然而尽管双方龃龉依然,但埃及需要苏联的武器,而苏联仍需要借埃及在中东发挥影响,因此苏埃两国对对方的需要,很快就使双方重新达成谅解。从 1972 年 12 月到 1973 年 6 月期间,苏联武器开始源源不断地运往埃及,在短短 6 个多月的时间里,埃及得到的武器数量就超过了过去两年的总和。事实上,这为十月战争准备了条件。[④]

苏联的本来目的,是希望通过限制向埃及输送进攻性武器而防止再次爆发中东战争、引起美苏对抗,但埃及长期以来恢复领土的要求、美国的威慑平衡政策及苏联对缓和的追求,最终导致埃及采取了使苏联与其中东最大盟友失和的举措。尽管双方于1973 年 2 月达成了"全面谅解"[⑤],但苏埃关系的裂痕在十月战争后变得更加公开化。在苏埃关系随后发展的过程中,苏联为修补与埃及的关系采取了大规模军事援助的措施,这为下定决心通过战争解决争端的埃及提供了军事上的支持。因此,苏联在援助埃

---

① *ARR*, 1972 Issue 14, p. 348.

② Karen Dawisha, *Soviet Foreign Policy towards Egypt*, pp. 64 – 65.

③ *ARR*, 1972 Issue 20, p. 500.

④ [埃] 穆罕默德·海卡尔:《通向斋月战争之路》,第 204—205 页。

⑤ *ARR*, 1973 Issue 3, p. 53

及问题上的进退失据，不仅导致了苏埃关系的走冷，而且也没有防止苏联所担心的中东战争的爆发。

四　埃及的战前准备

萨达特所采取的另一项措施，是为对以色列发动战争做准备。萨达特计划向以色列发动进攻是在 1972 年 11 月，而真正致力于战争，则是在 1973 年年初。[1] 事实上，萨达特早就在为发动战争做准备。对萨达特来说，凝聚阿拉伯世界的力量、改善阿拉伯国家间的关系、获取阿拉伯国家的支持，对实现领土恢复是至关重要的，因此，萨达特在上任后着力在这些方面进行了努力。

萨达特与纳赛尔的意图是不同的，与纳赛尔时期相比，阿拉伯国家的内部环境似乎更为稳定与团结。其原因是萨达特追求"阿拉伯国家团结"的目标，逐渐将纳赛尔时期的反帝国主义斗争转向反锡安主义（anti – Zion-ist）运动。萨达特称埃及在阿拉伯世界没有扩张主义企图，也没有在其国土之外寻求领导权的意图。萨达特逐渐改变了与沙特等石油生产国的关系，使他们相信埃及与苏联保持密切关系不是要接受其意识形态，而是要获得其防御性武器。埃及外交政策的转变，使那些原来与埃及关系紧张的、亲西方的阿拉伯政权开始成为萨达特的主要盟友与支持者。[2]

1971 年 6 月 19—26 日，沙特国王费萨尔对埃及进行访问，并于 26 日发布了两国公报。公报称费萨尔国王承认埃及在反对以色列的斗争中承担着最大的负担，埃及属于反锡安主义阵营，整个阿拉伯和伊斯兰世界都应对埃及进行支持。英国《卫报（Guardian)》认为，费萨尔拥有石油财富、西方支持及在国内拥有绝对的权威，萨达特赢得费萨尔的认可，这不仅改善了埃及与沙特的关系、使埃及获得了沙特的财政与外交支持，而且也使埃及多了一个盟友，加强了萨达特在国内外的地位。[3] 费萨尔支持埃及发动战争的表现，则是不断警告美国阿方将使用石油武器迫使美国改变支持以色列的立场。事实证明，在十月战争期间阿拉伯国家所采取的以石油为武器的斗争中，沙特阿拉伯起到了重要作用，这与萨达特的前期工作是分不

---

① Janice Gross Stein, "The Failures of Deterrence and Intelligence", in Richard B. Parker ed. , *The October War: A Retrospective*, p. 79.

② Shaheen Ayubi, *Nasser and Sadat: Decision Making and Foreign Policy* (1970 – 1972), p. 154.

③ *ARR*, 1971 Issue 12, p. 332.

开的。

　　埃及要发动对以色列的战争，争取阿拉伯国家的全面支持是必不可少
的，萨达特的这一考虑是通过埃及前外交部部长里亚德（1964—1971 年
任埃及外交部部长）来实现的。由于里亚德长期从事阿拉伯方面的工作，
与阿拉伯其他各国的政要们多有接触，因此萨达特提名里亚德担任阿拉伯
国家联盟（Arab League，即 League of Arab States）秘书长，通过里亚德向
阿拉伯各国解释埃及的开战意图、获取其他阿拉伯国家的支持。1972 年 6
月 11 日，即在里亚德被选为阿拉伯国家联盟秘书长后不久，萨达特即向
里亚德表示他将继续准备战斗，希望里亚德尽力使埃及在联盟内获得最大
限度的支持、促成阿拉伯国家的团结。于是，从 1972 年 7 月 1 日，里亚
德就开始到阿拉伯各国游说埃及通过战争夺回被占领土的政策。除了北非
的多数阿拉伯国家对埃及的政策表示怀疑外，大部分阿拉伯国家对此表示
赞同。阿拉伯国家联盟根据 1972 年 11 月 15 日会议的决定，于 12 月 12
日在开罗召开了旨在解决军事援助问题的阿拉伯国家参谋长会议。在此次
会议上，沙特阿拉伯和科威特各承诺提供一支“闪电”飞机中队；利比
亚答应向埃及提供两支“幻影”飞机中队。会议还就建立阿拉伯军工厂
达成协议，由埃及、沙特、科威特和卡塔尔共同出资完成。[①]

　　进入 1973 年后，阿拉伯国家内部进一步就军事行动达成了更为广泛
而深入的共识。1 月 27—30 日，阿拉伯国家联盟联合防御理事会（Arab
Defence Council，阿拉伯国家联盟的一个组织机构）在开罗召开会议。28
日，会议对恢复被占领土的联合行动进行了讨论，决定沿三条战线采取行
动：叙利亚军队的北方战线；约旦的东方战线及埃及的西方战线，任何其
他阿拉伯国家的军队均可参加，这三条战线将由最高司令——埃及作战部
长艾哈迈德·伊斯梅尔（Ahmed Ismail）统一指挥。此外，包括北非的阿
拉伯国家在内的各国纷纷承诺进行援助：伊拉克提供 5 个中队的米格 –
17、米格 –21、猎手（Hawker Hunter）及图 –16 飞机；阿尔及利亚提供
4 个中队的米格 –17、米格 –21 飞机；摩洛哥提供 1 个中队的 F –5 战斗
机。这些援助加上 1972 年 12 月沙特、科威特和利比亚承诺提供的 4 个飞
机中队，阿拉伯国家对埃及和叙利亚的飞机援助达到 14 个中队，此外还
包括装甲与机械化师若干。在财政方面，阿联酋和沙特许诺分别向叙利亚

---

① Mahmoud Riad, *The Struggle for Peace in the Middle East*, pp. 233 – 235.

提供 2000 万和 1000 万英镑的资金援助。① 这次会议表明，采取统一行动越来越成为各阿拉伯国家的共识，埃及和叙利亚得到史无前例的援助，就是各国不断加深这一认识的反映。1973 年 4 月下旬，阿拉伯国家参谋长会议在开罗召开，埃及作战部长艾哈迈德·伊斯梅尔要求研究以色列的弱点，通过打击以色列的弱点来实现获益的最大化。同时，会议还对各国军队的就位地点和任务进行了部署，并协调了各方立场。② 阿拉伯国家参谋长会议进一步细化的作战计划，使阿拉伯国家的军事行动计划更具有可行性。

与此同时，为争取国际社会对埃及即将采取的行动的理解，埃及从1973 年 2 月起，发动了强大的外交攻势，包括萨达特的国家安全顾问哈菲兹·伊斯梅尔、作战部长艾哈迈德·伊斯梅尔等人在内的众多高级官员，分别出访美国、西欧、东欧及中国，为埃及发动对以色列的战争营造有利的国际环境。③ 为进一步适应战争的需要，萨达特在 3 月改组了政府，亲自担任国家总理；并向国民宣称，无论埃及愿意与否，与以色列的全面战争将不可避免。④

在阿拉伯国家逐渐走向团结、凝聚力不断增强的过程中，萨达特也在逐渐与叙利亚、约旦协调作战计划，改善埃叙与约旦的关系。⑤ 1973 年 1月 3—5 日，艾哈迈德·伊斯梅尔访问叙利亚，与叙利亚领导人就军事与政治方面的重要问题进行了讨论，并决定在埃叙防线加强共同合作。⑥ 继1973 年 4 月 23 日萨达特和阿萨德就作战方针进行详细讨论之后，埃叙武

---

① *ARR*，1973 Issue 2，1974，p. 48；Mahmoud Riad，*The Struggle for Peace in the Middle East*，p. 235.

② *ARR*，1973 Issue 8，p. 195.

③ *ARR*，1973 Issue 4，p. 79.

④ *ARR*，1973 Issue 6，pp. 123 – 124.

⑤ 1971 年 8 月 12 日，叙利亚因约旦"不断挑衅叙利亚军队和侵犯叙利亚的领土"及其对巴勒斯坦游击队的态度而与之断交，双方直到十月战争爆发前（1973 年 10 月 4 日）都未恢复外交关系，因此许多著述中所称的 1973 年 9 月约叙恢复外交关系的说法是错误的。至于埃及与约旦的断交，则是由于约旦国王侯赛因提出的建立"阿拉伯联合王国"（United Arab Kingdom）的计划。1972 年 3 月 15 日，侯赛因提出建立一个包括约旦和巴勒斯坦地区的联合王国计划，结果遭到埃及总统萨达特的坚决反对。萨达特无法接受该计划中所包含的巴勒斯坦是半自治国家的内容，因为这将使巴勒斯坦事业变得毫无意义。萨达特指责侯赛因的计划使约旦成为以色列渗入阿拉伯的通道。6 月 6 日，萨达特宣布与约旦断绝外交关系，这种情况一直持续到 1973 年 8 月底 9月初埃、叙、约三方的开罗会谈。See *ARR*，1971 Issue 15，p. 419；1973 Issue 19，p. 450；1972 Issue 5，pp. 111 – 112；1972 Issue 7，p. 174.

⑥ *ARR*，1973 Issue 1，p. 16.

装部队最高委员会于 8 月 21—23 日举行了绝密会议，最终商定了作战计划。双方参谋长签署了共同作战的正式文件，提出在 9 月 7—11 日或 10 月 5—10 日间选取作战日期。[①] 9 月 12 日，萨达特、阿萨德和侯赛因在开罗召开了长达 13 天的会议，三方就尚未解决的问题、对以色列的战斗和恢复东方战线问题进行了讨论；同时埃及和约旦恢复了外交关系。尽管叙利亚和约旦的外交关系尚未恢复，但双方同意进行大使级接触。14 日，叙利亚关闭了约叙边境的"巴勒斯坦之声"电台，因为该电台曾在三国会谈期间对侯赛因国王进行攻击。[②]

　　三方会晤、彼此关系的改善、叙利亚在缓和约叙关系上的表现，表明埃及、叙利亚和约旦在对以作战的立场上取得了一致。但阿萨德和萨达特对于发动战争有不同的目的。萨达特不仅希望通过战争解决领土问题，也希望能实现中东和平。而决定收复戈兰高地的阿萨德对与华盛顿的关系不感兴趣，不认为有谈判的可能性，他对以色列的存在深恶痛绝。此外，虽然萨达特私下里预想与以色列进行一场有限战争，但阿萨德却认为爆发更大规模的战争可能迫使以色列放弃约旦河西岸。在战争打响后不久，战略上的分歧就削弱了阿萨德和萨达特之间的伙伴关系。[③] 随后萨达特和阿萨德决定在 1973 年 10 月 6 日发动战争，并于 9 月 22 日开始进入倒计时。10 月 3 日，阿萨德和埃及作战部长艾哈迈德·伊斯梅尔最终敲定在 10 月 6 日下午 2：00 从西、北两线向以色列发起进攻。[④]

　　美苏缓和的确缓解了美苏之间的紧张关系，为了解对方的意图提供了一可供参考的框架，但同时将阿拉伯国家对领土的要求牺牲在了缓和的祭坛之上。从埃及争取大国支持的角度来说，埃及既想得到苏联的支持，也希望能与美国达成谅解，这是埃及解决领土问题的基本外部保障。1971 年 3 月 5 日，埃及《金字塔报》主编海卡尔认为，如果埃及像在 1956 年第二次中东战争时那样成功地解决 1967 年战争留下的问题，就必须要具备以下条件：在获得一个超级大国支持的同时使另一个保持中立。埃及已

　　① Patrick Seale, *Asad of Syria: The Struggle for the Middle East*, London: I. B. Tauris & Co Ltd, 1988, p. 194.

　　② *ARR*, 1973 Issue 17, pp. 395, 402.

　　③ William Burr, ed., "The October War and U. S. Policy", *The National Security Archive*, Oct. 7, 2003.

　　④ Patrick Seale, *Asad of Syria: The Struggle for the Middle East*, p. 194.

经获得了苏联的支持，那么埃及最好是能将美国和以色列分离，至少也要通过国际社会、阿拉伯国家的压力来使美国对以色列采取中立化的立场。① 尽管此后埃及未必是按照海卡尔的这一思路行进的，但在对美国的政策中，埃及却的确是在为争取其采取更为中立的立场而努力。然而，无论是公开途径还是秘密渠道，埃及试图通过缓和与美国和以色列的关系打开阿以僵局的尝试，最终都以失败告终。另外则是由于苏联对缓和的追求而不再对埃及进行有力的支持，这使埃及所追求的目标失去了所有外部保障。

1967 年六日战争之后，经过消耗战的折冲及两个罗杰斯计划、雅林会谈与临时运河协议计划等一系列政治解决方案的尝试，阿以争端发展到1973 年，结果是美国在中东地区成功推行了加强以色列军事优势的威慑平衡政策，阿以争端则定格在维持以色列继续占领阿拉伯方面领土的现状这一局面；而美苏缓和峰会则在事实上认可了这种格局。对于埃及来说，这种格局的形成与维持既是埃及通过政治途径解决争端和恢复被占领土的努力失败的标志，也是促使埃及总统萨达特最终决定采取军事行动打破这种不战不和局面的动因。到 1973 年 10 月，萨达特认为在阿拉伯国家的团结、对发动战争的国家的支持、摆脱苏联的约束等方面，埃及都已经做好了充分的准备。10 月 6 日，十月战争爆发。

---

① *ARR*，1971 Issue 5，p. 148.

第五章　十月战争、石油危机与美国 对等平衡政策的重塑

　　十月战争的爆发，标志着美国推行的加强以色列军事优势的威慑平衡政策的失败。十月战争使美苏不同程度地卷入了阿以冲突，引发了自1962年古巴导弹危机以来最为严重的美苏对抗。在应对十月战争的过程中，尼克松政府吸取了1967年第三次中东战争时的教训，在支持以色列免予惨败的同时，也保住了被以军围困的埃及第三军。这既防止了以色列取得压倒性胜利而毫不妥协，也由于为埃及第三军解困而获得了埃及的好感，从而为日后基辛格实施穿梭外交打下了基础。

　　由十月战争引发的第一次石油危机，则是另一个具有世界意义的危机事件。石油危机不仅引起了美国与阿拉伯国家中亲美国家关系的疏远，而且也造成了美国与西欧、日本等盟友关系的紧张，第一次石油危机所引发的世界范围的广泛互动，使其具有了世界性意义。但石油危机所导致的另一个后果，是为阿以冲突提供了解决的途径。基辛格主张的危机解决框架，是利用脱离军事接触与解除石油禁运为杠杆，对阿以双方互反制约，最终实现了阿以问题的部分解决。基辛格穿梭外交所取得的成就，使美国在中东一直采取的对等平衡政策得以重塑。因此，十月战争虽然是尼克松政府时期所爆发的最为严重的危机事件之一，但也最大限度地实现了美国在中东的战略。

第一节　埃叙突袭与美国在战争 初期的应对政策

　　1973年10月6日，埃及和叙利亚向以色列发动了联合进攻，这使以色列和美国大感意外。在战争爆发前夕，美国和以色列的情报部门及决策

层均未对阿以形势做出准确的判断，甚至在战争之初，美以情报部门仍处于混乱状态，这使措手不及的尼克松政府无法在这一阶段采取积极的应对措施。但伴随以色列方面不断受挫，美国迅速对以色列进行了援助。萨达特"有限战争"的作战思想，为以色列提供了喘息之机，随着美国对以色列的大规模援助，进入短暂相持阶段的战争形势逐渐朝有利于以色列的方向发展。

一 战争初期埃叙军队的突进

1973 年 10 月 6 日下午两点，这个进攻节点从月份到具体的时刻都是由埃及和叙利亚精心策划的。在月份上，阿拉伯方面选择 10 月为开战时机的理由是：以色列将于 10 月 28 日进行国会议员大选，犹太人庄严的赎罪日也在 10 月；另外，10 月是阿拉伯国家的传统斋月，以方可能会认为阿拉伯方面不会为提高士气于斋月采取军事行动，这给了埃叙军队将计就计的机会。在开战日期（D 日）的选择上，10 月 6 日是犹太教的赎罪日，而且这一天还是周末，以色列在这一天会完全停止各种社会活动。但在进攻开始时刻（H 时）的选定上，埃叙之间存有分歧。埃及希望在日落前开始，这样便于夜间作战；叙利亚则希望清晨开始，这样可以背光作战。为了实施突然袭击并在南北两线同时发起进攻，10 月 3 日，伊斯梅尔将军同叙利亚方面在大马士革进行了协商，双方最终将发动进攻的时刻定为 6 日下午两点。从埃及方面来说，下午两点钟苏伊士运河的潮汐正好利于搭桥，这将为埃及实施渡河作战提供有利的条件。① 根据战前商定的作战计划，6 日下午两点，埃及和叙利亚同时从苏伊士运河和戈兰高地西、北两条战线向以色列发起了进攻。

在戈兰高地战线上，叙利亚以 900—1200 辆坦克、300 多架战斗机、45000 人的兵力向以色列发起了进攻。以色列在戈兰高地战线上仅有约 180 辆坦克和 4500 人的兵力；尽管有包括 100 架 F－4 鬼怪式、160 架 A－4 空中之鹰式在内的 500 架战斗机，但这些飞机主要用于对付西奈半岛的埃及空军。因此，在戈兰高地战线的以军飞机并不多，这使得未充分动员后备军而在兵力上捉襟见肘的以色列在战争初期遭受重创，尤其是在坦克方面。

---

① ［日］田上四郎：《中东战争全史》，军事科学院外国军事研究部译，解放军出版社 1985 年版，第 181、196—197 页；Walter J. Boyne, *The Two O'clock War: The 1973 Yom Kippur Conflict and the Airlift That Saved Israel*, New York: Thomas Dunne Books, 2002, p. XIV.

10 月 7 日，叙利亚军队在戈兰高地南线几乎到达了 1967 年六日战争前的叙利亚防线（距离以色列边界约有 5 英里），但叙利亚军队的总体进攻势头却逐渐缓了下来。在戈兰高地北线，越过 1967 年停火线的叙利亚军队占领了戈兰高地的重要城镇库奈特腊（Qunaitra）及赫尔蒙山（Mount Hermon）。然而，除此之外叙利亚军队并没有再取得更大的进展，却相继失去之前所占领的阵地。这主要是因为叙利亚军队也遭受了重大损失，叙利亚在此期间损失了大约 800 辆坦克。8 日，以色列军队开始向戈兰高地推进；次日，以色列发动了大规模反击，在迫使叙利亚军队后退的同时对大马士革进行了空袭，结果造成大量的平民伤亡。[①] 随后，以色列又对大马士革的空军指挥部、民用设施进行了轰炸。在这种情况下，阿萨德要求萨达特对以色列城市进行轰炸，但遭到萨达特的反对。[②] 直到 14 日，埃及才向以色列发动了攻击。从 10 日起，伊拉克、摩洛哥、突尼斯等阿拉伯国家分别派出军队增援已转入防御状态的叙利亚军队，但以色列于当日夺回了戈兰高地。约旦国王侯赛因决定不开辟直接卷入战争的第三条战线，但于 13 日向叙利亚派出了援军。尽管以色列方面称以军距离叙利亚首都大马士革还有 36 英里，但叙利亚充分利用了其第二道防线，控制了通往大马士革的重镇萨萨（Saasaa），加之埃及在苏伊士战线对以色列的牵制，叙利亚有效地阻止了以军的快速推进。[③] 到 14 日，达扬认为戈兰高地的战斗已基本结束，以色列可以腾出手来全力应付西奈战场。[④]

与叙利亚的情况相比，埃及在苏伊士运河战线上进展得颇为顺利。10 月 6 日当天，埃及军队在苏伊士运河上搭建了 10 座渡桥及大约 50 个渡口，使大批埃及装甲车及部队顺利渡到苏伊士运河东岸，并成功突破以色列的巴列夫防线。尽管以色列空军实施了空中打击，但在埃及萨姆 - 2、萨姆 - 3、萨姆 - 6 和萨姆 - 7 导弹的有效反击下，以色列空军损失惨重。[⑤] 因此，萨姆导弹在防御以军的空中打击中发挥了重要作用，尤其是其中的萨姆 - 6 导弹。到 10 月 9 日，埃及和叙利亚的空防系统共击落了

① *ARR*, 1973 Issue 19, pp. 436, 438.

② Patrick Seale, *Asad of Syria: The Struggle for the Middle East*, p. 210.

③ *ARR*, 1973 Issue 19, pp. 431, 441.

④ *ARR*, 1973 Issue 19, p. 444. 约旦虽然向叙利亚派出了军队，但直到 16 日才第一次在戈兰战线参战。See *ARR*, 1973 Issue 19, p. 467.

⑤ *Strategic Survey* 1973, London: The International Institute for Strategic Studies, 1974, p. 22.

大约 50 架以色列飞机，这几乎占到以色列在整个十月战争中损失飞机的一半。① 到 9 日，埃及军队已占领整个苏伊士运河东岸，并深入到西奈半岛内部 15 英里处。② 此后至 14 日埃及军队一直在发动进攻，但进攻的强度却明显地弱了下来。

埃及之所以在不断取得胜利的情况下放慢了进攻节奏，其原因是多方面的，主要有以下几点：

第一，萨达特有限战争思想的影响。萨达特的作战思想，是要通过一场有限战争来迫使以色列和美国改变立场，同时以此将美苏更深地卷入中东，从而最终通过外交或政治途径解决阿以争端。1972 年 10 月 24 日晚，在埃及武装部队最高委员会举行的会议上，萨达特提出了发动一场有限战争的主张。他坚持认为，即使仅从苏伊士运河东岸获得 1 厘米的土地，也会加强他在政治和外交上的谈判地位，但这遭到部分将领的反对。萨达特因此对军队进行了改组，解除了反对发动有限战争的将领的职位，分别任命沙兹利和艾哈迈德·伊斯梅尔为武装部队总司令和国防部长。③ 此后埃及所做的军事准备和采取的军事行动，就是在萨达特的这一作战思想指导下进行的。因此在埃及军队节节胜利的情况下，萨达特并没有要求军队继续东进以扩大战果，而是要巩固战果。

第二，埃及意识到进一步突进会使埃及地面部队失去空中掩护。六日战争中以色列空中打击的切肤之痛，使埃及认识到空防的重要性，这也是面对具有绝对优势的以色列空中力量，埃及军队能够在苏伊士运河东岸立足的关键。在这种认知下，埃及对于是否要冒险使军队处于空防之外考虑慎重，这是埃及未命令军队向各重要隘口发起猛攻的一个原因。因此，在战场形势对自己有利的情况下，埃及并没有借机乘胜进攻，而是将留有 500 辆坦克的埃及第三军驻守苏伊士运河东岸，为在 14 日进一步发动更大规模的进攻做准备。④

第三，埃及在作战目的上的矛盾。10 日，埃及在采取军事行动的目标上出现了矛盾：在达到深入西奈半岛内部 20 英里的情况下，是以此使联合国或大国施加压力实现停火，还是进一步拓展目标，因为萨达特称其

---

① Lawrence L. Whetten, *The Canal War: Four - Power Conflict in the Middle East*, p. 265.
② *ARR*, 1973 Issue 19, p. 438.
③ ［埃］穆罕默德·海卡尔：《通向斋月战争之路》，第 205 页。
④ *Strategic Survey* 1973, p. 22.

军队有能力占领整个西奈。① 尽管萨达特曾向阿萨德表明，埃及的目标是要深入到西奈半岛内部40公里，但埃及的实际军事计划却是要引起美国的关注、迫使以色列进行谈判，而埃及最终在西奈半岛的挺进甚至比萨达特最初的预期更为有限。② 这也成为限制埃及军队进一步向半岛东进的原因。

此外，对于萨达特没有充分利用战争初期的有利形势继续扩大战果的原因，也有研究者认为是由于萨达特认识到以色列已经拥有核武器，如果埃及威胁到以色列的生存，以色列将会对埃及实施核威胁。③ 由于相关档案尚未解密，这一观点尚需进一步证实。从已解密的相关档案来看，主要是以上三个方面的因素，使埃及在10月9日占领了整个沿苏伊士运河长102英里、宽3—8英里的东岸后，与以色列陷入对峙局面。尽管双方互有攻防，但埃及已不再有战争最初时期的那种全面进攻行动。④ 以色列充分利用了这一有利时机，迅速动员后备力量，为扭转战局提供了条件。

二　美以战前情报评估的失败

阿拉伯方面在1967年六日战争中的惨败，是以色列对阿拉伯国家实施突然袭击造成的；六年之后，以色列也尝到了阿拉伯突袭的苦果。对于埃叙的联合进攻，以色列并没有得到及时的警报，而且还要同时在两条战线上作战。埃叙对以色列的进攻引起了以色列的震惊，这不仅是战争发动的方式，而且也证明了以色列的基本设想也是错误的：认为阿方在十月份发动进攻的可能性不大，肯定进攻开始以前会获得足够的警报，相信以色列能阻止埃及人越过苏伊士运河。⑤ 以色列和美国都有着先进与完善的情报系统，为何未能预见战争的爆发？ 1998年10月，在十月战争爆发25

①　"U. S. Interests Section in Egypt, cable 3942 to State Department, 'Current Egyptian Military Position,' 10 Oct. 1973", *NPMP*, *NSCF*, Box 638, Arab Republic of Egypt IX (Jan – Oct 73). [2009 – 09 – 21] http：//www. gwu. edu/ – nsarchiv/NSAEBB/NSAEBB98/octwar – 24. pdf. 关于电报中的内容，美联社（Associated Press，缩写为AP）进行了披露。美国驻埃及的联络代表处（Interests Section）称，美联社对萨达特向阿萨德隐瞒其有限作战目标等情况的披露，使埃及领导层感到不安。联络代表处发出警告称，如果美联社再加以泄露，美国将不会再从埃及的秘密渠道获得情报。

②　William Burr, ed., "The October War and U. S. Policy", *The National Security Archive*, Oct. 7, 2003.

③　Michael Karpin, *The Bomb in the Basement：How Israel Went Nuclear and that Means for the World*, New York：Simon & Schuster, 2006, p. 330.

④　Lawrence L. Whetten, *The Canal War：Four – Power Conflict in the Middle East*, p. 266.

⑤　[以] 果尔达·梅厄：《我的一生》，第409页。

周年纪念大会上，来自美、俄、以、埃、叙、约等国曾参与过十月战争决策或与战争相关的人员，就曾对情报评估失败的原因进行了探讨。[1] 2003年10月，即在十月战争爆发30年后，美国也解密了其预测战争失败的相关材料。[2] 本部分内容也将通过解读这些材料来对美以情报评估失败的原因进行解析。

阿拉伯国家突袭成功的原因，就美以方面来说，一方面是美国和以色列迷信以色列的绝对军事优势，认为这种优势所形成的威慑，使阿方不会贸然采取军事行动，这是美以无法对形势做出正确判断的主要原因。基辛格认为，这是由于萨达特利用了对手的先入之见[3]，这实际上是以色列和美国无视阿拉伯国家恢复被占领土的决心的结果。另一方面，则是由于白宫于1972年1月专注于中美关系、1972年5月稳定美苏关系、1973年1月结束越南战争及期间的美国大选等原因，这些因素都使美国耽于对阿以争端的关注。[4] 在这种情况下，尽管阿拉伯方面早就发出了明显的战争信号，但美以却未对此加以认真对待。十月战争爆发之前，阿拉伯方面对作战的磋商是公开的，如十月战争前制定对以色列联合作战的阿拉伯国家国防会议、约旦同意重新启动东方战线、萨达特的安全顾问哈菲兹·伊斯梅尔访苏、萨达特及其作战部长等人与大马士革间的频繁接触、1973年8月萨达特对沙特费萨尔国王的访问等，美以情报部门不可能没注意到阿拉伯国家的这些行动及其动向，而是美以方面对此熟视无睹。[5] 因此，美以情报部门并不缺乏有关阿拉伯方面动向的信息，缺乏的是对这些情报信息的正确判断。

（一）以色列对埃叙形势的误判

曾在十月战争期间任以色列军事情报研究处处长的阿里耶·沙列夫（Aryeh Shalev）认为，以色列在十月战争之前对情报评估的失误一方面在于无法断定萨达特的决定；另一方面则在于以色列对自己防线的过高认知。以色列方面认为，只要分别在西奈和戈兰高地部署300辆和180辆坦克，就能遏阻埃及和叙利亚的任何进攻，这只需要常备军就可以实施而不

---

① Richard B. Parker ed. , *The October War: A Retrospective*, pp. 79 – 152.

② See http: //www. gwu. edu/ ~ nsarchiv/NSAEBB/NSAEBB98/index. htm.

③ Henry A. Kissinger, *Years of Upheaval*, p. 460.

④ William Zartman, "The Failure of Diplomacy", in Richard B. Parker ed. , *The October War: A Retrospective*, p. 19.

⑤ *Strategic Survey* 1973, pp. 14 – 15.

用动员后备军。① 事实证明，以色列决策层的这些认知在战争初期给以色列带来了严重后果，而这些对形势过于乐观的评估，主要源于以色列在六日战争中取得的压倒性优势所产生的心理优势。在以色列总理梅厄夫人和国防部长达扬的回忆录、基辛格的回忆录及美国已解密的相关档案中，都显示出美以双方对情报的错误判断。

早在 1973 年 5 月，以色列就接到关于叙利亚和埃及在边境加强兵力的情报，但情报部门认为爆发战争的可能性不大。同时，以色列总理梅厄夫人、国防部长和总参谋长都认为无论是军队的战备状况还是预警问题，以色列都能应付任何意外情况。9 月，以色列开始收到有关叙利亚军队在戈兰高地集结的情报。9 月 13 日，以色列同叙利亚展开空战，以色列击落了叙利亚 13 架米格飞机。然而，尽管以色列和叙利亚对抗的这种紧张态势已扩大到埃及，但以色列的情报部门却依然非常自信地认为，叙利亚的持续增援在于其担心以色列的进攻，这种看法一直延续到 10 月 6 日战争的爆发。②

10 月 3 日，即在战争爆发前的第 3 天，在梅厄总理、国防部长达扬、空军司令、总参谋长以及军事情报研究处处长阿里耶·沙列夫等人参加的会议上，总参谋长和沙列夫阐述了两条战线上的形势，仍然认为不存在埃叙联合进攻的可能性。阿里耶·沙列夫认为埃及和叙利亚沿前线的军力部署，能随时发动进攻，但他不认为会发生战争，埃及方面的行动只不过是每年例行的军事演习。③ 总参谋长则认为叙利亚不可能单独袭击以色列，叙利亚军队加强北方的防线及进行新的军事部署只是例行演习；而最近叙利亚部队从叙约边境的转移，则是由于两国关系的近期缓和、叙利亚向约旦表示友好的一种姿态。④ 但梅厄总理依然存有疑虑，她所担心的是如果叙利亚发动进攻，埃及会不会采取行动，沙列夫则认为埃及肯定会立即投入战斗。⑤ 从这些备忘录、采访记录的内容可以看出，以色列决策层考虑到了可能要爆发战争，但并没有决定采取如动员后备军等进一步的

① Janice Gross Stein, "The Failure of Deterrence and Intelligence", in Richard B. Parker ed., *The October War: A Retrospective*, pp. 104, 107.

② ［以］果尔达·梅厄：《我的一生》，第 402—403 页。

③ Moshe Dayan, *Moshe Dayan: Story of My Life*, p. 568.

④ ［以］果尔达·梅厄：《我的一生》，第 403 页。

⑤ Janice Gross Stein, "The Failure of Deterrence and Intelligence", in Richard B. Parker ed., *The October War: A Retrospective*, pp. 105 - 106.

行动。① 以色列的这些自圆其说却又近乎合理的解释，恰好是埃叙所希望的。埃及和叙利亚就是以例行秋季演习为名，向叙利亚和埃及前线调动大批人员与设备，以此迷惑以色列和美国，而以色列也正是这样理解的。②

10月4日，达扬得到苏联已下令撤离其在叙利亚和埃及的顾问及其家属的消息，他立即命令军队进行最高级"C"级警戒，并于次日将这一情报告知梅厄总理。尽管埃及和叙利亚的军队处于紧急状态，能随时发动攻击，但以色列情报局局长和总参谋长向梅厄表示，阿拉伯国家不会有发动战争的可能性。③

然而，梅厄总理并不完全认可其军事顾问的乐观评估，10月5日，她向基辛格发了一份紧急电报，提醒基辛格注意阿拉伯方面越来越明显的战争动向。基于埃及和叙利亚的行动可能是担心以色列进攻的考虑，梅厄敦促基辛格向开罗和大马士革转达以色列没有袭击的意图；但如果埃叙发动军事进攻，以色列将予以坚决、有力的反击。当时基辛格正在纽约参加联合国大会，副国家安全事务助理布兰特·斯考克罗夫特（Brent Scowcroft）收到了这份紧急电报，并于5日下午发给基辛格。④ 然而情况很快就发生了变化。6日上午，美国驻以色列大使肯尼斯·基廷（Ken-

---

① Moshe Dayan, *Moshe Dayan: Story of My Life*, p. 568.

② Patrick Seale, *Asad of Syria: The Struggle for the Middle East*, p. 194.

③ Moshe Dayan, *Moshe Dayan: Story of My Life*, pp. 569 – 570；［以］果尔达·梅厄：《我的一生》，第406页。达扬在其回忆录中除了解释他对情报的重视，并做出了提高警戒级别外，并没有坦承自己对情报判断的失误；但梅厄在其回忆录中则指出达扬对形势尤其是在对苏联下令撤退其顾问问题上，并不认为埃及和叙利亚即将要发动进攻。后来达扬曾为此先后向梅厄提出两次辞呈，但均被梅厄拒绝。See Michael Karpin, *The Bomb in the Basement: How Israel Went Nuclear and that Means for the World*, p. 326.

④ "Deputy Assistant to the President for National Security Brent Scowcroft to Kissinger, 5 October 1973, Enclosing Message from Israeli Prime Minister Golda Meir", *NPMP, HAKO*, Box 136, Dinitz June 4, 1974,［sic］– Oct. 31", 1973. ［2009 – 09 – 21］http：//www. gwu. edu/ ~ nsarchiv/NSAEBB/ NSAEBB98/octwar – 07. pdf. 基辛格在其回忆录《动乱年代》中所称的促使西斯科叫醒他的那份电报并非此件。这封电报是10月5日由以色列代办沙列夫（Shalev）发的，而美国驻以色列大使肯尼斯·基廷是在特拉维夫时间10月6日上午被梅厄总理召见，这时已经距离战争爆发仅剩3个小时左右的时间。因此，基辛格当时接到的是基廷大使于6日发的紧急电报。See Henry A. Kissinger, *Years of Upheaval*, p. 450；［以］果尔达·梅厄：《我的一生》，第408—409页；"GOI Concern About Possible Syrian and Egyptian Attack Today", *NPMP, NSCF*, Box 1173, 1973 War（Middle East）6 Oct. 1973 File No. 1［1 of 2］. ［2009 – 09 – 21］http：//www. gwu. edu/ ~ nsarchiv/ NSAEBB/ NSAEBB98/octwar – 09. pdf。

neth Keating）向基辛格发出紧急电报，称梅厄总理向其表示埃叙将于6日下午对以色列发动战争，而这是由于埃叙对以色列意图误判的结果，因此梅厄希望美国向阿拉伯国家和苏联转达以色列没有发动战争，并绝不会发动先发打击的意图。然而，这距离埃叙发动战争仅剩下90分钟，基辛格虽然采取了一系列紧急外交活动，但已于事无补。[①] 从基辛格的反应来看，基辛格及美国情报部门对埃及和叙利亚的动向也显然缺乏准确的先期预判。

（二）美国情报评估的失误

从美国国家安全档案馆公布的资料来看，美国情报部门在对埃及和叙利亚发动对以色列的战争方面，并没有形成清晰的判断。1973年10月6日，在梅厄总理告知美国大使基廷埃叙要对以色列发动战争的可靠情报后，美国也获得了苏联人员撤离埃叙、埃及军队高度警戒及叙利亚军队沿戈兰高地停火线集结的情报。对此，美国情报部门认为，为使国际社会关注中东、重新利用石油作为反对美国的政治武器，埃叙的确有对以色列发动战争的意图，但情报部门更倾向于认为，苏联人员的撤离是苏阿关系持续紧张的结果，是阿拉伯国家以战争的名义对苏联人员的驱逐。美国国家安全委员会成员威廉·匡特（William B. Quandt）认为，美国情报部门一贯低估阿拉伯国家对以色列发动进攻的可能性，这是情报部门认为没有迹象表明战争即将到来的原因。[②]

10月23日，即在十月战争逐步进入尾声阶段，基辛格指出了十月战争爆发前情报部门的评估问题。基辛格指出，在战争爆发前，美国情报部

---

① Henry A. Kissinger, *Years of Upheaval*, pp. 450 – 451. 特拉维夫位于东二区，而纽约位于西五区，因此两城市间的标准时差为7个小时。由于当时纽约在10月份实行的是夏令时，比原来的时间要提前1个小时，所以实际时差为6小时。当基辛格在纽约被西斯科唤醒时是当地时间10月6日早上6：15、特拉维夫时间10月6日中午12：15，而埃及和叙利亚将于当日14：00，即纽约时间8：00发起攻击，因此基辛格称当西斯科叫醒他时中东和平只剩下90分钟。但从基辛格于2003年出版的《危机》一书中的相关谈话记录来看，基辛格最早知道基廷电报的内容，是6日上午7：30，这离战争爆发还有30分钟。See "Message from Secretary Kissinger, New York, to White House Situation Room, for delivery to President Nixon at 9：00 a. m. , 6 October 1973", *NPMP*, *NSCF*, Box 664, Middle East War Memos & Misc October 1 – October 17, 1973. ［2009 – 09 – 21］http：//www. gwu. edu/ ~ nsarchiv/NSAEBB/NSAEBB98/octwar – 10. pdf; Henry A. Kissinger, *Crisis*: *The Anatomy of Two Major Foreign Crisis*, p. 20.

② "Memorandum from William B. Quandt to Brent Scowcroft, 'Arab – Israeli Tensions', 6 October 1973", *NPMP*, *NSCF*, Box 1173, 1973 War (Middle East) 6 Oct. 1973 File No. 1 ［1 of 2］. ［2009 – 09 – 21］http：//www. gwu. edu/ ~ nsarchiv/ NSAEBB/NSAEBB98/octwar – 13. pdf.

门在向国务卿和国家安全顾问（均为基辛格担任）分别提供的情报评估中，都认为中东爆发战争的可能性较小；而即使是在战争爆发的当天，美国情报部门在向尼克松提供的每日简报及情报简报中，仍然认为中东不存在爆发战争的可能性。① 对于美国情报评估的失误，美国国务院情报司司长（State Department's Intelligence Chief）雷·克莱恩（Ray Cline）认为，在某种程度上这是由于"被自己洗脑的以色列人也把我们洗脑了"；更为重要的是，美国不像苏联那样在中东能得到充足的、可供分析的情报。② 克莱恩的这一解释显然是在为情报部门的失误开脱，但被以色列洗脑一说从某种程度上来说却有一定道理，因为直到战争爆发前夕，以色列官方的反应依然是阿以之间没有爆发战争的可能，并将这一判断传递给了美国，进而影响了美国的判断。

　　早在1973年9月30日（十月战争爆发前的周日）以色列驻美大使迪尼兹（Dinitz）就向基辛格保证，阿拉伯国家不可能对以色列发动进攻。10月4日，以色列外交部部长埃班在与基辛格的会谈中认为，没有必要在中东推进和平计划，因为中东的军事形势绝对稳定，不可能会被阿拉伯国家改变；而从政治上发动和平攻势也不会改变中东现状。③ 埃班的观点反映了以色列继续维持中东不战不和现状的政策取向，但这正是阿拉伯国家发动战争的根本原因，而并不是由于阿拉伯国家认为以色列有实施先发打击的意图而采取的行动。以色列对阿以局势的这些判断，在一定程度上左右了美国对中东局势的判断。

　　基辛格着力推行加强以色列军事优势的威慑平衡政策，其目的即在于迫使阿拉伯国家放弃武力而通过政治或外交途径解决阿以争端，基辛格的这一政策取向也弱化了其对阿以局势的准确判断。对于十月战争的爆发，基辛格并没有因自己对形势的错误判断进行反省，而是将之归结为萨达特的蓄谋，甚至将之与"二战"期间发生的珍珠港事件、德国突袭苏联相提并论。基辛格认为这是典型的战略战术突袭，萨达特从1971年起每年

---

① "Secretary's Staff Meeting, 23 October 1973", *Transcripts of Secretary of State Henry A. Kissinger Staff Meetings*, 1973 – 1977, Box 1, p. 3. ［2009 – 09 – 21］http：//www. gwu. edu/ ~ nsarchiv/NSAEBB/NSAEBB98/ octwar – 63. pdf.

② "Secretary's Staff Meeting, 23 October 1973", *Transcripts of Secretary of State Henry A. Kissinger Staff Meetings*, 1973 – 1977, Box 1, p. 22.

③ "Secretary's Staff Meeting, 23 October 1973", *Transcripts of Secretary of State Henry A. Kissinger Staff Meetings*, 1973 – 1977, Box 1, p. 3.

都宣称要对以色列发动战争的做法迷惑了对手；与此同时，萨达特释放的大量情报，也导致对手做出了错误的分析与判断，这是造成埃叙突袭成功的另一重要因素。① 基辛格的解释表明，他并没有意识到埃叙会发动对以色列的战争，至少是没有意识到战争会爆发得如此之快，这固然有情报部门对阿以形势的评估导向、以色列官方立场的影响作用，但基辛格也并没有足够重视阿拉伯方面，尤其是埃及所面临的国内外压力，而依然坚持认为美国在中东所推行的威慑平衡政策，会使阿拉伯国家放弃武力而通过政治途径来解决阿以争端。正是基于这一认识，基辛格对于埃叙方面的战争警告方面与以色列总理梅厄夫人持相同的观点，即坚持认为这是埃叙对以色列意图的误解。

当基辛格获知埃及和叙利亚要在 6 小时内对色列发动攻击时，他仍希望美苏能够对各自的朋友进行约束，防止任何先发打击。在发给尼克松的电报中，基辛格称正在与以色列进行紧急磋商，并警告以色列不要进行任何先发打击。在获得以色列不进行先发打击的承诺后，基辛格分别致电埃及外交部部长穆罕默德·扎耶特（Mohamed el – Zayyat）和苏联驻美大使多勃雷宁，要求各方克制，不要采取先发打击行动。② 但从战争的爆发及其最初的发展进程来看，基辛格的呼吁并没有得到积极回应，尤其是蓄势待发的埃及和叙利亚。

关于美以对阿拉伯国家发动战争的情报评估失败的另一个表现，则是美以未重视或注意到埃及在弥补与以色列军事上的差距所进行的准备。埃及总参谋部认为，以色列国防军有四大战略优势：空中优势、先进的技术、高水平的训练及美国的无条件支持。然而，尽管以色列有这些优势，埃及和叙利亚也没有被以色列拥有的战略优势所吓阻。相对于以色列的优势，埃及通过各种手段来缩短这种差距。对于以色列的空中优势，埃及通过部署地对空导弹系统来加以抵消，这实际上在消耗战结束时就已经完成；此外，埃及通过苏联 1973 年 1 月供给的装备、密集的跨河作战训练，部分地缩短了与以色列军队在技术、水平方面的差距。而对于美国对以色列的支持，萨达特则通过使美国卷入阿以冲突来加以折中。利用战争打破

---

① 　Henry A. Kissinger, *Years of Upheaval*, pp. 459 – 460.

② 　"Message from Secretary Kissinger, New York, to White House Situation Room, for Delivery to President Nixon at 9：00 a. m. , 6 October 1973", *NPMP*, *NSCF*, Box 664, Middle East War Memos & Misc October 1 – October 17, 1973, pp. 1 – 3.

外交僵局，萨达特预料到埃及将会在军事上付出高昂的代价，因此埃及的将军们并不期望能从以色列手中夺回西奈半岛，而是希望能给以色列以重创，使以色列在继续占领领土方面的代价高于其所得利益。① 埃及所做的这些准备，在很大程度上弥补了埃及军事上的不足，这也是埃及和叙利亚军队在战争初期得以顺利推进的重要原因。

十月战争前夕以色列情报评估的失败，是以色列在 1973 年六日战争中取得压倒性胜利的心理优势的反映，也是美国和以色列在中东推行威慑平衡政策的结果。此外，美国也没有认真对待苏联发出的警告、深入研究苏联战前的举措。苏联在埃及有接触埃及领导人及独立获取信息的渠道，并曾向美国发出过阿以战争迫在眉睫的警告，但这却没有引起美国的重视。② 这些因素使美以忽视了阿拉伯国家通过武力收复失地的决心，从而导致美以情报评估的盲目乐观及基辛格对阿以形势判断的失误，这种情况一直延续至战争爆发后的最初阶段，并进而影响到美国在战争初期对中东的政策。

三　尼克松政府的最初反应及其危机解决理念的形成

1973 年 8 月，尼克松宣布基辛格代替罗杰斯担任国务卿，并保留了他总统国家安全事务助理的职务，从而结束了尼克松政府因罗杰斯和基辛格间的龃龉而导致的美国在中东政策上的矛盾。然而到 9 月，尼克松已经深陷"水门事件"，关于是否应该交出他办公室的录音带，法庭已进行了毫不留情的审理。而就在十月战争爆发前后，水门事件发展到了高潮，这使尼克松将更多的精力与时间专注于水门事件及其后果。与此同时，令副总统斯皮罗·阿格纽（Spiro Agnew）下台的财政丑闻与不断发展的水门危机交织在一起，这进一步降低了尼克松对外交事务的关注程度。在这种情况下，基辛格成为十月战争中美国的关键决策者。③ 1973 年 10 月 6 日，埃叙对以色列发动的联合进攻，改变了中东局势，这使阿以冲突第一次成为美国最大的外交重点。深陷水门事件的尼克松，将美国外交交与了基辛格，这使尼克松政府在处理十月战争问题上保持了政策的高度一致性，也使美国的政策按照基辛格的外交模式顺利进行。

对于 10 月 6 日下午两点钟爆发的中东战争，美国情报部门对阿以双

---

① Richard Parker, ed. , *The October War: A Retrospective*, pp. 82 – 83.

② Richard Ned Lebow, and Janice Gross Stein, *We All Lost the Cold War*, pp. 179 – 180.

③ Henry A. Kissinger, *Years of Upheaval*, p. 470.

方交战情况的了解依然处于滞后状态，这对美国在战争初期的外交决策产生了影响。6 日上午 9 时，基辛格的副手、副国家安全事务助理斯考克罗夫特，针对当前发生的中东危机主持召开了华盛顿特别行动小组（WSAG）会议（基辛格正在纽约参加联合国大会）。但由于美国尚未得到新的情报，并不清楚究竟是以色列还是阿拉伯首先发难，因此尽管埃叙已经采取了军事行动，但会议仍然没有认识到阿以间爆发的是一场全面战争。美国中央情报局局长威廉·科尔比（William Colby）认为，阿以双方都不曾预先策划军事行动，冲突的发生是双方相互害怕对方采取行动的结果。会议认为，美国不应对任何一方进行指责；也不应向双方提供军事装备。[①] 在尚不清楚战况的情况下，特别行动小组对这场其所认为的"袭击"或"小规模行动"的反应是迟钝的。

基辛格在知道战争爆发后，迅速联络多勃雷宁、以色列驻美大使馆代办莫德查依·沙列夫（Mordechai Shalev）、正在参加联合国大会埃及外交部部长穆罕默德·扎耶特，一方面要求各方保持克制，另一方面则是试图从中了解战争的最新动向。然而，埃及和以色列方面带来的消息却是彼此相反的，埃以双方都称是对方发动了战争，基辛格放弃了原来认为的战争是以色列设置的圈套的想法。然而，尽管沙列夫已告诉他是埃叙发动了战争，但对于具体事态的发展，基辛格，包括沙列夫、以色列外交部部长埃班及埃及外交部部长都不清楚。[②]

在还不完全清楚阿以战争的事态发展状况的情况下，基辛格采取的措施是谨慎的，即使埃班随后告诉他叙利亚炮轰戈兰高地、埃及空袭西奈半岛并企图渡过苏伊士运河、梅厄总理否认以色列在苏伊士湾采取行动等情况，基辛格仍要求以色列提供更多的证据。[③] 基辛格通过呼吁各方保持克制来防止冲突进一步升级与事态的扩大。6 日中午，基辛格先后准备了

---

① William B. Quandt, *Decade of Decision: American Policy toward the Arab - Israeli Conflict*, p. 170; Henry A. Kissinger, *Years of Upheaval*, p. 458; *FRUS 1969 - 1976*, Volume XXV, Arab - Israeli Crisis and War, 1973, Washington: United States Government Printing Office, 2011, p. 294. 关于此次华盛顿特别行动小组的会议记录，匡特与基辛格在其著作中对此次会议均有涉及，内容大同小异。其中的主要不同在于：匡特认为会议认为发起战争的是以色列；而基辛格在《动乱年代》中却称会议认为是埃及和叙利亚，尤其是叙利亚采取的行动。但在基辛格的另一部著作《危机》中则称，对于情报局局长科尔比根据大马士革电台所称的是以色列发动了战争的说法，小组也没有提出异议。See Henry A. Kissinger, *Crisis: The Anatomy of Two Major Foreign Crisis*, p. 33.

② Henry A. Kissinger, *Crisis: The Anatomy of Two Major Foreign Crisis*, pp. 24 - 27.

③ Henry A. Kissinger, *Crisis: The Anatomy of Two Major Foreign Crisis*, pp. 30, 32.

两份电报。第一份是要发给沙特阿拉伯国王费萨尔和约旦国王侯赛因的。在这份电报中，基辛格请求两位国王对埃及和叙利亚进行干预，敦促埃叙两国进行克制，以防造成严重后果；基辛格同时向两位国王声明，以色列不会采取先发打击行动。① 随后，基辛格向美国驻以色列大使基廷发出了另外一份电报，要求基廷向梅厄总理转达如下信息：美国已联络多勃雷宁，要求苏联政府对埃及和叙利亚进行干预，以使埃叙保持克制；美国国务卿也向埃及和叙利亚进行了紧急呼吁，同时美国正在联络沙特阿拉伯和约旦，以使阿拉伯国家尽可能保持克制；美国政府对梅厄总理保证不进行先发打击的承诺表示赞赏，并已将这一保证传达给埃及和叙利亚。② 然而，当基辛格发出这两份旨在避免事态扩大的电报时，战争已经爆发4个多小时。这也说明基辛格至此尚未认识到正在进行的是一场全面战争。

伴随战争的进展，各方面的信息来源很快就证实了是埃及和叙利亚发动了对以色列的战争，这促使尼克松政府对战争形势重新进行评估，并对其可能产生的后果拟定应对措施。

10月6日晚，为评估阿以局势及决定美国的下一步行动，华盛顿特别行动小组再次召开会议。这次会议的议题主要在于以下两个方面：一是如何充分利用此次危机削弱苏联对中东的影响；二是如果使阿拉伯有失颜面的失败最小化，是否会促进中东的和平。在对阿拉伯方面失败后果的评估中，行动小组认为这会带来苏阿关系倒退、阿拉伯国家全面反美、阿拉伯国家利用石油武器来改变军事上的失败局面、向温和的阿拉伯国家施压等问题，并且可能会失去阿以和平谈判的机会。因此是否能通过最大限度地挽回阿拉伯国家失败的面子来促进中东和谈，成为行动小组考虑的重要问题之一。对于以色列，小组的主要成员认为，以色列会在短期内扭转战

---

① "U. S. Department of State cable 199583 to U. S. Embassies Jordan and Saudi Arabia, 'Message from Secretary to King Faisal and King Hussein,' 6 October 1973", *NPMP*, *NSCF*, Box 1173, 1973 War (Middle East) 6 Oct. 1973 File No. 1 [1 of 2]. [2009 - 09 - 21] http: //www. gwu. edu/ ~ nsarchiv/ NSAEBB/NSAEBB98/octwar - 12. pdf.

② "U. S. Mission to United Nations cable 4208 to U. S. Embassy Israel, 6 October 1973", *NPMP*, *NSCF*, Box 1173, 1973 War (Middle East) 6 Oct. 1973 File No. 1 [1 of 2]. [2009 - 09 - 21] http: //www. gwu. edu/ ~ nsarchiv/ NSAEBB/ NSAEBB98/octwar - 11. pdf.

局，因而决定对以色列的任何军备请求都要拖至 10 月 8 日或 9 日答复。①

这次会议初步厘定了美国应对当前危机的基本理念：削弱苏联在中东的势力和影响，防止阿拉伯国家出现过大的有失颜面的失败。这样既可为推动中东和平留有余地，又能排斥苏联、使美国居于阿以问题解决的核心位置。这也恰合了基辛格从一开始就认为美国会处于左右时局的有利地位的认知，② 基辛格应对阿以冲突的政策取向是：争取阿拉伯对美国的信任，既使美国担当中间人的角色，又表明通往和平的道路必须经过华盛顿，进而削弱苏联在中东的地位。③ 在应对十月战争的过程中，防止阿拉伯国家有失尊严地一败涂地，一直成为贯穿于尼克松政府在十月战争期间采取的政策主线之一；另一条主线，则是直到基辛格意识到以色列面临颓势时而采取的确保以色列取得胜利的政策。

从战争一打响就决心利用战争推动阿以和平进程的基辛格，④ 在与以色列互通情报、共同磋商的同时，也与埃及保持着联系。7 日，埃及国家安全顾问哈菲兹·伊斯梅尔（Hafiz Ismail）代表总统萨达特，通过情报渠道转达了埃及同意停火的条件。尽管基辛格提出的在恢复战前状态的基础上实现停火的条件被埃及拒绝，但基辛格认为，埃及冒叙利亚放弃共同作战、苏联降低支持的危险而向美国传达实现和平的信息，这一举动的意义是远远大于信函内容的，这表明埃及希望由美国来促进和平进程。⑤ 8 日，基辛格通过埃及外交部部长扎耶特向伊斯梅尔转达了他的答复，称希望埃及能澄清其在撤离领土及其控制方面的立场，并重申美国将致力于促进战

---

① "Memorandum from William Quandt and Donald Stukel, NSC Staff, 'WSAG Meeting – Middle East, Saturday, October 6, 1973, 3：00 p. m.'", *NPMP*, National Security Council Institutional Files, Box H – 94, WSAG Meeting, Middle East 10/6/73 7：30 pm. , folder 1. ［2009 – 09 – 21］ht-tp：//www. gwu. edu/ ~ nsarchiv/NSAEBB/NSAEBB98/ octwar – 15. pdf. *FRUS*, 1969 – 1976, Volume XXV, Arab – Israeli Crisis and War, 1973, pp. 324 – 337. 美国国家安全档案馆解密的这次会议的相关文档，是国安会成员威廉·匡特和唐纳德·斯图科尔（Donald Stukel）为基辛格召开华盛顿特别行动小组会议而准备的背景材料。2011 年，美国解密了这次华盛顿特别行动小组的会议记录，其中讨论的内容就是以该背景材料为蓝本。

② Henry A. Kissinger, *Years of Upheaval*, p. 467.

③ Henry A. Kissinger, *Years of Upheaval*, pp. 470 – 471.

④ Henry A. Kissinger, *Years of Upheaval*, p. 468.

⑤ Henry A. Kissinger, *Crisis*：*The Anatomy of Two Major Foreign Crisis*, pp. 110.

争结束及实现中东和平。① 显然，基辛格的举措是要通过与双方的联系，来充分发挥华盛顿的外交影响，从而将美国置于阿以和平进程的核心。

需要说明的是，无论是华盛顿特别行动小组所做的决定，还是基辛格的外交举措，都是以以色列在短期内获得战争优势为认知前提的。在10月6日，即战争爆发的当日，基辛格曾与中国驻美联络处主任黄震进行了谈话，称美国在中东的政策只是防止苏联在中东获得支配性地位；尼克松在中东的立场是要表明任何从苏联获得帮助的国家都不会达到目的；而美国也反对利用争端发动进攻、在获取领土后再要求停火的做法。因此，基辛格表示反对在当前阿拉伯获取领土的情况下召集安理会。事实上这是以色列驻美大使埃班的意见。随后，基辛格又与英国驻美大使克罗默进行了通话，希望英方能支持美方的立场。基辛格在这两次的谈话中都透露出，以色列将在72小时左右的时间内扭转战局，而阿拉伯不久就会发出停火请求。② 尼克松政府在战争之初，除了决定让第六舰队向交战区靠拢外，并没有对以色列进行大规模援助，主要就是由于这一认知。③ 7日晚，在基辛格与以色列驻美大使迪尼兹的谈话中，虽然迪尼兹要求美国提供响尾蛇导弹、武器、电子设备及飞机，但基辛格并没有给出明确的答复，尤其是对于飞机问题。基辛格对迪尼兹提出的军事援助请求的不置可否，也表明基辛格相信以色列不久就会扭转战局。同时，基辛格故意将安理会会议推迟至周三（10日）召开，其目的即为以色列翻盘赢取时间。④ 然而，不断发展的战局很快就使美国意识到问题的严重性。9日，即在战争爆发的第4天，以色列已处于危险边缘，这最终促使美国决定对以色列实施援助。

9日上午8：20，迪尼兹在白宫地图室（Map Room）与基辛格会谈时称，到9日上午9点（以色列时间）为止，以色列已经损失包括14架鬼

---

① "Kissinger to Egyptian Foreign Minister Al – Zayyat, 8 October 1973, enclosing 'Message for Mr. Hafiz Ismail from Dr. Kissinger,' 8 October 1973", *NPMP*, *HAKO*, Box 132, Egypt/Ismail Vol. Ⅶ, October 1 – 21, 1973. [2009 – 09 – 21] http：//www. gwu. edu/ ~ nsarchiv/NSAEBB/ NSAEBB98/ octwar – 20. pdf.

② *FRUS*, 1969 –1976, Volume XXV, Arab – Israeli Crisis and War, 1973, pp. 338 –339.

③ Henry A. Kissinger, *Years of Upheaval*, p. 475.

④ "Memcon between Dinitz and Kissinger, 7 October 1973, 8：20 p. m. ", *National Archives*, *Record Group 59*, *Department of State Records（RG59）*, Records of Henry Kissinger, 1973 – 1977. Box 25. Cat C 1974 Arab – Israeli War. [2009 – 09 – 21] http：//www. gwu. edu/ ~ nsarchiv/NSAEBB/ NSAEBB98/octwar – 18. pdf.

怪式、28架空中之鹰式在内的49架飞机，损失坦克500辆；而埃及和叙利亚正源源不断地从其他阿拉伯国家那里得到援助，并且埃及现在有700多辆坦克正在渡过苏伊士运河。从材料中可以看出，当基辛格得知以色列的危急形势时是相当惊讶的。① 基辛格与迪尼兹的这次谈话，使美国政府认识到以色列所面临的危急形势。当日下午，基辛格向迪尼兹正式宣布，尼克松总统同意向以色列提供除激光炸弹之外的军火、坦克、飞机及电子设备。美国同意以色列用自己的飞机运输这些物资，但为防止引起世界舆论的关注及安全起见，以色列在运输这些物资时应将以色列航空公司（EI AI）的标志遮盖。此外，基辛格还称，如果以色列到了危急关头，美国甚至可以用自己的飞机将坦克运至以色列。基辛格之所以做出这样的承诺，是为了防止已深陷"水门事件"的尼克松若援助以色列不利而再被诟病。②

美国在9日的援助承诺表明，在埃叙军队的成功突进面前，救以色列于水火是美国政策的首选。此后，防止以色列失败、又企图获得阿拉伯国家信任的理念，逐步成为美国应对十月危机的政策取向。这一政策所暗含的，是在保证以色列胜利的前提下对以色列加以约束，以防重蹈1967年六日战争覆辙，从而为推动阿以和平进程打基础。在这场危机中，美国看到了显露苏联只有挑起战争而不能解决问题、美国外交必不可少的机会；而美国要在外交方面取得进展的前提，则是以色列在军事上取得成功而又不至于引起阿拉伯国家的反对。③

四　美国停火建议的受挫与对以空运

尽管尼克松政府制定了应对十月战争的基本政策，但在具体实施的过

---

①　"Memcon between Dinitz and Kissinger, 9 October 1973, 8：20 - 8：40 a. m. ", *RG*59, Records of Henry Kissinger, Box 25, CAT C Arab - Israeli War. ［2009 - 09 - 21］http：// www. gwu. edu/ ~ nsarchiv/NSAEBB/NSAEBB98/ octwar - 21A. pdf.

②　"Memcon between Dinitz and Kissinger, 9 October 1973, 6：10 - 6：35 p. m. ", *RG*59, p. 2. 有研究称以色列以使用核武器来要挟美国，这是美国当日就答应援助以色列的原因。基辛格的传记作者沃尔特·艾萨克森称，以色列内阁晚上一直在开会，并做了用可携带核弹头的杰里科导弹（Jericho missile）实施警戒的决定。但关于以色列在十月战争初期的核防御问题，及是不是由于迪尼兹在9日上午与基辛格的单独谈话中提到了核警戒而使美国于当天答应以色列的援助请求与否，因为相关档案尚未解密，这一观点尚需进一步考证。See Walter Issacson, *Kissinger：A Biography*, pp. 517 - 518；William Burr, ed. , "The October War and U. S. Policy", *The National Security Archive*, Oct. 7, 2003.

③　Henry A. Kissinger, *Crisis：The Anatomy of Two Major Foreign Crisis*, p. 160.

程中却面临着诸多困难，尤其是美国在这一阶段所采取的推动停火与对以援助等问题方面。国家安全委员会成员匡特在 10 月 9 日向基辛格提交的备忘录中，详细地阐述了美国在停火问题、向以色列提供武器方面所面临的困境。

匡特认为，如果美国向以色列提供的武器供应过早或过于明显，将会使阿拉伯国家对美国实施石油禁运；而如果在以色列真正需要的时候而未能供应，将使美国面临失去以色列信任的危险。停火是一个关键性的问题，美国应考虑在停火立场上的转变。继续延长战争将严重威胁到美国的利益，虽然推动就地停火可能带来的代价，是应允以色列在停火后对其进行大规模的军事与外交支持，而且这也有可能会使促进中东和平的努力变得复杂化，但如果以色列在 10 月 10 日仍然不能夺回失去的阵地，那么这个代价是值得的。①

对基辛格来说，停火是当前最为棘手的问题。10 月 6 日，即在战争爆发的当天，基辛格曾向苏联驻美大使多勃雷宁建议，在恢复战前停火线的基础上实现停火。莫斯科认为应当在看清形势后再做决定；而勃列日涅夫（Brezhnev）则试图避免召开安理会会议，因为他不希望阿拉伯国家从其刚夺回的领土撤出。显然，苏联方面不想接受基辛格的建议。② 事实上，基辛格在这个建议中使用的是两面手法：苏联同意美国的停火建议，就可以遏制冲突的进一步发展；而不同意则可为以色列赢得时间。因此，苏联对基辛格提出的美苏联合采取行动建议的拒绝，使基辛格实现了两个方面的目标：为以色列争取了发动反攻的时间；消除了苏联在联合国向美国发动攻势的危险。③

在此后的几天里，基辛格采取的措施仍然主要是为以色列改变战局争取时间，这是美国准备对就地停火决议投否决票、拖延停火的原因。④ 然而，9 日的形势使美以一直反对的就地停火，成为拯救以色列的一个选

① "William Quandt to Kissinger, 'Middle Eastern Issues,' 9 October 1973", *NPMP*, *NSCF*, Box 664, Middle East War Memos & Misc. Oct. 6 – Oct 17, 1973, pp. 2 – 3. ［2009 – 09 – 21］ http: //www. gwu. edu/ ~ nsarchiv/NSAEBB/ NSAEBB98/octwar – 22. pdf.

② Anatoly Dobrynin, *In Confidence*: *Moscow's Ambassador to American's Six Cold War Presidents* (1962 –1986), p. 290.

③ Henry A. Kissinger, *Years of Upheaval*, pp. 471 –473.

④ Henry A. Kissinger, *Crisis*: *The Anatomy of Two Major Foreign Crisis*, pp. 159 – 160, 180.

项。当日晚,基辛格致电迪尼兹,要求以色列接受就地停火。[1] 但以色列直到局势进一步恶化、又需要美国运输军火物资时,才于 12 日决定接受就地停火。[2] 随着战局的发展,苏联也逐渐地倾向于就地停火。虽然莫斯科一直就不相信阿拉伯国家能最后获胜,[3] 但在阿拉伯国家初战告捷的形势下,苏联并不主张在恢复 1967 年停火线的基础上实现停火;然而在阿以双方陷于对峙僵局后,苏联的立场开始发生变化,逐渐倾向于就地停火。10 月 10 日上午,多勃雷宁向基辛格表明了苏联对停火的态度:如果安理会通过就地停火协议,苏联将不会投票反对或支持,而是弃权。[4] 实际上这是苏联默认了美国的停火建议。然而,无论是苏联 10 日提出的停火建议,还是由英国于 13 日转达的、已为以色列接受的美苏联合停火建议,都遭到萨达特的坚决反对。[5] 苏联认为,萨达特在以色列已经开始夺回阵地的情况下拒绝停火,在政治与战略上都是非常错误的。因此,尽管基辛格仍致电多勃雷宁主张实施就地停火,但由于埃及的坚决反对而未能实现。[6]

尼克松政府在这个阶段采取的另一项重大举措,是同意向以色列提供援助。按照基辛格与迪尼兹的商定,以色列将用本国飞机运回其所需要的军事物资,但以色列航空公司的 7 架飞机根本无法将这些物资全部运回。基辛格为在这件事上保持低调,希望由美国的商用航空公司实施空运,但几乎所有的美国航空公司或担心遭到阿拉伯国家抵制,或不愿使自己的飞机冒飞到作战区的危险而拒绝接这单生意。[7] 然而,苏联对阿拉伯国家大张旗鼓的军事援助刺激了美国。10 月 7 日,即在战争爆发的第二天,苏联即开始向阿拉伯国家船运供给;10 日,苏联的第一批空运物资抵达埃

① Henry A. Kissinger, *Crisis: The Anatomy of Two Major Foreign Crisis*, p. 154.

② Henry A. Kissinger, *Crisis: The Anatomy of Two Major Foreign Crisis*, p. 194.

③ Anatoly Dobrynin, *In Confidence: Moscow's Ambassador to American's Six Cold War Presidents* (1962 – 1986), p. 290.

④ "Yuli Vorontsov, Minister – Counselor, Soviet Embassy, to Scowcroft, 10 October 1973, Enclosing Untitled Paper, Delivered 11: 15 a. m", *NPMP*, *HAKO*, Dobrynin/Kissinger Vol. 19 (July 13, 1973 – Oct 11, 1973), pp. 1 – 2. [2009 – 09 – 21] http: //www. gwu. edu/ ~ nsarchiv/NSAEBB/NSAEBB98/octwar – 25. pdf.

⑤ Galia Golan, *Soviet policies in the Middle East: From World War Two to Gorbachev*, p. 88.

⑥ Anatoly Dobrynin, *In Confidence: Moscow's Ambassador to American's Six Cold War Presidents* (1962 – 1986), p. 291.

⑦ Henry A. Kissinger, *Crisis: The Anatomy of Two Major Foreign Crisis*, p. 179.

及和叙利亚；而到 12 日，每天有大约 60—80 架苏联飞机执行着空运任务。苏联的大规模援助，为埃及和叙利亚维持战争提供了充足的物资。①苏联这种不加克制的供给给美以双方带来了巨大的压力。

到 11 日，以色列已陷入绝望境地，其储备也正在耗尽。以色列曾储备了可以维持 3 周的弹药及其他物资，但这是按照 1967 年战争时的消耗率来准备的。事实证明，按这种极为不准确的消耗率所储备的物资，根本无法满足目前战争的需要。在这种情况下，尼克松政府却仍在为寻找愿意承运的航空公司而奔波。国防部长詹姆斯·施莱辛格（James Schlesinger）认为，如此拘谨的行事方式无法满足形势的要求。12 日晚，施莱辛格致电白宫，称美国若要将援助及时送到以色列，就应使用军事空运司令部（Military Airlift Command，MAC）的飞机全程送达。② 13 日，以色列驻美大使迪尼兹警告基辛格，如果美国不立即向以色列施以空运，以色列就认为这是美国食言，是违背自己的政策，以色列也因此而不得不得出严重的结论。基辛格意识到，如果美国援以不利可能会招致来自支持以色列的国会的压力，而虚弱的尼克松政府现在最不愿意看到的就是再在外交领域出问题，因此基辛格最终采纳了施莱辛格的建议。③

由于基辛格不想使援助以色列的行动公开化，更不想因此而引起阿拉伯国家的注意，因此空运计划定于 10 月 13 日夜实施，执行任务的运输机在 14 日拂晓前离开以色列。但由于风向原因美国运输机推迟了出发时间，结果直到 14 日上午运输机才到达以色列，美国的行动也因此曝光，这也成为第一批美国公开援助以色列的军事物资。美国向以色列实施空运的公开化，也使得美国此后更加无所顾忌地对以色列实施空运援助。随后，美国逐渐开始向以色列空运大型武器装备，其中包括 4 辆 M - 60 坦克。一架 C - 5A 型军用运输机仅能载 4 辆坦克，这不符合美国的一贯作风，但美国的意图并不在于坦克本身，而在于这一举动的心理与象征意义——向苏联及其盟友表明美国能向以色列空运坦克，以此显示美国对盟友的支持力度。④

① Jon D. Glassman, *Arms for the Arabs: the Soviet Union and War in the Middle East*, p. 130.

② James Schlesinger, "The Airlift", in Richard Parker, ed., *The October War: A Retrospective*, pp. 155 – 157.

③ Marvin Kalb and Bernard Kalb, *Kissiinger*, Boston: Little, Brown, 1974, p. 475.

④ James Schlesinger, "The Airlift", in Richard Parker, ed., *The October War: A Retrospective*, pp. 157 – 158.

美国在这个阶段初期的外交政策，仍未完全从对情报评估失误的阴霾中走出来，其考虑的重心是基于以色列很快就会改变战局的基础上，如何防止出现1967年的局面的问题；在10月9日之前，美国还一直认为以色列不久就会逆转战场上的不利局面，基辛格也为此而在停火等问题上为以色列争取时间。但随着局势的发展，尼克松政府逐步意识到形势的严峻性，援助以色列、防止以色列在战争中惨败才成为华盛顿的政策首选。萨达特发动战争的目的即为使美苏两国不同程度地卷入这场战争，从而打破中东僵局。而苏联和美国对其盟友的公开支持，正中萨达特下怀；但美苏通过向中东空运武器等方式的卷入，也进一步加剧了战争的紧张形势。美国对以色列大规模的军事援助，成为以色列实施反击的有力筹码，加之埃及在这一阶段后期未采取大规模的军事行动，以色列因而有了充足的动员后备军的时间，这些都为以色列扭转战局奠定了基础。

第二节　战局的逆转与美苏推动停火

从10月14日阿以大规模地面战争开始，已充分动员后备军并得到美国大力支持的以色列逐步扭转了战局，并包围了埃及第三军。在这其中，美国对以色列的大规模军事援助为以色列在战争中的逆转起到了重要作用，但由于美国的西方盟国与阿拉伯国家的各种利益关系，美国对以色列的支持引起了美国与其盟国关系的紧张，也引起了阿拉伯国家对美国的反对。但在十月战争中，防止以色列失败是美国第一位的考虑，因此与阿拉伯国家、盟国关系的紧张并没有妨碍美国对以色列的军事援助政策。在以色列在战争中取得优势地位、阿方失利迫使苏联急于实现停火的情况下，尼克松政府顺势提出了有利于美以的就地停火建议，联合国安理会最终通过了联合国338号停火决议。

一　埃以战局的逆转

尽管埃及和叙利亚在战前进行了详细的作战部署，但双方在作战目标上是不同的，在停火的时间上似乎也没有进行协调。1998年召开了纪念十月战争爆发25周年的会议，相关记录显示，埃及与叙利亚在作战目标上是不一致的：萨达特的主要目的是使美国卷入，从而走外交程序，这也是在10日前后埃及军队停止迅猛进攻势头的重要原因；而阿萨德仅希望在发动进攻的 48 小时内夺回戈兰高地，而对于以色列的反扑，阿萨德则寄希望于苏联在联合国要求实施停火。[①] 因此，对于通过何种途径最终实现领土的回归、利用何种方式实现停火及何时停火等问题，埃叙双方并没有一条清晰的路线。进入相持阶段后，埃及和叙利亚在这些问题上的分歧，弱化了两国开战之初的凌厉攻势，并为以色列实施反攻提供了机会。10 月 14 日埃以之战中埃及的受挫，就是由这种分歧而导致的结果之一。

10 日前后，以色列向叙利亚发起大规模反攻，陷入困境的阿萨德请求萨达特在西奈战线发动攻势，以缓解叙利亚军队在戈兰战线的压力。[②] 阿萨德的这一请求事实上是与萨达特的作战目标相悖的，但如果拒绝阿萨德的要求，萨达特将会面临来自整个阿拉伯世界的责难。[③] 而重新对以色列发起攻击却会带来许多政治上的利处：可以防止叙利亚过早的与以色列单独停火，埃及也可以趁机夺回更多的领土，对以色列造成更大程度的打击，从而进一步增加埃及在和平谈判中的筹码。[④] 在这种情况下，埃及于 14 日发动了第一次大规模的地面进攻。但埃及军事领导人之间在作战方案上的分歧、军队的平行推进等战术错误，使埃及军队在攻打米特拉（Mitla）、吉迪（Giddi）和哈特米亚（Khatmia）隘口的战斗中遭受重大损失。在这场战斗中，埃及损失了大约 260 辆坦克，而以色列只损失了 10 辆。在双方的空战中，以色列也取得了击落 28 架埃及飞机而自身无一损失的完胜。[⑤]

10 月 15 日，以色列首先由 3 支装甲旅兵分 3 路实施渡河计划，其中 1 支装甲旅的任务是在其他两支装甲旅的掩护下穿过大苦湖（Great Bitter

---

① Janice Gross Stein, "The Failure of Deterrence and Intelligence", in Richard B. Parker ed., *The October War: A Retrospective*, pp. 81 – 82.

② ［日］田上四郎：《中东战争全史》，第 238 页。

③ Walter J. Boyne, *The Two O' clock War: The 1973 Yom Kippur Conflict and the Airlift That Saved Israel*, p. 127.

④ Risa A. Brooks, *Shaping Strategy: The Civil – Military Politics of Strategic Assessment*, Princeton: Princeton University Press, 2008, p. 134. 另有统计认为以色列坦克的损失数量为 48 辆，参见［日］田上四郎《中东战争全史》，第 256 页。

⑤ Walter J. Boyne, *The Two O' clock War: The 1973 Yom Kippur Conflict and the Airlift That Saved Israel*, pp. 128 – 129; Lawrence L. Whetten, *The Canal War: Four – Power Conflict in the Middle East*, p. 266. 根据对曾参加十月战争的埃及军旅长摩萨拉姆（Mosallam）和前美国驻埃及大使赫尔曼·艾尔茨（Hermann Eilts，1974 年美埃建交后任美国驻开罗大使）的采访材料，当时埃及并没有进攻这三个山口的计划，萨达特的目标是要最终实现阿以问题的政治解决。See Richard B. Parker ed., *The October War: A Retrospective*, p. 81.

Lake）北端实施渡河。埃及占领苏伊士运河东岸后，并没有在埃及第二军与第三军之间的间隙，即大苦湖北端采取有效的防御措施，这为以色列的渡河作战提供了机会。16 日，以色列军队渡过运河，在运河西岸建立桥头阵地，并推毁了埃及的萨姆导弹基地。但埃及军队随即切断了以色列军队的渡河道路，使以色列军队处于孤立无援状态。

17 日，以色列军队为进一步实施渡河，对埃及军队发动了反击。通过对埃以双方具有重要意义的、直接影响埃以战局的"中国农场"（Chinese Farm）①之战，以色列打通了渡河作战的走廊。从 17 日晚开始，以色列军队大举渡过运河，对苏伊士城和位于运河东岸的埃及第三军构成了威胁。②在以色列发动的渡河战中，埃叙各投入了超过 600 辆坦克，这成为自第二次世界大战以来规模最大的坦克大战。在这场大战中，埃及损失了至少220 辆坦克和40 架飞机；而以色列只损失了不到 100 辆坦克和大约 5 架飞机。这场战役成为十月战争的转折点，也使埃及转入战略防御阶段。③ 在形势对埃及越来越不利的情况下，萨达特接受了苏联的停火建议。但这并没有阻止以色列的进攻势头，到 22 日停火时，以色列已从叙利亚手中夺回赫尔蒙山；而在埃以战线上，则已形成对埃及第三军的合围之势。④

伴随埃及由进攻转入防御、以色列由防御转向入进攻阶段的转化，美苏也相应地采取了不同的外交策略。对于阿以角色互换的局面，是苏联不希望看到的，因为这无疑会使苏联在外交上，尤其是在停火问题上处于被动局面。然而这却是美国期盼已久的局面，这为尼克松政府提出有利于美国和以色列的停火条件、为美国左右时局提供了有利的条件。

二　美国公开援以带来的外交困局

尼克松政府对以色列的援助政策，引起了美国与西欧盟国、温和的阿拉伯国家之间关系的紧张。尼克松政府援助以色列的目的，固然是为了防止以色列失败，这也是实施美国中东战略中的首要方面，但这并不是美国中东外交战略的全部。在尼克松政府的中东战略中，鼓励阿拉伯国家中的

---

① "中国农场"位于沿苏伊士运河东岸的莱克西康路（Lexicon）和阿卡维斯路（Akavish）交汇处的东南，在第三次中东战争前曾是日本的实验农场，因以色列士兵将农场中的日本文字误为汉字而得名。See Walter J. Boyne, *The Two O'clock War: The 1973 Yom Kippur Conflict and the Airlift That Saved Israel*, p. 143.

② *Strategic Survey* 1973, pp. 22 – 23；［日］田上四郎：《中东战争全史》，第249—252 页。

③ Lawrence L. Whetten, *The Canal War: Four – Power Conflict in the Middle East*, p. 267.

④ *ARR*, 1973 Issue 20, p. 466.

温和派也是其中的重要内容之一，但支持以色列却带来温和的阿拉伯国家与美国关系的紧张，这是美国所不希望看到的。更为重要的是，由牵涉到与阿拉伯国家的经济利益，美国的欧洲盟国也并不完全支持美国援助以色列的政策，甚至与美国唱反调，这使美国在国际上陷于孤立。但同时应当看到，即便是阿拉伯国家反对、北约盟国不支持，美国也没有放弃支持以色列的既定立场，甚至在试图说服这些国家接受美国的援以政策的同时，仍不断加大对以色列的军事援助力度。

（一）与沙特阿拉伯关系的紧张

对尼克松政府来说，沙特阿拉伯一直是对美温和的中东国家，但对于美国支持以色列，沙特国王费萨尔（Faisal）曾多次向美国发出过警告。1973 年 7 月 6 日，费萨尔国王警告美国，如果美国不减弱对以色列的支持，沙特将无法保持与美国的密切合作关系，因为沙特与美国的关系是建立在美国更为对等和公正的中东政策之上的。① 对于美国支持以色列的立场，费萨尔甚至以减少石油产量与供应相威胁。但费萨尔在行动上是谨慎的，他对尼克松政府的克制态度，一直保持到 10 月 19 日美国批准对以色列实施 22 亿美元的巨额军事援助。

十月战争爆发后，费萨尔国王曾于 10 月 11 日让美国驻吉达（Jidda，沙特阿拉伯西部港口城市）代办向尼克松转达他的口信。在这份口信中，费萨尔敦促美国采取行动结束当前的敌对状态，并要求以色列从所占领土中撤退。国务院认为费萨尔的态度是温和的。国务院准备的交由总统签署的文件显示，美国希望能继续保持与沙特阿拉伯的亲密关系；强调美国在中东采取既不支持以色列，也不支持阿拉伯国家，而是支持中东和平的政策；美国会尽力促进战争停火，但在当前的关键时刻美国将仍继续自己的中东政策；美国将努力避免战争拖延及卷入更多的国家，不给苏联利用当前局势趁机在中东扩张势力的机会。这份文件还劝诫费萨尔，最好置身世外而不要积极卷入阿以冲突。② 从国务院起草的这份回复文件来看，美国

---

① *ARR*，1973 Issue 13，p. 302.

② "Assistant Secretary for Near Eastern Affairs Joseph Sisco to Kissinger, 'Proposed Presidential Message to King Faisal,' 12 October 1973, with State Department cable routing message attached", *RG*59，SN 70 - 73，POL 15 - 1 US/Nixon，pp. 1 - 3. ［2009 - 09 - 21］http：//www. gwu. edu/ ~ nsarchiv/NSAEBB/ NSAEBB98/octwar - 28. pdf. 10 月 12 日，正在访美的沙特阿拉伯外交大臣奥马尔·萨卡夫（Omar Saqqaf），也向美国转达了费萨尔同样的信息。See *ARR*，1973 Issue 19，p. 441.

既希望继续维持与沙特的关系，又不想停止对以色列的支持；并且美国认为对以色列的支持即是为了实现中东的和平。但这种和平名义下的解释逻辑甚至美国自己都难以接受，这也致使美国对 10 月 14 日的援以行动向沙特阿拉伯做出进一步的解释。

美国 14 日向以色列实施空运的行动公之于众后，美国国务院迅即于当晚向吉达发报，要求吉达代办于次日向费萨尔国王递交美方信函。在这份信函中，美国对向以色列实施空运的行为进行了辩解：美国之所以向以色列空运武器，是因为苏联已经开始大规模空运军火，而且已经输送了 200 多架次，这是苏联在利用阿以战争形势而寻求本国在阿拉伯国家的利益；在这种情况下美国别无选择，况且这是美国在苏联大量军援的情况下才采取的空运行动。美国同时宣称，美国向以色列空运武器不是针对阿拉伯国家，但当苏联在利用形势扩张自己的势力、而不是用自己的影响来促进停火时，美国若要用自己的影响来实现持久的和平，那么美国向以色列空运武器就是必不可少、也是必需的。① 无论是 11 日还是 14 日的解释，美国都将责任推向了苏联，指责苏联在中东的行动是为了一己之私；美国支持以色列、向以色列空运武器，是为了中东持久的和平，是"被苏联空运所迫"而为之。费萨尔国王对美国的这一套试图抚慰沙特的解释极为愤怒。②

10 月 17 日，基辛格和尼克松在会见沙特阿拉伯、摩洛哥、阿尔及利亚及科威特等与美国在政治或经济上有密切联系的阿拉伯国家的外交官时，进一步重申了美国的立场。在会晤中，沙特外交大臣萨卡夫代表阿拉伯国家指出，美国继续援助以色列会不利于美阿关系，美国在处理以色列与 18 个阿拉伯国家的关系中应采取更为平等的立场；以色列应从其所占领的埃及、叙利亚和约旦的领土上撤出，否则阿拉伯国家的领导人是不会

---

① "State Department Cable 203672 to U. S. Embassy, Saudi Arabia, ' Message to the King from the Secretary,' 14 October 1973", *NPMP*, *NSCF*, Box 1174. 1973 Middle East War 15 - 15 October 1973 File No. 9, pp. 1 - 3. ［2009 - 09 - 21］ http: //www. gwu. edu/ ~ nsarchiv/NSAEBB/ NSAEBB98/octwar -29A. pdf.

② "U. S. Embassy Saudi Arabia, Cable 45491 to State Department, ' US Arms to Israeli: Saudis Sorrowful: King May Send Another Message,' 16 October 1973", *NPMP*, *NSCF*, Box 1174. 1973 Middle East War 15 - 16 October 1973 - File No. 11, ［2009 - 09 - 21］ http: //www. gwu. edu/ ~ nsarchiv/NSAEBB/ NSAEBB98/octwar - 29B. pdf; William Burr, ed. , "The October War and U. S. Policy", *The National Security Archive*, Oct. 7, 2003.

停止战斗与进行谈判的。基辛格认为，停火和谈判应是分开的两个问题，坚持将领土的解决问题作为停火的前提，将会使战争继续并会有引起大国冲突的危险。① 在当日尼克松与萨卡夫的会谈中，尼克松称对以色列的武器空运，是在苏联向中东实施了大规模空运之后，美国为了中东的军事平衡而采取的行动，并重申自己在处理阿以问题上不受国内犹太因素的影响。而在停火与领土问题上，尼克松也坚持认为只有先停火才能解决其他问题，并承诺在停火之后将与基辛格一起运用美国的影响力来促进中东问题的解决。② 然而，尼克松的潜台词是，只有在取得了有利于谈判的局势之后才停火。就在这次会谈的当日下午4点，尼克松在与华盛顿特别行动小组成员的谈话中表示，如果不能取得有利于谈判成功的战果就不能停火，这也是他上午会见阿拉伯国家代表的目的。③

基辛格和尼克松对待阿拉伯国家的口径是一致的，他们在拒绝向阿拉伯国家做出承诺的同时，仍然将美国对以色列的援助归咎于苏联的空运、归因为保持中东的军事平衡，并明确表示将继续对以色列进行军事援助。而萨卡夫认为，基辛格能解决越南战争、在世界范围内都具有引领作用，因此也能在解决中东问题上起到积极作用。④ 然而，19日尼克松政府即批准向以色列提供22亿美元的紧急援助，这显然是对萨卡夫的这种认知的打击，同时也大大超出了沙特阿拉伯的容忍底线。20日，沙特阿拉伯宣布，鉴于美国对以色列不断增加的军事援助，沙特停止向美国出口石油。⑤ 两国关系趋冷。

---

① "William B. Quandt to Kissinger, "Memoranda of Conversations with Arab Foreign Ministers", 17 October 1973, with memcon attached", *SN*70 – 73, POL 27 Arab – Isr, pp. 1 – 3. [2009 – 09 – 21] http://www.gwu.edu/~nsarchiv/NSAEBB/NSAEBB98/octwar – 34A. pdf.

② "Memcon between Nixon and Arab Foreign Ministers, Wednesday, October 17, 1973, 11:10 a. m., in the President's Oval Office", *NPMP*, *NSCF*, Box 664, Middle East War Memos & Misc. Oct. 6 – Oct 17, 1973, pp. 5 – 6. [2009 – 09 – 21] http://www.gwu.edu/~nsarchiv/NSAEBB/NSAEBB98/octwar – 34B. pdf.

③ "Memcon, 'WSAG Principles: Middle East War,' 17 October 1973, 4:00 p. m.", *NPMP*, NSC Institutional Files, Box H – –92, WSAG Meeting Middle East 10/17/73, folder 6, p. 1. [2009 – 09 – 21] http://www.gwu.edu/~nsarchiv/NSAEBB/NSAEBB98/octwar – 36B. pdf.

④ *ARR*, 1973 Issue 20, p. 470.

⑤ "State Department Cable 208776 to all Diplomatic and Consular Posts, 'Middle East Situation,' 21 October 1973", *NPMP*, *NSCF*, Box 1175, 1973 Middle East War, 20 October 1973 – File No. 15, p. 3. [2009 – 09 – 21] http://www.gwu.edu/~nsarchiv/NSAEBB/NSAEBB98/octwar – 45A. pdf.

（二）美国与西欧国家的裂痕

1973 年，美国为协调与西欧的关系提出了"欧洲年"计划，希望以此建立新的大西洋联盟关系，但美国的这个倡议在西欧遭到冷遇。[①] 该计划不仅没有促进美国与西欧关系的加深，反而埋下了双方分歧的种子。10月 6 日十月战争的爆发，使美国和西欧之间的分歧公开化。

从十月战争爆发伊始，大部分西欧国家就表明了置身于中东战争之外的态度，纷纷与美国保持距离。在战争爆发的第一天，美国向联合国提出了在恢复原状基础上实施停火的建议，英法两国即表示不愿支持。10 月 10 日，美国的北约盟国土耳其通知美国，因斯里克空军基地及土耳其的其他设施除了专供北约使用外，不能作任何与中东战争有关的使用。希腊则于 13 日宣布，美国在希腊的基地与阿以战争毫无关系。虽不是北约成员国，但与美国签署有友好合作条约的西班牙也发表了一份明白无误的声明：无论是直接还是间接，美国都不得在任何时候、以任何方式为了中东战争使用其在西班牙的基地。事实上，在美国所有的北约盟国中，除了葡萄牙、荷兰和西德（一段时期）外，其他国家都直接或间接地反对美国向以色列实施空运和飞越其领空。[②]

针对西欧各国对美国援助以色列政策的反对，美国在北约理事会的常驻代表唐纳德·拉姆斯菲尔德（Donald Rumsfeld）大使，于 16 日先后发表了两篇声明。拉姆斯菲尔德在声明中称，北约盟国和美国有共同的利益，美国采取的支持以色列的空运措施，是为了防止苏联的武器供应打破中东军事平衡，北约伙伴国应理解美国为此而付出的努力；就缓和而言，中东危机是对缓和的考验，而缓和对于美国从来都不是一个静态的政策，其含义是要保护美欧间的共同利益，因此美欧应协调一致来对抗苏联可能带来的损害，北约各国是否支持美国是对美国与欧洲各国同盟关系的考验。拉姆斯菲尔德还警告北约各国，各国在当前危机下对美国的立场和态度，将会影响到将来与美国的关系。[③] 然而，拉姆斯菲尔德带有不悦的声

---

① Henry A. Kissinger, *Years of Upheaval*, p. 700.

② Henry A. Kissinger, *Years of Upheaval*, p. 710.

③ "U. S. Mission to NATO Cable 4936 to Department of State, 'NATO Implications of the Middle East Conflict: NAC Meeting of October 16, 1973,' 16 October 1973", *NPMP*, *NSCF*, Box 1174, 1973 Middle East War, 16 Oct. 1973 – File No. 11 ［1 of 2］, p. 2. ［2009 – 09 – 21］http://www. gwu. edu/ ~ nsarchiv/NSAEBB/ NSAEBB98/octwar – 32A. pdf.

明，不仅没有阻止北约各国对美国的疏远，相反却随着美国对以色列的持续援助、阿拉伯国家形势的持续恶化、阿拉伯国家运用石油武器对西方国家的抵制，美欧间的紧张关系进一步加剧了。

法国外长米歇尔·若贝尔（Michel Jobert），一直对美国援助以色列的政策持批评态度，他认为是以色列一贯地阻止了中东的和平，是美苏使中东的战争继续。10 月 16 日，即在基辛格因在结束越南战争中的贡献而被授予诺贝尔和平奖的当天，若贝尔在国民大会上称：缓和的倡导者勃列日涅夫与新诺贝尔和平奖得主基辛格，在向中东空运成千上万吨武器的同时，却又在握手言欢。基辛格对此极为愤怒。① 次日，负责欧洲事务的副助理国务卿（Acting Assistant Secretary）斯普林斯廷（Springsteen）召见法国大使，对若贝尔的言论提出了抗议：若贝尔外长的言论是"无礼的和不必要的"；美国一直在为实现中东的和平而努力，曾就苏联回避的问题提出了大量的具体建议；美国对以色列实施援助是在苏联对中东大规模输送军火的前提下才进行的，把苏联和美国相提并论是对事实的歪曲；法国外长的言论是与美法两国的友好关系、也是与外长和国务卿间的私人关系不相符的。② 美法间的交锋，表明美法两国关系渐行渐远。

与此同时，美国在西欧国家中的最大盟友英国也表明了自己的立场。10 月 18 日，美国驻伦敦大使馆的相关官员与英国内阁成员詹姆斯·普莱尔（James Prior，英国下议院议长），讨论了英国对中东战争的立场。美方在重申了拉姆斯菲尔德 10 月 16 日声明的重要性的同时，向普莱尔指出，几乎所有的欧洲国家都对援助以色列问题避之不及，英国也声明美国不能为了中东战争而使用其在英国的基地；而北约国家不应对苏联大规模援助阿拉伯国家置之不理。普莱尔认为英国之所以采取这一立场，是因为英国在阿拉伯国家有广泛的经济和商业利益，而且阿拉伯的石油对欧洲具有根本性意义；英国固然在考虑苏联的威胁问题，而且大部分英国公民对以色列持同情态度，但这更增加了英国政府维护其利益的困难；而正是由

---

① Henry A. Kissinger, *Years of Upheaval*, pp. 708 – 709.

② "Thomas R. Pickering, Executive Secretary State Department, to George Springsteen, Acting Assistant Secretary for European Affairs, 17 October 1973, enclosing memorandum by Lawrence Eagleburger, 17 October 1973", *RG*59, SN 70 – 73, POL Fr – US, p. 2. ［2009 – 09 – 21］http: // www. gwu. edu/ ~ nsarchiv/NSAEBB/NSAEBB98/octwar – 35. pdf.

于美以间的关系，英国用了2—3年的时间才改善了同阿拉伯国家间的关系。① 通过这份电报可以看出，在维护本国在阿拉伯国家的商业和经济利益与支持以色列方面，英国选择了前者；而且对于苏联的威胁，英国显然没有美国感到的那样急迫与可怕。因此，美国试图获取英国支持的愿望落空。

由于西欧国家没有支持美国的政策，也没有在联合国寻求共同行动，基辛格对西欧进行了指责。基辛格称西欧国家的行为就如同是阿拉伯国家的"帮凶"、美国为西欧的行为感到"耻辱"，西欧国家的行径是在促使美国放弃缓和。基辛格甚至认为绝对有必要对美欧关系进行重新评估。② 美欧关系的疏远、欧洲国家对美国中东政策的不支持，成为后来基辛格在对苏实施全球戒备时不征求欧洲盟友意见的一个理由，也促使基辛格于10月底下达了对美欧关系进行重新评估的指示。③ 对于美国提供的支持及欧洲的冷漠立场，以色列也表明了自己的态度。10月16日，以色列国会以84票同意3票反对、以决议的形式通过了梅厄总理作的政府声明，决定谴责英法对以色列实施武器禁运的行为；而对尼克松政府及美国国会对以色列的支持表示赞赏。④

在试图取得阿拉伯国家的谅解及与英法等国协调立场的过程中，美国打的旗号是防止苏联打破中东的军事平衡、实现中东和平、排除苏联在中东的威胁及防止苏联对北约可能带来的损害，但以沙特阿拉伯为首的阿拉伯国家和以英法为首的西方国家对此并不认可。然而，这并没有改变美国支持以色列的政策，即使是在阿拉伯国家运用石油武器、英法包括日本等

---

① "U. S. Embassy United Kingdom Cable 12113 to State Department, 'European Attitudes in Middle East Conflict,' 18 October 1973", *NPMP*, *NSCF*, Box 1175, 1973 Middle East War 18 Oct. 1973 File No. 13, pp. 1 – 2. ［2009 – 09 – 21］http：//www. gwu. edu/ ~ nsarchiv/NSAEBB/ NSAEBB98/ octwar – 39. pdf.

② "Secretary's Staff Meeting, 23 October 1973", *Transcripts of Secretary of State Henry A. Kissinger Staff Meetings*, 1973 – 1977, Box 1, pp. 7 – 8.

③ "State Department Cable 211737 to U. S. Embassy France, 'Koskiusko – Morizet Call on Secretary,' 26 October 1973, with Marginal Comments by NSC Staffer", *NPMP*, *NSCF*, Box 1175, 1973 Middle East War, 26 Oct. 1973 – File No. 21, pp. 2 – 3. ［2009 – 09 – 21］http：//www. gwu. edu/ ~ nsarchiv/NSAEBB/ NSAEBB98/octwar – 75. pdf.

④ "Statement to the Knesset by Prime Minister Meir – 16 October 1973 – and Knesset Resolution", *MFA Foreign Relations Historical Documents* 1947 – 1974, Volumes 1 – 2：1947 – 1974, XII. The Yom Kippur War and Aftermath, Doc. 7.

盟国向美国施压之时，美国也依然没有放弃对以色列的大规模军事援助。

（三）美国援以政策的延续

以色列能在战场上扭转颓势，这与美国支持以色列的政策是分不开的，尤其是从10月14日的空运行动公开之后。美国对以色列的援助，虽然引起了北约国家、与美国有密切关系的阿拉伯国家的反对，但保证以予列免于失败是美国既定政策中的首选项；同时为了进一步扩大战果、在未来的谈判中拥有更有力的筹码，这些反对声并没有阻挡住美国援助以色列的步伐，相反却逐步加大了援助力度。因此，美国在这一阶段继续延续军援以色列的政策。

15日，尼克松宣称，美国遵循在1958年黎巴嫩危机和1970年约旦危机时所采取的政策，美国主张中东的每一个国家都有权维护自己的独立和安全。[①] 这表明美国将继续采取支持以色列的政策。同日，美国又对以色列做出了新的援助部署。（1）运输安排。国防部已安排4架C-5、12架C-141运输机每天向以色列空运物资，并且有2.5万吨的补给已批准装运；此外，为了缓解空运压力，一条海路运输线也正在建设中。（2）飞机供应。到15日，美国已批准将16架F-4鬼怪式飞机转交给以色列；另有12架F-4飞机正在等待转交授权。此外，还有30架A-4空中之鹰式飞机已被批准转交以色列，国防部正在解决飞机的运输问题。（3）武器装备。美国已经批准向以色列提供包括200枚AIM-9响尾蛇空对空导弹、46枚百舌鸟（Shrike）空对地导弹及80辆坦克在内的各类武器。[②] 美国的大规模军事援助，为以色列在随后的战斗中取得优势地位提供了有利的条件。

17日，华盛顿特别行动小组对以色列的军事形势进行了分析，认为以色列的渡河作战仅是袭击，在运河西岸的行动不能持久。行动小组根据以色列的进展情况，做出了进行进一步援助的决定：对以色列的空运维持在最大程度；为充分利用当前的加油安排，明天（18日）对再向以色列增援F-4和A-4飞机做出决定；立即实施最大限度的海上运输；决定

---

① *ARR*, 1973 Issue 19, p. 446. 在1958年黎巴嫩危机和1970年约旦危机期间，美国对黎巴嫩和约旦当局采取了支持政策，因此尼克松声明的含义即为继续支持以色列。

② "Seymour Weiss, Director, Bureau of Politico – Military Affairs, Department of State, to Kissinger, 'Armed Shipments to Israel,' 15 October 1973", *RG* 59, Top Secret Subject – Numeric Files, 1970 – 1973, Box 23, DEF G, pp. 3 – 5. ［2009 – 09 – 21］http：//www. gwu. edu/ ~ nsarchiv/ NSAEBB/ NSAEBB98/octwar – 31. pdf.

向以色列提供额外的军事援助。这份关于十月战争的华盛顿特别行动小组的会议记录还显示，美国和苏联都一直在向中东输送军火：在过去的 24 小时中，美国用 21 架飞机输送了 775 吨；而苏联用 69 架飞机输送了 740—912 吨；并且美国在当天将运输机增加到 20 架，其中包括 5 架 C - 5、15 架 C - 141。[1]

美国如此无条件地援助以色列的目的，除了避免以色列失败之外，更为重要的目的是对付苏联，防止苏联的受援国赢得对美国盟友的胜利，遏制苏联在中东的势力。10 月 17 日下午，尼克松在与华盛顿特别行动小组的谈话中指出：美国不允许苏联在美苏各自支持的行动中胜出，如果苏联取得胜利就会严重动摇美国在其他地方的可信度。正如美国在处理 1971 年印巴战争一样，尽管民众支持印度，但白宫却支持巴基斯坦，美国的举措并不是因为它受欢迎与否，而是出于这是否正确。因此，美国必须增强以色列对美国的信任度，这是美国对以色列实施空运的原因。此外，尽管实施船运有争论，但也要务必实施，不能让以色列通过国会向政府施压。[2] 尼克松对行动小组的指示，表明美国支持以色列的目的是要排挤苏联在中东的势力和影响，因为在尼克松看来，苏联的行动是比中东危机更大的问题。此外，对以色列的军事援助也是为了防止国会向政府施加压力。因此，尼克松政府对这些因素的考虑，都表明美国对以色列的军事援助要继续下去。19 日，尼克松要求国会批准向以色列提供 22 亿美元的紧急军事援助。[3] 然而，此时以色列已掌握了战场上的主动权，埃及总统萨达特已提出停火；苏联也向美国建议实施停火。在这种情况下，美国于 20 日同意就停火问题进行磋商。

三　美苏共同推动安理会 338 号决议

从 10 月 15 日开始，阿以战局就开始朝不利于埃及的方向发展，这使萨达特开始考虑停火问题。16 日，萨达特在国民大会紧急会议上发表演讲，称埃及接受停火的条件是以色列立即、彻底撤退到 1967 年 6 月 5 日

---

① "Minutes, 'Washington Special Action Group Meeting,' 17 October 1973, 3：05 p. m. - 4：04 p. m.", *NPMP*, NSC Institutional Files, Box H - 117, WSAG Minutes (originals) 10 - 2 - 73 to 7 - 23 - 74 (2 of 3), pp. 1 - 2, 6. ［2009 - 09 - 21］http：//www. gwu. edu/ ~ nsarchiv/NSAEBB/NSAEBB98/octwar - 36A. pdf.

② "Memcon, 'WSAG Principles：Middle East War,' 17 October 1973, 4：00 p. m.", *NPMP*, NSC Institutional Files, Box H - -92, WSAG Meeting Middle East 10/17/73, folder 6, pp. 1 - 2.

③ *ARR*, 1973 Issue 20, p. 473.

前的边界。① 而以色列总理梅厄夫人于 16 日在国会发表的演讲中宣称，以色列在打垮阿拉伯军队后才会停火。② 次日，以色列外交部部长埃班宣称以色列不再坚持以回到 1967 年停火线为基础的停火建议，以色列将迅速回应任何停火建议，但这要取决于战局的发展。③ 随着战争形势的发展，埃及的条件显然不会得到以色列的同意，而正处于进攻强势阶段的以色列也并不急于停火。在这种情况下，试图防止阿拉伯国家惨败的苏联，与企图约束以色列使其回到谈判桌上的美国，产生了推动阿以停火的合意，这促使战争走向停火。

面对埃及和叙利亚不断处于劣势的情况，苏联为避免阿拉伯方面出现不可接受的失败，先后与埃及和美国进行了联系，力促各方实现停火。10 月 16 日，苏联总理柯西金开始对埃及进行为期 4 天的访问。而在此期间，以色列正逐步掌握战争的主动权、埃及的战果也在不断丧失，这促使萨达特于 19 日同意苏联的停火建议。④ 与此同时，苏联开始就停火问题与美国展开紧急磋商。

10 月 19 日，勃列日涅夫致信尼克松，称鉴于当前的紧张局势，美苏应尽全力制止阿以战争走向极端，以防有损美苏间的关系。勃列日涅夫表示，由于时间紧迫，希望尼克松能尽快、最好是于 20 日派基辛格和尼克松授权的个人代表到莫斯科会谈。⑤ 尼克松随即派基辛格于 20 日前去莫斯科与苏联进行谈判。同日上午，尼克松在给勃列日涅夫回信中称，基辛格已被授权为美国全权谈判代表并已前往莫斯科，同时希望美苏能共同努力解决争端。⑥

事实上基辛格并不想停火，也不想被授权为全权代表。基辛格认为，

---

①　*ARR*, 1973 Issue 20, p. 489.

②　"Statement to the Knesset by Prime Minister Meir – 16 October 1973 – and Knesset Resolution", *MFA Foreign Relations Historical Documents* 1947 – 1974, Volumes 1 – 2; 1947 – 1974, XIII. The Yom Kippur War and Aftermath, Doc. 7; *ARR*, 1973 Issue 20, p. 467.

③　*ARR*, 1973 Issue 20, p. 469.

④　Karen Dawisha, *Soviet Foreign Policy towards Egypt*, p. 67.

⑤　"Brezhnev to Nixon, 19 October 1973, handed to Kissinger 11; 45 a. m. ", *NPMP*, *HAKO*, Box 69, Dobrynin/ Kissinger Vol. 20 (October 12 – November 27, 1973). [2009 – 09 – 21] http: // www. gwu. edu/ ~ nsarchiv/NSAEBB/ NSAEBB98/octwar – 41. pdf.

⑥　"Nixon to Brezhnev, 20 October 1973", *NPMP*, *HAKO*, Box 69, Dobrynin/Kissinger Vol. 20 (October 12 – November 27, 1973). [2009 – 09 – 21] http: //www. gwu. edu/ ~ nsarchiv/NSAEBB/ NSAEBB98/octwar – 43. pdf.

在以色列的迅速挺进阶段，应当为以色列取得更大的战果争取时间，因为这将增加莫斯科和开罗的压力，同时还可以避免提出任何具体的关于以色列撤退的问题，从而使美国和以色列在谈判中有更大的回旋余地；而被授权为全权代表则不必向华盛顿请示，从而无法为以色列争取更多的时间。① 尽管如此，基辛格认为美国在中东问题上已掌握了外交主动权，而莫斯科之行仅仅是挽回苏联的颜面之举。另外，基辛格认为可以利用这次机会羞辱苏联和埃及。这主要是因为此前苏联曾回避基辛格提出的停火问题，尽管后来他说服以色列接受了停火建议，但却被埃及拒绝。因此，基辛格决定到 22 日再次提出与安理会 242 号决议相联系的停火建议，以此"羞辱"苏联。基辛格认为，美国的中东政策就是让中东国家知道，中东的和平只能通过美国来解决。为了保持当前有利的谈判局面、消除以色列认为美国是在利用它的想法，基辛格启程之前还就援助以色列问题进行了安排，要求每天向以色列运送 10 架 A - 4 空中之鹰、4 架 F - 4 鬼怪式飞机。② 显然，以色列在战场上的表现是基辛格与莫斯科谈判的重要筹码。

10 月 20 日，即在基辛格一行到达莫斯科的当日晚上 9：15，基辛格与苏方进行了首次会谈。在这次会谈中，双方在停火的基本原则问题上达成了广泛的一致。在解决停火问题的原则上，尽管基辛格有所保留，但在总体上还是同意了苏联的停火三原则：立即就地停火；实施停火后，以色列军队撤退到安理会 242 号决议规定的停火线；就建立公正、持久的和平进行适当的磋商。③ 而基辛格提出的停火与战后消除战争的根源、加快停火进程及其实施、此次莫斯科之行的主要目的是实现停火等问题，苏联也

---

①　Henry A. Kissinger, *Crisis: The Anatomy of Two Major Foreign Crisis*, p. 289.

②　"Memcon between Kissinger, Schlesinger, Colby, and Moorer, 19 October 1873, 7: 17 - 7: 28 p. m.", *NPMP*, *NSCF*, Box 1027, Memoranda of Conversations - Apr - Nov 1973, HAK and President (2 of 5), pp. 1 - 2. [2009 - 09 - 21] http://www.gwu.edu/~nsarchiv/NSAEBB/ NSAEBB98/ octwar - 41. pdf.

③　该三原则由多勃雷宁在 10 月 18 日晚电话告知基辛格。基辛格在其回忆录中称拒绝了后两条，但美国国家安全档案馆解密的关于美苏此次会谈的记录显示，基辛格当时原则上接受了苏联三原则，只是在诸如安理会 242 号决议的停火线等问题上有所保留。See Henry A. Kissinger, *Crisis: The Anatomy of Two Major Foreign Crisis*, p. 286; "Memcon between Brezhnev and Kissinger, 20 October 1973, 9: 15 - 11: 30 p. m.", *RG* 59, SN 70 - 73, POL 7 US/ Kissinger, pp. 12 - 13. [2009 - 09 - 21] http://www.gwu.edu/~nsarchiv/NSAEBB/SAEBB98/octwar - 46. pdf.

未表示反对。①

就在这次会晤结束之后，基辛格收到了尼克松的指示及要转达给勃列日涅夫的口信，其中称尼克松和勃列日涅夫要向各自的盟友施压，以实现中东的和平。基辛格对此极为震惊，认为这是将停火与政治解决阿以冲突问题联系在了一起，并意识到这是要把美苏的解决方案强加于阿以双方。因此，尽管尼克松指令基辛格与苏联的谈判内容是停火和阿以问题的全面解决问题，但基辛格坚持认为停火是第一位的，因为继续战争的后果是"难以预料的"。② 尼克松急于结束战争、实现中东和平的指示，与基辛格先停火、再政治解决的谈判策略产生了冲突，也使基辛格为以色列扩大战果争取时间的计划受阻。基辛格称他将按启程前尼克松的指示行事，③ 而事实上这是基辛格在间接地拒绝接受尼克松的新指示。

10 月 21 日，以色列已经切断了所有从开罗通往苏伊士城和伊斯梅利亚（Ismailia）的公路和铁路，并开始向埃及第三军发起攻击。④ 由于战场上的形势对以色列越来越有利，信息比基辛格要灵通的苏联急于尽快实现停火，这使得此次谈判进展得异常顺利。⑤ 21 日上午 11 时，美苏再次就阿以停火问题进行谈判。双方所谈的内容就是要确定停火的基本原则，而这是以苏联的三原则为蓝本的。基辛格根据苏联三原则的内容与勃列日涅夫逐条进行了谈判，使苏联提出的建议最终基本按美国的意见进行了表述，如其中的"全面执行安理会 242 号决议"、"适当支持"等表述都是美国方面的提议。经修改后的内容为：要求参加战斗及未直接卷入但曾派军队到作战区的各方，立即就地停止所有战斗和军事行动；要求相关各方在停火后立即开始全面执行安理会 242 号决议；要求各方在停火的同时，立即在适当的支持下进行谈判，以在中东建立公正而持久的和平。这份草案在美国提出修改建议后，虽然苏方也提出反建议，但最终还是基本按美

---

① "Memcon between Brezhnev and Kissinger, 20 October 1973, 9：15 – 11：30 p. m. ", *RG* 59, SN 70 –73, POL 7 US/ Kissinger, pp. 7 –8, 14 –15.

② Henry A. Kissinger, *Years of Upheaval*, pp. 547, 551 –552.

③ Henry A. Kissinger, *Years of Upheaval*, p. 552.

④ "State Department Cable 208776 to all Diplomatic and Consular Posts, 'Middle East Situation,' 21 Oct. 1973", NPMP, NSCF, Box 1175, 1973 Middle East War, 20 October 1973 – File No. 15, p. 2. ［2009 – 09 – 21］ http：//www. gwu. edu/ ~ nsarchiv/NSAEBB/SAEBB98/octwar – 45A. pdf.

⑤ Henry A. Kissinger, *Years of Upheaval*, p. 553.

国的意见定性的。这份文本实际上就是安理会在 10 月 22 日通过的 338 号停火决议的底本。①

　　除去细枝末节的修改，这份文本有三个方面值得关注：一是双方都未对高度敏感的撤退问题提出要求，而是规定战斗各方就地停火，这就为以色列在日后的谈判中留下了较大的回旋余地。二是"适当支持"。按照基辛格的解释，所谓"适当支持"，仅是大国积极参与而已，这实际上要求阿以双方进行直接谈判，而直接谈判则是阿拉伯国家极力反对、以色列长期以来所追求的目标。② 三是停火生效的时间。基辛格为了给以色列争取时间，认为可以在安理会通过决议 24 小时后生效为宜。但苏方认为形势紧迫，生效时间不宜过长。双方最终同意在决议通过 12 小时后生效。③

　　在美苏达成一致意见的前提下，10 月 22 日，联合国安理会立即以 14 票支持、1 票弃权（中国）通过了美苏提出的联合决议草案，是为安理会 338 号决议。安理会要求各方在 12 个小时内实现停火，立即执行安理会 242 号决议并进行和平谈判。萨达特经过"仔细研究"后，在要求保留解放领土、恢复巴勒斯坦人民的权利等条件下，于 22 日下午 4：00 接受了停火决议。以色列在要求交换战俘、按以色列的解释执行 242 号文件的条件下，在埃及接受停火两小时后也接受了停火。而战争的另一方叙利亚直到 24 日才接受该决议。约旦也同时接受了停火决议，伊拉克和巴解组织则拒绝接受停火决议。④

第三节　美苏对抗与危机的解决

　　安理会于 10 月 22 日通过了要求各方停火的 338 号决议，但战争并没有因此而结束。受停火前基辛格的启发、暗示与怂恿，以色列并没有严格遵守安理会 338 号停火决议，而是利用停火之际继续向前推进。24 日，

---

　　① "Memcon between Brezhnev and Kissinger, 21 October 1973, 12：00 noon – 4：00 p. m. ", *RG* 59, SN 70 – 73, POL 7 US/Kissinger, pp. 5 – 7. ［2009 – 09 – 21］http：//www. gwu. edu/~ nsarchiv/NSAEBB/SAEBB98/octwar – 49. pdf.

　　② Henry A. Kissinger, *Years of Upheaval*, p. 554.

　　③ "Memcon between Brezhnev and Kissinger, 21 October 1973, 12：00 noon – 4：00 p. m. ", *RG* 59, SN 70 – 73, POL 7 US/Kissinger, p. 14.

　　④ *ARR*, 1973 Issue 20, pp. 476, 500.

已被以军完全包围的埃及第三军陷入全军覆没的危险境地，这导致了苏联的强烈反应。24 日晚苏联的强硬回信，引发了美国采取三级战备的高调反应，这将美苏推向直接对抗的边缘，也迫使苏联退缩。为了防止以色列的行动打破基辛格打压苏联和阿拉伯、展现中东和平离不开美国的最初设想，美国对以色列进行了规制，从而拯救了陷入以军包围的埃及第三军。威慑苏联、拯救埃及第三军为推动十月战争的结束提供了条件。10 月 28 日埃以双方军事代表的直接会谈为十月战争的结束打下了基础，11 月 11 日埃以停战协定的签署，标志着十月战争的结束。

一 基辛格支持以色列违反停火协议

为以色列的军事行动赢取时间，使以色列不断扩大战果，这是基辛格在与勃列日涅夫进行谈判时的主要想法，也是基辛格对尼克松授予他全权谈判代表耿耿于怀的原因。而莫斯科谈判结束之后，基辛格仍充分利用每一个机会来怂恿以色列对埃及和叙利亚实施打击，甚至暗示以色列可以违反停火协议采取军事行动，这是以色列违反停火协定的重要原因。基辛格在其回忆录中所称的"如继续战争，后果将难以逆料"，显然与解密的档案内容不相符合。

10 月 21 日，即基辛格尚在莫斯科时，基辛格通过美国驻莫斯科大使馆发给斯考克罗夫特一份绝密电报，要求立即约见以色列驻美大使迪尼兹并转告他：鉴于通信故障耽搁了 4 个小时，如果以色列要求额外补偿时间而进行军事部署，美国将表示理解。而且，对于安理会通过停火决议与决议生效间的 12 个小时，如果以色列"稍微延长"，基辛格也表示接受，即以色列可以自行延长停火生效的时间。① 基辛格的这份电报很明显是在启发、暗示以色列，可以继续在安理会通过停火决议和决议生效的间隔、甚至是在停火生效后采取军事行动。

在结束莫斯科之行后，基辛格旋即于 10 月 22 日飞到以色列，与梅厄总理就停火问题进行磋商。在从当日下午 1：35 开始进行的为时 40 分钟的会谈中，基辛格除了向梅厄总理就停火协议、战俘、空运等问题进行解释外，更为重要的是基辛格还怂恿以色列进攻叙利亚。基辛格称，如果以

---

① "U. S. Embassy Soviet Union Cable 13148 to Department of State, 21 October 1973", *NPMP*, *HAKO*, Box 39, HAK Trip – Moscow, Tel Aviv, London – October 20 – 23, 1973 HAKTO, SECTO, TOSEC, Misc. ［2009 – 09 – 21］http：//www. gwu. edu/ ~ nsarchiv/NSAEBB/SAEBB98/octwar – 51. pdf.

色列在他夜间飞往华盛顿期间采取行动，华盛顿将不会对此进行强烈抗议，即使是叙利亚已经停止战斗。① 在随后举行的午宴中，以色列国防部长达扬称距离停火生效还有 11 小时，埃及已有停火意向，而叙利亚还没有接受停火的迹象。达扬表示不愿停止军事行动，并就此征求基辛格的意见。基辛格则称决定权在以色列手中，届时他将已在飞机上，更多的相关信息他已告诉梅厄总理。② 基辛格尽管没有直接表明他同意以色列对阿拉伯国家，尤其是对叙利亚继续采取行动，但 10 月 21 日的电报、22 日与以色列领导人的两次会晤，都表明基辛格同意以色列继续采取军事行动，而且这种军事行动未必仅限于针对拒绝接受停火协议的叙利亚，还包括已接受停火协议的埃及，此后阿以战事的发展证实了这一点。

美苏双方已就停火问题达成共识，为何基辛格还要怂恿以色列在停火决议生效前后继续采取军事行动？在莫斯科，基辛格成功地实现了停火与政治解决阿以问题的分离，那么实现停火后的下一步就是要通过谈判解决阿以之间的其他问题。基辛格认为安理会 242 号决议是个"笑话"，其中的"公正与持久的和平"、"安全与承认的边界"都毫无意义，因为这些都需要阿以直接谈判才能获得。包括梅厄总理所质疑的美苏关于停火建议中的后两条，基辛格也认为只要不谈判，一切都不存在。基辛格称其莫斯科之行的战略，就是要压制阿拉伯和苏联③，要达到这一战略目标，就需要先实现停火，然后再通过谈判来解决其他问题。而打开谈判僵局的筹码，就是要以色列在军事上取得足以压阿拉伯国家让步的优势，最终为推动阿以冲突的解决打开缺口，进而使各方认识到要解决中东问题、实现中东和平，只能依靠美国。这是基辛格支持以色列继续采取军事行动的原因。

除了以上原因外，还有另外两个因素使基辛格怂恿以色列对叙利亚继续采取军事行动。从尼克松政府的中东理念来说，削弱阿拉伯国家中的激

---

① "Memcon between Meir and Kissinger, 22 October 1973, 1: 35 – 2: 15 p. m. ," *RG* 59, SN 70 – 73, POL 7 US/Kissinger, p. 6. ［2009 – 09 – 21］http: //www. gwu. edu/ ~ nsarchiv/ NSAEBB/SAEBB98/octwar – 54. pdf.

② Kissinger Transcripts, "Conversation with Israeli Leaders on Peace Proposal", October 22, 1973, *DNSA*, No. KT00866, p. 2. ［2010 – 06 – 04］http: //nsarchive. chadwyck. com/nsa/documents/KT/00866/all. pdf.

③ "Memcon between Meir and Kissinger, 22 October 1973, 1: 35 – 2: 15 p. m. ", *RG* 59, SN 70 –73, POL 7 US/Kissinger, pp. 1 –2, 4.

进派、软化其立场也是其中的一项重要内容，因此从大处着眼，对叙利亚进行打击也符合尼克松政府的中东政策理念。而就当前的形势而言，叙利亚还没有接受停火，通过进一步的军事打击使其接受停火是必要的。因此，基辛格怂恿以色列违反停火决议、继续采取军事行动的目的就在于实施尼克松政府的中东战略。

基辛格的默许、埃及提出的以色列认为不可接受的停火条件、叙利亚对停火决议的不置可否与巴勒斯坦解放组织继续战斗的声明，使本来就不想停火的以色列，继续展开攻击。10 月 22 日，也就是在埃及和以色列接受停火的当夜，以色列利用停火继续在苏伊士运河、赫尔蒙山向埃叙发起攻击。① 当夜，以色列跨河作业，将大量设备运至伊斯梅利亚和大苦湖附近，并大大加强了其阵地。23 日，安理会 338 号决议生效后几个小时即被违反，埃以双方相互指责对方违反停火决议。而在戈兰高地战线，以色列占领了赫尔蒙山，双方还发生了大规模空战。埃及向安理会报告称以色列违反了停火决议，正在不断扩大其在西岸的桥头阵地，要求就此召集会议。② 应埃及的要求，安理会于当日下午通过了安理会 339 号决议。339 号决议要求各方立即停止军事行动，退回到此前的停火位置；要求联合国秘书长立即派遣联合国观察员，对阿以双方遵守安理会停火决议的情况进行监督。③

然而，基辛格却采取了两面手法，以为以色列获得更大的战果争取时间。基辛格一方面致电多勃雷宁，称以色列保证只要埃及停止战斗，以色列也将会停火，要求苏联方面保证埃及方面实施停火。④ 另一方面基辛格却在与以色列驻美使迪尼兹的谈话中为以色列支招，称当有新压力时再撤退；他"建议"以色列于 10 月 24 日停火，而不是现在。⑤ 这表明基辛格一直在采取支持以色列的政策，怂恿以色列继续采取行动，以获得更为有利的谈判形势。并且，基辛格还坚持继续向以色列空运武器。事实上，在

① *ARR*, 1973 Issue 20, p. 475

② "Department of State Operations Center, 'Middle East Task Force Situation Report # 57,' Situation Report in the Middle East as of 1200 EDT, 10/23/73", *NPMP*, *NSCF*, Box 1175, 1973 Middle East War, 23 Oct. 1973 – File No. 18, p. 1. ［2009 – 09 – 21］http: //www. gwu. edu/ ~ nsarchiv/NSAEBB/SAEBB98/ octwar – 54. pdf.

③ *ARR*, 1973 Issue 20, p. 477.

④ Kissinger Telephone Conversations, "Yom Kippur War Ceasefire", October 23, 1973, *DNSA*, No. KA11373. ［2010 – 06 – 04］http: //nsarchive. chadwyck. com/nsa/documents/KA/11373/all. pdf.

⑤ Kissinger Telephone Conversations, "Yom Kippur War", October 23, 1973, *DNSA*, No. KA11363. ［2010 – 06 – 04］http: //nsarchive. chadwyck. com/nsa/documents/KA/11363/all. pdf.

以色列访问期间，基辛格就向梅厄总理表示，美国将继续对以色列进行军事援助：20 艘船正在装运；40 架 A－4 空中之鹰式飞机将不日到达；另外，基辛格已下令向以色列运 44 架 F－4 鬼怪式飞机。[①] 而在 24 日晚上，基辛格要求参谋长联席会议主席穆勒（Mooler）确认美国对以色列的空运正全力进行，并保证无论是武器的种类还是运输吨位都不能有任何削减。[②] 显然，基辛格在支持以色列继续向前推进的同时，并没有放松对以色列的军事援助。事实上，美国向以色列空运武器一直持续到 11 月 15 日，即在埃以签署停火协议后美国仍在对以色列进行空运。[③] 由此可见，基辛格的目的就是要以威慑的手段来解决中东危机。

二 停火问题向美苏直接对抗的转换

基辛格本来是想通过怂恿以色列继续行动来改变萨达特的立场、软化叙利亚不妥协的态度，以打破阿以谈判僵局，而以色列也充分利用了基辛格的这种"暗示"。然而，当以色列完成对埃及第三军的彻底包围、切断埃及的供给线之后，形势发生了突变。由于埃及认为是以色列在不断违反停火决议，因此埃及要求美苏向苏伊士运河前线派驻军队执行停火决议，并要求联合国对此形成决议，这使基辛格意识到一场对美国而言的真正危机即将来临。因为基辛格认为这不仅不利于阿以和谈，而且更重要的是会威胁到美国在中东的利益。基辛格的这种认识，促使阿以对遵守停火问题的争执向美苏直接对抗转化，而勃列日涅夫在 10 月 24 日晚回复尼克松的信件，激发了美国要与苏联进行对抗的决心。

1973 年 10 月 23 日晚，迪尼兹告诉基辛格，如果埃及停止射击，以色列也将停火，并要求基辛格把以色列的这一决定及梅厄总理的个人保证转达给埃及和苏联。[④] 但到 24 日上午 7 时（安理会 339 号决议生效时间），以色列电台称以色列军队已突进到苏伊士城，包围了驻扎在运河东岸的埃及第三军，切断了该军与其他部队的联系，也切断了所有从苏伊士城通往开罗的物资供

---

① "Memcon between Meir and Kissinger, 22 October 1973, 1：35 － 2：15 p. m. ", *RG* 59, SN 70 － 73, POL 7 US/Kissinger", p. 7.

② Kissinger Telephone Conversations, "Yom Kippur War; U. S. Military Aid to Israel", October 23, 1973, *DNSA*, No. KA11371. ［2010 － 06 － 04］ http：//nsarchive. chadwyck. com/nsa/documents/KA/11371/all. pdf.

③ *ARR*, 1973 Issue 21, p. 525.

④ Henry A. Kissinger, *Crisis*：*The Anatomy of Two Major Foreign Crisis*, pp. 322 －323.

应道路。① 以色列军队之所以不断压缩埃及第三军的生存空间，是因为埃及第三军可以作为未来谈判的政治筹码。② 美国国务院的形势简报称，埃及第三军的供给消耗殆尽，萨达特要开通从尼罗河谷到苏伊士城和伊斯梅利亚的补给线是相当困难的，因为这要经过以色列的防线。简报分析认为，以色列接受停火，仅是出于对华盛顿的尊重，而并不是想使埃及军队轻松地逃脱打击。③ 该简报的信息表明，被以军包围的埃及第三军形势危急。

对于违反安理会 339 号停火决定的情况，以色列声称是由于埃及第三军试图突破苏伊士运河东岸的阵地，才招致以色列军队采取军事行动。④ 10 月 24 日上午，以色列通知基辛格，运河东岸已停火、西岸也没有继续向前推进。然而就在此后不到 5 分钟，多勃雷宁带给基辛格一封勃列日涅夫要求转交给尼克松的抗议信。⑤ 在这封抗议信中，勃列日涅夫称苏联已得到确切消息，以色列正在以坦克和军舰向苏伊士运河西岸发起进攻，并在对驻于运河东岸的第三军实施打击。对于以色列违反停火决议的行为，勃列日涅夫称尼克松有责任要求以色列军队立即停火，并希望双方能信守保证各方遵守停火决议的承诺。⑥ 基辛格对此称美国已要求以色列停火，如果以色列继续违反停火决议，美国将对美以关系的进行重新评估，其中包括对以援助问题；美国也已经派自己的观察员勘察停火情况，而且总统已就此事亲自向以色列大使指出了同样的问题。⑦ 在回复勃列日涅夫的信中，尼克松称他已要求梅厄总理停止军事行动，以色

①　*ARR*，1973 Issue 20，p. 479.

②　Stein，Kenneth. *Heroic Diplomacy*：*Sadat*，*Kissinger*，*Carter*，*Begin*，*and the Quest for Arab - Israeli Peace*，p. 94.

③　"Ray Cline, Assistant Secretary of State for Intelligence and Research, to Kissinger, 'Cease - Fire Problems,' 24 October 1973"，*RG* 59，SN 70 - 73 POL 27 - 14 Arab - Isr，p. 1. [2009 - 09 - 21] http：//www. gwu. edu/ ~ nsarchiv/NSAEBB/SAEBB98/octwar - 67. pdf.

④　"State Department Cable 210444 to all Diplomatic and Consular Posts, 'Middle East Situation,' 25 October 1973"，*NPMP*，*NSCF*，Box 1175，1973 Middle East War，25 Oct. 1973 - File No. 20，pp. 1 - 2. [2009 - 09 - 21] http：//www. gwu. edu/ ~ nsarchiv/NSAEBB/SAEBB98/octwar - 70. pdf.

⑤　Henry A. Kissinger，*Crisis*：*The Anatomy of Two Major Foreign Crisis*，pp. 327，329.

⑥　Anatoly Dobrynin，*In Confidence*：*Moscow's Ambassador to American's Six Cold War Presidents* (1962 - 1986)，p. 295；"Dobyrnin to Kissinger, enclosing Letter from Brehznev to Nixon, 24 Oct. 1973"，*NPMP*，*HAKO*，Box 69，Dobrynin/ Kissinger Vol. 20 (October 12 - November 27，1973)，pp. 2 - 3. [2009 - 09 - 21] http：//www. gwu. edu/ ~ nsarchiv/NSAEBB/ SAEBB98/octwar - 65. pdf.

⑦　Kissinger Telephone Conversations，"Yom Kippur War Ceasefire Violations"，October 24，1973，*DNSA*，No. KA11386，p. 1. [2010 - 06 - 04] http：//nsarchive. chadwyck. com/nsa/documents/KA/11386/all. pdf.

列也已正式保证：自今天（10 月 24 日）7：00 开始（安理会 339 号停火决议生效时间），以色列一直未采取军事行动，同时还邀请美国武官和联合国观察人员监督停火的执行情况。尼克松在回复中也要求苏联保证埃及方面遵守停火决议，因为根据以色列的情报，埃及方面仍在要求军队继续战斗。①

然而，萨达特于当日下午分别向尼克松和勃列日涅夫发出请求，希望美苏两国派军队到苏伊士前线执行安理会停火决议。② 此外，萨达特还公开要求安理会召集会议，以向中东派驻美苏军队。③ 对于埃及第三军的形势，基辛格并未给予更大的关注，但对于要求美苏向中东共同派军却大为震惊。如果联合国通过决议要求美苏向冲突地区派驻军队，这将会带来严重的后果，基辛格认为这是整个危机期间他最为担心的问题。在基辛格看来，美国多年来不反对苏联在埃及的军事存在，就是为了防止出现将苏联军队引入中东的联合国决议。如果苏联进入，将会使苏联军队在中东的存在合法化并将加强中东的激进因素；同时也会引起沙特阿拉伯、约旦及科威特等温和国家的恐慌、给苏联干涉以色列及温和的阿拉伯国家以借口。因此，美国不会参与与苏联的联合部队。④ 意识到这将会对美国的中东战略造成严重威胁后，基辛格立即采取措施，以消除埃及此举对美国的中东利益可能带来的巨大威胁。

10 月 24 日下午 3：40，基辛格向以色列驻美大使迪尼兹阐明了美方的立场。基辛格称，美国已获悉是以色列在违反停火，如果安理会再次以派驻美苏军队监督停火的名义召集会议，美国将采取以下立场：（1）对于遵守停火的强烈要求表示支持；（2）坚决反对向中东地区派驻美苏军队；（3）坚决支持联合国从中立国家选派观察员；（4）支持阿以双方回到最初的停火线位置。关于最后一点，基辛格表示将设法拖延并进行干

---

① "Scowcroft letter to Dobrynin, enclosing message from Nixon to Brezhnev, 24 October 1973, delivered to Soviet Embassy, 1：00 p. m.", *NPMP*, *HAKO*, Box 69, Dobrynin/Kissinger Vol. 20 (October 12 – November 27, 1973), pp. 2 – 4. ［2009 – 09 – 21］http：//www. gwu. edu/ ~ nsarchiv/ NSAEBB/SAEBB98/octwar – 66. pdf.

② Kissinger Telephone Conversations, "Yom Kippur War; Rumors about U. S. and Soviet Troops near Suez Canal", Oct. 24, 1973, *DNSA*, No. KA11388. ［2010 – 06 – 04］http：// nsarchive. chadwyck. com/nsa/documents/KA /11388/ all. pdf；［埃］穆罕默德·海卡尔：《通向斋月战争之路》，第 287 页。

③ *ARR*, 1973 Issue 20, p. 479.

④ Henry A. Kissinger, *Crisis：The Anatomy of Two Major Foreign Crisis*, pp. 330 – 331.

扰。基辛格同时提醒迪尼兹，以色列要最大限度地向他保证不再采取军事行动。迪尼兹对此作了承诺。[①]

为阻止萨达特继续呼吁安理会提出要求美苏向中东派军的提议，基辛格于 10 月 24 日晚通过伊斯梅尔转达了尼克松致萨达特的信件。尼克松在信中称，如果为实现中东停火而在安理会内提出向中东地区派驻外国军队——包括美苏军队在内的决议，美国将会对此投否决票，原因在于：外部军队不可能会与当地的军队进行有效的抗衡；将美苏两个核大国引入中东，会带来两国直接对抗的危险；而联合国观察员能有效地实施停火，美国将对此表示支持。尼克松希望萨达特不要将美苏引入不必要的对抗。[②] 埃及《金字塔报》主编穆罕默德·海卡尔认为，苏联准备应埃及要求向埃及派观察人员，是引起美国关注的重要原因。而叙利亚方面在经过考虑后于 10 月 24 日接受了停火，当阿萨德总统得知埃及正要求两个超级大国派人员到冲突地区监督停火实施情况时，阿萨德希望苏联也能派人员到叙利亚。[③]

虽然美国不支持美苏共同向中东派驻军队，但苏联却支持此项提议。基辛格希望苏联能保持克制以避免美苏之间的对抗，但苏联驻联合国代表马立克（Malik）却支持向中东派兵的提议，这引起了美苏在这个问题上的冲突。[④] 就在美苏就中东派驻军队问题进行争执时，由苏联驻美大使多勃雷宁代为转达的勃列日涅夫回复尼克松的信件，引发了美苏的直接对抗。

三　三级战备[⑤]与危机的解决

在勃列日涅夫于 1973 年 10 月 24 日上午向尼克松发出抗议信之后，苏联就以色列违反停火的情况向以色列发出了严重警告：如果以色列再对埃及和叙利亚发动进攻，就将导致最为严重的后果。接着苏联收到紧急情报，称以色列仍在继续进攻，埃及第三军被包围，如不马上实施停火将有被歼灭的危险；而苏联驻埃及大使馆则报告说萨达特将要下台。苏联政治

① Kissinger Telephone Conversations, "Yom Kippur War Ceasefire", October 24, 1973, *DNSA*, No. KA11391. ［2010 - 06 - 04］http://nsarchive. chadwyck. com/nsa/documents/KA/11391/all. pdf.

② "Backchannel message from Nixon through Ismail to Sadat, 24 October 1973, dispatched 8：55 P. M. , initialed by Lawrence Eagleburger", *RG* 59, SN 70 - 73, POL 27 - 14 Arab - Isr. ［2009 - 09 - 21］http://www. gwu. edu/~nsarchiv/NSAEBB/SAEBB98/octwar - 69. pdf.

③ ［埃］穆罕默德·海卡尔：《通向斋月战争之路》，第 288—291 页。

④ Henry A. Kissinger, *Crisis：The Anatomy of Two Major Foreign Crisis*, pp. 340 - 342.

⑤ 关于三级战备问题，诸多研究者称为"核警戒"，而事实上称为是一种军事警戒而非核警戒更为恰切，基辛格则从未用过"核警戒"一词。See Richard B. Parker ed. , *The October War：A Retrospective*, p. 205.

局连夜召开会议，商讨如何回复尼克松的来信。波德戈尔内等人支持向美国阐明苏联在埃及和叙利亚的军事存在的主张；勃列日涅夫则主张采取谨慎路线，反对将苏联军队卷入中东冲突中。最终，苏联政治局决定向尼克松发出一份措辞强硬的回信。① 苏联于当日晚交给尼克松的这封信的主要内容为：（1）指出是以色列在违反停火决定。虽然尼克松在给勃列日涅夫的信中称以色列已经停火，但勃列日涅夫称以色列无视安理会的决定、仍在不断攫取埃及的领土，这是对就停火达成共识的苏联和美国的挑战。（2）建议向埃及派军队执行安理会停火决议。苏联和美国应毫不拖延地立即向埃及派军队，执行安理会338号、339号停火决议。勃列日涅夫向尼克松宣称，如果美国认为不可能就此事与苏联一起采取行动，苏联将考虑单方面采取适当措施的必要性，苏联不能允许以色列的这种恣意妄为。（3）希望能与美国采取联合行动。勃列日涅夫在信中称，苏联高度重视与美国的联合行动，认为这将是两国共同维护和平的良好例证。②

从各方信息来看，当时关于埃以的情况是混乱的，至少埃及和以色列在关于违反停火问题上的信息是相互矛盾的，而美苏却大多是依靠埃以提供的信息作出判断。尽管基辛格在10月24日下午已确认是以色列在违反停火决定，但以色列对此并不予认可。从苏联方面的反应来看，苏联显然是相信了埃及方面的信息，并因此而向尼克松发出了措辞强硬的回信。虽然美国还不清楚苏联的意图，但苏联已明白无误地表明，不会再允许以色列采取任何违反停火决定的行动。此外，苏联在地中海的军事存在也成为促使美国采取行动的一个诱因。苏联向中东运送武器的运输机都已返回苏联，这可能是准备运送苏联军队；配有两艘两栖登陆艇的苏联中队正位于东地中海；至少7个空降师一直处于高度警戒状态。③ 此外，苏联空军还

① Anatoly Dobrynin, *In Confidence: Moscow's Ambassador to American's Six Cold War Presidents* (1962 – 1986), p. 294.

② Anatoly Dobrynin, *In Confidence: Moscow's Ambassador to American's Six Cold War Presidents* (1962 – 1986), p. 296; "Message from Brezhnev to Nixon, 24 October 1973, received at State Department, 10: 00 p. m.", *NPMP*, *HAKO*, Box 69, Dobrynin/Kissinger Vol. 20 (October 12 – November 27, 1973), pp. 1 – 3. [2009 – 09 – 21] http: //www. gwu. edu/ ~ nsarchiv/NSAEBB/SAEBB98/oct-war – 71. pdf. 多勃雷宁在其回忆录中称，该信虽措辞强硬，但其中却不包含有任何要单独采取行动的威胁。

③ William B. Quandt, *Decade of Decision: American Policy toward the Arab – Israeli Conflict*, pp. 296 – 297.

在外高加索进行了几次象征性的演习，并已有飞机飞到开罗。①

对于苏联措辞强硬的来信及苏联的压力，尼克松做出高调反应，要求基辛格在白宫召开会议，以对苏联几乎毫不掩饰地、单方面插手的威胁进行坚决的回击。尼克松称美国需要的不是言语，而是行动，甚至是军事警戒打击。② 24 日晚 10：40 至次日（25 日）凌晨 4：00，基辛格在白宫形势室与国防部长施莱辛格、中央情报局局长科尔比、参谋长联席会议主席穆勒、白宫办公厅主任黑格（Haig）及斯考克罗夫特等人做出了应对苏联的重大决策。

第一，在回复勃列日涅夫的来信之前，采取三级战备。当日深夜，参谋长联席会议主席穆勒向全军发布命令，要求将防御提高到和平时期的最高战备级别——三级战备③。稍后又命令第八十二空降师实施警戒；"罗斯福号"航空母舰前往东地中海与"独立号"航空母舰会合；"肯尼迪号"航空母舰及随行的特遣舰队火速赶往东地中海。美国希望以此引起苏联的注意、对苏联产生威慑，从而表明美国的决定是认真的。

第二，以总统的名义要求萨达特撤回邀请苏联派兵的建议。美国政府在该信中提醒萨达特：如果苏联军队进入埃及，将会出现美苏两个超级大国在埃及领土上的对抗；同时美国将取消基辛格于 1973 年 11 月 1 日的开罗之行，也将不会再为促进中东和平而努力。

第三，以总统的名义向苏联表明美国的立场。④ 在这封 25 日凌晨 5：40 以尼克松的名义发给苏联的信中，美国表示坚决反对两国共同向中东出兵的建议，并将苏方采取单方面行动的建议视为会带来最严重后果的考虑。美国将要求以色列遵守停火决定，并希望苏联也能这样要求埃及。美国认为可以通过增加联合国的观察人员来监督停火的执行情况。最后美方重申，美国绝不接受苏联单独采取行动，因为这违反了美苏两国 1972 年签署的《相互关系原则》和 1973 年签署的《防止核战争协定》中的第

---

① Anatoly Dobrynin, *In Confidence*: *Moscow's Ambassador to American's Six Cold War Presidents* (1962 – 1986), p. 296.

② Richard M. Nixon, *The Memoirs of Richard Nixon*, p. 939.

③ 美国的战备分为五级，一级战备为战争；二级战备为袭击在即；三级战备是不确定战争在即情况下的整装待命；四级战备是半警戒状态；五级战备是和平。See Richard B. Parker ed., *The October War*: *A Retrospective*, p. 229.

④ Henry A. Kissinger, *Crisis*: *The Anatomy of Two Major Foreign Crisis*, pp. 349 – 352.

二款①，这不仅于两国无益，而且他也将使美苏曾为缓和两国关系所付出的努力付诸东流。②

从美国解密的勃列日涅夫致尼克松的信来看，其中最具有威胁性的内容为："苏联将考虑单方面采取适当措施的必要性，苏联不能允许以色列的这种恣意妄为"，但"采取适当措施"并不完全意味着采取军事行动。对于勃列日涅夫的来信，基辛格认为，十月战争使苏联的朋友第三次失去苏联提供的设备，因此这是苏联经历了战略上的失败之后而做出的虚张声势的举措；而苏联在已被击败的情况下，不会将问题推向一个军事对抗。而美国在中东对苏联的政策目标就是将苏联在中东的势力驱逐出去，尽可能地减少苏联在中东的政治影响。③ 正是基于以上考虑，基辛格决心就此与苏联进行一场"激战"④，而"激战"的内容就是美国决定采取一系列的反虚张声势行动。

对于美国的过度反应，多勃雷宁后来也称美国没有真正的理由实施警戒，因为苏联没有干涉中东的意图，而且这会使阿以冲突转变为美苏对抗，美国的举动是鲁莽的。美国发出警戒的主要目的，就是反对在联合国的支持下、由美苏共同出兵执行停火决定或对停火决定的遵守情况进行监督，因为这样就等于接受了苏联在中东的军事渗透，这是基辛格所不能接受的。⑤ 10 月 25 日上午，已获知美国实施三级战备措施的苏联领导人召开政治局会议。会议的首要问题，是苏联是否要准备与美国进行对抗及发动一场大规模的战争。尽管政治局的成员们在对许多问题的认识上都存在

①　1973 年 6 月 22 日，即美苏华盛顿峰会期间，两国签署了《防止核战争协定》，并于当日生效。该协定第二款规定：为消除爆发核战争及使用核武器的危险，美苏各方应避免对另一方及其盟国使用武力或以武力相威胁，美苏同意以此作为双方对外政策及国际关系行为的准则。See *Agreement between the United States of American and the Union of Soviet Socialist Republics on the Prevention of Nuclear War*. [2011 - 03 - 18] http：//dosfan. lib. uic. edu/acda/treaties/prevent1. htm.

②　"Nixon to Brezhnev, 25 October 1973, delivered to Soviet Embassy, 5：40 a. m.", *NPMP*, *HAKO*, Box 69, Dobrynin/Kissinger Vol. 20 (October 12 - November 27, 1973), pp. 1 - 3. [2009 - 09 - 21] http：//www. gwu. edu/ ~ nsarchiv/ NSAEBB/ SAEBB98/octwar - 73. pdf.

③　"Memcon between Kissinger and Huang Zhen, 25 October 1973, 4：45 - 5：25 p. m.", *RG* 59, Records of the Policy Planning Staff, Director's Files (Winston Lord), 1969 - 1977. Box 374. China - Sensitive July 1973 - February 1974, pp. 1 - 2, 4 - 5. [2009 - 09 - 21] http：// www. gwu. edu/ ~ nsarchiv/NSAEBB/SAEBB98/octwar - 72. pdf.

④　Henry A. Kissinger, *Crisis：The Anatomy of Two Major Foreign Crisis*, p. 343.

⑤　Anatoly Dobrynin, *In Confidence：Moscow's Ambassador to American's Six Cold War Presidents* (1962 - 1986), p. 296.

分歧，但对这个问题的意见却是一致的，即都反对与美国进行对抗。柯西金直接指出，苏联不能因为埃及和叙利亚而卷入与美国的战争。勃列日涅夫也不希望引发美苏冲突，因为他担心美苏冲突会影响到两国缓和，因此他认为虽然苏联同情萨达特，但不能改变埃及军事失败的结果；无论形势如何复杂，苏联都会发展与美国的关系。其他政治局成员则认为苏联并没有采取挑衅行动，而只是在寻求政治而非军事解决的途径。苏联最终决定通过外交途径解决危机。①

10 月 25 日下午，美国收到了勃列日涅夫给尼克松的回信。勃列日涅夫在信中指出，尼克松所称的以色列已全部停火与事实不符，就在苏联收到美国来信的时候以色列还在轰炸伊斯梅利亚，苏伊士城里的战斗也仍然在进行；考虑到当前的形势，苏联已经派了 70 名观察员前去埃及监督停火，如果美国愿意加入，苏联同意共同采取行动。同时，苏联希望美国能采取有效措施，如尼克松在信中所称的保证以色列遵守停火决定，来结束以色列的军事行动。② 从信的内容来看，这是一份缓和性的回信。尽管苏联在信中仍对美国所提及的以色列停火问题表示质疑，并要求美国兑现保证以色列停火的承诺，但绝口不提向埃及派军之事，这实际上就表明了苏联在这个问题上的妥协。

埃及则早赶在苏联之前就答复了美国。埃及国家安全顾问哈菲兹·伊斯梅尔认为，美苏部队的联合介入是确保停火决定实施的最佳保证，但既然美国反对，埃及将要求联合国向埃及派国际部队。萨达特在其致尼克松的信中，微妙地表达了希望美国在战后介入谈判的意图。埃及官方解释说，埃及改变初衷不是由于担心美苏在埃及的冲突，而是出于萨达特希望美国参与谈判的强烈愿望，取消基辛格的开罗之行是对萨达特意图的威胁。③ 这说明埃及撤回了自己的要求。

苏联和埃及的态度，表明埃及最初要求美苏向埃及派军队的呼吁、苏联要求以联合国决议的形式通过该项提议的企图最终落空。而面对美国的

---

① Richard Ned Lebow, and Janice Gross Stein, *We All Lost the Cold War*, pp. 279 – 281.

② "Dobrynin to Kissinger, enclosing letter from Brezhnev to Nixon, 25 October 1973, received 15∶40 hours", *NPMP*, *HAKO*, Box 69, Dobrynin/Kissinger Vol. 20 (October 12 – November 27, 1973), pp. 2 – 3. ［2009 – 09 – 21］http：//www. gwu. edu/ ~ nsarchiv/NSAEBB/SAEBB98/octwar – 72. pdf.

③ Richard Ned Lebow, and Janice Gross Stein, *We All Lost the Cold War*, p. 278.

全球警戒，安理会也于 10 月 25 日通过了 340 号停火决议，其主要内容即为立即建立联合国紧急部队，但不包括安理会常任理事国的人员。① 事实证明，所有这些都是按照美国的意图进行的。正如基辛格所言，在这场危机中美国的四个目标已经达到了三个：确保了以色列的安全；解除了苏联军事介入中东的威胁及为改善与阿拉伯国家的关系留有了余地。剩下的一个目标就是解救被以军包围的埃及第三军。②

10 月 26 日，埃及请求向被围困的第三军提供血浆及其他医疗用品。尽管以色列原则上同意了，但为了迫使第三军投降，以色列并不急于提供。③ 基辛格认为：从长远来说，埃及军队的覆灭不符合以色列的利益，而美国需要阿拉伯领导人软化立场的目的也已基本达到，现在萨达特的温和立场、苏联干涉的被阻止有利于推动和平进程。同时美国既不想埃及重回苏联阵营，也不愿因仍处于危急形势中的埃及而引发与苏联的第二轮对抗。在这种情况下，基辛格认为解救埃及第三军的时机已到。④

在实现解救埃及第三军方面，基辛格一直主张通过以色列自愿向埃及第三军提供药品、食品等非军事供给来实现，并力促双方直接对话。经过基辛格的努力，埃以双方最终达成了共识。埃及提出在距离开罗通往苏伊士城 101 公里处进行对话的条件，就是要实现"彻底停火"、在联合国和国际红十字会的监督下向埃及第三军输送非军事供给。以色列接受了埃及提出的全部条件。10 月 28 日，埃以双方实现了 25 年来的第一次直接对话。⑤ 这标志着埃以关系发生重大转折，为埃以间的进一步协商解决和平问题打下了基础。

11 月 11 日，埃以双方签署了停火协议。协议规定埃以应遵守停火协定，双方在脱离接触和隔离军队的框架下解决问题；向苏伊士运河东岸和苏伊士城提供非军事供给。⑥ 这为 1974 年 3 月埃以脱离接触协议的签订铺平了道路，使埃以关系逐渐向正常化转轨。

尼克松政府利用以色列在战场上的优势，富有成效地实现了阿拉伯国

① *ARR*, 1973 Issue 20, p. 480.

② Henry A. Kissinger, *Crisis：The Anatomy of Two Major Foreign Crisis*, pp. 369 – 370.

③ Henry A. Kissinger, *Years of Upheaval*, p. 598.

④ Henry A. Kissinger, *Crisis：The Anatomy of Two Major Foreign Crisis*, pp. 370 – 371.

⑤ Henry A. Kissinger, *Crisis：The Anatomy of Two Major Foreign Crisis*, pp. 400 – 401, 404.

⑥ *ARR*, 1973 Issue 21, pp. 523, 531.

家立场的软化，同时也使埃及第三军免予覆灭，为美国推动阿以和平进程提供了有利的条件。而另一方面，美国利用危机有效地打击了苏联，防止了苏联势力向中东渗透，也使埃及、联合国按照美国的意图行进。危机过后，美国在解决埃以危机的过程中将苏联排除在外、实现了美阿关系的改善，这也进一步削弱了苏联在中东的势力和政治影响。这方面的突出表现，就是原来亲苏的埃及倒向了美国；而叙利亚也逐步改变了对苏联的亲和态度，尤其是在脱离接触之后，苏联和叙利亚的关系趋冷，而美国则实现了与叙利亚外交关系的恢复。因此，从这些方面来说，美国成功地实现了其在中东的目标。实现埃以彻底停火，才只是为美国在威慑平衡政策失败后重塑对等平衡政策中之一翼——脱离接触搭建了平台，如果要重构美国对中东的对等平衡政策，尼克松政府还要应对十月战争引发的另一场危机——第一次石油危机。实现脱离接触和解决石油危机，成为尼克松政府构筑对等平衡政策的两个互反制约条件。

第四节　石油危机、脱离接触与对等平衡政策的重塑

　　美国应对十月战争与石油危机的政策中蕴含着两个平衡：一个是美国先挽救以色列于失败，后拯救埃及第三军，从而为后来美国主导下的、排除苏联干扰的阿以问题的解决打下基础；另一个则是利用十月战争与石油危机所形成的形势推动阿以问题的解决。因此，在整个危机的解决过程中，基辛格利用十月战争为支点，以阿以脱离接触和石油问题为筹码，成功地实现了阿以间的军事脱离与石油危机的解决，推动了阿以和平进程的向前发展，最终使美国在中东的对等平衡政策得以重塑。

　　需要说明的是，尽管石油危机是具有国际影响的、波及世界范围的危机，但本书并不是把石油危机作为一个单独的危机来进行阐述的，而是将其作为十月战争的另一条支线，即十月战争中石油武器的运用，来阐述美国在解决阿以冲突中如何利用石油危机来促进阿以问题的解决。

一　20 世纪 70 年代初阿拉伯国家运用石油武器的有利形势

　　阿拉伯国家的石油禁运及后来出现的翻两番的石油价格，吹响了世界

能源危机的号角，成为20世纪70年代世人瞩目的国际问题。[1] 但利用石油作为武器来支持埃及发动对以色列的战争，也经历了一个曲折的过程。六日战争后，阿拉伯国家利用石油作为斗争武器的态度是消极的。阿拉伯国家在1967年8月底9月初召开的喀土穆峰会上，各国财政部长、经济部长和石油部长认为，可以利用暂停石油的管道供应作为斗争武器。但在首脑会议上与会者认为，为加强直接遭受侵略的阿拉伯国家的经济、使这些国家能继续战斗，石油出口本身即为积极的武器。[2] 因此，六日战争后阿拉伯国家并不主张实施石油禁运。

阿拉伯国家在六日战争后对石油禁运问题持消极态度的原因，还在于历次石油禁运并不十分奏效。在1956年、1967年，阿拉伯国家通过关闭苏伊士运河和阿拉伯国家的输油管道等手段，对英、法实施了石油禁运，但由于当时获取石油资源渠道的多元化及世界石油市场的供给过剩，阿拉伯国家的石油禁运不仅未起到应有的作用，相反却使阿拉伯国家自身陷入困境。鉴于消费国与跨国公司的充分合作，阿拉伯产油国担心，仅依靠控制石油供应作为武器，会引起美国和欧洲共同向阿拉伯国家施加政治压力。[3] 然而，到20世纪70年代初，阻碍石油武器使用的障碍开始逐渐化解，运用石油武器也具备了比1956年和1967年更为成熟的条件。

进入20世纪70年代后，美国的能源缺口不断扩大，而伴随1972年世界经济的繁荣，北美、西欧和日本对能源的需求持续走高，这使得世界将能源需求的目光聚焦于中东地区。[4] 中东石油地位的不断提高，改变了阿拉伯产油国在石油市场上的地位，阿拉伯产油国也逐步掌握了石油生产与销售的主动权，这使得石油武器的有效使用成为可能。70年代出现的有利于使用石油武器的条件，主要有以下几个方面：

第一，大石油公司和产油国关系的变化。在20世纪50年代，石油出口国多采取增加出口、而不是通过提高石油价格的方式来提高本国岁入，而当时石油消费市场的激烈竞争使得石油销售价格远远低于

---

[1]　Steven Spiegel, *The Other Arab - Israeli Conflict: Making America's Middle East Policy, From Truman to Reagan*, pp. 219 - 220.

[2]　"The Arab League Summit Conference Resolutions, Khartoum, Sudan, 1 September, 1967", in Yahuda Lukacs, ed., *The Israeli - Palestinian Conflict: A Documentary Record*, pp. 454 - 455.

[3]　Harvey Sicherman, *The Yom Kippur War: End of Illusion?* pp. 22 - 23.

[4]　*Strategic Survey* 1973, p. 31.

石油牌价①，这就造成了牌价与实际价格间的缺口。这个缺口是由石油公司来弥补的，因此各石油公司为减少缺口而采取了削减石油牌价的措施，但石油牌价是产油国用以计算本国收入的基础价，这引起了产油国与石油公司的矛盾。② 石油公司采取的这种威胁产油国财政稳定的做法，直接导致了 1960 年石油输出国组织（Organization of Petroleum Exporting Countries, OPEC）的成立。但在买方市场占主导地位的时期，石油输出国组织甚至在其成立长达 10 年的时间里，也没有对石油牌价产生有利于产油国的影响。

1969 年，石油输出国组织中的成员国利比亚爆发革命，利比亚革命对于石油市场的重要意义，在于将供、求形势紧密地联系起来，这也使得石油输出国组织变得越来越重要，该组织也开始对石油牌价产生积极的影响。③ 1970 年，石油输出国组织中的各成员国，成功地迫使驻本国的外国石油公司同意提高牌价，这标志着产油国与消费国之间关系的变化。④ 此后，石油市场逐渐由买方市场向卖方市场过渡，产油国在石油的销售与牌价方面也开始拥有越来越大的发言权。从 1971 年开始，已在石油产销中占主导地位的产油国，在拉升石油牌价方面拥有了更大的操控权（见表4）。1972 年，沙特阿拉伯、卡塔尔、阿联酋及科威特迫使石油公司接受他们参与生产的协议⑤，这为十月战争期间利用提高油价来发挥石油武器的有效性埋下了伏笔。

表4　　　　　　　　　　1970—1974 年原油牌价　　　　　　　单位：美元

时间 产地	1970 年 1 月	1971 年 1 月	1972 年 1 月	1973 年 1 月	1973 年 10 月	1974 年 1 月
海湾地区国家	1.800	1.800	2.479	2.591	5.119	11.651
利比亚	2.170	2.550	3.673	3.777	8.925	15.768
尼日利亚	2.230	2.420	3.446	3.561	8.310	14.691
委内瑞拉	2.800	2.800	3.261	3.477	7.802	14.247

资料来源：*Petroleum Press Service and BP（British Petroleum）. In Strategic Survey* 1973, p. 35.

---

① 石油牌价（posted price）是用以估算油田使用费和税收的模拟数值，在 1971 年德黑兰协议前，牌价比石油的实际价格高约 40%，但此后牌价已跟不上市场价格的增长速度。See *ARR*, 1973 Issue 20, p. 503.

② Daniel Yergin, *The Prize：The Epic Quest for Oil, Money, and Power*, New York：Simon & Schuster, 1991, pp. 514 – 515.

③ Harvey Sicherman, *The Yom Kippur War：End of Illusion?* pp. 23 – 24.

④ *Strategic Survey 1970*, London：The International Institute for Strategic Studies, 1971, p. 68.

⑤ *Strategic Survey 1970*, p. 31.

第二，西欧、日本和美国在 20 世纪 60 年代巨大的经济增长所带来的能源消耗，使得中东的石油变得不可或缺。[1] 在 1971 年，西欧和日本都严重依赖中东石油，尤其是依赖阿拉伯石油输出国组织（Organization of Arab Petroleum Exporting Countries，OAPEC）成员国的石油（见表 5）。就美国而言，在 1971 年中东石油仅在其石油进口中占到两成，但美国从中东进口石油的比例却在不断上扬，从而对中东石油的依赖程度也越来越高。到 1973 年 8 月，美国从阿拉伯国家中进口的石油，已占美国全部原油进口总量的 30% 以上、石油总消耗量的 7.5%。[2]

表 5　　　　　　　　　　　1971 年世界石油流向表　　　　　　　　单位：千公吨

消费国	原油进口量	进口来源国			OAPEC 石油占各国总能源消费比率(%)
		OAPEC 国家（%）	伊朗（%）	其他国家（%）	
美国	86，080	19.1	6.2	74.7	2
比利时和卢森堡	30，320	69.2	14.2	16.6	44
丹麦	10，680	56.6	3.5	39.9	52
法国	108，400	74.1	5.4	20.5	50
德国	100，380	71.3	8.5	20.2	36
爱尔兰	3，450	64.0	23.2	12.8	43
意大利	113，390	77.9	10.0	12.1	66
荷兰	60，480	72.4	11.1	16.5	47
英国	109，810	73.8	10.0	16.2	34
日本	189，500	40.4	43.7	15.9	32

资料来源：*United Nations Energy Statistics* 1973. In *Strategic Survey* 1973, p. 36.

西方国家对中东石油的严重依赖、美国对中东石油依赖程度的持续升高，为阿拉伯产油国运用石油武器向美国和以色列施加政治压力提供了有利的条件，这也使阿拉伯国家要求利用石油武器与以色列及其支持者进行斗争的呼声越来越高。但要使石油武器充分发挥作用，还需要在美国石油市场中占有重要地位的沙特阿拉伯的支持，因此，沙特阿拉伯对使用石油武器的态度支持与否是其中的一个关键因素。

---

[1]　Daniel Yergin, *The Prize: The Epic Quest for Oil, Money, and Power*, p. 593.

[2]　*ARR*, 1973 Issue 20, p. 484.

　　第三，沙特阿拉伯对美石油政策的转变。沙特阿拉伯是中东最大的产油国，同时又与西方尤其是美国保持着密切的关系，因此沙特阿拉伯的态度对使用石油武器的成功与否起着至关重要的作用。在 1972 年，世界探明的石油储量有 5500 亿桶，其中 62% 的储量在中东，而仅沙特阿拉伯就占了世界总储量的 29%，即其储量达到了 1600 亿桶，这使得沙特成为西方国家的能源依靠。[1] 即使对于尚不严重依赖中东石油的美国，到 1973 年 7、8 月，沙特在美国进口的中东石油中也占到了五成左右。[2] 这表明沙特阿拉伯无论是在世界石油供应中还是在美国的能源构成中，都已具有举足轻重的地位。但这些能够利用石油作为政治武器的有利条件，并没有促使沙特国王费萨尔使用石油作为武器。

　　费萨尔反对使用石油武器的原因之一，是他既反对共产主义，也反对犹太主义，因此他希望能与更为强大的西方国家建立联盟、防止这些势力向沙特渗透。[3] 同时，由于美国得克萨斯、路易斯安那及俄克拉何马等州在石油禁运期间的石油供应，使阿拉伯国家从 20 世纪 50 年代就曾运用的石油武器屡屡受挫，这也是费萨尔拒绝使用石油武器的原因。他认为任何切断石油供应的行动都不会对美国产生影响，因为美国在 1985 年以前尚不需要阿拉伯海湾的石油。[4] 因此，费萨尔尽管支持埃及和叙利亚对以色列的战争，但并不情愿使用石油武器向其必不可少的支持者——美国施加政治压力。因此，在十月战争前沙特发出了一系列警告，试图以此促使美国改变支持以色列的政策。

　　1973 年 5 月，费萨尔在日内瓦会见阿美石油公司的官员时称要实现石油与政治的联姻，即利用石油压美国政府促使以色列在巴勒斯坦问题、撤退到 1967 年战争前的停火线方面让步。为此，石油公司应让美国公众知晓美国在中东的利益，让美国政府知道继续支持以色列将使美国在中东一无所有。阿美石油公司、美孚石油公司为此也展开了广泛的宣传，通过公告和公开信的形式强调政府过于支持以色列的危险。然而尼克松政府却认为沙特这是在玩"狼来了"的把戏，对沙特的警告并不在意。石油公

---

① *Strategic Survey* 1973, p. 31.

② *ARR*, 1973 Issue 20, p. 484.

③ Harvey Sicherman, *The Yom Kippur War: End of Illusion?* p. 22.

④ Daniel Yergin, *The Prize: The Epic Quest for Oil, Money, and Power*, pp. 593 – 594.

司的建议与行动，也并没有对美国外交决策层产生多大的影响。[1]

尽管费萨尔的警告并没有奏效，但在十月战争爆发前，费萨尔仍坚持认为不应将石油作为向美国等国施压的政治武器。1973 年 8 月 25 日，沙特、阿联酋、科威特和卡塔尔承诺向埃及提供 5 亿英镑的资助用以购买武器。但费萨尔坚持认为，应当使石油成为获取武器的资金来源，而不是使石油本身成为武器。[2] 费萨尔所坚持的，实际上仍然是 1967 年喀土穆峰会上关于石油出口的观点。然而，费萨尔在 8 月 31 日接受美国国家广播公司（National Broadcasting Company，NBC）的采访时称，沙特不希望限制对美国的石油出口，但如果美国继续支持以色列对阿拉伯国家的军事行动，沙特将难以继续向美国出口石油，而且美国的政策甚至会影响到两国的友好关系，因为美国的这种行动路线会使沙特在阿拉伯世界中无法立足。[3]

费萨尔前后的态度表明，尽管沙特不主张采取石油武器，但美国对以色列的不断支持，却使费萨尔将美国的立场与沙特的石油供应联系起来。战争爆发后，沙特一再向美国发出警告并与美国进行磋商，但美国对沙特的告诫置若罔闻，仍一如既往地对以色列进行支持。美国的立场最终促使沙特与其他阿拉伯产油国在使用石油武器方面达成共识，从而导致了第一次石油危机的爆发。

二 石油武器的使用

石油武器的使用，是将石油供应与阿以争端问题联系起来的结果。面对石油供销关系逆转、中东石油地位飙升的情况，西方国家意识到一场石油危机最迟会在 20 世纪 70 年代末爆发，而中东产油国对这种形势也非常清楚。[4] 十月战争的爆发，使西方国家的预见变为现实，阿拉伯产油国开始利用石油作为实现阿拉伯国家战争目的的另一种武器。阿拉伯国家使用石油武器的原则是"不对自己的朋友造成伤害"，而其目的即在于通过运用石油武器迫使美国等国放弃支持以色列的立场，压以色列彻底从 1967

---

① Steven Spiegel, *The Other Arab – Israeli Conflict: Making America's Middle East Policy, From Truman to Reagan*, pp. 242 – 243.

② *ARR*, 1973 Issue 16, pp. 363, 382.

③ *ARR*, 1973 Issue 16, p. 373.

④ *Strategic Survey* 1973, p. 31.

年6月占领的阿拉伯领土中撤出，恢复巴勒斯坦人的合法权益。[1]

在十月战争爆发的第二天，即1973年10月7日，伊拉克宣布将美孚（Mobil Oil Corporation）和埃克森（Exxon）石油公司共同拥有的、持有巴士拉石油公司（Basrah Petroleum Company, BPC）23.75%股份的近东发展公司（Near East Development Corporation）国有化。[2] 10月8—9日，伊拉克、阿联酋、卡塔尔、科威特、沙特和伊朗6个海湾产油国，在维也纳与13个西方石油公司就提高原油价格进行了谈判，但双方最后未达成任何协议。[3] 在战争爆发的第一周里，阿拉伯国家就将地中海东岸的石油输出量削减了3/5。10月12日，仅通过叙利亚和黎巴嫩两国在地中海东岸的港口的石油输出量，就由正常输出量的175万桶削减了105万桶。[4]

也是在10月12日这一天，埃克森、德士古、美孚及标准石油公司被告知，如果美国再采取支持以色列的立场，沙特阿拉伯和科威特将会进一步采取更强有力的行动。以上公司认为，除了商业利益陷入危险之外，美国在整个中东的地位将被严重削弱，日本、欧洲，可能包括俄国的利益将取代美国在该地区的存在，危害美国的经济与安全。[5] 对局势发展具有高度敏感性的各大石油公司，意识到一场真正的石油危机已处于山雨欲来之势，因此向尼克松政府发出了要求改变对以色列的政策的呼吁。10月13日，与阿美石油公司合伙的美孚、埃克森、德士古等公司的总裁联合向尼克松、基辛格致信，称如果美国此时再对以色列进行军事援助，就会对美国与温和的阿拉伯产油国的关系带来严重的负面影响，这很可能会出现专门针对美国的行动，从而导致一场真正的石油供应危机；而高度依赖中东石油的日本和西欧，将会利用美国的损失来提升自己的地位，甚至苏联也会因此排挤美国在该地区的存在。但石油公司的考虑甚至是阿拉伯国家具有威胁性的石油提价和产量削减，对尼克松和基辛格来说也并不重要。[6] 从战争爆发到对以色列实施空运的这段时间，即从1973年10月6日至13

---

① *ARR*, 1973 Issue 20, p. 470.

② *ARR*, 1973 Issue 19, p. 449.

③ *ARR*, 1973 Issue 19, p. 463.

④ *ARR*, 1973 Issue 19, p. 442.

⑤ *FRUS* 1969 – 1976, Volume XXXVI, Energy Crisis, 1969 – 1974, Washington: United States Government Printing Office, 2011, p. 580.

⑥ Steven Spiegel, *The Other Arab – Israeli Conflict: Making America's Middle East Policy, From Truman to Reagan*, pp. 258 – 259.

日，尼克松和基辛格考虑的压倒性问题，是如何对以色列实施救援、防止以色列失败，而政府决策层对石油问题也鲜有讨论。[①]

　　从总体上来说，在十月战争的最初阶段，尽管阿拉伯产油国同意使用石油武器，但尚未形成有力而一致的行动，从而未形成钳制美国和以色列的有效力量，这也是十月战争初期美国对阿拉伯国家的石油禁运未予重视的原因。[②] 10 月 14 日美国向以色列空运武器的公开化、19 日美国向以色列提供 22 亿美元的军事援助，成为阿拉伯产油国逐步采取提高油价、削减产量及石油禁运等措施运用石油武器的拐点。

　　美国支持以色列的行动于 10 月 14 日大白于天下后，16 日，沙特、科威特、伊拉克等 6 个海湾产油国在科威特城召开会议，决定将阿拉伯国家的轻原油价格提高 17%，即提高到每桶 3.65 美元；其他原油将作相应调整。科威特在会后发表声明，称今后"市场的实际价格将决定相应的牌价"。委内瑞拉、印度尼西亚和阿尔及利亚也随即做出了同样的决定。石油公司认为，产油国单方面决定石油牌价势必会对消费国的经济产生深远影响，也会造成未来石油价格的不稳定。[③] 事实上，这仅是石油危机的开始，随之而来的产量削减、石油禁运进一步将石油危机推向高潮。

　　然而，尼克松政府并没有意识到一场风起云涌的大规模石油危机已经来临，基辛格对阿拉伯国家的石油禁运与产量削减也未予以重视。10 月 17 日，即在十月战争爆发、美国公开向以色列空运武器后不久，沙特阿拉伯及其他与美国有密切联系的阿拉伯国家，向美国政府就美国支持以色列的立场进行交涉。基辛格认为，如果美国在短时间内解决问题，就会使

---

　　① 在涉及十月战争及石油危机的对外关系文件集（FRUS），及在美国（数字）国家安全档案馆已解密的相关档案文献中，尼克松政府在这段时间极少有以石油为主题的讨论。See *FRUS 1969 - 1976*, Volume XXXVI, Energy Crisis, 1969 - 1974, pp. 574 - 582.

　　② 关于阿拉伯产油国在运用石油武器方面的共识问题，实际上在十月战争爆发之前，阿拉伯产油国并未对此形成一致的看法，而是随着战局的发展，阿拉伯产油国逐渐开始统一了行动方案。直到 10 月 17 日之后，阿拉伯产油国才共同联手使用石油武器，在此之前的较为统一的认识仅是各国于 10 月 8—9 日提出了提高石油价格的要求，但这也未得到阿拉伯国家的广泛认可，阿拉伯产油国也未付诸实施。因此，许多著述中所称的十月战争爆发前阿拉伯国家就在使用石油武器方面达成共识的观点有待商榷。See "William B. Quandt to Kissinger, 'Memoranda of Conversations with Arab Foreign Ministers,' 17 October 1973, with memcon attached", SN70 - 73, POL 27Arab - Isr, pp. 1 - 8; *ARR*, 1973 Issue 19, p. 463; *ARR*, 1973 Issue 20, pp. 470, 482.

　　③ *ARR*, 1973 Issue 20, p. 503.

阿拉伯国家的"要挟"落空，应继续向以色列输送武器以迫使阿拉伯国家改变立场。① 因此，美国没有停止对以色列的援助，更没有压以色列改变立场、从其所占领的阿拉伯国家的领土上撤退的意图。然而，此时阿拉伯产油国已开始联手采取下一步行动。

就在阿拉伯国家与美国政府进行交涉的同一天，阿拉伯石油输出国组织在科威特城举行会议，决定各成员国每月减产5%。10月18日，沙特决定立即将石油产量削减10%，并将每月都进行削减。② 阿联酋、利比亚、卡塔尔等国也先后进行了相应的产量削减。然而这并没有阻挡住美国支持以色列的行动，19日尼克松政府决定向以色列提供22亿美元军事援助。此时埃及军队正陷入困境、叙利亚首都大马士革也正处于以色列的进逼之下，这促使阿拉伯石油输出国组织决定对支持以色列的国家，尤其是对美国和荷兰实施大规模的石油禁运。

由于西方各国在十月战争爆发后都先后表明了自己的态度，因此阿拉伯石油输出国组织将西方国家分为三类，进行了选择性禁运。第一类主要是对以色列进行支持的美国和荷兰，实行完全禁运。从10月18日到31日，大多数阿拉伯石油输出国组织的成员国对美国和荷兰实施了石油禁运（见表6）。第二类是享有特许权的国家。由于英法两国早在18日之前就表明了不支持以色列和美国的立场，因此英法享有出口特许权，不受出口削减限制。第三类是欧洲共同体的其他国家和日本，将每月减少出口5%。此外，许多阿拉伯产油国还开始逐步减少石油产品。③

11月4日，阿拉伯石油输出国组织在科威特城再次宣布，各成员国一致同意在9月产量的基础上削减25%，到12月则将继续削减5%，但这不会影响到对阿拉伯国家的友好国家的出口份额。④ 到1974年1月，阿拉伯产油国的原油产量从预期的每天2230万桶，下降到1790万桶，下降幅度为19.7%，比1973年9月的产量下降了11.8%（见表7）。埃及和

---

① "Minutes, 'Washington Special Action Group Meeting,' 17 October 1973, 3：05 p.m. – 4：04 p.m.", *NPMP*, NSC Institutional Files, Box H – 117, WSAG Minutes (originals) 10 – 2 – 73 to 7 – 23 – 74 (2 of 3), pp. 4 – 5.

② *ARR*, 1973 Issue 20, pp. 470, 497.

③ Robert J. Lieber, *The Oil Decade：Conflict and Cooperation in the West*, New York：Praeger, 1983, p. 17.

④ *ARR*, 1973 Issue 21, p. 530.

表6　OAPEC 国家运用石油武器情况表（1973 年 10 月 18—31 日）

国家和地区	日期（10 月）	月减产额度	禁运国
阿尔及利亚	20 日	10%	美国
	21 日		荷兰
巴林	20 日	5%	
	21 日		美国
	30 日		荷兰
科威特	21 日	10%	美国
	23 日		荷兰
利比亚	19 日	5%	美国
	30 日		荷兰
阿曼	25 日		美国、荷兰
卡塔尔	19 日	10%	
	21 日		美国
	24 日		荷兰
沙特阿拉伯	18 日	10%	
	20 日		美国
阿布扎比	18 日		美国
	23 日		荷兰
迪拜	21 日		美国

资料来源：*ARR*, 1973 Issue 20, p.482. 阿布扎比和迪拜，均属于阿拉伯联合酋长国。

叙利亚因忙于战事而未宣布削减；伊拉克没有参加 1973 年 10 月 17 日在科威特城举行的阿拉伯石油输出国组织的最后会议，但于 21 日，伊拉克将荷兰皇家石油公司在巴士拉石油公司持有的 14.25% 的股份收归国有。[1]

1973 年 10 月底，安理会先后通过了 338、339、340 号停火决议，埃及第三军也得以暂时解困，但这并没有使阿拉伯产油国放弃甚至放松对石油武器的运用。阿拉伯国家不仅继续坚持对美国等国实施石油禁运，而且还不断扩大禁运范围并对相关国家施压。11 月 7 日，阿拉伯产油国宣布，由于葡萄牙在十月战争中对以色列的支持，阿拉伯国家将对葡萄牙实施全面贸易禁运。此外，加拿大、南非也被施以程度不同的禁运；西德则由于

[1]　*ARR*, 1973 Issue 20, p.482.

与荷兰的走近而被警告；日本被要求断绝与以色列经济与外交上的关系。[1] 进入 1973 年 12 月后，石油输出国组织采取了令世界石油市场更为震荡的措施：提高油价。12 月 22—23 日，石油输出国组织各成员国的部长，在德黑兰决定将石油价格由每桶 5.12 美元提高到 11.65 美元。基辛格称之为"第二次石油冲击"，是"20 世纪的关键性事件之一"；石油输出国组织在 48 小时内的决定，就使美国、加拿大、西欧和日本在石油进口上一年多支付 400 亿美元。[2]

表7	阿拉伯产油国原油产量表		单位：百万桶/天
日　期 国　家	1973 年 9 月	1974 年 1 月	
		实际产量	危机爆发前预期产量
沙特阿拉伯	8.3	7.7	9.5
科威特	3.2	2.5	3.0
中立区（沙特和科威特）	0.6	0.5	0.6
其他阿拉伯半岛国家（不含阿曼）	2.6	2.3	3.0
阿尔及利亚	1.1	0.9	1.1
利比亚	2.3	1.9	2.5
伊拉克	2.2	2.1	2.6
合计	20.3	17.9	22.3
1974 年 1 月比 1973 年 9 月产量降低比率（%）			11.8
1974 年 1 月实际比预期产量降低比率（%）			19.7

资料来源：*Middle East Digest*，1 March 1974，and *Financial Times*，30 Jan. 1974. In Strategic Survey 1973，p. 35.

自十月战争爆发，尤其是从 10 月 16 日以来，提高价格、减产、禁运等发挥石油武器作用的措施交错跌宕，此起彼伏。面临空前能源压力的西方国家，纷纷表明自己的立场。11 月 5 日，欧共体的 9 个成员国在布鲁塞尔就阿以冲突问题进行了讨论。次日，欧共体发表了 9 国立场一致的声明：阿以双方应根据安理会 339 号、340 号决议回到 10 月 22 日的停火位置；阿以间的和平谈判应在联合国的框架内、在安理会 242 号决议的基础

---

[1]　*ARR*，1973 Issue 21，p. 530.

[2]　Henry A. Kissinger，*Years of Upheaval*，p. 885.

上进行；任何协议的达成，都需要结束以色列对阿拉伯国家领土的占领、承认巴勒斯坦的合法权益及尊重中东地区所有国家的主权。[①] 鉴于欧共体国家的立场，阿拉伯石油输出国组织在 11 月 18 日的维也纳会议上决定：对于计划在 12 月实施的 5% 的石油削减，将对欧共体国家实行免除。[②] 11 月 22 日，日本政府也发表声明，强烈反对以色列继续占领阿拉伯国家的领土；并对中东局势的未来发展表示严重关切，其中不排除重新考虑日本对以色列政策的可能。[③] 11 月 23 日，阿拉伯国家在阿尔及尔召开的峰会上，决定对日本实施与欧共体国家同样的豁免。[④]

面对石油危机，尼克松在 11 月 7 日对国民的演讲中称，这是美国自"二战"以来遇到的最为严重的能源短缺，美国的石油供应要比预期需求短缺至少 10%。[⑤] 与之相伴的，是西欧各国对美国和以色列的唯恐避之不及，纷纷与美国拉开距离，这使美国陷入内外交困的尴尬境地。在这种情况下，尼克松政府意识到将石油危机和阿以争端合并处理的必要性，这最终导致了基辛格的穿梭外交，促成了埃及和叙利亚与以色列脱离接触、石油危机问题的解决。

三　脱离接触与石油危机的结束

为解决阿以争端和石油危机，基辛格曾于 1973 年 11 月 5—9 日期间对中东进行访问。在此次访问期间，基辛格与埃及总统萨达特同意恢复美埃外交关系，萨达特也表现出对埃以双方在军事上实施脱离接触的兴趣，但关于石油危机问题并没有得到解决。在 11 月 9 日对沙特的访问中，基辛格未能说服费萨尔解除对美国的石油禁运。[⑥] 十月战争虽然于 11 月 11 日结束，但停火协议的实施、石油禁运等问题依然非常棘手。以色列和埃及在停火问题的实施上仍争论不休，埃及坚持以色列需从所有占领领土上撤出、恢复巴勒斯坦人民的权利；而以色列则提出埃以军队分别从运河东

① *ARR*，1973 Issue 21，pp. 522，532.

② *ARR*，1973 Issue 22，p. 555.

③ *ARR*，1973 Issue 22，p. 549.

④ *ARR*，1973 Issue 22，p. 556.

⑤ "Address to the Nation about Policies to Deal with the Energy Shortage. November 7，1973"，*Public Papers of Presidents of the United States*：*Richard Nixon* 1973，p. 915.

⑥ *ARR*，1973 Issue 21，p. 520. 在此次访问中，基辛格和萨达特同意恢复两国外交关系，随后两国互派大使。1974 年 2 月 28 日，萨达特宣布与美国全面恢复外交关系，并邀请尼克松总统访问埃及。See *ARR*，1973 Issue 21，p. 507；*ARR*，1974 Issue 4，London：Arab Report & Record，1975，p. 63.

西两岸撤离的建议，但双方都拒不接受对方的建议。①

进入 12 月，埃及和以色列于 1973 年 11 月 29 日中断的实施停火的对话尚未恢复，脱离接触方面并未取得任何进展。② 12 月 13 日，第二次出访中东的基辛格与萨达特商定，把埃以军事脱离作为随后举行的日内瓦和平会议的首要议题。③ 但是 12 月 21 日召开的日内瓦会议，除了为阿以提供了继续对话的平台外，双方在脱离接触问题上并未达成任何共识。在以色列要进行大选的情况下，关于脱离接触的问题也拖到了 1974 年。④ 在美国关心的石油问题上，形势也并没有出现好转。1973 年 12 月 8 日，阿拉伯石油输出国组织发表声明，称以色列应与阿拉伯国家签署一份从自 1967 年以来占领的阿拉伯领土上撤离的协议，并由美国保证以色列按时间表实施撤军；撤出计划一经启动，阿拉伯国家就将取消对美国的石油禁运。⑤

面对中东局势，将发展与埃及等阿拉伯国家的关系作为其第二任期内主要外交政策目标的尼克松，认为美国正处于历史的重大转折点，如果美国的政策失败，就会使中东重陷连年战乱与纷争；如果成功则可使该地区 1 亿民众受益。只要美国在阿以冲突中发挥关键作用，中东问题就会取得突破性进展。⑥ 1973 年 12 月 27 日，基辛格在与美孚、埃克森、德士古等美国大石油公司的董事长的会谈中，阐明了美国政府解决石油危机的政策。基辛格认为，以色列取得了军事优势但也付出了高昂代价，因此以色列只有依靠美国才能获得其所需要的安全；而阿拉伯国家也只有通过美国

---

① *ARR*，1973 Issue 22，p. 535；*ARR*，1973 Issue 23，559.

② *ARR*，1973 Issue 23，p. 571.

③ *ARR*，1973 Issue 23，p. 570.

④ "Addresses at the Opening Meeting of the Geneva Peace Conference, 21 December 1973", *MFA Foreign Relations Historical Documents 1947 – 1974*, Volumes 1 – 2：1947 – 1974, XIII. The Yom Kippur War and Aftermath, Doc. 21；Henry A. Kissinger, *Years of Upheaval*, pp. 799 – 800. 1973 年 12 月 21 日的日内瓦和平会议，是美苏针对中东问题而共同发起的，其中叙利亚拒绝参加。22 日，联合国秘书长瓦尔德海姆（Waldheim）宣布建立军事工作小组，负责向会议报告调查结果及提交建议，以使阿以和平问题继续进行。因此，日内瓦和平会议实际上成为阿以和谈的论坛。See "Statement by Secretary – General Waldheim on the Conclusion of the Geneva Peace Conference, 22 December 1973", *MFA Foreign Relations Historical Documents 1947 – 1974*, Volumes 1 – 2：1947 – 1974, XIII. The Yom Kippur War and Aftermath, Doc. 22.

⑤ *ARR*，1973 Issue 23，p. 575.

⑥ "*Memorandum to Brent Scowcroft*, Dec. 27, 1973", *Declassified Documents Reference System* (*DDRS*)，No. CK3100547092.

才能重新获取收复被以色列占据的领土。在这种情况下，基辛格认为应将石油问题与阿以冲突联系起来、在6—9个月的时间里通过逐步谈判的方式解决石油危机问题。如果石油公司对阿拉伯表示同情，将会增加政府解决问题的难度，现在美国需要的是阿拉伯国家的谅解。[①] 基辛格相信，阿拉伯产油国急于实现叙利亚与以色列脱离军事接触，如果美国由于石油禁运而拒绝对此作出努力，就会使石油武器成为负担。因此，基辛格希望通过逐步实现埃以、叙以脱离接触，来解除石油禁运问题。[②]

1974年1月2日、4日和7日，埃以双方继续在日内瓦进行会谈，但双方除了对以色列撤离的范围及苏伊士运河的安全等问题进行讨论外，并未达成更富有成效的协议。埃及坚持认为，全面解决阿以问题不是为了达成另一项停火协议，而是要实现真正、全面的和平。[③] 与此同时，以色列国防部长达扬在1月7日访美期间，提出了已经以色列内阁同意的建议：埃及可以占据苏伊士运河以东6—10公里的领土，以色列将后撤至运河以东20公里处；同时双方应削减在运河两岸的兵力。这为基辛格提供了实施埃以脱离接触的框架。[④] 基辛格认为，这是解决问题的好机会，否则美国将会一无所获。[⑤]

1月11日，基辛格为解决脱离接触问题开始在阿斯旺和耶路撒冷之间进行穿梭外交。从1月11日至16日，基辛格就埃以双方所关心的撤退范围、运河东岸的兵力部署及武器限制等问题，在埃及和以色列之间进行斡旋。基辛格认为自己在其中的角色是"调解人"，埃以双方都应为实现脱离接触做出让步。[⑥] 经过基辛格一周的斡旋，埃以双方最终于17日同意在苏伊士运河前线脱离接触。以色列同意将苏伊士运河西岸的军队撤退到西奈半岛20英里处；埃及同意减少其驻扎在东岸的兵力；两军间的中间地带，将由联合国紧急部队（United Unions Emergency Force，UNEF）

① "Memcon, 'Meeting with Oil Company Executives,' 5：30 p. m., 26 October 1973", *RG* 59, SN 70 – 73, PET 6, pp. 4 – 5, 9. ［2009 – 09 – 21］http：//www. gwu. edu/ ~ nsarchiv/ NSAEBB/ NSAEBB98/octwar – 82. pdf.

② Henry A. Kissinger, *Years of Upheaval*, p. 876.

③ *ARR*, 1974 Issue 1, p. 14.

④ *FRUS* 1969 – 1976, Volume XXVI, Arab – Israeli Dispute, 1974 – 1976, Washington：United States Government Printing Office, 2012, pp. 1 – 3; Henry A. Kissinger, *Years of Upheaval*, pp. 800 – 801.

⑤ Henry A. Kissinger, *Years of Upheaval*, p. 804.

⑥ Henry A. Kissinger, *Years of Upheaval*, pp. 813 – 814, 817.

监督管理。18 日，梅厄和萨达特签署了脱离接触的政治协议。同日，埃及参谋长贾马斯中将（Abdel - Ghani Gamazi）和以色列参谋长埃拉扎尔（David Elazar）中将，在开罗—苏伊士城公路的 101 公里处签署了军事脱离协议。1 月 21 日，以色列国会经过 1 天的激烈辩论，最终以 76 票赞成、35 票反对通过了埃以脱离接触协议。根据双方政治协议的要求，埃以双方的军事代表在不迟于 5 天的时间内签署具体实施脱离接触的军事协议，1 月 24 日贾马斯和埃拉扎尔在开罗—苏伊士城公路的 101 公里处，签署了关于军事脱离的具体实施协议。① 到 2 月，以色列从西岸撤军的各个阶段相继完成。2 月 13 日，以色列着手实施从西岸的最后撤离；根据双方协议，埃及方面也开始从运河东岸撤军，自 1967 年以来一直关闭的苏伊士运河也进入清理阶段。②

埃以脱离接触的成功，标志着中东局势的重大转折。在埃以签署脱离接触协议后，基辛格继续与萨达特商讨关于实现叙利亚与以色列的脱离接触问题。萨达特认为他有义务实现叙以的军事脱离，基辛格表示他也将继续为此而努力。③ 在埃以脱离接触取得成效的同时，基辛格也提出了石油问题。在 1974 年 1 月 22 日举行的记者招待会上，基辛格称美国希望阿拉伯国家能在埃以脱离接触完成前解除对美石油禁运。沙特石油大臣亚马尼（Yamani）认为，只有每个国家都认为有采取这一行动的正当理由，石油禁运才可能会得到解除。亚马尼也提出了降低石油价格的建议，他认为尽管目前的价格是公平合理的，但考虑到世界经济的稳定，阿拉伯产油国应降低原油价格，然而阿拉伯产油国对此存有分歧。④ 原定于 1974 年 2 月 14 日在的黎波里召开的、旨在考虑解除对美国和荷兰的石油禁运的阿拉伯石油部长会议，也被推迟。⑤ 因此，基辛格试图通过当前取得的埃以脱离接触的成果来解除石油禁运的意图，没有获得成功。

与对美石油禁运问题没有取得进展相伴的，是叙以脱离接触问题的踯躅不前。尽管基辛格、埃及外交部部长法赫米、沙特外务大臣萨卡夫都在

---

① *ARR*, 1974 Issue 2, p. 36；*ARR*, 1974 Issue 3, p. 60；"Separation of Forces Agreement, Israel Government Statement, 18 January 1974", *MFA Foreign Relations Historical Documents* 1947 – 1974, Volumes 1 – 2: 1947 – 1974, XIII. The Yom Kippur War and Aftermath, Doc. 23.

② *ARR*, 1974 Issue 3, pp. 45, 57.

③ *ARR*, 1974 Issue 2, p. 36.

④ *ARR*, 1974 Issue 2, p. 40.

⑤ *ARR*, 1974 Issue 2, p. 59.

为叙以脱离接触进行奔波，而且基辛格还解决了叙以脱离接触的重要障碍之一——以色列所关心的战俘名单问题①，但基辛格对叙以脱离接触所进行的努力也仅此而已，他并不打算将发展势头良好的叙以谈判进一步推向实质性的脱离接触阶段，因为阿拉伯国家尚未解决美国所关心的石油禁运问题。基辛格宣称，在石油问题未得到解决之前，他不会促成叙以间的脱离接触谈判。② 显然，基辛格是把埃以脱离接触作为筹码，来解决对美石油禁运问题。在 3 月 13—14 日召开的的黎波里会议中，阿拉伯石油输出国组织仍然没有就解除对美石油禁运问题达成共识。虽然埃及和沙特阿拉伯主张结束石油禁运，但阿尔及利亚、叙利亚和利比亚则认为应在以色列撤出戈兰高地后再解除石油禁运。③ 15 日，尼克松宣称，对于石油禁运问题美国不会屈从于来自中东的压力，因为这将延缓美国在推动叙利亚战线的脱离接触及实现阿以永久和平方面的努力。④ 从 3 月 12—15 日，叙以双方在戈兰高地的持续冲突⑤，使阿拉伯国家认识到双方脱离接触的必要性，这最终促成了对美石油禁运的解除。

1974 年 3 月 18 日，阿拉伯国家的石油部长在维也纳会议上，决定解除对美国的石油禁运。阿拉伯国家在会后发表的声明中称，解除对美石油禁运将会使美国在对阿拉伯国家的被占领土、对巴勒斯坦人民的合法权益等方面，采取更为公正的立场。此外，意大利和西德也被列为"友好国家"之列。随后，沙特为满足美国石油的需求开始增加产量。⑥

石油危机解除后，叙以脱离接触谈判开始逐步取得进展。3 月 27 日，以色列总理梅厄夫人就与叙利亚脱离接触问题表示，以色列对十月战争期间获得的戈兰高地没有强烈的占领倾向，以色列准备就归还这些领土达成一项协议。⑦ 以色列态度的转变，为实现叙以脱离接触提供了可能条件。以色列国防部长达扬、叙利亚代表团分别于 3 月 28 日、4 月 14 日对美国进行访问，双方在脱离接触方面都做出了不同程度的让步。⑧ 但叙以间长

---

① *ARR*，1974 Issue 4，p. 73.

② Henry A. Kissinger，*Years of Upheaval*，p. 939.

③ *ARR*，1974 Issue 5，p. 95.

④ Richard Nixon，*The memoirs of Richard Nixon*，p. 987.

⑤ *ARR*，1974 Issue 5，p. 93.

⑥ *ARR*，1974 Issue 6，pp. 119 - 120.

⑦ *ARR*，1974 Issue 6，p. 115.

⑧ *ARR*，1974 Issue 6，p. 114；*ARR*，1974 Issue 7，p. 137.

期存在的互不调和的立场，使得叙以在达成脱离接触协议方面，面临着比埃以更多的困难。5月上旬，叙以脱离接触谈判陷入僵局，为此，基辛格在大马士革进行了长达10天的斡旋。5月29日，在以色列最终放弃叙利亚应阻止游击队从其境内发动袭击的要求之后，叙以双方最终同意脱离接触。5月31日，叙以双方在日内瓦签署脱离接触协议。① 6月5日，叙以双方军事代表在日内瓦签署了具体实施脱离接触的协议；次日，双方完成了战俘的交换。② 到6月26日，叙以军队在戈兰高地完成了脱离接触，以色列也将戈兰高地的重镇库奈特腊归还叙利亚。③

　　埃以、叙以脱离接触的成功实施，使中东形势发生了巨大的转变，这既缓解了中东的紧张局势，也促使中东格局出现了新的分化组合，从而改变了美苏在中东的攻防态势。埃以签署脱离接触协议后，埃及与美国恢复了外交关系；尼克松为维持与埃及的新关系，要求国会向埃及提供2.5亿美元的援助。④ 在埃及和叙利亚与以色列的关系趋向缓和的情况下，1974年6月12日，尼克松开始对中东进行访问。6月14日，美埃就两国在原子能等领域的合作达成共识。⑤ 美埃之间的关系的持续接近与多方面合作，标志着两国关系开始进入全面合作时期。就叙利亚而言，阿萨德接受基辛格为实现叙以脱离接触进行斡旋，即表明叙利亚对美国态度的转变。6月15日，尼克松对叙利亚进行了访问，阿萨德称尼克松访叙标志着两国关系进入新的纪元；叙以在戈兰高地达成脱离接触协议，是美国积极发挥作用的结果。在此次访问中，两国同意恢复外交关系。⑥ 美埃关系的走近、美叙关系的恢复，表明美国与阿拉伯关系的改善，尤其是与激进的阿拉伯国家叙利亚关系的改进，这是尼克松政府一直以来所追求的使亲苏的阿拉伯国家转向的中东政策目标之一。此外，尼克松还访问了约旦、沙特及以色列，进一步巩固了美国与其传统友好国家的关系。基辛格的穿梭外交与尼克松的中东之行，极大地改善了美国与中东各国的关系，提高了美国在中东的地位。

---

① *ARR*, 1974 Issue 10, pp. 207, 214.

② *ARR*, 1974 Issue 11, p. 234.

③ *ARR*, 1974 Issue 12, p. 266.

④ *ARR*, 1974 Issue 8, p. 143.

⑤ *ARR*, 1974 Issue 11, p. 220.

⑥ *ARR*, 1974 Issue 11, p. 235；*ARR*, 1974 Issue 12, p. 259.

　　与美阿关系的全面升温相比，苏联与以色列的关系不但没有拉近，而且与埃及和叙利亚的关系仍在持续走冷。在基辛格为实现埃以脱离接触进行穿梭时，苏联外交部部长葛洛米柯也在中东进行斡旋，但葛洛米柯除了表示任何脱离接触都应当是实现以色列从所有占领领土中撤出的一部分外，并没有采取任何具体与实际的措施。① 萨达特显然更希望实现脱离接触，在这方面也保持了足够的行动自由，于1974年3月18日签署了埃以脱离接触协议；阿萨德尽管与苏联仍保持着密切联系，但也希望能与以色列实现军事脱离，因此阿萨德实际上是在按美国脱离接触的思路行进。在这种情况下，美苏共同主持名义下的日内瓦和平会议，实际上成为美国表演独角戏的舞台。

　　4月1日，苏联《消息报》对基辛格在中东的穿梭外交进行抨击，称这是美国的一系列"诡计"、"花招"，苏联将在中东重建其影响。但苏联的言论遭到萨达特的指责，称苏联曾在对埃及的武器供应上一再食言；十月战争绝对是由埃及做出的、悖于两个超级大国意愿的决定。莫斯科电台则称苏联从来没有反对埃及对以色列采取军事行动；如果没有苏联的支持，埃及和叙利亚就不会在十月战争中取得胜利。② 然而，4月18日，萨达特宣布不再将苏联作为唯一的武器来源国，因为苏联在过去的6个多月里没有提供给埃及所需要的武器；埃及与苏、美的关系取决于对方是否向埃及伸出友谊之手。西方外交官认为，这一声明的意义不亚于1955年埃及宣布从东方阵营获取武器。③ 这表明埃苏关系的重大变化。萨达特在两个超级大国间寻求平衡的政策，使苏联长期以来所追求的、利用埃及扩大其在中东的势力和影响的政策受挫。苏联在中东饱受诟病的局面，与美国同中东各国外交关系的全面升温形成鲜明的对比。

　　脱离接触与石油危机的解决带来的一个重要后果，是美国可以名正言顺地向以色列提供大规模的军事援助，而不必担心由此招致阿拉伯国家的批评。1973年12月，尼克松政府批准向以色列提供22亿美元的紧急贷款，1974年7月1日，美国将其中的5亿美元转为赠款，而此前已经有10亿美元转为赠款。7月15日，美国同意向以色列提供3亿美元的军事贷款。与埃及和叙利亚外交关系的恢复及阿拉伯国家政策的转向、石油危

---

① *ARR*, 1974 Issue 5, p. 92.

② *ARR*, 1974 Issue 7, p. 137.

③ *ARR*, 1974 Issue 8, p. 143.

机的解决①、与温和阿拉伯国家关系的维持、保证以色列的存在及对苏联在中东势力的遏制，尼克松政府在中东的政策目标，基本都得到了实现。②

十月战争引发了石油危机的爆发，尽管十月战争于 1973 年 11 月 11 日结束，但其所遗留的问题却与石油危机问题相伴而解。陷入国内水门事件危机的尼克松政府虽疲于应付国内外的危机，尤其是中东爆发的大规模军事冲突，但却成功地利用了十月战争与石油危机带来的机会而实施互反制约，解决了阿拉伯国家所关心的脱离接触问题，也解除了石油禁运问题，这使美国处于国际外交舞台的核心地位。尼克松政府通过实现埃以间的直接对话，使以色列实现了一直所追求的目的；而通过危机的解决，美国则在维持与阿拉伯国家友好关系的同时，又可以向以色列提供援助，这使得六日战争后约翰逊政府和罗杰斯一直追求的对等平衡外交得以重塑。

应当指出的是，在整个十月战争期间，无论是美国的西方盟国采取了不支持美国的中东政策的立场，还是阿拉伯国家使用了令世界陷于能源危机的石油武器，都没有改变美国支持以色列的政策。尽管阿拉伯产油国的石油禁运、提高价格与减产等措施，但石油对美国的外交决策并没有产生关键性的影响。美国在中东的主要目的，是要排挤苏联在中东的势力和政治影响，最大限度地软化激进的阿拉伯国家的立场，实现美国在中东利益的最大化。至于在阿以间重构对等平衡政策，则是美国实现这些目的的一个政策而已。事实上在十月战争前后美国的这些政策并没有多大变化，这也说明西方国家的立场、阿拉伯国家的制约措施，对美国既定政策的影响是有限的。

对于美国与其西方盟友的关系，尽管美国与西欧盟国出现了分歧，但这只不过是联盟内部的又一次调整与组合。对美国来说，石油危机促成了新的联盟关系的形成，英法意三国的经济政策倾向于维持就业；而美德日则主张抑制通货膨胀，后者形成了东京—华盛顿—波恩轴心关系。因石油危机而形成的另一个有利于美国的结果，是美国在与中国及苏联进行单边

---

① 直到 1974 年 9 月 4 日，阿拉伯产油国才解除对荷兰的石油禁运。

② 1974 年 6 月 17 日，尼克松成为第一个访问以色列的美国总统，以色列认为这对以色列具有特殊而重要的意义，两国重新确认了彼此的友好关系。次日，尼克松访问约旦，双方也就两国长期以来的友好关系发表了声明。See *ARR*, 1974 Issue 12, pp. 269 – 271.

外交后，通过要求西方进行集体努力而重申了美国在联盟中的领导权。①

就中东问题而言，十月战争带来的一个积极后果，是促使美国改变了原来在推动阿以和谈问题上的消极态度。在十月战争结束之后，尼克松认识到通过和平手段解决阿以争端、实现阿以和平对以色列的意义。尼克松在 1974 年 6 月访问中东之前指出，在 5 年前向被阿拉伯人包围的以色列提供武器是有意义的，但现在却没有意义，美国不会再向以色列开空白支票；如果以色列要实现长久的和平，最好是与其阿拉伯邻邦签署和平协议。② 因此，在推动阿以和平的过程中，尽管基辛格所采取的逐步解决方案因回避了阿以争端中最核心的领土问题而使阿以和平遥遥无期，但这为卡特政府继续推动阿以和平谈判打下了基础。1977 年卡特政府上台后，重新采取了全面解决方案，埃及率先实现了与以色列的和平。③

---

①　*Strategic Survey* 1974，London：The International Institute for Strategic Studies，1975，p. 25.

②　Richard Nixon，*The memoirs of Richard Nixon*，pp. 1007 – 1008.

③　殷罡：《阿以冲突——问题与出路》，国际文化出版公司 2002 年版，第 22—24 页。

结　语

冷战时期，遏制与反遏制一直是美苏关系的主题，双方在世界范围内的抵牾不断、对抗不息、争夺不止是当代国际关系史的重要内容。在美苏交锋的过程中，战争边缘政策、缓和等政策，都是美国根据时代主题的变迁、国际环境的变幻及美苏实力的转换，围绕苏联而精心设计的遏制手段。在与苏联中东逐鹿的过程中，美国从杜鲁门政府时期开始，就力图在阿以争端中采取不偏不倚的平衡政策，但收效甚微，同时也并没有获得阿拉伯国家的好感。但这一政策却成为美国排挤苏联的软遏制措施，并被后来的历届政府所继承和不断发展。到尼克松政府时期，美国在中东危机中有效地采取了对苏联威慑与对阿以双方推行平衡政策的双措施，在美苏缓和的大背景下最大限度地遏制了苏联在中东的势力和影响。

从杜鲁门到尼克松政府时期，美国政府试图在中东实施的平衡政策经历了一个不断发展演变的过程，美国从最初仅维持以色列存在的基本目标，走到了美以特殊关系层面；美国对中东的平衡政策，也逐渐由全面平衡转为仅局限于军事方面的平衡。伴随美苏冷战在中东的蔓延，阿以冲突的冷战色彩也越来越浓厚，阿以双方在美苏竞争的过程中，也逐渐产生了分化组合，美国与以色列形成了特殊关系，美国、以色列与苏联、阿拉伯国家最终形成对峙局面。尽管阿、以逐渐分属于不同的阵营，但美国并没有放弃对埃及等阿拉伯国家的争取。在约翰逊政府后期，美国试图在中东地区重建对等平衡，但由于美苏在中东的争夺，约翰逊政府的这一政策最终以失败告终。

尼克松政府时期中东爆发的消耗战、约旦危机及十月战争三次危机，为美国实施平衡政策提供了舞台，也为平衡政策的演变提供了机会。消耗战期间，时任国务卿罗杰斯主张的对等平衡政策成为解决中东争端的主流措施，但由于缺乏白宫的有力支持及阿以双方的反对，罗杰斯的对等平衡政策最终归于失败。约旦危机为美国中东政策的转变提供了契机，1971

年后尼克松和基辛格采取了威慑平衡政策，试图通过加强以色列的军事优势来迫使阿拉伯国家改变立场、实现中东问题的解决。然而，威慑平衡政策虽然得到了美国国内及以色列的支持，但却并没有被埃及等阿拉伯国家所接受，相反却最终导致了十月战争的爆发。这表明即使以色列拥有绝对的军事优势，也不能保证中东的稳定、防止阿以矛盾的激化，因此尼克松政府所采取的威慑平衡政策也是失败的。

十月战争带来的巨大影响，使埃及、叙利亚和以色列认识到阿以争端长期存续的恶果，这为阿以双方实现妥协提供了条件，而基辛格正是在适当的时机充分利用了这一有利条件实施了对等平衡政策。尼克松政府对中东的政策，始于罗杰斯的对等平衡政策，却终于一直持威慑平衡观的基辛格对对等平衡政策的构建。而事实上，基辛格所采取的措施，并不比罗杰斯应对阿以冲突的手法更为高明，例如基辛格提出的分阶段解决、对阿以双方实施对等平衡政策等措施，都能看到罗杰斯处理阿以争端的影子，只不过这是阿以双方经过了十月战争的洗礼后实施的。

从最初的对等平衡到威慑平衡，再到对等平衡，尼克松政府的平衡政策经历了一个演变与回归的过程。在尼克松之前的美国历届政府，基本将平衡作为维持以色列存在及争取阿拉伯国家支持的一项政策。在美国与埃及和叙利亚断交的情况下，尼克松政府与以往各届政府在中东政策上有较大的不同，在于其不是通过援助等手段获取阿拉伯国家的好感，而是通过平衡政策来彰显美国解决问题的能力，即通过推动阿以争端的解决将美国置于世界权势的中心地位，以此来增加自己的国际影响力和树立其负责任大国的国际形象。事实证明，这不仅有效地获取了阿拉伯国家的好感，而且有力地排挤了苏联在中东的势力和影响。

在尼克松政府的中东政策中，对苏联的考虑是第一位的，即使是在尼克松政府时期爆发的规模最大的十月战争期间，尼克松和基辛格都依然认为，与中东危机相比苏联是更大的问题。因此，在整个尼克松政府时期所爆发的中东危机中，美国所围绕的核心问题，就是如何削弱苏联在中东的存在及其影响的问题。为达到这一战略目标，尼克松政府采取了软性与硬性遏制相结合的政策。所谓软性遏制，就是在解决地区冲突的过程中，利用和平的方式推动问题的解决，从而突出美国在问题解决中的核心地位，使阿以双方都依赖美国，进而将苏联排挤于推动解决阿以问题的进程之外；而在与苏联的关系中，则通过与苏缓和使苏联在对其盟友的支持力度上、在美国的军事威慑面前保持克制，使苏联沿美国的意图行进。这两方面均为软性遏制。除此之外，美国还在危机管理中采取了用武力进行威慑的战争边缘政策，这种不惜与苏联兵戎相见的军事威慑手段，是为硬性遏制。就中东地区而言，尼克松政府对苏联的遏制，就是通过这种软硬结合的遏制手段来实现其中东战略的。应当说这两种政策都不是尼克松政府所独创，但运用得却最为有效。

战争边缘政策是靠军事力量对对方形成威慑、以达到不战而屈人之兵的目的。由艾森豪威尔政府时期的国务卿杜勒斯提出的这一理论，为后来的各届政府所沿用，如肯尼迪在 1962 年古巴导弹危机时期所发出的战争恫吓，就是这一政策的体现。在 1970 年约旦危机期间，尼克松政府也曾采用了这一政策，苏联最终仅向美国发出了态度温和的照会，结果这使尼克松将该政策视为日后可资借鉴的经验。1973 年十月战争期间，尼克松政府发出三级战备警告，再次以战争相威胁。由于担心美苏直接对抗、破坏美苏缓和成果，也由于苏联领导人对核战争的恐惧，此次美苏对抗最终也以苏联的退缩而告终。这次对抗的败北，使苏联丧失了参与解决阿以争端的机会，苏联在中东的势力也遭到严重削弱。

就缓和本身而言，缓和在中东危机中起到了双重作用：一方面，在十月战争前，美苏缓和维持了中东不战不和的局面，也使苏联在对埃及等阿拉伯国家的支持力度上保持了克制，这既使埃及最终做出了驱逐苏联在埃及的军事人员的抉择，也促使萨达特走上了通过战争解决领土问题的道路，因此从这一方面来说，美苏缓和构成了十月战争的外部诱因。另一方面则是苏联对缓和的认知使其在美国的威慑面前保持了克制，这在很大程度上防止了两个超级大国的直接对抗。因而，从这个意义上讲，缓和是防止美苏直接对抗的阻遏因素，也是美国用来遏制苏联的工具。

尼克松和基辛格中东政策的目标即为软化阿拉伯国家中激进派的立场，争取温和派，保证以色列的安全，排斥苏联在中东的势力和政治影响。通过应对消耗战、约旦危机与十月战争，尼克松政府在中东的目标都已基本达到：在约旦危机中拯救了约旦国王侯赛因的政权；经过十月战争，埃及已经转向美国，叙利亚也改变了对美国的立场；同时还保证了以色列的安全；最为重要的是，美国在这个过程中有效地化解了劲敌苏联在中东的攻势。因此，尼克松政府经过中东政策的演变，逐步实现了美国在中东的战略目标。

尼克松政府中东政策的演变，是美国国内外诸多因素影响的结果。在20 世纪 60 年代末 70 年代初，美苏冷战甚嚣尘上，加强与苏联在全球的争夺仍是尼克松政府外交政策的主题。由于美国深陷越南战争导致国力下降，使得美国在与苏联实施缓和的同时，极力改变与中国的对峙局面。因此，从国际大环境上，尼克松政府外交政策的重点显然是放在了美苏、越南战争与中美关系等方面，中东地区尚未成为美国外交的首要目标之一。白宫对以上国际问题的考虑，使得罗杰斯处理阿以争端问题的政策缺乏有力的支持，这也成为决定罗杰斯的中东和平计划能否得以推行的重要因素。直到 1973 年十月战争，阿以冲突才成为美国外交及战略考虑的重点。[①] 然而，即使尼克松对中东和平计划持赞成态度，如第二个罗杰斯计划、临时运河协议计划及基辛格采取的威慑平衡政策，都曾得到尼克松的支持，但最终还是没有实现中东问题的政治解决。这表明美国对阿以和平问题起到的仅是延缓或加速的作用，即对于阿以双方来说美国的作用仅是外部的，而中东的和平最终仍取决于阿以双方是否愿意达成妥协。安理会242 号决议、两个罗杰斯计划的命运及临时运河协议计划的失败、脱离接触问题的解决，直至 1977 年卡特政府时期埃以实现和平，都反映了阿以在和平问题上的独立性与决定性。因此，从这一角度来看，理性行为模式能比官僚政治模式更为合理地解释罗杰斯计划、临时运河协议计划和埃及、叙利亚与以色列的脱离接触协议的成败。[②]

就国内因素而言，国会对尼克松政府的外交政策起着不可忽视的影响作用，因为国会与美国的犹太利益集团常常纠缠在一起。如在 1970 年 3月，罗杰斯宣布总统推迟回复以色列购买战斗机的请求，结果遭到 70 名参议员和 280 名众议员的反对，认为尼克松的决定会使以色列在得到大量先进武器的埃及面前处于不设防状态。[③] 而十月战争期间，尼克松政府之所以采取了快速的决策过程，也是为了防止国会及犹太等院外利益集团插手美国外交决策。[④] 从另一个方面来说，尼克松政府之所以在十月战争期

① Steven Spiegel, *The Other Arab - Israeli Conflict: Making America's Middle East Policy*, pp. 219 - 220.

② 关于理性行为模式和官僚政治模式，参见 Graham T. Allison, *Essence of Decision: Explaining the Cuban Missile Crisis.* By Boston: Little, Brown, 1971。

③ Eytan Gilboa, *American Public Opinion toward Israel and the Arab - Israeli Conflict*, p. 56.

④ Quandt, William B. *Decade of Decision: American Policy toward the Arab - Israeli Conflict*, p. 203.

间采取支持以色列的政策，还在于面临水门危机中的尼克松政府处于较为脆弱的形势。尼克松不能疏远犹太利益集团等对美国政策有着重要影响力的利益团体，他们的反对会进一步削弱尼克松的实力。十月战争期间，当以色列处于危急关头之时，以色列驻美大使迪尼兹就曾要求美国立即对以色列实施武器援助，否则以色列就将做出"严重的结论"，尼克松政府立即同意向以色列空运其所需要的军事物资。这一方面是尼克松政府在国内不利的政治环境中不能再在外交领域失利，另一方面是担心犹太利益集团通过国会向政府施加压力。

　　此外，尼克松政府内部的官僚政治机构间的斗争与政策倾向，也是影响尼克松政府中东政策的重要因素。在官僚政治结构中，总统处于该结构的最顶端，对外交决策拥有最后的决断权，但总统顾问们的意见却对总统的政策选择有着重要的影响，有时甚至会左右总统对决策的选择。尤其是总统的国家安全事务助理与国务卿的意见，对总统的政策选择起着不可忽视的作用。在尼克松政府中，尽管尼克松宣称他不受犹太利益集团的影响，但他的主要政策顾问却有犹太人，其中就包括总统国家安全顾问、后来担任国务卿的基辛格。在约旦危机期间由美国还是以色列援助约旦问题上、在十月战争期间基辛格的逐步解决方案等，基辛格都对尼克松的最终决策起到了至关重要的影响。事实上，在水门事件愈演愈烈的情况下，尼克松已将中东的外交决策大权交给了基辛格。十月战争期间美国做出的三级战备的决定，就是基辛格领导的会议决定的。①

　　在1967年六日战争前，阿拉伯国家对以色列的主要政策是要消除这个犹太国家的存在，这也是阿以双方殊死战争的主要原因。六日战争后，以埃及为首的阿拉伯国家逐渐改变了这种认识，尤其是纳赛尔认为可以与以色列和平共处，但这是以以色列退出战争中所占领土为前提的；而以色列在战争中的压倒性优势使得以色列并不想退出其在六日战争中占领的西奈半岛、加沙地带、戈兰高地、约旦河西岸（包括耶路撒冷东城区）等领土，特别是后两者。因此，领土问题成为六日战争后阿以双方纠葛的主

---

① 这次会议是国家安全委员会会议还是华盛顿特别行动小组会议，目前尚难以确定。会议刚开始被宣布为华盛顿特别行动小组会议，但由于要做出重大决策，会议转变为国家安全委员会会议。然而，如果是国家安全委员会会议，总统就应当参加，但当时尼克松并未参加。因此，基辛格在这次会议上对美国的决策起到了决定性作用。See Richard Parker, ed., *The October War*: *A Retrospective*, p. 202.

要症结所在。

　　基辛格的穿梭外交实现了阿以间的暂时和平，推动了阿以和平进程向前发展。从基辛格的穿梭外交来看，基辛格采取的是逐步解决方案，其主要内容是实现以色列和埃及、叙利亚的军事脱离与解决石油禁运问题，而实际上这也回避了阿以双方所关心的领土等关键性问题，从而暴露出逐步解决方案的缺陷。因此，尽管美国成功地实现了埃以、叙以在军事上的脱离接触问题，但阿拉伯国家所关心的领土问题、永久性和平问题，都远远未得到解决。事实上基辛格仅仅是实现了双方在一定范围内不再发生武装冲突，而巴解组织、黎巴嫩即使是在埃以、叙以实施脱离接触阶段，也一直在与以色列发生冲突。同时，阿拉伯国家试图运用石油武器迫使以色列从阿拉伯国家领土中撤出、恢复巴勒斯坦人民的合法权利的目的，也均未能得以实现，甚至约旦与以色列的脱离接触问题也一拖再拖。直到尼克松辞职，以色列都不曾从西奈半岛、戈兰高地、约旦河西岸撤出，尤其是西岸，以色列则直接宣称不会从耶路撒冷撤出。因此，从政治斗争的角度来说，石油武器的运用是失败的，以禁运、提高价格和削减产量为内容的石油斗争并没有改变美国的既定立场。但毋庸置疑，基辛格的穿梭外交推动了阿以争端问题的向前发展，这为后来埃以和平、以色列归还西奈等领土打下了基础。

　　就平衡政策本身而言，这并不是美国仅限于对阿以争端问题所采取的专门应对政策，而是美国处理全球事务，尤其是在处理地区争端中长期使用的甚至延续至今的政策。从 20 世纪 40 年代杜鲁门政府处理台湾问题，到 50 年代朝鲜战争后维持南北朝鲜分立、70 年代印巴对峙等地区争端，美国都使用了平衡政策作为插手地区事务、维系所谓地区力量均衡的手段。这些时至今日的争端；既说明了美国始于杜鲁门时期而一直延续至今的冷战意识，也反映了美国平衡政策目标的演变。就冷战意识而言，美国在台海、南北朝鲜问题上维持现状的做法，显然是要避免出现地区失衡而使地区势力"一边倒"的局面；另一方面的考虑则是要避免地区大国崛起为世界大国，要防止这种情况的出现，就要利用其地区盟友维持地区力量的平衡，这是美国平衡政策目标上的演变。

　　美国政治学教授米尔斯海默（Miershemer）在其著作《大国政治的悲剧》中称，美国应发挥离岸平衡手（Offshorer）的作用，以防止地区大国崛起而威胁美国在这些地区的利益。① 米尔斯海默所言的"离岸平衡手"，事实上就是美国一直以来在处理地区危机中所采取的平衡政策的变种；而其所谓的"悲剧"，作者则是通过对 19 世纪的英国及 20 世纪的美国的阐述，对那些试图挑战大国权威的国家的告诫。因此，从这个角度出发，是否要从美国外交思想中的均势外交甚至是 19 世纪的欧洲外交思想中，去探寻美国平衡政策的源流问题？如何进一步挖掘美国的平衡政策的一脉相承性、发展规律及其对美国在未来应对地区争端中的指导意义？这些都是需要进一步深入探讨的课题。

---

① ［美］约翰·米尔斯海默：《大国政治的悲剧》，王义桅、唐小松译，上海人民出版社 2003 年版，"序"，第 1 页。

参考文献

档案文献

1. *Arab Report and Record*（*ARR*），1969 – 1974，London：Arab Report & Record.

2. *Foreign Relations of the United States*（*FRUS*）1947，Vol. V，The Near East and Africa，Washington D. C.：United States Government Printing Office，1971.

3. *FRUS* 1948，Vol. V，The Near East，South Asia and Africa，Part 2，Washington D. C.：United States Government Printing Office，1976.

4. *FRUS* 1949，Vol. VI，The Near East，South Asia and Africa，Washington D. C.：United States Government Printing Office，1977.

5. *FRUS* 1950，Vol. V，The Near East，South Asia and Africa，Washington D. C.：United States Government Printing Office，1978.

6. *FRUS* 1955 – 1957，Vol. XIV，Arab – Israeli Dispute 1955，Washington D. C.：United States Government Printing Office，1989.

7. *FRUS* 1955 – 1957，Vol. XV，Arab – Israeli Dispute January 1 – July 26 1956，Washington D. C.：United States Government Printing Office，1989.

8. *FRUS* 1961 – 1963，Vol. XVIII，Near East 1962 – 1963，Washington D. C.：United States Government Printing Office，1995.

9. *FRUS* 1964 – 1968，Vol. XVIII，Arab – Israeli Dispute 1964 – 67，Washington D. C.：United States Government Printing Office，2000.

10. *FRUS* 1964 – 1968，Vol. XIV，The Soviet Union，The Soviet Union，Washington D. C.：United States Government Printing Office，2001.

11. *FRUS* 1964 – 1968：Vol. XIX，Arab – Israeli Crisis and War，1967，Washington D. C.：United States Government Printing Office，2004.

12. *FRUS* 1964 – 1968：Vol. XX，Arab – Israeli Dispute，1967 – 1968，

Washington D. C. : United States Government Printing Office, 2001.

13. *FRUS* 1969 – 1976: Vol. I, Foundations of Foreign Relations, 1969 – 1972, Washington D. C. : United States Government Printing Office, 2003.

14. *FRUS* 1969 – 1976: Vol. XII, Soviet Union, January 1969 – October 1970, Washington, D. C. : Government Printing Office, 2006.

15. *FRUS* 1969 – 1976: Vol. XIV, American – Soviet Relations1971 – 1972, Washington, D. C. : Government Printing Office, 2006.

16. *FRUS* 1969 – 1976: Vol. XXIV, Middle East Region and Arabian Peninsula, 1969 – 1976; Jordan, Sep. 1970, Washington D. C. : United States Government Printing Office, 2008.

17. *Foreign Relations of the United States (FRUS)* 1969 – 1976, Volume XXV, Arab – Israeli Crisis and War, 1973, Washington: United States Government Printing Office, 2011.

18. *FRUS* 1969 – 1976, Vol. XXXVI, Energy Crisis, 1969 – 1974, Washington: United States Government Printing Office, 2011.

19. *FRUS* 1969 – 1976, Vol. XXVI, Arab – Israeli Dispute, 1974 – 1976, Washington: United States Government Printing Office, 2012.

20. Lukacs, Yehuda, ed. *The Israeli – Palestinian Conflict: A Documentary Record*, New York: Cambridge Press, 1992.

21. *Middle East Record (MER)* 1968, Jerusalem: Israel University Press, 1973.

22. Parker, Richard B. , ed. *The October War: A Retrospective*, Gainesville: University Press of Florida, 2001

23. *Public Papers of Presidents of the United States: Dwight D. Eisenhower* 1960 – 61, Washington D. C. : Government Printing Office, 1961.

24. *Public Papers of Presidents of the United States: Jonh F. Kennedy* 1963, Washington D. C. : Government Printing Office, 1964.

25. *Public Papers of Presidents of the United States: Lydon B. Johnson* 1967, Book I – January 1 to June 30, Washington D. C. : Government Printing Office, 1968.

26. *Public Papers of Presidents of the United States: Richard Nixon* 1969, Washington D. C. : Government Printing Office, 1971.

27. *Public Papers of Presidents of the United States*: *Richard Nixon* 1970, Washington D. C. : Government Printing Office, 1971.

28. *Public Papers of Presidents of the United States*: *Richard Nixon* 1971, Washington D. C. : Government Printing Office, 1972.

29. *Public Papers of Presidents of the United States*: *Richard Nixon* 1972, Washington D. C. : Government Printing Office, 1974.

30. *Public Papers of the Presidents of the United States*: *Richard Nixon* 1973, Washington D. C. : Government Printing Office, 1975.

31. *Strategic Survey* 1969, London: The International Institute for Strategic Studies, 1970.

32. *Strategic Survey* 1970, London: The International Institute for Strategic Studies, 1971.

33. *Strategic Survey* 1971, London: The International Institute for Strategic Studies, 1972.

34. *Strategic Survey* 1973, London: The International Institute for Strategic Studies, 1974.

35. *Strategic Survey* 1974, London: The International Institute for Strategic Studies, 1975.

36. United States Department of State, *The Quest for Peace*: *Principal United States Public Statements and Related Documents on the Arab – Israeli Peace Process* (1967 – 1983), Washington D. C. : Government Printing Office, 1984.

网络资源

1. DNSA (Digital National Security Archive)
2. DDRS (Declassified Documents Reference System)
3. JSTOR
4. http：//documents – dds – ny. un. org/doc/UNDOC/GEN
5. http：//history. state. gov/historical documents
6. http：//www. gwu. edu/ ~ nsarchiv
7. http：//www. mfa. gov. il/mfa

中文译著及专著

1. ［埃］安瓦尔·萨达特:《萨达特回忆录(附：权力中心的流血斗争)》，

钟艾译，商务印书馆 1976 年版。

2. ［埃］安瓦尔·萨达特：《萨达特回忆录：莫斯科同开罗之间的坚冰正在融化》，辛华译，人民出版社 1978 年版。

3. ［埃］穆罕默德·海卡尔：《通向斋月战争之路》，上海《国际问题资料》编译组译，上海人民出版社 1976 年版。

4. 《国际条约集》，世界知识出版社 1986 年版。

5. 江红：《为石油而战：美国石油霸权的历史透视》，东方出版社 2002 年版。

6. 李伟建等：《以色列与美国关系研究》，时事出版社 2006 年版。

7. 刘金质：《冷战史》中册，世界知识出版社 2003 年版。

8. 刘竞、张士智、朱莉：《苏联中东关系史》，中国社会科学出版社 1987 年版。

9. ［美］哈里·杜鲁门：《杜鲁门回忆录》，李石译，东方出版社 2007 年版。

10. ［美］约翰·米尔斯海默：《大国政治的悲剧》，王义桅、唐小松译，上海人民出版社 2003 年版。

11. ［日］田上四郎：《中东战争全史》，军事科学院外国军事研究部译，解放军出版社 1985 年版。

12. 时殷弘：《尼克松主义》，武汉大学出版社 1984 年版。

13. 辛华：《苏联共产党第二十四次代表大会主要文件汇编》，三联书店 1976 年版。

14. 徐向群、宫少朋：《中东和谈史（1913 - 1995）》，中国社会科学出版社 1998 年版。

15. ［以］果尔达·梅厄：《我的一生》（即《梅厄夫人自传》），章仲远、李佩玉译，新华出版社 1986 年版。

16. 殷罡：《阿以冲突——问题与出路》，国际文化出版公司 2002 年版。

17. 张士智、赵慧杰：《美国中东关系史》，中国社会科学出版社 1993 年版。

18. 赵克仁：《美国与中东和平进程研究》（1967—2000），世界知识出版社 2005 年版。

19. 赵庆寺：《美国石油安全体系与外交》（1941—1981），上海人民出版社 2009 年版。

20. 赵伟明：《中东问题与美国中东政策》，时事出版社 2006 年版。

英文专著

1. Allison, Graham T. *Essence of Decision*: *Explaining the Cuban Missile Crisis*, By Boston: Little, Brown, 1971.

2. Ashton, Nigel John. *King Hussein of Jordan*: *A Political Life*, New Haven: Yale University Press, 2008.

3. Ayubi, Shaheen. *Nasser and Sadat*: *Decision Making and Foreign Policy* (1970 – 1972), New Hampshire: Longwood Academic, 1992.

4. Bailly, Clinton. *Jordan's Palestinian Challenge*, 1948 – 1983: *A Political History*, Boulder: Westview Press, 1984.

5. Bar – Siman – Tov, Yaacov. *Israel, the Superpowers, and the War in the Middle East*, New York: Praeger, 1987.

6. Bar – Siman – Tov, Yaacov. *The Israeli – Egyptian War of Attrition* 1969 – 1970: *A Case Study of Limited Local War*, New York: Columbia University Press, 1980.

7. Ben – Zvi, Abaraham. *Decade of Transition*: *Eisenhower, Kennedy, and the Origins of the American – Israeli Alliance*, New York: Columbia University Press, 1998.

8. Blechman, Barry M., Stephen S. Kaplan. *Force without war*: *U. S. Armed Forces as a Political Instrument*, Washington D. C.: The Brooking Institution, 1978.

9. Boyne, Walter J. *The Two O'clock War*: *the 1973 Yom Kippur Conflict and the Airlift That Saved Israel*, New York: Thomas Dunne Books, 2002.

10. Brecher, Michael. *Decisions in Crisis*: *Israel, 1967 and 1973*, Berkeley: University of California Press, 1980.

11. Brooks, Risa A. *Shaping Strategy*: *The Civil – Military Politics of Strategic Assessment*, Princeton: Princeton University Press, 2008.

12. Burns, William J. *Economic Aid and American Policy toward Egypt, 1955 – 1981*, New York: State University of New York, 1985.

13. Caldwell, Dan. *American – Soviet Relations*: *From 1947 to the Nixon – Kissinger Grand Design*, Westport: Greenwood Press, 1981.

14. Cockburn, Andrew, and Leslie Cockburn. *Dangerous liaison*: *The Inside Story of the U. S. – Israeli Covert Relationship*, New York: HarperCollins

Publishers, 1991.

15. Cohen, Avner. *Israel and the Bomb*, New York: Columbia University Press, 1998.

16. Cohen, Michael Joseph. *The Origins and Evolution of the Arab – Zionist Conflict*, Berkeley: University of California Press, 1987.

17. Dawisha, Karen. *Soviet Foreign Policy towards Egypt*, London: Macmillan Press, 1979.

18. Dayan, Moshe. *Moshe Dayan: Story of My Life*, New York: Warner Communications, 1976.

19. Dobrynin, Anatoly. *In Confidence: Moscow's Ambassador to American's Six Cold War Presidents* (1962 – 1986), New York: Times Books, 1995.

20. Dowty, Alan. *Middle East Crisis: U. S. Decision – Making in* 1958, 1970, *and* 1973, Berkeley: University of California Press, 1984.

21. Eban, Abba Solomon. *Personal witness: Israel through My Eyes*, New York: G. P. Putnam's Sons, 1992.

22. Eban, Abba Solomon. *The New Diplomacy: International Affairs in the Modern Age*, New York: Random House, 1983.

23. Fahmy, Ismail. *Negotiating for Peace in the Middle East*, London & Canberra: Croom Helm, 1983.

24. Feldman, Shai. *U. S. Middle East Policy: The Domestic Setting*, Boulder: Westview Press, 1988.

25. Gaddis, John Lewis. *Strategies of Containment: A Critical Appraisal of Postwar American National Security Policy*, New York: Oxford University Press, 1982.

26. Garthoff, Raymond L. *Detente and Confrontation: American – Soviet Relations from Nixon to Reagan*, Washington, D. C.: The Brookings Institution, 1994.

27. Gibert, Martin. *The Routledge Atlas of the Arab – Israeli Conflict*, New York: Routledge, 2005.

28. Gilboa, Eytan. *American Public Opinion toward Israel and the Arab – Israeli Conflict*, Lexington: Lexington Books, 1986.

29. Glassman, Jon D. *Arms for the Arabs: the Soviet Union and War in the Mid-*

dle East, Baltimore: Johns Hopkins University, 1975.

30. Golan, Galia. *Soviet policies in the Middle East: From World War Two to Gorbachev*, New York: Cambridge University Press, 1990.

31. Golan, Matti. *The secret conversations of Henry Kissinger: Step - by - Step Diplomacy in the Middle - East*, New York: Quadrangle, 1976.

32. Gray, Robert C. , and Stanley J. Micbalak, Jr. , eds. *American Foreign Policy since Détente*, New York: Franklin and Marshall College, 1984.

33. Hahn, Peter L. *Caught in the Middle East: U. S. Policy toward the Arab - Israel Conflict*, 1945 - 1961, Chapel Hill: University of North Carolina Press, 2004.

34. Hanhimaki, Jussi. *The Flawed Architect: Henrry Kissinger and American Foreign Policy*, New York: Oxford University Press, 2004.

35. Heikal, Mohamed. *The Sphinx and the Commissar: The Rise and Fall of Soviet Influence in the Middle East*, New York: Harper & Row, 1978.

36. Hillenbrand, Martin J. *Fragments of Our Times: Memoirs of s Diplomat*, Athen Georgia: The University of Georgia Press, 1998.

37. Horwich, George, and Edward J. Mitchell, eds. *Policies for Coping with Oil - Supply Disruptions*, Washington D. C. : American Enterprise Institute for Public Policy Research, 1982.

38. Issacson, Walter. *Kissinger: A Biography*, New York: Simon & Schuster, 1992.

39. Joyce, Miriam. *Anglo - America support for Jordan: The Career of King Hussein*, New York: Palgrave, 2008.

40. Kalb, Marvin, and Bernard Kalb. *Kissiinger*, Boston: Little, Brown, 1974.

41. Karlsson, Svante. *Oil and the World Order: American Foreign Policy*, New York: Berg, 1986.

42. Karpiin, Michael. *The Bomb in the Basement: How Israel Went Nuclear and that Means for the World*, New York: Simon & Schuster, 2006.

43. Kissinger, Henry A. *Crisis: The Anatomy of Two Major Foreign Crisis*, New York: Simon & Schuster, 2003.

44. Kissinger, Henry A. *Diplomacy*, New York: Simon & Schuster, 1994.

45. Kissinger, Henry A. *White House Years*, Boston: Little, Brown, 1979.

46. Kissinger, Henry A. *Years of Renewal*, New York: Simon & Schuster, 1999.

47. Kissinger, Henry A. *Years of Upheaval*, Boston: Little, Brown, 1982.

48. Klebanoff, Shoshana. *Middle East Oil and U. S. Foreign Policy: With Special Reference to the U. S. Energy Crisis*, New York: Praeger, 1974.

49. Korn, David A. *Stalemate: The War of Attrition and Great Power Diplomacy in the Middle East*, 1967 – 1970, Boulder: Westview Press, 1992.

50. Lavoy, Peter R. Scott D. Sagan, and James J. Wirtz, eds. *Planning the Unthinkable: How New Powers Will Use Nuclear, Biological, and Chemical Weapons*, Ithaca: Cornell University Press, 2000.

51. Lebow, Richard Ned, and Janice Gross Stein, *We All Lost the Cold War*, Princeton: Princeton University Press, 1994.

52. Lesch, David W. *The Middle East and the United States: A Historical and Political Reassessment*, Boulder: Westview Press, 1996.

53. Licklider, Roy. *Political Power and the Arab Oil Weapon: The Experience of Five Industrial Nations*, Berkeley and Los Angeles: University of California, 1988.

54. Lieber, Robert J. *The Oil Decade: Conflict and Cooperation in the West*, New York: Praeger, 1983.

55. Lukacs, Yehuda. *Israel, Jordan, and the Peace Process*, New York: Syracuse University Press, 1997.

56. Lunt, James D. *Hussein of Jordan: Searching for a Just and Lasting Peace*, New York: William Morrow and Company, 1989.

57. Neff, Donald. F*allen Pillars: US Policy towards Palestine and Israel since 1945*, Washington D. C. : Institution for Palestine Studies, 1995.

58. Nixon, Richard M. *The Memoirs of Richard Nixon*, New York: Grosset & Dunlap, 1978.

59. Odell, Peter R. *Oil and World Power*, New York: Penguin Books, 1979.

60. O'Neill, Bard E. *Armed Struggle in Palestine: A Politically – Military Analysis*, Boulder: Westview Press, 1978.

61. Osgood, Robert E. *Alliances and American Foreign Policy*, Baltimore: The Johns Hopkins Press, 1968.

62. Parker, Richard, ed. *The October War*: *A Retrospective*, Gainesville, FL: University Press of Florida, 2001.

63. Petrov, Vladimir. *US – Soviet Détente*: *Past and Future*, Washington D. C. : American Enterprise Institute for Public Policy Research, 1975.

64. Quandt, William B. *Decade of Decision*: *American Policy toward the Arab – Israeli Conflict*, Berkeley: University of California Press, 1977.

65. Quandt, William B. *Peace Process*: *American Diplomacy and the Arab – Israeli Conflict Since* 1967, Berkeley: Brookings Institution – University of California Press, 2001.

66. Rabin, Yitzhak. *The Rabin's Memoirs*, translated by Dov Goldstein, Berkeley: University of California Press, 1996.

67. Rabinovich, Itamar. *Waging peace*: *Israel and the Arabs*, 1948 – 2003, Princeton: Princeton University Press, 2004.

68. Rabinovich, Itamar, and Haim Shaked, eds. *From June to October*: *The Middle East between* 1967 *and* 1973, New JerSey: Transaction Publishers, 1978.

69. Riad, Mahmoud. *The struggle for peace in the Middle East*, New York: Quartet Books, 1982.

70. Rugh, William A. *Arab Perceptions of American Foreign Policy during the October War*, Washington, D. C. : Middle East Institute, 1976.

71. Safran, Nadav. *Israel*: *the Embattled Ally*, Cambridge: Harvard University Press, 1981.

72. Sayigh, Yezid. *Armed Struggle and the Seatch for State*: *The Palestinian National Movement* 1949 – 1993, New York: Oxford University Press, 1997.

73. Seale, Patrick. *Asad of Syria*: *The Struggle for the Middle East*, London: I. B. Tauris & Co Ltd, 1988.

74. Shannon, Vaughn P. *Balancing Act*: *US Foreign Policy and the Arab – Israeli Conflict*, Burlington: Ashgate, 2003.

75. Sheffer, Gabriel, ed. *Dynamics of Dependence*: *U. S. – Israeli Relations*, Boulder: Westview Press, 1987.

76. Shlaim, Avi. *Lion of Jordan*: *The Life of King Hussein in War and Peace*,

New York: Alfred A. Knopf, 2008.

77. Shwadran, Benjamin. *Middle East Oil Crises since* 1973, Boulder: Westview Press, 1986.

78. Sicherman, Harvey. *The Yom Kippur War: End of Illusion?*, Beverly Hills: Sage Publications, 1976.

79. Siniver, Asaf. *Nixon, Kissinger, and U. S. Foreign Policy Making: the Machinery of Crisis*, New York: Cambridge University Press, 2008.

80. Smith, Charles D. *Palestine and the Arab - Israel Conflict*, New York: St. Martins Press, 1992.

81. Spiegel, Steven. *The Other Arab - Israeli Conflict: Making America's Middle East Policy, from Truman to Reagan*, Chicago: University of Chicago Press, 1985.

82. Stein, Kenneth. *Heroic Diplomacy: Sadat, Kissinger, Carter, Begin, and the Quest for Arab - Israeli Peace*, New York: Routledge, 1999.

83. Stephens, Robert. *Nasser: A Political Biography*, New York: Simon and Schuster, 1971.

84. Stivers, William. *America's Confrontation with Revolutionary Change in the Middle East, 1948 - 83*, New York: St. Martin's Press, 1986.

85. Stork, Joe. *Middle East Oil and Energy Crisis*, New York: Monthly Review Press, 1975.

86. Szyliowicz, Joseph S., and Bard E. O'Neill, eds. *The Energy Crisis and U. S. Foreign Policy*, New York: Praeger, 1975.

87. Teicher, Howard, and Gayle Radley Teicher. *Twin Pillars to Desert Storm: America's Flawed Vision in the Middle East from Nixon to Bush*, New York: W. Morrow, 1993.

88. Terry, Janice J. *U. S. Foreign Policy in the Middle East: The Role of Lobbies and Special Interest Groups*, London: Pluto Press, 2005.

89. Thornton, Richard C. *The Nixon - Kissinger Years: Reshaping America's Foreign Policy*, New York: Paragon House, 1989.

90. Touval, Saadia. *The Peace Brokers: Mediators in the Arab - Israeli Conflict, 1948 - 1979*, Princeton: Princeton University Press, 1982.

91. Treverton, Geogory, ed. *Crisis Management and the Superpowers in the Mid-*

dle East. Farnborough, Hamshire: Gower, 1981.

92. Weissman, Steve, and Herbert Krosney. *The Islamic Bomb*: *The Nuclear Threat to Israel and the Middle East*, New York: The New York Times Books, 1981.

93. Westad, Odd Arne. *The global Cold War*: *Third World Interventions and the Making of OurTimes*, New York: Cambridge University Press, 2005.

94. Whetten, Lawrence L. *The Canal War*: *Four - Power Conflict in the Middle East*, Cambridge: MIT Press, 1974.

95. Yergin, Daniel. *The Prize*: *The Epic Quest for Oil*, *Money*, *and Power*, New York: Simon & Schuster, 1991.

中文论文

1. 白玉广:《美国对以色列政策及美以关系的发展（1948—1980）》, 博士学位论文, 复旦大学, 2009 年。

2. 胡国栋:《冷战时期美国对外政策中的政治和经济因素比较——以美国的中东政策为例》,《国际政治》2004 年第 6 期。

3. 樊为之:《第二次世界大战后的美国中东政策研究》, 博士学位论文, 西北大学, 2009 年。

4. 姜淑令:《美国对以色列的援助政策研究（1967—1988）》, 博士学位论文, 复旦大学, 2008 年。

5. 阚雅晗、洪明:《国内外研究美国对中东政策述评》,《西亚非洲》2006 年第 5 期。

6. 李智:《美国的中东政策研究（1967—1974）》, 博士学位论文, 东北师范大学, 2010 年。

7. 孙德刚:《第四次中东战争与美国政府的危机管理》,《华东师范大学学报》（哲社版）2009 年第 1 期。

8. 孙德刚:《1973 年第四次中东战争研究述评》,《社会科学研究》2008 年第 2 期。

9. 王京烈:《整体考察美国的中东政策》（上）,《阿拉伯世界研究》2007 年第 5 期。

英文论文

1. Akins, James. "The Oil Crisis: This Time the Wolf Is Here", *Foreign Affairs*, Vol. 51, Spring 1973.

2. Anderson, Richard D. Jr. , Margaret G. Hermann, and Charles Hermann. "Explaining Self – Defeating Foreign Policy Decisions: Interpreting Soviet Arms for Egypt in 1973 through Process or Domestic Bargaining Models?" *The American Political Science Review*, Vol. 86, No. 3, Sep. 1992.

3. Bar – Siman – Tov, Yaacov. "The Arab – Israeli Conflict: Learning Conflict Resolution", *Journal of Peace Research*, Vol. 31, No. 1, Feb. 1994.

4. Bar – Siman – Tov, Yaacov. "The United States and Israel since 1948: A 'Special Realtionship'?" *Diplomatic History*, Vol. 22, No. 2, Spring 1998.

5. Bell, Coral. "A Case Study in Crisis Management During Détente", *International Affairs*, Vol. 50, No. 4, Oct. 1974.

6. Betts, Richard K. "Analysis, War, and Decision: Why Intelligence Failures Are inevitablec", *World Politics*, Vol. 31, No. 1, Oct. 1978.

7. Blechman, Barry M. and Douglas M. Hart. "The Political Utility of Nuclear Weapons: The 1973 Middle East Crisis", *International Security*, Vol. 7, No. 1, Summer 1982.

8. Bonham, G. Matthew, Michael J. Shapiro, and Thomas L. Trumble. "The October War: Changes in Cognitive Orientation toward the Middle East Conflict", *International Studies Quarterly*, Vol. 23, No. 1, Mar. 1979.

9. Campbell, John C. "The Soviet Union and the United States in the Middle East", *Annals of the American Academy of Political and Social Science*, Vol. 401, America and the Middle East, May 1972.

10. Dawisha, Karen. "Soviet Decision – Making in the Middle East: The 1973 October War and the 1980 Gulf War", *International Affairs*, Vol. 57, No. 1, Winter 1980 – 1981.

11. Dimant – Kass, Ilana. "The Soviet Military and Soviet Policy in the Middle East 1970 – 73", *Soviet Studies*, Vol. 26, No. 4, Oct. 1974.

12. Freedman, Robert O. "Patterns of Soviet Policy toward the Middle East", *Annals of the American Academy of Political and Social Science*, Vol. 482, Changing Patterns of Power in the Middle East, Nov. 1985.

13. Garfinkle, Adam M. "U. S. Decision Making in the Jordan Crisis: Correcting the Record", *Political Science Quarterly*, Vol. 100, No. 1, Spring 1985.

14. Garrett, Stephen A. "Nixonian Foreign Policy: A New Balance of Power, or a Revived Concert? ", *Polity*, Vol. 8, No. 3, Spring 1976.

15. Gazit, Mordechai. "Egypt and Israel—Was There a Peace Opportunity Missed in 1971?", *Journal of Contemporary History*, Vol. 32, No. 1, Jan. 1997.

16. Handel, Michael I. "The Yom Kippur War and the Inevitability of Surprise", *International Studies Quarterly*, Vol. 21, No. 3, Sep. 1977.

17. Haney, Patrick J. , "The Nixon Administration and Middle East Crises: Theory and Evidence of Presidential Management of Foreign Policy Decision Making", *Political Research Quarterly*, Vol. 47, No. 4, Dec. 1994.

18. Inbar, Efraim, "Israeli National Security, 1973 – 96," *Annals of the American Academy of Political and Social Science*, Vol. 555, Israel in Transition, Jan. 1998.

19. Issawi, Charles. "The 1973 Oil Crisis and After", *Journal of Post Keynesian Economics*, Vol. 1, No. 2, Winter 1978 – 1979.

20. Khalidi, Ahmed S. "The War of Attrition", *Journal of Palestine Studies*, Vol. 3, No. 1 Autumn 1973.

21. Maoz, Zeev, and Allison Astorino. "Waging War, Waging Peace: Decision Making and Bargaining in the Arab – Israeli Conflict, 1970 – 1973", *International Studies Quarterly*, Vol. 36, No. 4, Dec. 1992.

22. McHugo, John. "Resolution 242: A Legal Reappraisal of the Right – Wing Israeli Interpretation of the Withdrawal Phrase with Reference to the Conflict between Israel and the Palestinians", *The International and Comparative Law Quarterly*, Vol. 51, No. 4, Oct. 2002.

23. Neff, Donald. "Israel – Syria: Conflict at the Jordan River, 1949 – 1967", *Journal of Palestine Studies*, Vol. 23, No. 4, Summer 1994.

24. Neff, Donald. "Nixon's Middle East Policy: From Balance to Bias", Arab Studies Quarterly, Vol. 12, Winter/Spring 1990.

25. Peretz, Don. "The United States, the Arabs, and Israel: Peace Efforts of Kennedy, Johnson, and Nixon", *Annals of the American Academy of Political and Social Science*, Vol. 401, America and the Middle East, May 1972.

26. Rattinger, Hans. "From War to War to War: Arms Races in the Middle

East", *International Studies Quarterly*, Vol. 20, No. 4, Dec, 1976.

27. Rubin, Barry. "US Policy, January – October 1973", *Journal of Palestine Studies*, Vol. 3, No. 2, (Winter, 1974): 98 – 113.

28. Rustow, Dankwart A. "Who Won the Yom Kippur and Oil Wars?", *Foreign Policy*, No. 17, Winter 1974 – 1975.

29. Sagan, Scott D. "Lessons of the Yom Kippur Alert", *Foreign Policy*, No. 36, 1979.

30. Scherer, John L. "Soviet and American Behavior during the Yom Kippur War", *World Affairs*, Vol. 141, No. 1, 1978.

31. Shlaim, Avi. "Failures in National Intelligence Estimates: The Case of the Yom Kippur War", *World Politics*, Vol. 28, No. 3, Apr. 1976.

32. Slater, Jerome. "The Superpowers and an Arab – Israeli Political Settlement: The Cold War Years", *Political Science Quarterly*, Vol. 105, No. 4, Winter 1990 – 1991.

33. Smart, Ian. "Oil, the Super – Powers and the Middle East", *International Affairs*, Vol. 53, No. 1, Jan. 1977.

34. Spechler, Dina Rome. "The U. S. S. R. and Third – World Conflicts: Domestic Debate and Soviet Policy in the Middle East, 1967 – 1973", *World Politics*, Vol. 38, No. 3, Apr. 1986.

35. Stivers, William "Doves, Hawks, and Détente", *Foreign Policy*, No. 45, Winter 1981 – 1982.

36. Stork, Joe. "Israel as a Strategic Asset", *MERIP Reports*, No. 105, Reagan Targets the Middle East, May 1982.

37. Turner, Louis. "The Politics of the Energy Crisis", *International Affairs*, Vol. 50, No. 3, July 1974.

38. Ulam, Adam B. "Detente under Soviet Eyes", *Foreign Policy*, No. 24, Autumn 1976.

39. Williams, Phil. "Détente and US Domestic Politics", *International Affairs*, Vol. 61, No. 3, Summer 1985.

后 记

　　这本书是在我博士论文的基础上修改而成的。从 2011 年南开大学博士毕业至今已经有近 4 年的时间，在这期间相关的档案文献不断解密，我也在不断地修修补补，最终呈现在读者面前的就是这本小书了。从我准备报考南开大学到毕业，一直到现在这本书的出版，都离不开诸多师长、同窗和亲人的帮助与支持。

　　我首先要感谢的，是我的博士生导师赵学功教授。从我毕业论文的最初选题、确题、论文的最终完成，直至我顺利通过博士论文答辩，其中都凝聚着赵老师的心血。赵老师敦厚笃学，潜心学术，是他让我摆脱了选题与史料选取的纠结，引领我真正走上了史学研究之路，我对赵老师的感激之情溢于言表。

　　在南开攻博期间，我们 2008 级世界近现代史研究中心的博士生曾拜望过史学名家杨生茂先生，我更是有幸得以三次拜见杨先生，对先生的谆谆教导与殷切希冀，在此谨致以诚挚的敬意。

　　在论文的写作过程中南开及校外的许多师长、同学都提供了大量的帮助，这些都对我论文的完成及顺利完成答辩都起到了重要作用。南开大学历史学院的李明玉老师和时培磊学弟为我提供了莫大的帮助；付成双教授对我博士论文的选题方面提出了许多宝贵意见，并为我顺利通过答辩提供了巨大的帮助；王黎老师也为我的论文的写作提出了诸多中肯的建议；丁见民老师则在论文的最后评审阶段为我们做了大量细致的工作。美国艾奥瓦大学历史系的刘晓原教授，为我博士论文的写作提供了不可或缺的信息来源；华东政法大学的赵庆寺教授、曾就读于上海师范大学的杨照蓬和中央民族大学的王伟两位学弟，都为我在资料收集方面付出了大量辛勤的工作，也为我节省了宝贵的写作时间。没有他们的帮助，我的论文是难以按时完成的。

　　在文稿的修改过程中，山东师范大学历史文化与社会发展学院的王玮教授、南开大学历史学院的韩铁教授、杨令侠教授，尤其是中国社科院世界历史研究所的孟庆龙研究员，从论文的遣词造句到谋篇布局方面都提出了独到而精辟的见解，这对于我论文的修改起到了高屋建瓴的作用。2013年，我有幸在中国社会科学院美国研究所倪峰研究员的指导下从事博士后研究工作，倪老师历史与现实结合的研究视角对我的论文修改有很大的启发意义。我对以上师长的关爱与指导深表谢意。

曲阜师范大学的郝承敦教授、成积春教授、尹明法副教授、杨春梅教授、王昌沛副教授都对我给予了积极的支持与帮助，是他们的鼓励与支持，使我专心学术。同时，我还要感谢曲阜师范大学历史文化学院的领导老师对学术发展的支持，学院对于本书的出版提供了必不可少的出版资助。我还要特别感谢中国社会科学出版社的李庆红老师，是她的辛勤付出才使本书的出版成为可能。

最后，我要感谢爱妻秦颖，她在繁忙的工作之余，独自承担起烦琐的家务与培养爱子刘子涵的重担。她是我心无旁骛、潜心学术的坚强后盾，没有她的默默支持与鼓励，我的论文完成及出版都无从谈起。

由于时间和个人能力所限，书中出现疏漏和错误在所难免，恳请各位专家、学者和广大读者不吝赐教。

刘合波

2015 年 1 月于曲阜